Informatik-Fachberichte 313

Herausgeber: W. Brauer
im Auftrag der Gesellschaft für Informatik (GI)

Subreihe Künstliche Intelligenz

Mitherausgeber: C. Freksa
in Zusammenarbeit mit dem Fachbereich 1
„Künstliche Intelligenz" der GI

Stephan Busemann

Generierung natürlicher Sprache mit Generalisierten Phrasenstruktur-Grammatiken

KI

Springer-Verlag
Berlin Heidelberg New York London Paris
Tokyo Hong Kong Barcelona Budapest

Autor

Stephan Busemann
DFKI GmbH
Stuhlsatzenhausweg 3
W-6600 Saarbrücken 11

CR Subject Classification (1992): I.2.7

ISBN-13: 978-3-540-55818-7 e-ISBN-13: 978-3-642-77714-1
DOI: 10.1007/978-3-642-77714-1

Satz: Reproduktionsfertige Vorlage vom Autor / Herausgeber
33/3140-543210 – Gedruckt auf säurefreiem Papier

Vorwort

Linguistische Grammatiktheorien bilden langfristig eine unverzichtbare Grundlage für die Verarbeitung natürlicher Sprache, will man flexible und vielfältig einsetzbare natürlichsprachliche Systeme entwickeln. Aus informatischer Sicht erscheinen sehr viele linguistische Formalismen zunächst nicht verwendbar, weil sie sich nicht ausreichend effizient implementieren lassen.

Am Beispiel der linguistischen Syntaxheorie der Generalisierten Phrasenstruktur-Grammatik (GPSG) und des Problems der Generierung geschriebener natürlicher Sprache zeigt dieses Buch, wie die Brücke zwischen informatischen und linguistischen Forderungen geschlagen werden kann, so daß eine nutzbringende Symbiose entsteht.

Das Thema des Buches ist interdisziplinär: Fragen der linguistischen Theoriebildung werden in Bezug gesetzt zu Problemen der effizienten Sprachverarbeitung. Das Buch führt in die Theorie der GPSG ausführlich ein, diskutiert sie sowohl aus linguistischer wie aus informatischer Sicht und münzt die Kritik um in einen effizient implementierten Formalismus. Auf dieser linguistischen Grundlage werden Algorithmen zur Sprachgenerierung vorgestellt und bewertet. Die Abbildung von semantischen Ausgangsstrukturen auf syntaktische GPSG-Strukturen erfolgt mit Hilfe von getrennt repräsentierten Produktionsregeln, wie sie aus den Produktionensystemen der Künstlichen Intelligenz bekannt sind.

Das Buch wendet sich an Informatikerinnen[1], die an Problemen der Verarbeitung natürlicher Sprache interessiert sind, sowie an Computerlinguistinnen und Linguistinnen mit einem guten Hintergrund in Informatik. Für manche Leserinnen wird das Glossar wichtiger linguistischer Fachbegriffe nützlich sein (die darin enthaltenen Begriffe sind im Text bei ihrem ersten Vorkommen durch einen Pfeil (→) gekennzeichnet).-

Dieses Buch ist eine überarbeitete Fassung meiner Dissertation, die im Juli 1990 von der Universität des Saarlandes angenommen wurde. Die Arbeit entstand zum überwiegenden Teil innerhalb der Projektgruppe KIT (Künstliche Intelligenz und Textverstehen) am Fachbereich Informatik der TU Berlin zwischen 1985 und 1990.[2] Sie wurde am Deutschen Forschungszentrum für Künstliche Intelligenz in Saarbrücken fertiggestellt.

Meine Beschäftigung mit GPSG erfolgte im Rahmen der Projekte KIT-NASEV und KIT-FAST. Das Projekt KIT-NASEV entwickelte neue Analyse- und Syntheseverfahren für die maschinelle Übersetzung, wobei eine zentrale Fragestellung war, wie GPSG überhaupt für Parsing und Generierung nutzbar gemacht werden kann. Im daran anschließenden Projekt KIT-FAST wurden Funktor-Argument-Strukturen für den Transfer hinzugefügt. Damit konnte maschinelle Übersetzung auf der Grundlage eines Transferansatzes mit Hilfe einer oberflächennahen, satzsemantischen Repräsentationssprache realisiert werden.

In diesem Buch greife ich wesentliche Ergebnisse der Forschung in KIT-NASEV und KIT-FAST auf. Viele Kolleginnen haben zum Gesamtresultat beigetragen und hier beschriebene Teile mitgestaltet. Im Rahmen des Projektes KIT-NASEV wurde eine Version des GPSG-Formalismus entworfen

[1]Gemeint sind selbstverständlich die „Informatikerinnen und Informatiker". Um solche klobigen Formulierungen (oder orthographische Purzelbäume wie in „InformatikerInnen") zu vermeiden, verwende ich durchgehend die feminine Form, wenn an beiderlei Geschlecht gedacht ist.

[2]KIT umfaßt Projekte aus verschiedenen Teildisziplinen der KI und der Computerlinguistik, was einen regelmäßigen, fruchtbaren Gedankenaustausch zwischen den Kolleginnen ermöglicht.

und implementiert, die für Sprachverarbeitung besonders gut geeignet ist. Daran haben maßgeblich Christa Hauenschild, James Kilbury, Wilhelm Weisweber, William Keller und ich mitgewirkt. Auf der Grundlage dieses Formalismus habe ich zwei Verfahren entworfen und implementiert, die zeigen, wie mit GPSG geschriebene natürliche Sprache generiert werden kann. Die benutzten Grammatik-Fragmente des Deutschen und Englischen wurden hauptsächlich von Susanne Preuß und Margaret Garry im Rahmen der genannten Projekte geschrieben und von Susanne Preuß und mir getestet. Die verwendeten Funktor-Argument-Struktur-Fragmente entwickelten federführend Christa Hauenschild und Carla Umbach.–

Ich danke meinem Doktorvater Wolfgang Wahlster für seine Unterstützung über einen langen Zeitraum hinweg und seine Aufmunterung, die besonders in den schwierigen Phasen der Arbeit wichtig war. Hans Uszkoreit, dem zweiten Gutachter meiner Dissertation, danke ich für zahlreiche Hinweise, Ideen und spannende Diskussionen im Bereich der Unifikationsgrammatiken, die mir viele neue Perspektiven erschlossen.

Von prägendem Einfluß war für mich die enge Zusammenarbeit mit Christa Hauenschild in KIT-FAST. Christa verdanke ich wichtige Zugänge zur formalen Linguistik; mit ihr über GPSG, Generierung und die wichtigen Dinge des Lebens zu diskutieren, war nicht nur außerordentlich anregend, sondern es machte auch ganz einfach Freude. Susanne Preuß, Carla Umbach und Wilhelm Weisweber bin ich für viele Anregungen und kritische Fragen dankbar, die mich immer wieder zum Überdenken meiner Grundannahmen brachten.

Allen Mitgliedern der Projektgruppe KIT an der TU Berlin und dem Leiter der KIT-Projekte Bernd Mahr danke ich für ihre freundschaftliche Unterstützung und Geduld, ohne die die Arbeit in dieser Form wohl nicht zustandegekommen wäre. Besonders wichtig waren Kai von Lucks unermüdliches Drängen und seine Antriebskraft, die bis zu seinem Weggang aus Berlin diese Arbeit mit in Gang brachten. Bei der Implementation des Berliner GPSG-Systems bildete Michael Eimermachers Tracepaket für Waterloo-Core-Prolog eine wichtige Hilfestellung. Christof Peltason erleichterte mit zahlreichen Service-Programmen die Benutzung eines KIT-weiten Netzes verschiedenster Rechner, wovon ich sehr profitiert habe. Cordula Lippke leistete wertvolle technische Hilfe bei der Erstellung von Graphiken.

Dem Deutschen Forschungszentrum für Künstliche Intelligenz in Saarbrücken und meinen Kolleginnen an meinem dortigen Arbeitsplatz bin ich dankbar für die Möglichkeit, die Arbeit abzuschließen.

Mein besonderer Dank gilt Katharina Morik für ihre freundschaftlichen Anstöße und Ideen sowohl in fachlicher als auch in ganz menschlicher Hinsicht. Schließlich danke ich meiner Frau Monika, die so oft auf gemeinsam verbrachte Zeit verzichtete und mir doch immer wieder Kraft zum Weitermachen gab.

S.B.

Saarbrücken,
Juni 1992

Inhaltsverzeichnis

Abbildungsverzeichnis

Kapitel 1

Einführung

1.1 Das Thema

Die automatische Generierung geschriebener natürlicher Sprache ist eine wichtige Fähigkeit vieler natürlichsprachlicher Systeme. Nach [Wahlster 1982] ist ein natürlichsprachliches System dadurch gekennzeichnet, daß

- eine Teilmenge der in das System eingegebenen und vom System ausgegebenen Nachrichten natürlichsprachlich semantisch-pragmatische Verfahren zur Analyse und Generierung natürlicher Sprache eingesetzt werden.

Natürlichsprachliche Systemreaktionen sind bei einer Vielfalt von unterschiedlichen Aufgaben nützlich oder sogar erforderlich; z.B. für

- kommunikativ adäquates Verhalten in Dialogen
- Erklärungen des Systemverhaltens (z.B. von Schlußfolgerungen in Expertensystemen)
- Zusammenfassen von Texten („Abstracting")
- maschinelle Übersetzung
- Verbalisierung von Ausschnitten einer Wissensbasis
- die Validierung linguistischer oder psychologischer Theorien

Generierung natürlicher Sprache ist ein eigenständiges, interdisziplinäres Forschungsgebiet im Bereich der sprachverarbeitenden Künstlichen Intelligenz (KI). Ein wichtiges Forschungsthema ist die Erstellung von vielseitig einsetzbaren Generierungssystemen. Dies ist insofern schwieriger als die Entwicklung entsprechend vielseitig verwendbarer Parser für natürliche Sprache, als die Art der Ausgangsstrukturen nicht von vornherein vorgegeben ist (beim Parsing ist dies stets der zu analysierende Text). Je nach intendierter Verwendungsweise operieren Generierungssysteme auf sehr unterschiedlichen Ausgangsstrukturen.

Die meisten Systeme erzeugen als ein Zwischenergebnis eine oberflächennahe, semantische Repräsentation des zu generierenden Textes, in der die Resultate aller semantisch-pragmatisch relevanten Prozesse wie z.B.

- der Bestimmung der →Satzart (Frage-, Deklarativ-, Befehlssatz),
- der Wahl der zu verwendenden Wörter,
- der Wahl des →Tempus (z.B. Präsens oder Futur),

- der Wahl des →Verbgenus (Aktiv oder Passiv) oder
- der Entscheidung über die Erzeugung eines →Pronomens anstelle einer komplexen →Nominalphrase (NP)

dargestellt sind. Beispielsweise spezifiziert eine solche semantische Repräsentation die Unterschiede zwischen (1.1) (Deklarativsatz, Verwendung von *verkaufen*, Präsens, Passiv, komplexer NP *der alte Ford*) und (1.2) (Fragesatz, Verwendung von *kaufen*, Futur, Aktiv, Pronomen *ihn*).

(1.1) Der alte Ford wird morgen an einen Studenten verkauft.

(1.2) Wird ein Student ihn morgen kaufen?

Die Generierung von Sätzen aus solchen semantischen Repräsentationen kann als modularer Prozeß aufgefaßt werden, der als „Front-End" eines beliebigen Generierungssystems benötigt wird. Mit diesem Teilbereich der Generierung natürlicher Sprache befaßt sich die vorliegende Arbeit; der Begriff *Generierung* wird, wenn nichts anderes gesagt wird, in der entsprechend eingeschränkten Bedeutung verwendet.

Um aus semantischen Repräsentationen natürlichsprachliche Sätze zu generieren, bleiben zwei Aufgaben zu lösen. Erstens sind Wortformen zu erzeugen und zweitens sind diese Wortformen linear zu ordnen. Zur ersten Aufgabe gehört die Etablierung von →Kongruenzrelationen, z.B. zwischen Subjektsnomen und finitem →Verb (im Deutschen oder Englischen), die hinsichtlich →Numerus und Person übereinstimmen müssen.

Zur zweiten Aufgabe gehört, daß Verben im Deutschen am Ende von Nebensätzen stehen müssen, aber auch, daß keine Teile des direkten Objekts zwischen Teilen des Subjekts stehen dürfen (* *weil die reiche den Frau alten Mann liebt*)[1]. Infolgedessen ist ein Begriff von *Konstituenz* hilfreich, der die Teile von Subjekt bzw. Objekt zusammenfaßt. Dies erlaubt auch die Erzeugung der sogenannten →Verbzweitstellung in Deklarativsätzen des Deutschen oder Englischen, d.h. das finite Verb steht nach der ersten →Konstituente (*Die reiche Frau liebt den alten Mann*).

Eine vielfach erprobte Vorgehensweise zur Lösung dieser Aufgaben besteht in der Erzeugung eines syntaktischen →Strukturbaums, der alle Konstituenten eines →Satzes und alle Präzedenzbeziehungen zwischen ihnen repräsentiert. Für die Auszeichnung der *zulässigen* syntaktischen Strukturen (das sind diejenigen, die die Sätze einer natürlichen Sprache beschreiben) ist eine linguistisch fundierte Theorie erforderlich, aufgrund welcher man eine Grammatik angibt, die es erlaubt, genau diese Strukturen zu generieren. Damit wird →syntaktisches sprachliches Wissen auf systematische Weise repräsentierbar, durchschaubar und auf einfache Weise erweiterbar.

Es gibt in der Linguistik eine Fülle von Theorien, die für diese Zwecke herangezogen werden. Unter den zur Zeit im Zentrum linguistischer Theoriebildung stehenden Ansätzen zeichnet sich die Theorie der Generalisierten Phrasenstruktur-Grammatiken (GPSG) dadurch aus, daß mit ihr Grammatiken für sehr verschiedene natürliche Sprachen geschrieben wurden und daß solche Grammatiken völlig neutral hinsichtlich möglicher Verarbeitungsstrategien formuliert werden können.

GPSG wurde in dem von Noam Chomsky begründeten Paradigma der →Generativen Grammatiken maßgeblich von Gerald Gazdar entworfen. Im Unterschied zu dem prominentesten Vertreter dieser Richtung, der →Transformationsgrammatik, enthält GPSG keinerlei prozedurale Elemente: GPSG spezifiziert eine Menge von expliziten *Constraints*, denen die zulässigen Strukturen genügen müssen. Zu diesen Constraints gehören die sogenannten *Merkmalinstantiierungsprinzipien,* die die Verteilung bestimmter Information regeln (und auf diese Weise u.a. die Kongruenzrelationen herstellen).

Die Constraints gelten für lokale Bäume, d.h. Bäume der Tiefe eins. Komplexere Strukturen sind aus lokalen Bäumen zusammengesetzt. Abbildung 1.1 zeigt eine zulässige Struktur[2]; einer ihrer lokalen Bäume ist umrandet.

---

[1] Der linguistischen Traditon folgend, kennzeichne ich grammatisch nicht wohlgeformte Sätze mit einem Stern.

[2] Aus Gründen der Übersichtlichkeit werden alle Beispielstrukturen nur auszugsweise dargestellt.

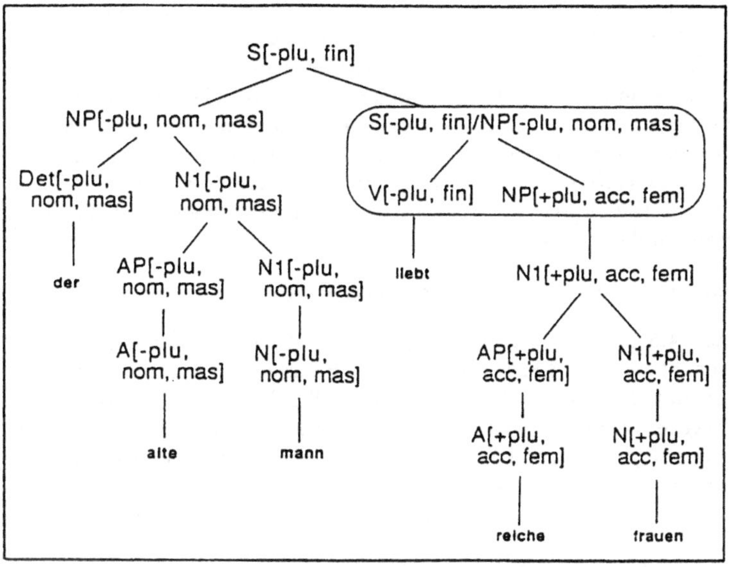

Abbildung 1.1: Eine syntaktische GPSG-Struktur

Die Definitionsweise mittels Constraints charakterisiert die zulässigen Strukturen negativ – als diejenigen, die durch die Constraints nicht ausgeschlossen werden. Sie gibt keinerlei Hinweise darauf, wie ein natürlichsprachlicher Satz zu parsen oder eine zulässige Struktur zu generieren sei.

Damit stellt sich als Problem, GPSG mit (Analyse- und) Generierungsprozessen zu kombinieren und der Sprachverarbeitung zugänglich zu machen. Bei den in der vorliegenden Arbeit vorgestellten Generierungssystemen wird sprachliches Wissen (repräsentiert in GPSG) strikt von Verarbeitungswissen getrennt. Dies ermöglicht die Generierung mit beliebigen GPS-Grammatiken, ohne das Verarbeitungswissen verändern zu müssen (multilinguale Generierung). Die Neutralität von GPS-Grammatiken bezüglich der Verarbeitungsstrategien ermöglicht die Nutzung von ein- und derselben Grammatik für Parsing *und* für Generierung (bidirektionale Verwendbarkeit) oder für verschiedene Generierungsverfahren.

1.2 Fragestellungen und Ergebnisse

Das Hauptwerk der linguistischen Theorie der GPSG stammt von Gazdar, Klein, Pullum und Sag [Gazdar *et al.* 1985]; der Kürze halber verwende ich GKPS zum Verweis auf das Buch oder auf seine Autoren.

Wie in Abschnitt 4.1 gezeigt wird, existiert infolge der Definitionsweise von GPSG kein effizientes Verfahren, mit dem zulässige syntaktische Strukturen aufgrund des GPSG-Formalismus erzeugt werden können. Daher ist zum Zwecke der Sprachverarbeitung ein Abweichen von der Orginalversion von GPSG unumgänglich. Die erste zentrale Frage, die diese Arbeit behandelt, lautet also:

- Wie kann GPSG der Sprachverarbeitung zugänglich gemacht werden?

In dieser Arbeit wird eine konstruktive Sicht von GPSG vorgeschlagen, die die zulässigen Strukturen grundsätzlich positiv charakterisiert: als diejenigen, die durch den Formalismus erzeugt werden. Die konstruktive Sicht erfordert eine Definition eines Formalismus, der anstelle einer Menge von Constraints eine Menge von Konstruktionsmechanismen spezifiziert, die zusammen die zulässigen

Strukturen generieren. Ein solcher Formalismus wird in Abschnitt 4.2 angegeben. Er erhält die Neutralität von GPSG hinsichtlich möglicher Verarbeitungsstrategien aufrecht, ist aber – anders als die ursprüngliche Version – gut für Sprachverarbeitung geeignet.

Die konstruktive Version von GPSG ist zu den unifikationsbasierten Grammatikformalismen zu rechnen; somit stellt die Unifikation von Merkmal-Wert-Paaren die zentrale formale Grundlage dar.

Eine Verarbeitungsstrategie auf der Basis einer konstruktiven Version von GPSG muß zwei Teilprobleme lösen: sie muß festlegen, in welcher Reihenfolge lokale Bäume erzeugt werden und in welcher Reihenfolge die Merkmalinstantiierungsprinzipien auf die lokalen Bäume anzuwenden sind. Die zweite zentrale Frage in dieser Arbeit lautet:

- Welche Verarbeitungsstrategien sind für Generierung am besten geeignet?

In den Abschnitten 4.5 und 4.7 wird gezeigt, daß die Merkmalinstantiierungsprinzipien optimal bottom-up angewendet werden, d.h. von den lokalen Bäumen mit Wortformen als Töchtern hin zu dem lokalen Baum mit der Wurzel der syntaktischen Struktur. Die Konstruktion der komplexen Struktur erfolgt dagegen vorzugsweise top-down, d.h. von der Wurzel hin zu den Wortformen.

Die Begründung hängt in keiner Weise ab von einzelsprachlichen Verhältnissen oder den Eigenschaften gegebener Grammatiken. Dies macht das Verfahren geeignet für multilinguale Generierung, wie am Beispiel von mittelgroßen Grammatiken des Deutschen und des Englischen (Abschnitt 4.4) gezeigt wird.

Eine entsprechende Argumentation ist für das Parsing (d.h. die Erzeugung von zulässigen syntaktischen Strukturen aus natürlichsprachlichen Sätzen) möglich. Parser und Generator konnen so als Verarbeitungsstrategien aufgefaßt werden, die ein- und dieselbe Grammatik verwenden. Diese bidirektionale Verwendbarkeit von Grammatiken wird in den Abschnitten 4.3 und 4.5.2 diskutiert.

Neben der Verarbeitungsstrategie, die bestimmt, auf welche Art die Zielstruktur des Generierungsprozesses konstruiert wird, ist die Art, wie die Ausgangsstruktur verarbeitet wird, ein wesentliches Kennzeichen eines Generierungsverfahrens. In der vorliegenden Arbeit werden die beiden wichtigsten Möglichkeiten vorgestellt und diskutiert. Das erste Verfahren ist *grammatikgetrieben* in dem Sinne, daß die Grammatik eine syntaktische Teilstruktur generiert, anhand derer versucht wird, einen Teil der Ausgangsstruktur zu verbalisieren[3] (Abschnitt 6.2). Im Erfolgsfalle erzeugt die Grammatik ein weiteres Teilstück der syntaktischen Struktur usf., bis sowohl eine zulässige Gesamtstruktur vorliegt als auch die Ausgangsstruktur vollständig abgearbeitet ist. Falls eine von der Grammatik erzeugte Teilstruktur ungeeignet ist, um einen Teil der Ausgangsstruktur zu verbalisieren, muß die Grammatik eine Alternative versuchen.

Das zweite Verfahren ist *strukturgetrieben*[4] in dem Sinne, daß die Ausgangsstruktur auf eine fest vorgegebene Weise abgearbeitet wird, bei der die gleichzeitige Konstruktion einer syntaktischen Struktur aufgrund der Grammatik möglich ist (vgl. Abschnitt 6.3). Zu jedem betrachteten Teilstück der Ausgangsstruktur gibt es eine (oder einige wenige) Möglichkeiten, ein Teilstück der Zielstruktur zu konstruieren. Die Zuordnung zwischen den beiden Strukturen wird durch eine Menge von *Pattern-Action-Regeln* explizit kodiert, wie es ähnlich in Produktionensystemen der KI der Fall ist. Die dritte zentrale Frage dieser Arbeit lautet:

- Welches sind die Vor- und Nachteile von grammatik- und strukturgetriebenen Generierungsverfahren mit GPSG?

In der vorliegenden Arbeit wird gezeigt, daß das grammatikgetriebene Verfahren inhärent ineffizient ist, weil die Vorkommen von Nichtdeterminismus von der Formulierung der Grammatikregeln

[3]Ich verwende *verbalisieren* konvers zu *generieren*: Eine syntaktische Struktur wird generiert (aus einer Ausgangsstruktur); eine Ausgangsstruktur wird verbalisiert (als syntaktische Struktur).

[4]Die englischen Termini lauten *grammar-driven* bzw. *message-driven*. Die übliche deutsche Übersetzung mit *-gesteuert* ist weniger treffend, da in jedem Falle Grammatik und Ausgangsstruktur den Generierungsprozeß steuern, nur auf sehr verschiedene Weise.

und der Reihenfolge ihrer Anwendung abhängen (Abschnitt 6.2.3). Im Gegensatz dazu operiert das strukturgetriebene Verfahren nahezu deterministisch (die möglichen Vorkommen von Nichtdeterminismus beschränken sich auf die Alternativen, ein gegebenes Teilstück der Ausgangsstruktur zu verbalisieren). Dieser Vorteil beruht auf dem produktionsregelbasierten Ansatz, durch den der jeweils relevante Teil der Grammatik fokussierbar ist.

Das strukturgetriebene Verfahren wird in dem Berliner System für maschinelle Übersetzung mit Fragmenten des Deutschen und des Englischen eingesetzt.

Im folgenden werden die wichtigsten Ergebnisse in Stichpunkten zusammengefaßt:

- Erstmals werden Generierungverfahren mit GPSG entworfen und implementiert.
- Es wird eine konstruktive Version von GPSG als linguistische Grundlage verwendet.
- Ein modulares Verarbeitungskonzept ermöglicht multilinguale Generierung und bidirektionale Verwendung von Grammatiken.
- Erstmals wird ein produktionsregelbasiertes Verarbeitungsmodell mit einer Unifikationsgrammatik gekoppelt.

1.3 Übersicht

In diesem Abschnitt folgt eine chronologische Übersicht über den Aufbau dieser Arbeit. Kapitel 2 führt in das Gebiet „Generierung natürlicher Sprache“ ein. Die Kapitel 3 und 4 sind GPSG gewidmet. Kapitel 5 behandelt die Ausgangsstrukturen, und in Kapitel 6 werden die Generierungsverfahren auf der Grundlage von GPSG dargestellt. Das abschließende Kapitel 7 faßt die Ergebnisse noch einmal zusammen und gibt einen Ausblick.

Kapitel 2 gibt einen kurzen Überblick über die Forschungsziele im Gebiet „Generierung natürlicher Sprache“ und kennzeichnet die Unterschiede zwischen Verfahren aus den Gebieten der sprachverarbeitenden KI, der Psycholinguistik und der Computerlinguistik. Die vorliegende Arbeit wird in den Bezugsrahmen eingeordnet.

Eine umfassende Auseinandersetzung mit GPSG enthält Kapitel 3. Um den in unterschiedlichen Maße an linguistischen Details interessierten Leserinnen gerecht zu werden, wurde das Kapitel folgendermaßen unterteilt. Ein kurzer Abriß von Entwicklung und Stand der GPSG-Theorie enthält Abschnitt 3.1.

Abschnitt 3.2 gibt eine neue formale Definition des Syntaxformalismus von [Gazdar *et al.* 1985]. Die Wirkungsweise der einzelnen Komponenten des Formalismus wird im Rahmen des Ableitungsbegriffs aus der Theorie formaler Sprachen definiert, wobei eine starke Vereinfachung bei den Merkmalinstantiierungsprinzipien vorgenommen wurde. Der Abschnitt führt in sehr gedrängter Form das formale Instrumentarium ein; dessen linguistische Motivation erfolgt an dieser Stelle noch nicht.

Die Details der aktuellen Version von GPSG und die damit verbundenen linguistischen Probleme werden in Abschnitt 3.3 dargestellt. Dort werden die in 3.2 gegebenen Definitionen aus dem linguistischen Begründungszusammenhang heraus aufgenommen bzw. im Falle der Merkmalinstantiierungsprinzipien vervollständigt; ferner werden anhand der linguistisch motivierten Kritikpunkte Gründe für einige wichtige Änderungen am Formalismus angeführt.

Den an linguistischen Details weniger interessierten Leserinnen wird zur Einführung in GPSG der Abschnitt 3.1 genügen. Wer an der linguistischen Diskussion um GPSG interessiert ist, lese die Abschnitte 3.2 und 3.3.

Kapitel 4 beschreibt die konstruktive Version von GPSG und ihre Eignung zur Sprachverarbeitung. Zunächst wird (in Abschnitt 4.1) gezeigt, warum GPSG in der Originalversion nicht effizient implementierbar ist. Somit werden die linguistischen Kritikpunkte um weitere, informatische Kritik ergänzt. In den Abschnitten 4.2 bis 4.4 wird die konstruktive Version von GPSG definiert, das darauf beruhende Berliner GPSG-System für Parsing und Generierung vorgestellt und die Grammatikfragmente für Deutsch und Englisch diskutiert, die das GPSG-System als einzelsprachliches Wissen verwendet.

Wie der konstruktive Formalismus für Sprachverarbeitung eingesetzt wird und welche Verarbeitungsstrategien er als effizient für Generierung nahelegt, wird in Abschnitt 4.5 beschrieben. Die Auswirkungen auf die Repräsentation des Lexikons und den Lexikonzugriff behandelt Abschnitt 4.6.

Die beiden letzten Abschnitte des Kapitels sind der Beschreibung anderer Ansätze zur Sprachverarbeitung mit GPSG gewidmet. Die Notwendigkeit, von der Originalvorlage abzuweichen, führte zu einer Vielfalt von Ideen, die teilweise eine radikale Abkehr vom Originalformalismus bedeuten. Abschnitt 4.7 beschreibt die wichtigsten Alternativen, und Abschnitt 4.8 versucht einen Vergleich.

Kapitel 5 wendet sich den Ausgangsstrukturen für die Generierung zu. Die beiden zu diskutierenden Verfahren gehen von verschiedenen Ausgangsstrukturen aus. Das grammatikgetriebene Verfahren verbalisiert *syntaktische Ausgangsstrukturen*, die definiert wurden, um die für die Generierung benötigten, aber nicht lexikalisch oder grammatisch determinierten Informationen darzustellen (z.B. Wortstämme, Numerus, Tempus). Das strukturgetriebene Verfahren geht von *Funktor-Argument-Strukturen* aus, die nicht im Hinblick auf Generierung definiert wurden, sondern als Repräsentations- und Transferebene für maschinelle Übersetzung. Dabei ist der Transferprozeß als Abbildung von Funktor-Argument-Strukturen der Ausgangssprache (z.B. Englisch) in Funktor-Argument-Strukturen der Zielsprache (z.B. Deutsch) zu verstehen. Folglich sind Funktor-Argument-Strukturen nicht nur Ausgangsstrukturen für die Generierung, sondern auch Resultate des Transfers.

In Kapitel 6 werden die Generierungsverfahren beschrieben und anhand von kommentierten Testläufen vorgestellt. Zuerst folgen weitere Überlegungen zur Verarbeitungsstrategie, die die Eigenschaften der Ausgangsstrukturen miteinbeziehen (Abschnitt 6.1). Das grammatikgetriebene Verfahren wird in Abschnitt 6.2 vorgestellt, am Beispiel demonstriert und anschließend diskutiert. Abschnitt 6.3 beschreibt den strukturgetriebenen Ansatz. Zunächst wird das Verfahren dargestellt, der Bezug zu Produktionensystemen hergestellt und die Pattern-Action-Regeln eingeführt. Danach wird untersucht, welche Arten der strukturellen Abbildung vorkommen und wie sie beschrieben werden können.

Wenn mehrere Pattern-Action-Regeln anwendbar sind, muß eine Konfliktlösestrategie festlegen, welche zuerst angewendet wird. Abschnitt 6.3.5 diskutiert grundsätzliche Probleme einer vollautomatischen Konfliktlösung im vorliegenden Falle.

Ferner wird gezeigt, wie →dislozierte Konstituenten aus einer kanonischen Ordnung in Funktor-Argument-Strukturen erzeugt werden und wie der Oberflächenkasus anhand von semantischen Rollen, Verbgenus und →Lexemen berechnet wird. Das Kapitel schließt mit einem ausführlichen Beispiel und der Diskussion des Ansatzes.

Das letzte Kapitel faßt die Ergebnisse der Arbeit noch einmal zusammen und zieht Bilanz, inwieweit die angestrebte Modularisierung von sprachlichem Wissen und Verarbeitungswissen verwirklicht wurde. Ein Ausblick auf mögliche Ansatzpunkte zu weiterer Forschung beschließt die Arbeit.

Im Anhang wird die vollständige GPSG für das implementierte Fragment des Deutschen aufgeführt und eine Teilmenge der Pattern-Action-Regeln für das deutsche Fragment angegeben; darunter alle, die in den Beispielen benutzt werden.

Kapitel 2

Maschinelle Generierung natürlicher Sprache

Die maschinelle Generierung natürlicher Sprache ist ein interdisziplinärer Forschungsgegenstand, der hauptsächlich im Schnittbereich von KI, Computerlinguistik und Psycholinguistik bearbeitet wird. Die zentrale Fragestellung lautet:

- Wie wird aufgrund eines zugrundeliegenden Ziels einer Sprecherin/Autorin ein für die Hörerin/Leserin kommunikativ adäquater, natürlichsprachlicher Text maschinell erzeugt?

Diese Fragestellung umfaßt eine große Vielfalt von Einzelaspekten. Die Generierung von syntaktischen Strukturen aus oberflächennahen, satzsemantischen Repräsentationen, wie sie in Kapitel 6 dieser Arbeit beschrieben wird, stellt einen dieser Aspekte dar. Bevor er in den Mittelpunkt der Erörterungen rückt, wird im folgenden Abschnitt in groben Zügen das Gesamtbild nachgezeichnet (eine umfassende Einführung findet sich z.B. in [McKeown/Swartout 1988]).

2.1 Generierungsansätze in KI und Psycholinguistik

Generierung natürlicher Sprache in der umfassenden Bedeutung ist am besten als komplexer Entscheidungsfindungsprozeß zu verstehen. Ein Generierungssystem muß entscheiden, *was* geäußert werden soll und *wie* die Äußerung auf kommunikativ adäquate Weise zu formulieren ist.

Um den *Inhalt* eines Textes festzulegen, ist ein Teil des dem System zugänglichen Wissens zu identifizieren oder abzuleiten. Dieses Wissen muß für das kommunikative Ziel des Systems als relevant erkannt worden sein. Das System muß planen, welche Information direkt zu verbalisieren ist und welche indirekt inferiert werden kann bzw. soll; ferner, in welcher Reihenfolge die einzelnen Wissenseinheiten zu präsentieren sind, wie sie auf Sätze aufzuteilen sind und mit welchen Wörtern sie ausgedrückt werden sollen.

(2.1) Der Präsident wurde in seinem Amt bestätigt. Er plant zahlreiche Auslandsreisen.

Dies soll anhand des kurzen Texts (2.1) erläutert werden. Um den Inhalt von (2.1) bestimmen zu können, muß das System wissen, daß das Textthema der Präsident ist und daß Information über seine Wiederwahl und seine Pläne einbezogen werden soll. Das System entscheidet in diesem Fall, daß zuerst das Thema (der Präsident) verbalisiert wird und anschließend über die Wiederwahl und die Pläne des Präsidenten geschrieben wird. Das System zieht hier eine Aufteilung der Inhalte in zwei Sätze der Zusammenfassung in einem einzigen Satz vor.

Um die sprachliche *Form* eines Textes festzulegen, muß ein Generierungssystem aus einer Vielfalt von Möglichkeiten die am besten geeignete Syntax und dazu passende Wörter auswählen. Weitere (syntaktische) Beschränkungen hinsichtlich der Linearisierung der Wörter sind zu berücksichtigen und die Stammformen nach Maßgabe von Kongruenzrelationen zu flektieren. Für das obige Beispiel war u.a. zu entscheiden, daß im ersten Satz Passiv den Vorzug erhält vor Aktiv (*Den Präsidenten bestätigte man in seinem Amt.*). Bei der Wortwahl bestand z.B. eine Alternative in *wiedergewählt* statt *in seinem Amt bestätigt.* Ferner war im zweiten Satz das Pronomen zu verwenden, da es für die intendierte Leserin eindeutig interpretierbar ist. Syntaktisch notwendig ist im Deutschen die Positionierung des →Adjektivs *zahlreich* vor dem →Nomen *Auslandsreise.*

Texte werden erzeugt, um ein kommunikatives Ziel zu erreichen (z.B. um die Leserin über den Präsidenten zu informieren). Natürlichsprachliche Äußerungen werden als Handlungen aufgefaßt, die einen beabsichtigten Effekt auf die Leserin bewirken sollen. Ein Generierungssystem soll seine Entscheidungen aus dem Diskurszusammenhang und der Kommunikationssituation heraus treffen. Dafür benötigt es Information über den Wissensstand, das spezifische Interesse und die relevanten Eigenschaften der Leserin. In vielen Generierungssystemen werden Inferenzen über explizit repräsentierten Intentionen und Überzeugungen der Leserin eines Textes zur systematischen Fundierung vieler außersprachlicher Entscheidungen verwendet, die im Verlauf des Generierungsprozesses zu treffen sind (vgl. [McCoy 1986, Paris 1987]).

Die intuitiv naheliegende Aufteilung in inhaltsbestimmende und formbestimmende Generierung hat in vielen Generierungssystemen zu einer zweistufigen Architektur geführt (vgl. etwa TEXT [McKeown 1985]). Die damit verbundene Modularisierung in zwei voneinander getrennte Prozesse erwies sich als nützlich; sie ermöglicht grundsätzlich die Arbeit an formbestimmenden Generierungskomponenten, ohne sich mit der vollen Komplexität der Fragen der Inhaltsbestimmung auseinandersetzen zu müssen (vgl. etwa MUMBLE [McDonald 1981] oder SUTRA [Busemann 1988a]).

Darüber hinaus kann die Trennung benutzt werden, um mithilfe einer formbestimmenden Generierungskomponente die Resultate eines Hintergrundsystems (etwa eines Expertensystems) in natürlicher Sprache verfügbar zu machen. Wenn das Hintergrundsystem aber lediglich außersprachliche Information zur Verfügung stellt, müssen zahlreiche inhaltsfestlegende Entscheidungen erst noch getroffen werden. Dabei besteht ein zentrales Problem darin, sicherzustellen, daß das Resultat der Inhaltsbestimmung auch wirklich verbalisierbar ist. Die mögliche Kluft zwischen den beiden Teilbereichen („generation gap") wird ausführlich von [Meteer 1990] diskutiert. Die komplexen Abhängigkeiten zwischen ihnen sind am Beispiel des Wortwahlproblems besonders klar ersichtlich: Die Wortwahl beeinflußt die syntaktische Struktur und muß syntaktische Beschränkungen beachten; sie kann folglich nicht vollständig durch den inhaltsbestimmenden Teil erfolgen. Andererseits beruht die Wortwahl häufig auf Diskursbereichswissen und kann mithin nicht ausschließlich im formbestimmenden Teil getroffen werden. Auf die Verzahnung mit inhaltsbestimmenden Aspekten weist [Danlos 1984] hin.

Da eine strikte Hintereinanderschaltung der beiden Teilprozesse offensichtliche Nachteile besitzt, vertritt eine zweite Forschungslinie die Auffassung, daß Generierung als einheitlicher Prozeß zu modellieren ist, in dem inhalts- und formbestimmende Entscheidungen einander bedingen und aufeinander abgestimmt werden können (vgl. [Appelt 1985, Danlos 1987, Hovy 1987]). Ein dritter Ansatz bleibt bei der Trennung in die genannten Teilprozesse, setzt aber eine flexiblere Kontrollstruktur an, die eine bidirektionale Interaktion zwischen beiden Teilen ermöglicht (vgl. [Reithinger 1991, Finkler/Neumann 1989]).

Die Suche nach einer optimalen Unterteilung des Generierungsprozesses wird geprägt durch ein sehr unterschiedliches Erkenntnisinteresse hinsichtlich der kognitiv adäquaten Modellierung der menschlichen Sprachproduktion. Während die meisten der bisher genannten Arbeiten keine Beschreibung oder gar Erklärung der menschlichen Sprachproduktion anstreben, sondern die Generierung geschriebener Sprache behandeln, widmen sich psycholinguistische Arbeiten der Frage, wie Menschen gesprochene Sprache mit Pausen, Selbstkorrekturen und Ergänzungen produzieren (vgl. [Bock 1987, Kempen/Hoenkamp 1982, De Smedt 1990]).

Kennzeichnend für diese Ansätze ist ein *inkrementelles* Vorgehen, bei dem bereits formbestimmende Entscheidungen getroffen und Teile der Äußerung produziert werden, nachdem erst ein Teil

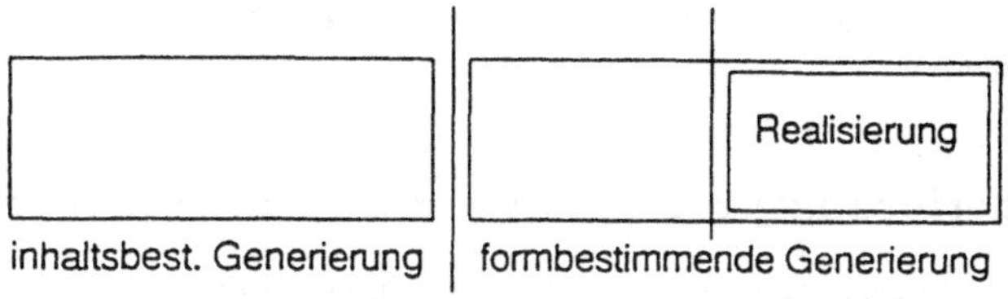

Abbildung 2.1: Die Modularisierung des Generierungsprozesses

der inhaltsbestimmenden Entscheidungen gefallen ist.[1] Das inkrementelle Vorgehen legt eine parallele, kaskadierte Architektur nahe. Die Stufen der Kaskade bestehen z.B. aus der inhaltsbestimmenden, der formbestimmenden und der artikulatorischen Ebene [De Smedt 1990]. Eine zentrale Frage bei diesem Ansatz betrifft die Größe der Segmente, die auf die jeweils nächste Kaskadenstufe fließen. Sind sie zu klein, lassen sich keine fundierten Entscheidungen hinsichtlich ihrer sprachlichen Form treffen; sind sie zu groß, geht der Effekt der flüssigen Rede verloren, da unerwünschte Pausen zwischen den Teiläußerungen auftreten.

Inkrementalität ist nicht nur im Falle von psychologisch-theoretischem Forschungsinteresse ein notwendiges Merkmal von Generierungssystemen, sondern kann auch für bestimmte Anwendungen erforderlich sein. Soll das System etwa den Verlauf von Ereignissen simultan beschreiben (z.B. bei einer Fußballreportage, vgl. [Herzog *et al.* 1989]), ist der Fortgang des Ereignisses zur Redezeit noch unbekannt. Die Verbalisierung erfolgt unter zeitlichen Beschränkungen, was die Segmentgröße beeinflußt.

2.2 Computerlinguistische Ansätze

Im Fachgebiet Computerlinguistik konzentrieren sich Arbeiten zur Generierung auf den Einsatz unifikationsbasierter Grammatikformalismen (z.B. Head-Driven Phrase Structure Grammar (HPSG) [Noord 1989], Tree Adjoining Grammar (TAG) [McDonald/Pustejovsky 1985, Harbusch *et al.* 1991], Lexical Functional Grammar (LFG) [Wedekind 1986, Wedekind 1988], Definite Clause Grammar (DCG) [Shieber *et al.* 1990], Unification Categorial Grammar (UCG) [Calder *et al.* 1989], Categorial-Unification Grammar (CUG) [Gerdemann/Hinrichs 1990] und GPSG, wie in der vorliegenden Arbeit beschrieben). Somit stehen gegenwärtig die Syntax und die →kompositionale Semantik von Sätzen im Mittelpunkt. Als Ausgangsstruktur wird eine semantische Repräsentation des zu generierenden Satzes angenommen. Gewöhnlich handelt es sich dabei um einen Ausdruck einer formalen Sprache, die eine linguistisch motivierte Modifikation der Prädikatenlogik erster Stufe darstellt. Diese Repräsentation enthält oft bereits die Resultate aller formbestimmenden Entscheidungen (u.a. Wortwahl, Wahl der Satzart, von Verbgenus, Tempus und →Modus), so daß als Aufgabe die grammatisch korrekte *Realisierung* des Satzes verbleibt. Man kann zum Zweck der Abgrenzung viele computerlinguistische Ansätze zur Generierung als modulare Komponente des formbestimmenden Teils betrachten, wodurch sich statt einer Zweiteilung eine Dreiteilung des Generierungsprozesses ergibt (vgl. Abbildung 2.1). Allerdings ist festzustellen, daß bisher kaum Generierungssysteme existieren, in denen alle drei Komponenten gleichermaßen tief ausgeprägt sind. Oftmals erfolgt in Ansätzen, die inhaltsbestimmende Generierungsentscheidungen abdecken, die Realisierung mehr oder minder *ad hoc*, und in computerlinguistisch geprägten Arbeiten wurden die im vorigen Abschnitt genannten Fragestellungen bis vor kurzem meist überhaupt nicht bearbeitet.[2]

[1] In diesem Zusammenhang wird haufig H. v. Kleists Brief über die „allmähliche Verfertigung der Gedanken beim Reden" zitiert [Kleist 1966].

[2] Die getroffene Unterscheidung zwischen der sprachverarbeitenden KI und der Computerlinguistik ist derzeit lediglich für Generierungsansätze hennzeichnend und sollte nicht verallgemeinert werden.

In den folgenden Abschnitten werden die wichtigsten Fragestellungen genannt und Beispiele für Lösungsansätze gegeben.

2.2.1 Das Generierungsproblem in computerlinguistischen Ansätzen

Das allgemeine Generierungsproblem wird aus computerlinguistischer Sicht oft folgendermaßen definiert:

- Gegeben sei eine semantische Repräsentation Φ. Gesucht sind alle gemäß der Grammatik zulässigen →Endketten mit semantischen Repräsentationen Φ', wobei Φ und Φ' zueinander logisch äquivalent sind.[3]

Diese Aufgabenstellung wird häufig unter zusätzlichen, vor allem ökonomisch motivierten Bedingungen betrachtet, die die Verwendung der resultierenden Systemkomponenten als Moduln in natürlichsprachlichen Systemen ermöglichen.

Modularisierung: Die deskriptive Definitionsweise der Linguistik spiegelt sich in einer deklarativen Repräsentationsweise von sprachlichem Wissen wider. Verarbeitungswissen wird getrennt von sprachlichem Wissen definiert. Dies stellt eine Voraussetzung für den Austausch von Grammatiken dar, ohne die Verarbeitungsstrategie zu verändern. Diese Unabhängigkeit von der Verarbeitungsstrategie ermöglicht u.a. multilinguale Generierung, indem dasselbe Verfahren mit Grammatiken für Fragmente verschiedener Sprachen verwendet wird. Die getrennte Repräsentation stellt ferner eine Voraussetzung dafür dar, Verarbeitungsstrategien auszutauschen, ohne die Grammatik zu ändern. Damit liegt eine notwendige Bedingung für die Verwendung derselben Grammatik für Generierung und für Parsing vor.

Bidirektionalität: Generierung und Parsing sollten mit demselben linguistischen Formalismus und derselben Grammatik realisiert werden können. Neben psycholinguistischen Argumenten sprechen ökonomische Gesichtspunkte gegen eine Duplizierung des grammatischen Wissens in einem natürlichsprachlichen System. Damit die Grammatik bidirektional verwendbar ist, muß sie modular im obigen Sinne sein. Man nennt sie dann oft *reversibel* oder *nondirektional.* Eine reversible Grammatik beschreibt *genau* die in einer natürlichen Sprache zulässigen syntaktischen Strukturen und die ihnen zugeordneten Bedeutungen. Eine weitergehende Frage ist, ob auch die Verfahren sich als Parametrisierungen eines einzigen, bidirektionalen Kontrollmechanismus effizient beschreiben lassen (siehe hierzu [Neumann/Noord 1992]).

Effizienz: Zu einem Formalismus werden laufzeiteffiziente Verarbeitungsstrategien gesucht (top-down, bottom-up, eine Mischstrategie). Die Verarbeitung von sprachlichem Wissen soll möglichst deterministisch erfolgen. Der jeweils nächste Schritt in der Verarbeitung kann von der Grammatik bzw. dem Lexikon bestimmt werden (grammatikgetriebenes Verfahren) oder durch die Ausgangsstruktur (strukturgetriebenes Verfahren). Eigenschaften des verwendeten Formalismus oder der Formulierung von Grammatikregeln können entscheidenden Einfluß auf die Effizienz ausüben. Vielfach erweist sich die direkte Interpretation einer größeren, nach linguistischen Kriterien formulierten Grammatik als ineffizient. Dann werden die Grammatiken in einem Vorverarbeitungsschritt so kompiliert, daß sie für gegebene Verfahren optimal verarbeitet werden können.

[3]Der Begriff der logischen Äquivalenz ist problematisch, da offensichtlich ϕ und $\phi \wedge (\psi \vee \neg\psi)$ verschiedene Redeobjekte einbeziehen (vgl. [Appelt 1987, Shieber 1988b]). Eine sinnvolle und zugleich handhabbare Definition für „intendierte Äquivalenz“ [Shieber 1988b] steht noch aus.

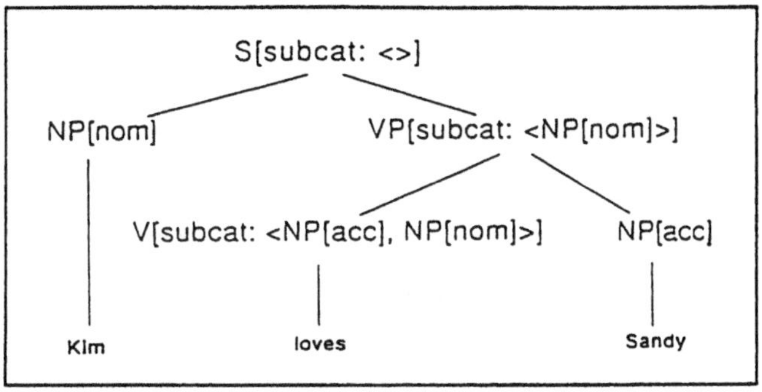

Abbildung 2.2: Subkategorisierung in HPSG

2.2.2 Probleme mit Top-Down-Verfahren am Beispiel von HPSG

Die meisten Verfahren sind grammatikgetrieben. Naheliegend und verbreitet ist die Auffassung von Parsing als Bottom-Up-Prozeß mit Breitensuche und von Generierung als Top-Down-Prozeß mit Tiefensuche. Allerdings beeinflußt die jeweils verwendete linguistische Theorie die Effizienz dieser Verfahren ganz entscheidend und kann andere Strategien nahelegen.

Wird, wie z.B. in HPSG, für →Subkategorisierung ein listenartiges Merkmal verwendet, das in der syntaktischen Struktur auf jeder Ebene zwischen der Wurzelkategorie und dem lexikalischen Head spezifiziert ist, so erweist sich eine Top-Down-Generierung der entsprechenden Teilstrukturen als problematisch. Abbildung 2.2 zeigt die Verwendung dieses Merkmals. Auf der tiefsten Ebene im Baum enthält die Liste Kategorien für alle →Komplemente („ungesättigter" Zustand), während auf jeder höheren Ebene, auf der ein Komplement eingeführt wird, die betreffende Kategorie aus der Liste entfernt ist. An der Wurzelkategorie ist die Liste leer („gesättigter" Zustand). Bei einer top-down operierenden Verarbeitungsstrategie muß mit einer leeren Liste begonnen werden, deren Länge zunächst nicht bekannt ist. Bei Einführung von Konstituenten werden entsprechende Kategorien an die Liste angehängt, bis der lexikalische Head eingeführt wird. Dann erst stellt sich heraus, ob die eingeführten Konstituenten in den Subkategorisierungsrahmen des lexikalischen Heads passen. Dieses Verfahren ist auf Versuch und Irrtum gegründet und daher ineffizient.

[Noord 1989] schlägt stattdessen eine bottom-up vorgehende Generierungsstrategie vor, die von der Subkategorisierungsspezifikation des lexikalischen Heads ausgeht und kontrolliert, welche Konstituente auf der nächsthöheren Ebene der syntaktischen Struktur eingeführt werden darf.

Der Grund für die Wahl der Bottom-Up-Strategie ist in dem verwendeten Subkategorisierungskonzept zu sehen. Andere Grammatiktheorien (z.B. GPSG) behandeln Subkategorisierung auf eine andere Weise (siehe Kapitel 3.3), die dieses Argument gegen das Top-Down-Verfahren nicht greifen läßt.

An dieser Stelle sei auf das bekannte Problem der Endlosrekursion bei der Top-Down-Generierung hingewiesen. Eine strikte Links-Rechts-Verarbeitung wird bei einer Regel wie (2.2) nicht terminieren, da sie rekursiv anwendbar ist.

(2.2) $\mathrm{VP} \longrightarrow \mathrm{VP}, \mathrm{AP}$

Ein analoges Problem entsteht bei der Verbalisierung einer semantischen Ausgangsstruktur mit einer *integrierten Semantik.* Das bedeutet, daß in jeder Grammatikregel komplexe Kategorien mit syntaktischer und semantischer Information vorkommen. Parsing und Generierung mit solchen Grammatiken erfordern stets die simultane Verarbeitung beider Arten von Information.

(2.3) `s/S --> np/NP, vp(NP)/S.`

(2.3) zeigt ein Beispiel für eine solche Regel in DCG-ähnlicher Prolog-Notation, die [Shieber *et al.*

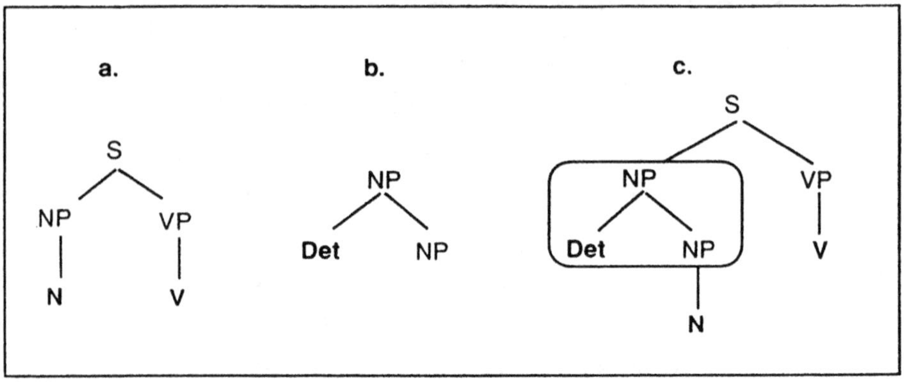

Abbildung 2.3: Initialer Baum (a), auxiliarer Baum (b) und Adjunktion beider (c) in TAG

1990] entnommen wurde. Die Notation benutzt den Schrägstrich („/“), um syntaktische von semantischer Information zu trennen. Die Regel besagt, daß ein S genau dann durch eine NP gefolgt von einer →VP ersetzt werden kann (syntaktische Information), wenn die Semantiken von S und VP identisch sind und das Argument der VP mit der Semantik der NP identisch ist. Dies macht Sinn, wenn VPs wie *loves Sandy* durch ein Nonterminal wie `vp(X)/loves(X,sandy)` beschrieben werden.

Wird nun diese Regel auf eine Ausgangsstruktur wie `s/loves(kim,sandy)` angewendet, so findet das Top-Down-Verfahren einen unendlichen Suchraum für die Expansion von `np(NP)` vor und terminiert nicht. In solchen Situationen hilft eine explizite Ordnung der zu expandierenden Kategorien, die sicherstellt, daß die semantische Information zur Expansionszeit instantiiert ist (vgl. [Dymetman/Isabelle 1988]). Im vorliegenden Beispiel ist zuerst die VP zu expandieren, was die Instantiierung von `NP` bewirkt.

Anstatt dessen könnte auch zur Laufzeit untersucht werden, ob die semantische Information in einer Kategorie vorliegt. Das Problem ließe sich technisch mithilfe von `freeze` aus Prolog II lösen [Colmerauer 1982]. Durch `freeze(X,` ψ`)` wird die Auswertung der Formel ψ verzögert („eingefroren“), bis die Prolog-Variable `X` instantiiert ist.

2.2.3 Inkrementelle Generierung mit TAGs und mit Segmentgrammatiken

Der Formalismus der Baumadjunktionsgrammatiken (engl. Tree Adjoining Grammar (TAG)) war ursprünglich nicht als eine linguistische Theorie, sondern als eine Technik zur Baumerzeugung gedacht. Viele formale und linguistisch relevante Eigenschaften wurden inzwischen untersucht und in unterschiedlichen Dialekten von TAGs implementiert (einen Überblick gibt etwa [Joshi 1986b]).

Bei TAGs unterscheidet man zwei Mengen von *elementaren* Bäumen, *initiale* und *auxiliare* Bäume. Initiale Bäume können als kontextfreie Ableitungsbäume aufgefaßt werden. Auxiliare Bäume haben als Wurzel eine nonterminale Kategorie K, die auch an einer Tochter, dem Fußknoten, vorkommt. Ein auxiliarer Baum mit Wurzel K kann in einen initialen oder abgeleiteten Baum T durch *Adjunktion* eingesetzt werden, wenn T ein Nonterminal K enthält (vgl. Abbildung 2.3; K ist hier NP). Das von K in T dominierte Material (im Beispiel: N) wird anschließend vom Fußknoten K des auxiliaren Baums dominiert. Um Endlosrekursionen zu vermeiden, müssen auxiliare Bäume mindestens ein Terminalsymbol einführen. Ein Spezialfall der Adjunktion ist die *Substitution* eines nonterminalen Blattknotens X durch einen auxiliaren Baum mit Wurzel X. Infolge der Adjunktionsoperation ist TAG schwach kontextsensitiv, was als angemessen zur Beschreibung von natürlicher Sprache gilt [Joshi 1986a].

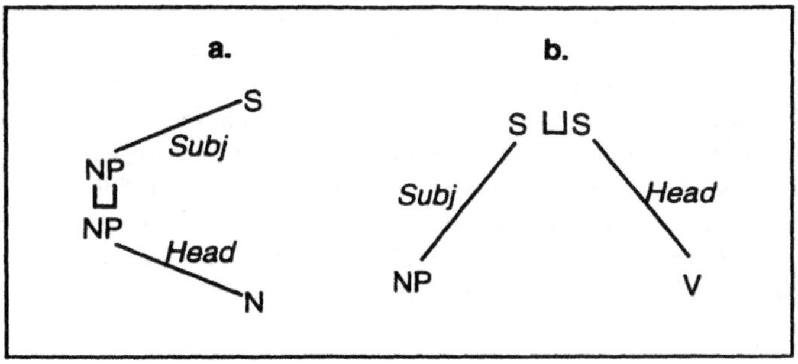

Abbildung 2.4: Konkatenation (a) und Gabelung (b) in Segmentgrammatiken

Linguistisch motiviert ist die Einführung von Merkmalsunifikation in TAG. Dies erleichtert die Darstellung z.B. von Kongruenzphänomenen. Bei Adjunktion müssen Wurzel und Fuß des auxiliaren Baumes bezüglich der vorher bestehenden Kospezifikationen unifizieren. Die Schwierigkeit besteht darin, unerwünschte Fehlschläge vom Unifikationen innerhalb des adjungierten auxiliaren Baumes zu vermeiden.

Analog zu GPSG wird zur flexiblen Behandlung von Wortstellung mit der separaten Darstellung von Konstituenz und Präzedenzbeziehungen gearbeitet (ID/LP-Konzept; siehe Abschnitt 3.1.2). Ferner werden oft *lexikalisierte* TAGs benutzt, bei denen alle elementaren Bäume mindestens ein Terminalsymbol, den lexikalischen Head, einführen. Dadurch, daß in TAG elementare Bäume eine Tiefe größer als 1 haben dürfen, lassen sich manche sprachlichen Regularitäten durch einen einzigen Baum darstellen und (z.B. Verb mit allen subkategorisierten Konstituenten). Dies ist kompakter als etwa bei Bäumen aufgrund von kontextfreien →Phrasenstruktur-Regeln, führt aber zu Redundanz im Lexikon, falls die Bäume direkt kodiert werden.

Eine weitgehend redundanzfreie lexikalische Repräsentation in einem hierarchisch strukturierten Lexikon mit Vererbung würde eine Segmentation elementarer Bäume in gemeinsame und unterschiedliche Anteile erfordern. Im unifikationsbasierten Formalismus der *Segmentgrammatik* [Kempen 1987, De Smedt 1990] werden solche Segmente in der Form unärer lokaler Bäume (lokal heißt: der Tiefe 1) als Basiselemente angesetzt. Sie bestehen aus einer Wurzel- und einer Fußkategorie sowie aus einer beide verbindenden Relation. Segmente werden auf zwei Arten miteinander kombiniert (vgl. Abbildung 2.4): durch Konkatenation (Unifikation des Fußes des einen mit der Wurzel des andern Segments) und Gabelung (engl. *furcation*, Unifikation beider Wurzeln). Subkategorisierungsinformation wird durch komplexe Ausdrücke im Lexikon dargestellt, die die Gabelung entsprechender Segmenttypen verlangen.

Segmentgrammatiken werden für inkrementelle Realisierungsverfahren eingesetzt [De Smedt 1990], desgleichen unifikationsbasierte, lexikalisierte ID/LP-TAGs [Harbusch *et al.* 1991]. Die Verfahren können in eine Kaskade verschiedener Generierungskomponenten nach der Inhaltsplanung und dem Textdesign als dritte Stufe integriert werden. Zum Vergleich von Segmentgrammatiken mit TAGs siehe [De Smedt 1990, S. 51ff].

Als Eingabe für die Realisierung mit TAGs werden Lemmata (z.B. *Peter, Maria, helfen*) und funktionale Beziehungen zwischen ihnen (z.B. *agens(helfen) = Peter*) erwartet. Infolge der Lexikalisierung ist es unmittelbar möglich, zu jedem eintreffenden Lemma die Menge initialer Bäume zuzuordnen, die das entsprechende Lexem als lexikalischen Head besitzen. Die partiellen Strukturen werden miteinander kombiniert, wobei Realisierungen weiterer Lemmata durch Adjunktion eingefügt werden. Die resultierenden Strukturen werden danach durch Regeln für Präzedenzbeziehungen (LP-Regeln) geordnet. Abschließend werden die Terminalsymbole durch eine Flexionskomponente flektiert und ausgegeben. Kombination, Anordnung und →Flexion laufen ebenfalls inkrementell ab.

Im Unterschied hierzu beschreiben [McDonald/Pustejovsky 1985] eine Verzahnung von Entscheidungs- und Realisierungsprozessen, indem sie strukturgetriebene deterministische Generierung zugrundelegen. Die Ausgangsstruktur spezifiziert u.a. rhetorische und →pragmatische Kriterien, nach denen der Generator über die Formulierungen aus einer Menge semantisch äquivalenter Alternativen entscheidet. Er bestimmt, an welchen zulässigen Expansionsstellen der syntaktischen Struktur weiteres Material eingefügt werden soll. Dort leitet er eine geeignete Adjunktionsoperation ein.

Lexikalisierte TAGs sind für inkrementelle Generierung gut geeignet. Die lexikalische Information wird bei Zugriff in die syntaktische Struktur integriert, da weiteres Material ggf. durch Adjunktion „zwischengeschoben“ werden kann. Durch die relativ komplexen elementaren Bäume werden oft genügend Constraints für die deterministische Ausführung nachfolgender Schritte erzeugt.

2.2.4 Ein strukturgetriebenes Generierungsverfahren am Beispiel von LFG

LFG gehört zu den ersten lexikonzentrierten Grammatiktheorien. Die Endketten werden durch eine kontextfreie Grammatik beschrieben (c-Struktur), deren Kategorien mit einer Menge von Gleichungen annotiert sind. Diese definieren eine Abbildung auf eine funktionale Ebene (f-Struktur), die Funktor-Argument-Beziehungen expliziert.

Oftmals erweist sich aufgrund von Verarbeitungsgesichtspunkten eine Reformulierung des verwendeten Formalismus als unumgänglich.[4] Für LFG in der Fassung von [Kaplan/Bresnan 1982] stellt sich als theoriespezifisches Problem, aus einer f-Struktur, die in der Form eines gerichteten, azyklischen Graphen (DAG[5]) u.a. relationale syntaktische und semantische Information enthält, einen syntaktischen Konstituentenstrukturbaum (c-Struktur) zu erzeugen, der die Endkette beschreibt. Da die Theorie der LFG keine Abbildung von f-Strukturen in c-Strukturen vorsieht, sondern nur von c-Strukturen in f-Strukturen, erscheint nach [Block 1987] LFG besser für Parsing geeignet als für Generierung: Um eine Endkette zu generieren, muß eine c-Struktur erst erzeugt und danach getestet werden, ob sie mit der Ausgangs-f-Struktur verträglich ist. Ein solches Verfahren (vgl. [Meier/Kindermann 1986]) ist zwar theoriekonform, aber grundsätzlich ineffizient, da zum einen die Generiere-und-Teste-Strategie unvermeidbar ist und zum andern nicht zu jeder c-Struktur eine f-Struktur existieren muß. Block kommt zu dem Schluß, daß die in [Kaplan/Bresnan 1982] beschriebene Theorie der LFG für Generierung inadäquat sei.

[Wedekind 1986] gibt ein Ableitungskonzept für LFG an, das die simultane Beschreibung von c- und f-Strukturen ermöglicht und insofern neutral bezüglich der Verarbeitungsrichtung ist. Eine Ableitung ist bei Wedekind eine Folge von Tripeln bestehend aus einer partiellen c-Struktur, einer partiellen f-Struktur und einer Abbildung von Knoten der c-Struktur in Teil-DAGs der f-Struktur. Die c-Struktur des Starttripels besteht aus dem Knoten mit Etikett S; die c-Struktur des letzten Tripels einer Ableitung beschreibt die Endkette.

Auf dieser Grundlage können aus f-Strukturen durch Unifikation deterministisch Endketten generiert werden. Die Grundidee (vgl. [Momma/Dörre 1988, Wedekind 1988]) besteht in der simultanen Erzeugung von f- und c-Strukturen auf der Grundlage von Regeln, die Korrespondenzen zwischen beiden Strukturen definieren. Um eine effiziente Verarbeitungsstrategie zu verwirklichen, muß die Konstruktion der c-Struktur durch die Ausgangs-f-Struktur bestimmt werden. Ziel des Generierungsverfahrens ist die Rekonstruktion der Ausgangs-f-Struktur, womit quasi als „Seiteneffekt“ eine c-Struktur (und eine Endkette) generiert wird. Bei der Rekonstruktion ist darauf zu achten, daß

- alle Information in der Ausgangs-f-Struktur erzeugt wird (Vollständigkeit) und
- keine weitere Information hinzukommt (Kohärenz).

[4] Die vorliegende Arbeit zeigt, warum dies für GPSG in der Fassung von GKPS der Fall ist.
[5] DAG steht für *directed acyclic graph*.

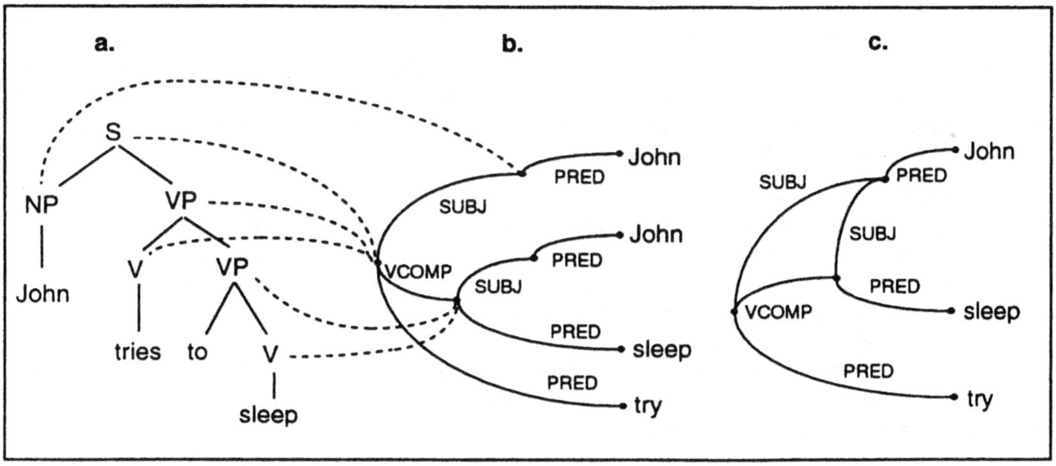

Abbildung 2.5: c-Struktur (a), entfaltete f-Struktur (b) und Ausgangs-f-Struktur (c) in LFG

Die erste Bedingung ist erfüllt, wenn alle mehrfachen Dominanzen von Teil-DAGs („reentrancies") und ferner alle Pfade der Ausgangs-f-Struktur abgeleitet werden. Dazu wird der DAG der Ausgangs-f-Struktur entfaltet, d.h. in einen Baum transformiert, wobei alle mehrfachen Dominanzen durch gleiche Teilstrukturen ersetzt werden. Ferner werden alle bereits abgeleiteten Pfade dieser Struktur nach Maßgabe der Regeln markiert. Die zweite Bedingung wird erfüllt, wenn die Ausgangs-f-Struktur die rekonstruierte f-Struktur subsumiert. Abbildung 2.5 zeigt die Entfaltung der Ausgangs-f-Struktur und einen Teil der Abbildungen zwischen f- und c-Struktur.

Mit einem analogen Verfahren baut Wedekind eine semantische Repräsentation in Form eines gerichteten azyklischen Graphen simultan mit f- und c-Strukturen auf, indem er einem Vorschlag von [Halvorsen 1987] folgt. Halvorsen erweitert den LFG-Formalismus um eine zusätzliche Art von Gleichungen, die für eine partielle Abbildung von f-Strukturen in die Knotenmenge der semantischen Strukturen benutzt werden.

Die Ableitung der c-Struktur erfolgt dem Ableitungskonzept zufolge top-down. Da das Verfahren strukturgetrieben arbeitet und die Ausgangs-f-Struktur zusammenhängend rekonstruiert wird, ist sichergestellt, daß keine Endlosrekursion auftritt.

Das LFG-System ist modular in dem Sinne, daß mit verschiedenen Grammatiken generiert werden kann ([Momma/Dörre 1988] nennen Grammatiken für deutsch, französisch und englisch). Ursprünglich wurde nicht angestrebt, ein- und dieselbe Grammatik für Generierung und Parsing zu verwenden, aber doch einen gemeinsamen Kern an Regeln.

2.2.5 Bidirektionale Bottom-Up-Verarbeitung mit Earley-basierter Deduktion

Versuche, sprachliches Wissen bidirektional zu verwenden, wurden unternommen, seit man in einem natürlichsprachlichen System gleichermaßen stark ausgeprägte Analyse- und Generierungskomponenten einsetzt. Vielfach werden Lexika von beiden Prozessen gemeinsam verwendet (vgl. [Jacobs 1985a] oder die Dialogsysteme HAM-ANS [Hoeppner *et al.* 1984] und VIE-LANG [Steinacker/Buchberger 1983]).

Die gemeinsame Nutzung von Grammatiken erfolgt auf zwei verschiedenen Wegen. Eine Möglichkeit besteht in der direkten Interpretation einer einzigen Grammatik (vgl. z.B. [Lancel *et. al* 1986]). Eine andere Herangehensweise schlagen [Horacek/Pyka 1988] im Rahmen eines LFG-ähnlichen Ansatzes vor. Aus Untersuchungen von Grammatiken, die entweder für Parsing oder für Generierung geschrieben worden waren, kristallisieren sie Eigenschaften heraus, die typisch für die jeweilige Verarbeitungsstrategie sind. Diese Eigenschaften lassen sich als Compiler formulieren, mit denen eine bidirektionale Grammatik in speziell geeignete Analyse- bzw. Generierungs-Grammatiken konvertiert werden kann. Die bidirektionale Grammatik muß offenbar bestimmten generellen Anforderungen genügen, damit die Kompilation maschinell erfolgen kann.

Eine weitere Dimension von Bidirektionalität diskutiert [Shieber 1988b], der über das sprachliche Wissen hinaus auch die Verarbeitungsstrategie in einem einheitlichen Formalismus modellieren will. Shieber schlägt eine Sicht von Sprachverarbeitung als logisches Schließen vor, die sich an der Simulation des Earley-Algorithmus durch ein Deduktionsverfahren von [Pereira/Warren 1983] orientiert. Shieber verallgemeinert diesen Ansatz und faßt Parsing und Generierung von Sätzen als unterschiedliche Parametrisierungen von ein- und derselben Earley-basierten Deduktionsmaschine auf. Bei beiden Prozessen werden bestimmte Ziel-Theoreme aus der deduktiven Hülle einer Menge gegebener Prämissen auf der Grundlage einer Grammatik abgeleitet. Infolge der Anlehnung an Earleys Algorithmus operieren beide Verfahren bottom-up.

Die Prozesse unterscheiden sich hinsichtlich der Prämissen und der abzuleitenden Ziel-Theoreme. Für Generierung sind die Lexeme der Sprache die Prämissen, und Ziel-Theoreme haben die Form „α ist ein Satz mit einer semantischen Repräsentation β“, wobei β gegeben ist. Für Parsing sind die Wörter der zu verarbeitenden Endkette α die Prämissen, und Ziel-Theoreme haben die Form „α ist ein Satz (mit zusätzlichen Eigenschaften γ)“.

Shieber verwendet zwei allgemeine Inferenzregeln, die dem *Predictor* und dem *Completer* von Earleys Algorithmus entsprechen. Diese Regeln werden durch die Regeln der Grammatik instantiiert. Um die bekannten Probleme der kombinatorischen Explosion zu vermeiden, wird der Ableitungsprozeß durch geeignete Prioritäten für die Verwendung erzielter Zwischenergebnisse (Lemmata) parametrisiert.

Die Rekonstruktion des Earley-Algorithmus in einer Theorembeweiser-Architektur verlangt für die Möglichkeit, Wortformen an beliebigen Positionen in Sätzen zu generiereren, eine Anzahl von $k \cdot w$ Prämissen, wobei w die Zahl der Wortformen im Lexikon und k die maximale Anzahl von Wörtern pro Satz ist. Generierung erweist sich dann als hochgradig indeterministisch, da ein- und derselbe Satz auf viele verschiedene Weisen abgeleitet wird. Ferner können anhand der Grammatik Teilketten erzeugt werden, die gar nicht zur Verbalisierung der Ausgangsstruktur beitragen und infolgedessen schließlich unberücksichtigt bleiben. Um den Generierungsprozeß auf die Ausgangsstruktur zu konzentrieren, schlägt Shieber eine *partielle* Vergabe von Prioritäten vor, so daß nur solche Lexeme berücksichtigt werden, deren Semantik einen Teil der Ausgangsstruktur subsumiert. Dies setzt voraus, daß die semantischen Repräsentationen strikt kompositional aufgebaut sind. Die Forderung nach *semantischer Monotonie* von Grammatiken besagt, daß die semantischen Repräsentationen aller Teile eines Satzes in der semantischen Repräsentation des gesamten Satzes erscheinen müssen.

Das Verfahren generiert auch mit semantisch monotonen Grammatiken noch immer Phrasen, die schließlich aus semantischen Gründen ausgefiltert werden; sie setzen sich aus dem „relevanten“ Vokabular zusammen. Eine weitere Ursache für Nondeterminismus stellt die strikte Links-Rechts-Generierung dar, die die Erzeugung der Subjekts-NP zeitlich vor dem finiten Verb im Deklarativsatz erzwingt. Daß diese NP den →Kasus Nominativ hat, legt jedoch der Subkategorisierungsrahmen des Verbs fest.[6]

[6]Man beachte, daß bei inkrementellen Generierungsansätzen umgekehrt argumentiert wird: nach der Generierung einer NP können nur noch solche Verben folgen, in deren Subkategorisierungsrahmen die NP paßt. Dies setzt jedoch voraus, daß die Ausgangsstruktur zum Zeitpunkt der Generierung der NP nicht vollständig gegeben ist.

2.2.6 Steuerung durch den semantischen Head am Beispiel von DCG und UCG

Die Nachteile des reinen Bottom-Up-Verfahrens wurden von [Shieber *et al.* 1990] behoben, indem Bottom-Up-Schritte durch Top-Down-Vorhersagen gesteuert werden. Es wird von einem listenartigen Subkategorisierungskonzept ausgegangen, das eine Bottom-Up-Strategie nahelegt. Im Unterschied zum Earley-basierten Algorithmus ist keine ausschließliche Links-Rechts-Generierung vorgesehen, sondern eine i.a. verbzentrierte Suchstrategie, die auf die Eigenschaften der Ausgangsstruktur abgestimmt ist. Das zentrale Konzept ist das des ***semantischen Heads***. Auf ihm beruht die sogenannte „semantic-head-driven strategy" [Shieber *et al.* 1990], die für den integrierten Semantikansatz als die fortgeschrittenste gilt. Sie zielt darauf ab, daß vom aktuellen Startknoten ein Pfad im Analysebaum zu einem Knoten K existiert derart, daß alle Knoten auf dem Pfad mit derselben semantischen Information etikettiert sind, nicht aber die Töchter von K. K wird als semantischer Head bezeichnet. Von ihm ausgehend, werden sowohl Top-Down-Schritte als auch Bottom-Up-Schritte vorgenommen. Zunächst werden seine Töchter rekursiv top-down expandiert; danach wird bottom-up entlang des Pfades durch Einführung von Grammatikregeln die Reduktion zur Wurzel hin vorgenommen, wobei auf jeder Ebene wiederum die restlichen Töchter der Regeln top-down expandiert werden. Das Verfahren wird nun in seinen Grundzügen skizziert.

Der Algorithmus beruht auf einer Unterteilung der Grammatikregeln in zwei Mengen. Die sogenannten *Kettenregeln* zeichnen sich durch gleiche semantische Information an der Mutter und mindestens einer Tochter aus. Bei den restlichen Regeln (und insbesondere den →Lexikoneinträgen) ist das nicht der Fall. (2.4) und (2.5) stellen Kettenregeln (in DCG-ähnlicher Prolog-Notation) dar, während der Lexikoneintrag (2.6) keine Kettenregel ist.[7]

(2.4) `s(Form)/S --> Subj, vp(Form,[Subj])/S.`

(2.5) `vp(Form,Subcat)/S --> vp(Form,[Compl|Subcat])/S, Compl.`

(2.6) `vp(finite,[np(_)/O,np(3sg)/S])/love(S,O) --> [loves].`

Ein Bottom-Up-Schritt erfolgt ausschließlich aufgrund einer Kettenregel, während Top-Down-Expansionen mit den übrigen Regeln bewerkstelligt werden.[8] Anhand der Ausgangsstruktur `s/love(kim,sandy)` bestimmt sich der Pfad zum semantischen Head aufgrund der Kategorien in den Kettenregeln. Ein semantischer Head ist die Mutter in (2.6). Von diesem Knoten ausgehend wird zuerst top-down das Terminalsymbol `[loves]` generiert. Dann wird bottom-up die Regel (2.5) angewandt (die Regel (2.4) ist nicht anwendbar, weil die Subkategorisierungsliste der VP-Tochter genau ein Element verlangt, während die des Lexikoneintrags zwei Elemente enthält). Die verbleibende Tochter `Compl` wird top-down als Objekt generiert. Danach folgt die Reduktion zur Wurzelkategorie mit Regel (2.4), und die verbleibende Tochter `Subj` wird als Subjekt generiert. Als Resultat erhält man den Satz *Kim loves Sandy* (vgl. auch Abbildung 2.2).

Damit dieses Verfahren möglichst deterministisch arbeitet, kommt es darauf an, semantische Heads eindeutig zu identifizieren. Im vorliegenden Fall wird von einem Vollformenlexikon ausgegangen, so daß noch weitere Formen von *love* infrage kamen. Bei einer „falschen" Wahl würde Backtracking erst bei der Generierung der Subjekts-NP einsetzen, da *Kim* lexikalisch als NP in der dritten Person Singular markiert ist. [Shieber *et al.* 1990] merken an, daß dieses Problem durch die Verwendung eines Stammformenlexikons und einer getrennt operierenden Flexionskomponente gelöst werden kann.

Eine weitere Voraussetzung für Determinismus ist ein möglichst beschränktes Spektrum an Reduktionsmöglichkeiten. Die Gefahr von Sackgassen, aus denen keine weitere Reduktionsmöglichkeit mehr zur Wurzel führt, kann durch geeignete Kodierung der Grammatiken in der Praxis vermieden oder beschränkt werden. Um diese Quelle des Nondeterminismus grundsätzlich auszuschließen,

[7] Die Beispiele entstammen [Shieber *et al.* 1990].

[8] Bei einer Kettenregel wäre die Expansionsstelle per definitionem nicht der semantische Head.

muß das Verfahren vor jedem Reduktionsschritt prüfen, ob es anschließend noch einen Pfad zur Wurzel gibt.

Der Ansatz ist nicht auf DCGs beschränkt, sondern er wird für unifikationsbasierte Grammatiken in verschiedenen Theorien (insbesondere HPSG) eingesetzt.

Ein ähnliches Verfahren wurde für UCG von [Calder *et al.* 1989] entwickelt. UCG geht von nur zwei Regeln aus, die funktionale Applikation definieren: Bei der Vorwärtsapplikation wird ein Funktor mit einem nachfolgenden Argument verknüpft, und bei der Rückwärtsapplikation geht ein Argument seinem Funktor voraus. Das Verfahren beruht auf der Annahme, daß die semantische Information jedes durch funktionale Applikation entstandenen Ausdrucks eine Extension der semantischen Information eines seiner Teilausdrücke ist. Hierdurch kann i.a. ein geeigneter lexikalischer Funktor (z.B. das Hauptverb) durch Top-Down-Vorhersage bestimmt werden. Die Argumente des Funktors werden bottom-up generiert.

Für Categorial Unification Grammars (vgl. [Uszkoreit 1986c]) wird in [Gerdemann/Hinrichs 1990] ein Verfahren vorgeschlagen, das in jedem Schritt zuerst die Konstituenten verbalisiert, die Funktorkategorien entsprechen, und danach jene, die den Argumenten des Funktors entsprechen. Soweit Funktoren und semantische Heads identisch sind, besteht Ähnlichkeit zu dem Ansatz von [Shieber *et al.* 1990]. Interessanterweise schränken die Funktoren in CUG den Suchraum stets so weit ein, daß ein striktes Top-Down-Regime gewählt werden kann.

2.3 Einordnung der vorliegenden Arbeit

Die vorliegende Arbeit beschreibt computerlinguistische Ansätze zur Generierung natürlicher Sprache. Inhaltsbestimmende Aspekte werden nicht behandelt; ebenso sind satzübergreifende Phänomene von der Betrachtung ausgeschlossen.

Im folgenden werden die hier vorzustellenden Ansätze in die computerlinguistische „Forschungslandschaft" eingeordnet; die Einzelheiten des verwendeten Formalismus und der Verfahren werden später beschrieben (Kapitel 4 bis 6).

Die Entwicklung von GPSG-basierten Generierungsverfahren stellt aus verschiedenen Gründen ein lohnendes Forschungsziel dar.

- Zunächst ist zu zeigen, daß Generierung auch mit GPSG möglich ist, wo Schwierigkeiten zu überwinden sind und welche Preise dafür zu zahlen sind. Die Ergebnisse können für die Weiterentwicklung linguistischer Theorien von Bedeutung sein.

- GPSG erhebt den Anspruch, sprachliche →Universalien zu identifizieren. Zwar ist der Universalienbegriff theoretisch nicht unumstritten; er bietet aber praktische Vorteile, denn es werden einzelsprachspezifische Regeln (die Grammatik) von einzelsprachübergreifenden Gegebenheiten (im Formalismus) getrennt. Dies führt zu einer sinnvollen Modularisierung des sprachlichen Wissens. Ein solcher linguistisch motivierter Formalismus ist für beliebige GPS-Grammatiken einsetzbar.

- Es gibt bereits GPS-Grammatikfragmente für eine Vielzahl verschiedener Sprachen. Selbst wenn man einbezieht, daß sie in verschiedenen Formaten vorliegen, ist eine Adaption an das Format eines bestimmten Generierungsverfahrens allein infolge der gemeinsamen theoretischen Grundlagen relativ schnell möglich. Somit bieten sich aussichtsreiche Möglichkeiten für multilinguale Generierung.

- Der Formalismus ist neutral in bezug auf Strategien zur Anwendung von Grammatikregeln. Somit können verschiedene Strategien (z.B. für Parsing und für Generierung) verwendet und verglichen werden. GPS-Grammatiken können prinzipiell bidirektional verwendet werden. Diese

Voraussetzungen sind notwendig für maschinelle Übersetzung zwischen verschiedenen Sprachen. Es eröffnet sich die ideale Perspektive eines einzigen Übersetzungsprozesses, der durch Grammatiken für Ausgangs- und Zielsprache parametrisiert werden kann.[9]

Die Ansätze in der vorliegenden Arbeit unterscheiden sich grundlegend von den zitierten computerlinguistischen Arbeiten hinsichtlich der Verbindung von syntaktischer und semantischer Information. GPSG sieht zwar ebenfalls eine integrierte Semantik vor, die eine intensionale Logik im Sinne Montagues verwendet. GKPS betonen, daß die intensionale Logik nicht Teil der GPSG-Theorie ist, sondern lediglich als allgemein bekannte und oft verwendete „Schnittstelle“ für eine modelltheoretische Interpretation gewählt wurde. Die Verwendung von intensionaler Logik wurde zugunsten eines *separaten* Semantikansatzes verworfen, d.h. es wurde ein eigener, von GPSG operational völlig unabhängiger Formalismus für die Repräsentation semantischer Information entwickelt.[10] Dies schafft andere Voraussetzungen für ein Generierungsverfahren, denn die Verbindung zwischen semantischer und syntaktischer Information ist nicht durch die Grammatik gegeben, sondern muß explizit hergestellt werden.

Dafür gibt es zwei grundsätzliche Möglichkeiten. Zum einen kann die Interpretationsvorschrift für Ausgangsstrukturen in den Generierungsprozeß integriert werden. Die Generierung aus Syntaktischen Ausgangsstrukturen erfolgt mit dieser Methode. Zum andern können, getrennt vom Verfahren, Abbildungsregeln definiert werden, wie es z.B. das Ableitungskonzept für LFG von [Wedekind 1986] vorsieht und wie es für das Verfahren mit Funktor-Argument-Strukturen geschieht. Allerdings sind f-Strukturen und c-Strukturen Strata von ein- und derselben Theorie, so daß die Regeln LFG-intern formuliert werden. Dagegen liegen bei Funktor-Argument-Strukturen und GPSG unterschiedliche theoretische Motivationen vor.[11]

Sowohl bei der integrierten Lösung als auch bei separaten Regeln muß zusätzlich festgelegt werden, wie die jeweiligen Ausgangsstrukturen verarbeitet werden sollen. Im Unterschied zu anderen Ansätzen stellt sich die Frage nach der Verarbeitungsstrategie hier also zweifach: für den Aufbau der lokalen Bäume der GPSG-Struktur und für die Verarbeitung der Ausgangsstruktur. Es ist offensichtlich, daß diese Fragen nicht unabhängig voneinander beantwortet werden sollten.

Ein grammatikgetriebenes Verfahren muß in der Ausgangsstruktur nach bestimmten Informationen suchen können (vgl. Abschnitt 6.1). Das kann sich bei komplex strukturierten Ausdrücken als aufwendig erweisen. Die Syntaktischen Ausgangsstrukturen wurden daher so definiert, daß der jeweils zu durchsuchende Bereich lokal begrenzt bleibt.

Ein strukturgetriebenes Verfahren kann die Ausgangsstruktur nach einer fest vorgegebenen Strategie traversieren. Dabei ist sicherzustellen, daß spätestens nach Abschluß der Traversion die erzeugten partiellen Zielstrukturen miteinander verbunden sind. Dies kann durch die bereits beschriebene Methode der schrittweisen Erweiterung einer initialen syntaktischen Struktur gemäß einer bestimmten Strategie erreicht werden. Falls eine Abbildungsregel eine syntaktische Teilstruktur erzeugt, die aufgrund dieser Strategie nicht in die zu bildende Gesamtstruktur eingefügt werden kann, verhält sich das Verfahren nichtdeterministisch.

Hinsichtlich der Strategien zur Erzeugung der lokalen Bäume einer GPSG-Struktur ergeben sich durch die separate Semantik andere Kontrollmöglichkeiten, so daß ein Top-Down-Verfahren nicht vor den beschriebenen Problemen steht. In Abschnitt 4.5 wird gezeigt, daß lokale Bäume gleichermaßen bottom-up und top-down generiert werden können. Die Kontrolle über rekursive Regeln (wie etwa (2.2)) erfolgt anhand der Ausgangsstruktur. Wird die rekursive Kategorie zuletzt expandiert, muß ein Teil der Ausgangsstruktur durch die Schwestern verbalisiert worden sein. Der nächste Rekursionsschritt findet also eine kleinere zu verbalisierende Reststruktur vor. Damit ist die Terminierung des Verfahrens bei rekursiven Regeln gesichert.

---

[9] Selbstverständlich sind diese Voraussetzungen nicht hinreichend; so muß z.B. das Problem der Abhängigkeit der semantischen Repräsentationen von einzelsprachlichen Regularitäten gelöst werden.

[10] Zu den Gründen siehe Abschnitt 5.2.

[11] Für ihre „Verträglichkeit“ wird in Abschnitt 6.3.9 argumentiert.

Die Kontrolle von Vollständigkeit und Kohärenz erfolgt ebenfalls anhand der Ausgangsstruktur:

Vollständigkeit: Im grammatikgetriebenen Verfahren ist bei Terminierung die Menge der noch zu verarbeitenden Teilausdrücke einer syntaktischen Ausgangsstruktur leer.

Das strukturgetriebene Verfahren verarbeitet definitionsgemäß alle Teile eines Funktor-Argument-Struktur.

Kohärenz: Für beide Verfahren gilt als notwendiges Terminierungskriterium: Die erzeugte GPSG-Struktur ist wohlgeformt; sie enthält insbesondere keine nonterminalen Blattknoten. Jedes Terminalsymbol wird nur aufgrund von Information in der Ausgangsstruktur generiert.

Ähnlich wie das Subkategorisierungskonzept in HPSG Bottom-Up-Schritte erfordert, gibt es auch im GPSG-Formalismus eine Bottom-Up-Komponente (vgl. Abschnitte 4.5 und 4.7). Sie bleibt auf die Anwendung der Merkmalinstantiierungsprinzipien beschränkt und betrifft nicht, wie bei [Shieber *et al.* 1990], die Konstruktion lokaler Bäume.

Wie bei [Shieber *et al.* 1990] erweist sich auch im vorliegenden Ansatz die Verwendung eines Stammformenlexikons mit separater Flexionskomponente als zweckmäßig, da die zur Bestimmung flektierter Formen notwendige Information oft erst nach der Einfügung von Lexemen verfügbar wird.

Die Generierungskomponenten sind als Bestandteil GPSG-basierter natürlichsprachlicher Systeme konzipiert. Im Berliner System für maschinelle Übersetzung wurde die bidirektionale Verwendung von GPS-Grammatiken und Lexika durch einen Bottom-Up-Parser und einen Top-Down-Generator verwirklicht. Parser und Generator interpretieren die Regeln direkt, so daß keine prozeßspezifische Kompilation erforderlich ist.

Kapitel 3

Generalisierte Phrasenstrukturgrammatiken

Viele Syntaxformalismen für natürliche Sprachen kodieren linguistisch-theoretische Aussagen indirekt. Einfache Phrasenstruktur-Regeln beschreiben z.B. sowohl Dominanzbeziehungen als auch Präzendenzbeziehungen zwischen Knoten. Damit gehen Aussagen über Wortstellung (etwa (3.1)) nicht direkt aus dem Formalismus hervor, sondern müssen durch Prüfung aller Regeln verifiziert werden.

(3.1) *Wenn NPs und →PPs als Schwestern auftreten, so stehen NPs vor PPs*

Die Theorie der Generalisierten Phrasenstruktur-Grammatiken (GPSG) wurde mit dem Ziel entwickelt, linguistische Aussagen über Eigenschaften natürlicher Sprachen *auf direkte Weise* zu kodieren. Die Gesamtheit dieser Aussagen[1] bestimmt, welche Ausdrücke einer natürlichen Sprache wohlgeformt sind und welche nicht. Z.B. wird die genannte in Phrasenstrukturregeln enthaltene Information in GPSG von Regeln verschiedenen Typs repräsentiert, nämlich von sogenannten ID-Regeln, die Aussagen über unmittelbare Dominanz darstellen und von sogenannten LP-Aussagen, die die Abfolge von Schwesterknoten beschränken. Mit einer LP-Aussage kann ein sprachliches Fakt wie (3.1) direkt ausgedrückt werden (3.2).

(3.2) NP $\prec$ PP

In GPSG gibt es noch weitere Regeltypen. Mithilfe von sogenannten Feature Cooccurence Restrictions (FCRs) läßt sich z.B. direkt ausdrücken, daß nur Verben ein Tempus haben. Feature Specification Defaults (FSDs) ermöglichen die Kodierung von Markiertheitskonventionen (etwa, daß eine NP im Englischen den Kasus Akkusativ erhält, sofern nicht andere Festlegungen entgegenstehen).

In wohl allen Ersetzungsregelsystemen für natürliche Sprachen lassen sich systematische Beziehungen zwischen Regeln auffinden. Ein bekanntes Beispiel ist die (verbunabhängige) Relation zwischen dem Objekt eines Aktiv-Satzes und dem Subjekt eines entsprechenden Passiv-Satzes. In GPSG werden diese und andere Beziehungen durch Metaregeln explizit ausgedrückt.

Bestimmte als universell angesehene sprachliche Regularitäten werden mit allgemeinen Prinzipien erfaßt, den sogenannten Merkmalinstantiierungsprinzipien. Sie sehen eine generelle Behandlung u.a. von Kongruenz, Koordination und Long-Distance-Phänomenen vor.

Diese linguistische Beschreibungsebene von GPSG stellt eine *Metasprache* mit eigener Syntax und Semantik dar. Ihre Mächtigkeit ist auf die Beschreibung kontextfreier Sprachen begrenzt. Eine GPS-Grammatik kann stets auf eine kontextfreie Grammatik zurückgeführt werden.

In diesem Kapitel wird GPSG aus linguistischer Sicht als Theorie der Syntax natürlicher Sprachen beschrieben (die Verwendung von GPSG zur Sprachverarbeitung ist Gegenstand von Kapitel 4). Die wichtigste Grundlage der Diskussion bildet das Hauptwerk von GKPS. Zuerst jedoch wird die Entwicklung und der aktuelle Stand der linguistischen Forschung im Bereich der GPSG dargestellt.

---

[1]Sie umfaßt sowohl „universelle" als auch einzelsprachspezifische Aussagen.

Abschnitt 3.1 zieht einige Hauptzüge der linguistischen Entwicklung von GPSG nach und führt die wesentlichen Elemente des Formalismus aus linguistischer Sicht ein. Dabei wird die Theorie von 1982 [Gazdar/Pullum 1982] zugrunde gelegt. Anschließend wird die Weiterentwicklung in GKPS skizziert, und die Unterschiede werden hervorgehoben. Beide Versionen von GPSG spielen eine maßgebliche Rolle für Implementationen (vgl. Kapitel 4).

Danach gibt Abschnitt 3.2 eine kurze, formale Definition einer GPS-Grammatik gemäß GKPS, indem die Syntax der Regeltypen angegeben und die Verwendung der Regeln und Prinzipien durch einen Ableitungsbegriff spezifiziert werden, wie er aus der Theorie formaler Sprachen bekannt ist. Dieser Abschnitt vermittelt noch keine linguistische Motivation für die Definitionen, gibt aber einen komprimierten Überblick über die Komponenten von GPSG und einige ihrer formalen Eigenschaften.

Abschnitt 3.3 enthält eine ausführliche Beschreibung der meisten Komponenten des Formalismus von GKPS, diskutiert linguistisch fragwürdige Vorgehensweisen und zeigt auf, an welchen Stellen nach Alternativen gesucht werden muß. Dabei werden hauptsächlich die Komponenten der Metasprache behandelt, die im Rahmen des Berliner GPSG-Formalismus (vgl. Abschnitt 4.2) rekonstruiert wurden; nämlich komplexe Kategorien, das ID/LP-Format, Metaregeln, FCRs und Merkmalinstantiierungsprinzipien. Es wird wenig zu den semantischen Ansätzen im Rahmen der GPSG zu sagen sein, durchaus aber einiges zu problematischen Aspekten der Schnittstelle zwischen Syntax und Semantik.

Die linguistisch wenig interessierte Leserin wird Abschnitt 3.3 überspringen wollen. Er ist für das Verständnis der Generierungsverfahren nicht erforderlich, trägt allerdings zur linguistischen Motivation des Berliner Formalismus und seiner Grammatiken bei.

Vorab erscheint mir eine Klärung der Begriffe „Theorie“ und „Formalismus“ wichtig (eine generelle Diskussion und Abgrenzung findet sich in [Shieber 1988a]). Unter der Theorie verstehe ich die linguistisch begründete Vorgehensweise zur Erklärung (und Vorhersage) sprachlicher Phänomene (z.B. die Trennung von Dominanz- und Präzedenzbeziehungen, um Fakten über die Wortstellung in natürlichen Sprachen explizit zu machen). Unter dem Formalismus verstehe ich eine formale Sprache, die die Formulierung von theorie-konformen Grammatiken erlaubt (z.B. die Definition des ID/LP-Formats und der Wirkungsweise von ID-Regeln und LP-Aussagen).

Mit einem GPSG-Formalismus sollen die von der GPSG-Theorie behaupteten linguistischen Sachverhalte ausgedrückt werden können. Im Idealfall würde der Formalismus *genau* die theoretischen Aussagen reflektieren und könnte somit als *Interpretation* der Theorie betrachtet werden. Eine vollständige Übereinstimmung hat man in nichttrivialen Systemen bisher nicht erreicht. Formalismen können i.a. mehr ausdrücken, als die Theorie besagt. Dies ist auch für GPSG der Fall. Somit kann man den Formalismus aus Sicht der Theorie mißbrauchen, indem man z.B. Informationen, die theoretisch durch Regeln des Typs A ausgedrückt werden, in Regeln des Typs B kodiert. Der Formalismus verbietet es auch nicht, unerwünschte Strukturbeschreibungen zu unterbinden, indem man zusätzliche Merkmale definiert oder die Wertebereiche vorhandener Merkmale erweitert. Der theoretische Stellenwert dieser Erweiterungen ist oft unklar.

Die vollständige Übereinstimmung zwischen Formalismus und Theorie ist kein vorrangiges Ziel mehr, wie sich an den unterschiedlichen Ansätzen zu einer Formalisierung von GPSG zeigt (vgl. Abschnitt 4.7). Vielmehr stellen die Eleganz der Beschreibung, die Effizienz der Verarbeitung und die Transparenz der Regelsysteme wichtigere Ziele dar. Daher bestehen Grammatik-Formalismen auch unabhängig von einer bestimmten linguistischen Theorie, z.B. Functional Unification Grammar [Kay 1979] oder PATR-II [Shieber *et al.* 1983].

3.1 Zur Entwicklung von GPSG

Die linguistischen Arbeiten zur GPSG begannen Ende der Siebziger Jahre und erwiesen sich als sehr stimulierend in einer Zeit, in der die Entwicklung moderner, unifikationsbasierter Grammatikformalismen (außer GPSG u.a. LFG [Kaplan/Bresnan 1982] und Categorial Unification Grammar rasch voranschritt. Noch bevor GKPS erschien, eröffnete Pollard mit seiner Dissertation [Pollard 1984] bereits neue Perspektiven, die viele Ideen von GPSG aufgreifen und gleichzeitig den „Trend zum Lexikon" verstärken, der auf teilweise ähnliche Art durch LFG und C(U)G begründet worden war. Die linguistische Theoriebildung schritt in unvermindertem Tempo weiter und führte inzwischen zur Entwicklung von HPSG [Pollard/Sag 1987]. Gleichzeitig wurden aufgrund von GKPS Erweiterungen und Verbesserungen des GPSG-Formalismus vorgeschlagen, die sehr viele Ideen ausbauen, die in GKPS nur angedeutet sind. Zu keiner Zeit gab es also eine Art stabiler Plattform, die GPSG als ausgereifte Theorie mit langfristigem Bestand präsentiert, so wie dies sehr lange durch die grundlegende Arbeit von Kaplan und Bresnan zu LFG der Fall war.[2]

Die Anfänge der Arbeiten zu GPSG in den späten Siebziger Jahren entstanden parallel zu der Entwicklung der Transformationsgrammatik in Richtung auf die Government-Binding-Theorie, die sich durch eine Beschränkung der Transformationskomponente auszeichnet. GPSG vollzieht einen radikaleren Bruch und verzichtet ganz auf Transformationen. Die rigide Beschränkung der generativen Kapazität von GPSG auf kontextfreie Sprachen ermöglichte den Nachweis, daß Transformationen für die Beschreibung vieler sprachlicher Phänomene nicht zwingend notwendig sind. Zudem hoffte man, so die bekannten, mathematischen Eigenschaften kontextfreier Grammatiken und der entsprechenden Parsingalgorithmen ausnutzen zu können.[3] Die Arbeit an GPSG weist einen im Vergleich zu anderen linguistisch motivierten Theorien ungewöhnlich hohen Grad der Formalisierung auf und stimulierte daher die Untersuchung mathematischer Eigenschaften natürlicher Sprachen.

GPSG ist, anders als Transformationsgrammatik, eine *monostratale* Theorie. GKPS versuchen zu zeigen, daß *eine* Ebene der syntaktischen Repräsentation genügt, um eine Reihe komplexer sprachlicher Phänomene zu beschreiben, die in Transformationsgrammatik-Ansätzen auf verschiedenen Ebenen getrennt behandelt werden mußten.

[Evans 1987] verweist auf eine Anzahl erster, miteinander noch inkompatibler Ideen, die er als „frühe GPSG" kennzeichnet [Gazdar 1980, Gazdar 1981b, Gazdar 1981a, Gazdar/Sag 1981, Gazdar 1982, Gazdar *et al.* 1982]. Eine erste Formalisierung der gesamten Theorie, der „mittleren GPSG", wird in [Gazdar/Pullum 1982] beschrieben. Abschnitt 3.1.2 skizziert die wesentlichen Komponenten dieses Ansatzes. Die „späte GPSG" wird durch GKPS repräsentiert und von dem mittleren Ansatz in Abschnitt 3.1.3 abgegrenzt. Einen Ausblick auf die aktuellen, lexikon-zentrierten Entwicklungslinien gibt Abschnitt 3.1.4.

3.1.1 Zur Beschreibung natürlicher Sprachen mit kontextfreien Grammatiken

Daß natürliche Sprachen kontextfrei beschreibbar seien, widersprach der zu Anfang der GPSG-Entwicklung vorherrschenden Meinung, die sich auf die Behandlung einer Reihe sprachlicher Phänomene gründete wie z.B. Subjekt-Verb-Kongruenz, Konstruktionen mit *respectively*, englische Komparative, holländische infinitivische →Verbalphrasen, *such that*-Konstruktionen usw. Alle damals bekannten Argumente dieser Art wurden in [Pullum/Gazdar 1982] diskutiert und entweder formal oder empirisch widerlegt. Damit war der Weg frei für die Verwendung kontextfreier Beschreibungsmodelle für größere Fragmente zahlreicher natürlicher Sprachen.

Das Ergebnis war provozierend genug, so daß die Diskussion fortgesetzt wurde, und nunmehr, da sich der Staub ein wenig gelegt hat, kristallisieren sich einige wenige Phänomene heraus, die tatsächlich nicht kontextfrei beschreibbar zu sein scheinen. Nach [Gazdar/Pullum 1985] gibt es für den Fall überkreuzweiser Abhängigkeiten bei infinitivischen VPs des Zürcher Dialektes einen überzeugenden Beweis [Shieber 1985].

[2] Die Schattenseite einer solchen Stabilität ist ihre offensichtliche Selbstverstärkung; beim gegenwärtigen Stand der linguistischen Theoriebildung könnte sich Ekklektizismus (wie in HPSG) als innovativer erweisen als ein Verharren im Paradigma.

[3] Diese Hoffnung ist grundsätzlich unberechtigt, denn kontextfreie generative Kapazität garantiert nicht die Existenz eines effizienten Verarbeitungsverfahrens (Näheres hierzu folgt in Abschnitt 4.1).

Welche Folgerungen sind hieraus zu ziehen? Zunächst einmal ist GPSG offensichtlich zu schwach für eine Syntax des Zürich-Deutschen (und möglicherweise für die Beschreibung einer Reihe weiterer Phänomene, von denen noch präzise zu beweisen wäre, daß sie nicht kontextfrei beschreibbar sind). Dies bedeutet andererseits, daß von fast allen natürlichen Sprachen keine syntaktischen Phänomene bekannt sind, die nicht mit GPSG beschrieben werden könnten.

Die Frage steht jedoch im Raume, welche Klasse von Grammatiken denn gerade ausreicht, um natürliche Sprachen zu beschreiben. Die sogenannten schwach kontextsensitiven Grammatiken [Joshi 1986a] erlauben die Behandlung der genannten überkreuzweisen Abhängigkeiten und zeichnen sich durch ein beschränktes Längenwachstum der Ableitungen aus. Sie haben jedoch nicht die Mächtigkeit kontextsensitiver Grammatiken. Formalismen für schwach kontextsensitive Grammatiken sind *Tree Adjoining Grammars* [Joshi *et al.* 1975, Joshi 1985] und *Head Grammars* [Pollard 1984].

Untersucht werden in diesem Hinblick auch *Indexed Grammars* [Aho 1968], die ebenfalls geringere Mächtigkeit als kontexsensitive Grammatiken haben, aber mächtiger sind als schwach kontextsensitiv (vgl. [Gazdar 1985]).

Es scheint mir, als werde der Frage, *ob* ein syntaktisches Phänomen in einem bestimmten Rahmen beschrieben werden kann, zu viel Bedeutung beigemessen und stattdessen die Frage vernachlässigt, *wie einfach* es darin modelliert werden kann. Es ist ganz offensichtlich, daß die letzte Frage von viel entscheidenderer praktischer Bedeutung ist [Shieber 1988a]. Die direkte Explizierbarkeit sprachlicher Fakten ist gerade ein Grund für die Entwicklung der Metasprache in GPSG.

3.1.2 Der indirekte, metagrammatische Ansatz

Die mittlere, metagrammatische GPSG definiert eine kontextfreie Grammatik, die wiederum – auf bekannte Weise – eine Menge von Endketten beschreibt. Diesen Ansatz möchte ich nach [Evans 1987] als *indirekt* bezeichnen. In der späten GPSG wird keine kontextfreie Grammatik definiert, sondern es werden Kriterien für die Zulässigkeit von Bäumen angegeben. Die Strukturbeschreibungen für Endketten werden somit *direkt* definiert.

In keinem Fall wird eine kontextfreie Grammatik zur Beschreibung natürlicher Sprachen direkt verwendet, denn die linguistische Aussagekraft solcher Grammatiken ist geringer als z.B. die transformationeller Ansätze, da eine Klassifikation von Teilmengen der Regeln zur Beschreibung sprachlicher Phänomene immer nur willkürlich erfolgen kann und nicht aus der Grammatik selbst hervorgeht.

Aus diesen Gründen war die frühe und mittlere GPSG als *metagrammatische Theorie* konzipiert, die auf einer abstrakten, metagrammatischen Ebene unterschiedliche →Generalisierungen über Grammatikregeln explizit beschrieb. Von der metagrammatischen Ebene wurde eine Abbildung in Phrasenstruktur-Regeln und damit in die *Objektgrammatik* definiert. Auf diese Weise stellte die (unverminderte) Komplexität der Objektgrammatik linguistisch kein Problem mehr dar, denn die interessierenden theoretischen Aussagen erfolgten auf der Metaebene.

Komplexe Kategorien, Extension und Unifikation

Eine wichtige Eigenschaft von GPS-Grammatiken ist die interne Struktur ihrer Kategorien, die sie von normalen kontextfreien Grammatiken, die monadische Kategorien haben, unterscheiden. Andere Komponenten (Regeln) können auf Teile dieser Struktur Bezug nehmen. [Gazdar/Pullum 1982] definieren eine Kategorie als Merkmal mit dem speziellen Merkmalnamen **cat**. Merkmale haben Werte, die wiederum komplexe Merkmalstrukturen sein dürfen. Dadurch können Kategorien ein hohes Maß an interner hierarchischer Struktur aufweisen. Um die Struktur der Kategorien endlich zu halten, darf ein Merkmalname niemals im zugehörigen Merkmalwert enthalten sein.

Kategorien können, müssen jedoch nicht vollständig spezifiziert sein, d.h. zu jedem Merkmal der Grammatik eine Spezifikation enthalten. Unterspezifizierte Kategorien enthalten weniger Information. Die Möglichkeit, aufgrund unterspezifizierter Kategorien Regeln zu definieren, stellt einen

	⟨n : +⟩	⟨n : −⟩
⟨v : +⟩	A	V
⟨v : −⟩	N	P

Abbildung 3.1: Merkmalspezifikationen zur Beschreibung von N, V, A und P

wesentlichen Vorteil komplexer Kategorien dar. Die monadischen Kategorien N, V, A und P[4] lassen sich in Anlehnung an [Chomsky 1970] dekomponieren mithilfe zweier binärer Merkmale n und v (vgl. Abbildung 3.1). Auf diese Weise kann z.B. durch eine Kategorie, die ⟨v : +⟩, aber keinen Wert für n enthält, sowohl auf V als auch auf A Bezug genommen werden. Mehr noch, diese Kategorie umfaßt zusätzlich VP, →AP und S; sie ist also stark unterspezifiziert. Für eine eindeutige Beschreibung einer der genannten Kategorien müßten weitere Merkmale spezifiziert werden. Die vorliegende Beziehung von wenig spezifizierten zu stärker spezifizierten Kategorien wird mithilfe des Begriffs der Extension definiert: Die *Extension* einer Kategorie *C* ist eine Kategorie, die mindestens alle Spezifikationen aus *C* enthält. Stärker spezifizierte Kategorien sind oft durch *Unifikation* gegeben: Die Unifikation zweier Merkmale entspricht (in der mittleren GPSG) deren Vereinigung, wenn es zu ihnen eine gemeinsame Extension gibt. Andernfalls ist die Unifikation undefiniert.

Feature Cooccurrence Restricions und Feature Coefficient Defaults

In GPSG können Aussagen über die innere Struktur von Kategorien formuliert werden. In Anlehnung an die Markiertheitskonventionen der Generativen Phonologie (Gazdar und Pullum zitieren [Chomsky/Halle 1968, Kap. 9]) werden Constraints über die in einer Kategorie zugelassenen Kombinationen von Merkmalspezifikationen definiert. Die *Feature Cooccurrence Restrictions* (FCRs) zeichnen *legale* Kategorien aus. Nur legale Kategorien dürfen die Knoten im Phrasenstrukturbaum etikettieren.

Die Feature Coefficient Defaults, die in der späten GPSG *Feature Specification Defaults* (FSDs) genannt werden, verlangen das Auftreten bestimmter Merkmal-Wert-Paare, wenn das Merkmal nicht bereits aus anderen Gründen spezifiziert ist.

Das ID/LP-Format

Aus Beziehungen zwischen den komplexen Kategorien werden die Regeln gebildet. Anstelle von Phrasenstruktur-Regeln, die sowohl Information über unmittelbare Dominanz (zwischen Mutter und Töchtern) als auch über lineare Präzedenz (zwischen Schwestern) enthalten, ermöglicht das *ID/LP-Format* (Immediate Dominance/Linear Precedence) die Trennung dieser Informationen und damit deren explizite Kennzeichnung in der Metagrammatik. *ID-Regeln* spezifizieren eine Mutterkategorie (linke Seite) und eine Multimenge von Tochterkategorien, über deren Abfolge in Phrasenstrukturbäumen sie nichts aussagen. *LP-Aussagen* legen Beschränkungen über die Reihenfolge von Schwester-Kategorien fest. Mithilfe einer LP-Aussage können Generalisierungen über die Konstituentenabfolge in unterschiedlichen ID-Regeln explizit gemacht werden, die in kontextfreien Grammatiken nicht ausgedrückt werden können. Ein praktischer Vorteil des ID/LP-Formats liegt in der Regelersparnis bei Sprachen mit teilweise freier Wortstellung, für die einfach weniger Regeln anzu-

[4]Sie stehen für die Wortklassen Nomen, Verb, Adjektiv und →Präposition, z.B. in kontextfreien Grammatiken.

geben sind.

Die Verwendung des ID/LP-Formats macht eine wichtige Annahme über die Grammatiken, nämlich die der Konstanz der Konstituentenordnung (Exhaustive Constant Partial Ordering; kurz: ECPO-Eigenschaft). Wenn eine kontextfreie Grammatik G zwei Phrasenstruktur-Regeln jeweils mit Töchtern A und B enthält, in denen A und B abhängig vom Vorkommen weiterer Töchter in unterschiedlicher Reihenfolge auftreten, so läßt sich zu G keine stark äquivalente ID/LP-Grammatik angeben.[5]

Lexikalische Subkategorisierung und Metaregeln

Für Verben (und andere Lexeme) wird im Lexikon anhand eines Merkmals festgelegt, welche syntaktischen Konstituenten sie subkategorisieren. Die Werte des Merkmals sind ganze Zahlen. Beispielsweise subkategorisieren Lexeme mit dem Wert 5 eine Akkusativ-NP (3.3), während solche mit dem Wert 6 außerdem eine Dativ-NP subkategorisieren (3.4). ID-Regeln, die eine →lexikalische Kategorie C (z.B. V) einführen, enthalten die von C subkategorisierten Konstituenten als weitere Töchter. Indem C eine Spezifikation für die subkategorisierten Konstituenten enthält, fungiert die ID-Regel als syntaktische Umgebung für diejenige Teilmenge der Lexeme, die dieselbe Spezifikation aufweist (3.5–3.6).

(3.3) V[6] ⟶ *lieben*

(3.4) V[9] ⟶ *geben*

(3.5) VP ⟶ V[6], NP[acc]

(3.6) VP ⟶ V[9], NP[acc], NP[dat]

Ähnlich wie Beziehungen zwischen Kategorien ausgedrückt werden können, lassen sich auch Relationen zwischen ID-Regeln explizit machen. Beispielsweise können passivierbare →transitive Verben auch in der syntaktischen Umgebung für Passivsätze auftreten; es besteht eine systematische strukturelle Beziehung zwischen den ID-Regeln, die Aktiv- und Passivkonfigurationen bilden. Diese Beziehungen werden mithilfe von *Metaregeln* beschrieben, die Funktionen von ID-Regeln in (Mengen von) ID-Regeln sind. Es wird sichergestellt, daß der Abschluß der ID-Regeln unter Metaregel-Anwendung endlich ist (vgl. Abschnitt 3.3.4).

X-Bar-Syntax und Head-Feature-Konvention

Kennzeichnend für GPS-Grammatiken ist die Verwendung einer →X-Bar-Syntax [Chomsky 1970, Jackendoff 1977]. Die in [Gazdar/Pullum 1982] verwendete Version der X-Bar-Theorie geht von drei phrasalen Ebenen aus, die durch numerische Werte des Merkmals bar gekennzeichnet werden (1, 2, 3). Z.B. entspricht V[bar: 2] einer VP und V[bar: 3] einem S. Ein Verb ist durch V[bar: LEXICAL] spezifiziert.

Innerhalb einer ID-Regel ist es möglich (und gewöhnlich der Fall), daß die Mutter und eine oder mehrere Töchter dieselben Spezifikationen für n und v haben. Diejenige unter diesen Töchtern mit dem kleinsten bar-Wert, der kleiner oder gleich dem bar-Wert der Mutter ist, wird üblicherweise *Head* genannt. In einer Regel mit der Mutter S und den Töchtern NP und VP ist die VP der Head. [bar: LEXICAL] ist stets ein Head.

Diese Auszeichnung gegenüber anderen Töchtern ist nützlich, da Mutter und Head (unabhängig von ihrer jeweiligen Spezifikation für n und v) viele weitere Eigenschaften teilen. In GPSG drückt sich dies in der gleichen Spezifikation weiterer Merkmale an Mutter und Head aus.

Diese Kospezifikation wird auf der metagrammatischen Ebene durch das Merkmalinstantiierungsprinzip *Head Feature Convention* (HFC, [Gazdar *et al.* 1982]) erreicht. Eine ID-Regel genügt der HFC, wenn ihre Mutter und ihr Head bezüglich einer gegebenen Menge von Head-Merkmalen übereinstimmen.

---

[5]Siehe Abschnitt 3.3.3 für weitere Diskussion.

Durch HFC als universelles[6] Prinzip wird eine weitere Generalisierung erreicht, die mit Phrasenstruktur-Regeln nicht darstellbar ist.

Das Control-Agreement-Prinzip

Auf der Grundlage des *Control-Agreement-Prinzips* (CAP) wird angestrebt, die Kongruenzbeziehungen in natürlichen Sprachen zu erklären. Kongruenz läßt sich, übereinzelsprachlich gesehen, nicht an bestimmten syntaktischen Kategorien oder Merkmalen festmachen, sondern muß unter Berücksichtigung semantischer Eigenschaften beschrieben und erklärt werden. Ausgehend von einem oberflächennahen Semantikkonzept mit Funktor-Argument-Beziehungen postulieren Gazdar und Pullum

- Funktoren können mit nominalen Argumenten kongruieren

und berufen sich dabei auf Edward Keenan [Keenan 1974]. Welche Funktoren tatsächlich an Kongruenzrelationen beteiligt sind, variiert von Sprache zu Sprache. Beispielsweise sind Verben semantisch Funktoren und die vom Verb subkategorisierten Konstituenten (etwa Subjekt, Objekt) Argumente. Im Deutschen kongruieren Verben mit dem Subjekt, nicht aber mit dem Objekt.

Der GPSG-Ansatz verallgemeinert Keenans semantisch motiviertes Prinzip und folgt Bach und Partee [Bach/Partee 1980], indem anstelle der Explizierung der Funktor-Argument-Verhältnisse der Begriff der *Kontrolle* verwendet wird. Eine Argument-Kategorie kann die Funktor-Kategorie kontrollieren, oder die Funktor-Kategorie kann die Kontrollbeziehung zwischen zwei Argument-Kategorien vermitteln. Zwischen welchen Kategorien eine Kontrollbeziehung tatsächlich vorliegt, muß durch die Grammatikschreiberin festgelegt werden. Das CAP wird als Bedingung über ID-Regeln definiert: Eine ID-Regel genügt dem CAP, wenn Kategorien, zwischen denen eine Kontrollbeziehung besteht, bezüglich einer gegebenen Menge von Kontrollmerkmalen übereinstimmen.

Unter der Voraussetzung, daß Kontroll- und Head-Merkmale geeignet definiert sind, bewirken CAP und HFC gemeinsam Kongruenz in komplexen Phrasenstrukturbäumen. Gazdar und Pullum betonen, daß eine solche Beschreibung von Kongruenzverhältnissen nicht auf einzelsprachliche Regularitäten zurückgreift:

> The facts [of agreement, SB.] simply follow from interaction of two universal principles (the HFC and the CAP) with the form of the syntactic and semantic rules which are motivated quite independently of the facts of agreement. [Gazdar/Pullum 1982, S. 32f]

Das Foot-Feature-Prinzip

Eine weitere Gruppe von syntaktischen Phänomenen läßt sich auf der Ebene der Metagrammatik in Form eines dritten universellen Instantiierungsprinzips erfassen. Diese Phänomene betreffen, grob gesagt, Beziehungen zwischen unbestimmt weit voneinander entfernt stehenden Konstituenten eines Phrasenstrukturbaumes (darunter die sogenannten Long-Distance-Phänomene). Dazu zählen →Topikalisierung, Fragewörter mit Konstituentenstatus, „Missing-Object"-Konstruktionen usw. Für Topikalisierung kann die Beziehung bestehen zwischen

- einer vom Verb subkategorisierten Kategorie, die als Schwester von V in einer ID-Regel auftritt (und die dann eine leere Endkette dominiert) und
- der Kategorie, die in einer anderen ID-Regel die Konstituente (am Satzanfang) beschreibt.

Die Beziehung wird durch Kospezifikation von sogenannten Foot-Merkmalen ausgedrückt. HFC kann diese Phänomene nicht erfassen, da sie nicht nur Beziehungen zwischen Mutter und Head ausdrücken, sondern auch zwischen der Mutter und anderen Töchtern.

[6] Die Menge der Head-Merkmale ist einzelsprachabhängig definiert.

Die beiden betreffenden Kategorien erhalten in ihren ID-Regeln eine Spezifikation eines Foot-Merkmals. In einem Phrasenstrukturbaum kann zwischen den beiden Kategorien eine beliebige Anzahl von lokalen Bäumen auftreten, deren jeder aus einer ID-Regel resultiert. Somit existiert ein Pfad zwischen den beiden Kategorien von unbestimmter Länge. Die Beziehung zwischen den beiden Kategorien wird nun dadurch hergestellt, daß die Foot-Merkmale an den Kategorien auf dem Pfad gleiche Werte haben müssen. Dies wird mithilfe des *Foot-Feature-Prinzips* (FFP) erreicht, das wie HFC und CAP über ID-Regeln operiert.

Eine ID-Regel genügt dem FFP, wenn die Mutter bezüglich einer gegebenen Menge von Foot-Merkmalen mit den Töchtern übereinstimmt, die Knoten auf dem Pfad etikettieren können.

Dies schließt den Überblick über die metagrammatische Ebene der mittleren GPSG ab. Im folgenden wird das intendierte Zusammenwirken der einzelnen Komponenten skizziert.

Die Objektgrammatik

Die Definitionen auf der metagrammatischen Ebene spezifizieren eine Menge von Phrasenstruktur-Regeln. Der Grundgedanke, durch das Zusammenwirken der Komponenten bestimmte Merkmalspezifikationen in Kategorien zu erzwingen und die anderen Merkmale *frei instantiierbar* zu lassen, zieht sich durch alle Theorien, die komplexe Kategorien verwenden.

Um das intuitive Konzept der FCDs zu verwirklichen, nämlich die Instantiierung von Merkmalen nur dann zu fordern, wenn diese ansonsten frei instantiierbar wären, beschränken Gazdar und Pullum den Anwendungsbereich der FCDs entsprechend. Sie nennen die Merkmale, die FCDs nicht betreffen, *privilegiert.* Nun wird in zwei Schritten die Beziehung zwischen Metagrammatik und Objektgrammatik definiert (vgl. Abbildung 3.2). Der erste Schritt beschreibt die Auswirkungen von FCRs, Merkmalinstantiierungsprinzipien und FCDs auf ID-Regeln. Der zweite Schritt behandelt das Zusammenwirken von Metaregeln, ID-Regeln und LP-Aussagen.

1. Eine *instantiierte Extension* einer ID-Regel ist eine ID-Regel, in der jede Kategorie legal ist, die der HFC, dem CAP und dem FFP genügt und bei der in jeder Kategorie alle nicht privilegierten Merkmale den FCDs genügen.

2. Aus dem endlichen Abschluß der ID-Regeln unter Metaregel-Anwendung resultiert aufgrund des ersten Schrittes eine Menge instantiierter Extensionen. Für jede instantiierte Extension entsprechen die Mutter und diejenigen Permutationen der Töchter, die allen LP-Aussagen genügen, einer Menge von Phrasenstruktur-Regeln. Die Vereinigung dieser Mengen bildet eine zur Metagrammatik stark äquivalente Objektgrammatik.

Dieser Korrespondenz liegen eine Reihe von Annahmen über Eigenschaften natürlicher Sprachen zugrunde. In [Gazdar/Pullum 1982] wird genannt:

- Metaregeln können sich nur auf Spezifikationen beziehen, die ursprünglich in ID-Regeln kodiert wurden;

- Metaregeln oder Instantiierungsprinzipien können sich nicht auf Ordnungsrelationen zwischen Töchtern beziehen;

- Ordnungsrelationen können von Merkmalen bestimmt werden, die durch andere Komponenten der Metagrammatik instantiiert werden;

- Ordnungsrelationen treten nur zwischen Schwesterkategorien auf.

Die Definitionen auf der metagrammatischen Ebene dürfen einander nicht grundsätzlich widersprechen, indem sie die Erzeugung von Phrasenstruktur-Regeln verhindern. Natürlich ist es einfach, etwa durch FCRs Merkmale so zu instantiieren, daß die Merkmalinstantiierungsprinzipien nicht erfüllt werden. Ein solches Vorgehen bei der Formulierung einer Metagrammatik widerspräche aber den linguistischen Motivationen des Formalismus.

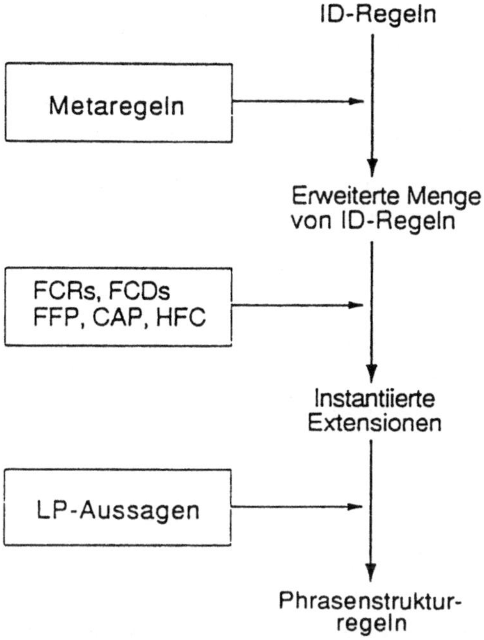

Abbildung 3.2: Die Organisation der mittleren GPSG

Die Frage bleibt letztlich offen, ob das Zusammenwirken der Komponenten des GPSG-Formalismus die Formulierung eines Regelsystems für ein Fragment einer *beliebigen* natürlichen Sprache ermöglicht. Wie in Abschnitt 3.3 gezeigt wird, verwenden GKPS viel Mühe darauf, die wechselseitigen Einflüsse der Komponenten formal zu beschreiben.

3.1.3 Der direkte, constraint-basierte Ansatz

Bei dem direkten Ansatz der späten GPSG wird zwar keine kontextfreie Grammatik mehr definiert, doch geht der unmittelbare Bezug zu Phrasenstruktur-Regeln nicht verloren. Er ist über die gemäß den Komponenten des Formalismus zulässigen lokalen Bäume gegeben, die aufgrund einer kontextfreien Grammatik erzeugt werden könnten.

GPSG als constraint-basierte Theorie

In der späten GPSG operieren sämtliche Komponenten des Formalismus über lokalen Bäumen statt über ID-Regeln. Im Mittelpunkt steht daher die Frage, unter welchen Bedingungen ein lokaler Baum zulässig ist. GKPS beantworten diese Frage auf strikt deskriptive Weise, in dem sie eine Menge von Eigenschaften formulieren, die zulässige lokale Bäume charakterisieren. Der Formalismus von GKPS enthält keinerlei prozedurale Information; z.B. gibt er kein Verfahren an, wie man ausgehend von einer ID-Regel einen lokalen Baum so verändert (beispielsweise durch Instantiierung von Merkmalen in Kategorien, die seine Knoten etikettieren), daß er zulässig wird.

Es muß betont werden, daß auch die mittlere GPSG die Kriterien für instantiierte Extensionen von ID-Regeln als Menge von Bedingungen beschreibt; allerdings trägt der zweite Schritt bei der Definition der Objektgrammatik doch stark prozedurale Züge.

Die deskriptive Vorgehensweise folgt aus einigen methodologischen Grundannahmen (vgl. [Gazdar *et al.* 1985, S. 2]). Ausgehend von den Voraussetzungen des generativen Paradigmas der Linguistik sehen GKPS in der Grammatik ein formales System, das genau die zu einer Sprache gehörenden Ausdrücke beschreibt und jedem eine Struktur und eine Interpretation zuweist.

- Um einen Aspekt der Organisation natürlicher Sprachen zu *erklären*, müssen Beschreibungen der relevanten Phänomene vorliegen, die einen postulierten Sachverhalt stützen.
- Der Grammatikformalismus kann und soll als formale Sprache aufgebaut sein, in der eine bestimmte Art von Grammatiken formulierbar ist.
- Universelle Eigenschaften natürlicher Sprachen sind idealerweise *Konsequenzen* aus Eigenschaften der Theorie und nicht explizit in der Theorie ausgedrückt.

Die Syntax und Semantik natürlicher Sprachen soll durch den Formalismus beschrieben (und, wenn möglich, erklärt) werden. Der Formalismus selbst hat als formale Sprache eine Syntax und eine Semantik und stellt eine Metasprache dar, die Endketten, Bäume und Kategorien der Objektsprache beschreibt.

(3.7) $\mathrm{S} \longrightarrow \mathrm{NP}, \mathrm{VP}$

Dies mag das folgende Beispiel verdeutlichen: Ein Ausdruck wie (3.7) folgt der Syntax der Metasprache, die festlegt, daß links vom Pfeil eine komplexe Kategorie stehen darf und rechts vom Pfeil eine Folge komplexer Kategorien, die durch Kommas getrennt sind (die Symbole S, NP und VP in (3.7) sind lediglich Abkürzungen). Die Syntax der komplexen Kategorien ist ebenfalls Teil der Metasprache. Der Ausdruck kann gemäß der Semantik der Metasprache als ID-Regel interpretiert werden (etwa aufgrund einer Formalisierung der im vorigen Abschnitt skizzierten Intuition). Dann beschreibt er Dominanzbeziehungen in der Syntax einer Objektsprache (z.B. Englisch).

Die Erklärung linguistischer Universalien ist ein sehr hoch gestecktes Ziel. Selbst wenn man glaubt, eine Eigenschaft aller natürlicher Sprachen gefunden zu haben und man diese formal repräsentiert, ist sie damit noch nicht erklärt. Man kann dann, im Falle eines Gegenbeispiels, die formale Repräsentation in geeigneter Weise verändern ohne weitere Auswirkung auf den Rest des Formalismus. Nach GKPS sollte eine Erklärung auf der umgekehrten Denkweise beruhen:

> The explanatory task has not even begun when a constraint or a generalization is merely stated. Only when it can be shown to be a nontrivial consequence of the definition of the notion 'possible grammar' can it be regarded as explained [...] [Gazdar *et al.* 1985, S. 3]

In dem Fall, da sich eine solchermaßen postulierte Behauptung aufgrund sprachlicher Daten als unzutreffend erweist, hätte dies schwerwiegende Konsequenzen für den gesamten Formalismus.

Ein Beispiel ist die Annahme der ECPO-Eigenschaft für Grammatiken natürlicher Sprachen; also die Behauptung, daß die Anordnung von Schwesterkonstituenten nicht vom strukturellen Kontext abhängt, d.h. es gibt keine Notwendigkeit für eine ID/LP-Syntax, in der z.B. nach einem V die Abfolge VP vor NP gefordert ist, jedoch nach einer von V verschiedenen Konstituente eine NP *vor* einer VP stehen muß. Erwiese sich diese Behauptung als falsch, so wäre das ID/LP-Format nicht adäquat zur Beschreibung von Dominanz- und Präzedenzrelationen. Die Annahme hat weitreichende Konsequenzen für die Formulierung von Grammatiken, die in Abschnitt 3.3.3 erörtert werden.

Ein anderes Beispiel betrifft den Status bestimmter Merkmale. Die HFC macht nur Sinn im Zusammenhang mit einer X-Bar-Syntax, und infolgedessen ist das Merkmal bar Bestandteil jeder GPS-Grammatik. Die Präsenz anderer Merkmale wie n, v oder cas (Kasus) ist nicht durch die Theorie gefordert.

Dieser prinzipielle Anspruch, Universalien zu identifizieren, läßt sich leicht kritisieren. Hendriks [Hendriks 1986, S. 14ff] bemerkt, daß eine Universalie, die aus einer Metasprache M_1 als Theorem folgt, nicht dadurch „uninteressanter" wird, daß man sie in einer (reichhaltigeren) Metasprache M_2 explizit kodieren kann.

Gegen die Nützlichkeit des Konzepts sprachlicher Universalien wird oft vorgebracht, daß es empirisch unmöglich sei, nachzuweisen, daß zu einer als sprachlichen Universalie deklarierten Behauptung keine Gegenbeispiele existieren. Aber gerade daraus folgt, quasi als Metauniversalie, daß beim gegenwärtigen Stand der linguistischen Forschung Theorien notwendig tentativ sein müssen (was teilweise erklärt, warum es so viele verschiedene Theorien gibt, über deren Erklärungsfähigkeit derzeit kein abschließendes Urteil möglich ist). Angesichts dessen erscheint der Ansatz von GKPS, als *Versuch* interpretiert, methodisch vielversprechend; als *endgültige Aussage* über natürliche Sprachen jedoch vermessen.

Da sich GKPS in ihrem Buch nicht mit psychologischen Fragestellungen wie Spracherwerb und menschlicher Sprachverarbeitung beschäftigen, ergibt sich im Hinblick auf das Ziel einer rigorosen Formalisierung der Metasprache kein Anlaß, prozedurale (und damit zusätzlich zu motivierende) Elemente einzubeziehen. Die Metasprache wurde stattdessen als eine Menge von Axiomen formuliert, aus denen die Bedingungen für zulässige Strukturen als Theoreme resultieren. Diese Vorgehensweise wird gelegentlich auch als *axiomatisch, deskriptiv* oder *constraint-basiert* bezeichnet. Für die vorliegende Diskussion spielen die in diesen Attributen ausgedrückten Unterschiede in der Perspektive keine Rolle.

Zum Verhältnis zwischen Syntax und Semantik

Im Unterschied zur mittleren GPSG ist die Kopplung zwischen Syntax und Semantik in der späten GPSG ein eigenes Thema. GKPS präsentieren eine monostratale Theorie, deren Repräsentationsebene die der syntaktischen Strukturen ist. Die semantische Interpretation erfolgt indirekt im Stile Montagues, indem einer syntaktischen Struktur ein Ausdruck in intensionaler Logik zugewiesen wird. Die intensionale Logik ist nicht Teil der linguistischen Beschreibung, sondern könnte auch durch eine direkte Interpretation einer Endkette in einer Modelltheorie ersetzt werden. Infolgedessen ist nicht beabsichtigt, Ausdrücke der intensionalen Logik als semantische Filter zu verwenden, die über die Wohlgeformtheit einer syntaktischen Struktur entscheiden.

Der Begriff der Wohlgeformtheit (hier: Zulässigkeit) ist im wesentlichen syntaktisch begründet.[7] Daher werden Sätzen, die unter vermutlich allen Interpretationen semantisch leer sind – etwa *Farblose grüne Ideen schlafen wütend* – durchaus zulässige Strukturen assoziiert.

Von der mittleren zur späten GPSG

Die Meta*grammatik* der mittleren GPSG und die Meta*sprache* der späten GPSG spezifizieren beide das bereits eingeführte Instrumentarium (Metaregeln, ID/LP-Format, FCR, FSD, HFC, CAP, FFP, usw.), jedoch aus verschiedenen Sichtweisen heraus. Man kann sich auf den Standpunkt stellen, daß der Unterschied künstlich sei (in [Hukari/Levine 1986] etwa wird weiterhin von Metagrammatik gesprochen), denn aus der Menge der zulässigen lokalen Bäume, die die Metasprache charakterisiert, läßt sich (durch geeignete Umbenennungen der Knotenetiketten) eine Menge von Phrasenstruktur-Regeln gewinnen, die man als Objektgrammatik auffaßt. Gegen diesen Standpunkt ist einzuwenden, daß dieser Schritt von GKPS nicht intendiert ist, geschweige denn im Formalismus vollzogen wird.[8] Der Unterschied läßt sich folgendermaßen charakterisieren.

- Die Metagrammatik stellt ein System von aufeinander abgestimmten Komponenten dar, das eine kontextfreie Grammatik charakterisiert, indem es linguistische Generalisierungen explizit ausdrückt.

- Die Metasprache stellt eine formale Sprache mit separater Syntax und Semantik zur Beschreibung linguistischer Generalisierungen dar. Ihre generative Kapazität entspricht der kontextfreier Grammatiken.

---

[7]Die Verwendung semantischer Typen bei der Etablierung von Kongruenzrelationen (vgl. Abschnitt 3.3.7) eröffnet den Zugang zu Information über Funktor-Argument-Verhältnisse.

[8]Die einzige metagrammatische Komponente der späten GPSG sind die Metaregeln; sie spezifizieren ID-Regeln und tragen somit nicht direkt zum Begriff des zulässigen Baumes bei.

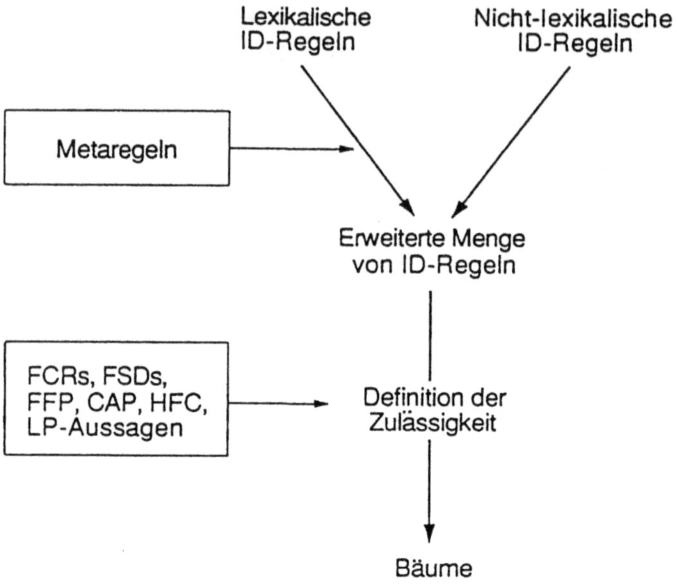

Abbildung 3.3: Die Organisation der späten GPSG

Im folgenden wenden wir uns den inhaltlichen Unterschieden zwischen den Komponenten der mittleren und der späten GPSG zu.

Metaregeln sind in ihrer Bedeutung eingeschränkt worden. Waren sie in der frühen GPSG u.a. für Generalisierungen über Arten des Merkmaltransports verwendet worden, so operieren sie nunmehr lediglich über lexikalischen ID-Regeln, d.h. solchen, die eine lexikalische Kategorie einführen.

ID-Regeln dienen in der späten GPSG dazu, lokale Bäume zu projizieren. Die Menge der lokalen Bäume muß auf geeignete Weise auf die zulässigen lokalen Bäume eingeschränkt werden. Dazu dienen FCRs, FSDs, LP-Aussagen und die Merkmalinstantiierungsprinzipien. Nur die zulässigen lokalen Bäume sind zu den zulässigen syntaktischen Strukturen kombinierbar.

Die HFC und das CAP haben wesentliche Änderungen erfahren, die ihre Definitionen (und infolgedessen auch die der FSDs) dramatisch verkomplizieren. Zwei Hauptursachen liegen in dem Versuch, die Koordinationsphänomene in natürlichen Sprachen zu erklären und in dem Anspruch, die Kontrollbeziehungen zwischen Konstituenten aufgrund eines Systems semantischer Typen zu beschreiben. Die HFC übernimmt zusätzlich die Aufgabe, bestimmte Merkmale aus verschiedenen Teilen koordinierter Strukturen zusammenzuführen. Infolgedessen kann mehr als eine Head-Tochter im lokalen Baum vorkommen. Das CAP basiert auf semantischen Typen, zu deren Definition auch Merkmalspezifikationen beitragen können.

Kompliziert ist die Interaktion der Merkmalinstantiierungsprinzipien. Zwei Andeutungen sollen hier genügen: Zum einen wird, hauptsächlich zur Beschreibung bestimmter sprachlicher Phänomene, das Foot-Merkmal slash auch als Head-Merkmal definiert.[9] Wie in Abschnitt 3.3.7 begründet wird, ist slash zugleich auch ein mögliches Kontrollmerkmal. Zum andern basiert HFC – per Definition – auf der Wirkung von FFP und CAP. CAP wiederum benötigt Spezifikationen von Head-Merkmalen zur Bestimmung der semantischen Typen. Es wird eingehend zu untersuchen sein, welche Konsequenzen aus einer möglichen wechselseitigen logischen Abhängigkeit zwischen den Merkmalinstantiierungsprinzipien hervorgehen (vgl. Abschnitt 4.1).

Das Zusammenwirken der einzelnen Komponenten wird definiert durch den Kernbegriff der

[9]Es handelt sich um Phänomene mit →parasitären Lücken (vgl. Abschnitt 3.3.6).

Zulässigkeit von Bäumen, der an die Stelle des Verfahrens zur Erzeugung einer kontextfreien Grammatik tritt (vgl. Abbildung 3.3). Die genannten, mit jenem Verfahren verbundenen Annahmen über Eigenschaften natürlicher Sprachen resultieren ebenfalls aus der Metasprache.

3.1.4 GPSG und das Lexikon

Ein chronisch defizitärer Gegenstandsbereich in allen Versionen der GPSG ist die Organisation des Lexikons. Während in anderen unifikationsbasierten Grammatiktheorien (z.B. LFG und vor allem CUG) die strikte Trennung zwischen der Syntax und dem Lexikon aufgehoben ist und das Lexikon eine zentrale Rolle für die jeweiligen linguistischen Aussagen spielt, gehen in GPSG nur wenige Annahmen über den Aufbau und den Inhalt des Lexikons in die Metasprache ein: die durch das Lexikon zugelassenen terminalen Bäume besitzen als Mutter eine lexikalische Kategorie und als einzige Tochter ein Terminalsymbol. Sie werden grundsätzlich als zulässig betrachtet.

Lexikalische Kategorien enthalten eine (numerische) Spezifikation für **subcat**. GKPS führen für ihr Fragment des Englischen 48 verschiedene Klassen ein und benötigen ebensoviele ID-Regeln, um die entsprechenden Heads einzuführen. Insgesamt enthält ihr Fragment 58 ID-Regeln, d.h. zehn Regeln haben einen nicht-lexikalischen Head.

In Weiterentwicklungen wie *Japanese Phrase Structure Grammar* (JPSG, [Gunji 1987]) und *Head-Driven Phrase Structure Grammar* (HPSG, [Pollard/Sag 1987]) ist die Anzahl der notwendigen ID-Regeln drastisch reduziert. Gunji kommt zur Beschreibung seines Fragments des Japanischen mit einer einzigen Regel aus, die besagt, daß eine Mutter einen Head und eine weitere Tochter dominiert. Pollard und Sag geben für die Strukturen mit →Komplementen im Deklarativsatz des Englischen zwei Regeln an. Die erste expandiert gesättigte Konstituenten in einen nicht-lexikalischen Head und eine weitere Tochter. Die zweite expandiert ungesättigte phrasale Kategorien in einen lexikalischen Head und eine Anzahl weiterer Töchter, über die nichts ausgesagt wird. Eine dritte Regel beschreibt →Inversion und eine letzte die Einführung von →Adjunkten.

Das Konzept der Subkategorisierung in HPSG ermöglicht eine flexible Verteilung von Information auf universelle Prinzipien und idiosynkratische Lexikoneinträge (an den lexikalischen Kategorien enthält der Wert von **subcat** alle Komplemente). Dies macht die Einführung von unterschiedlichen Subkategorisierungen vermittels ID-Regeln überflüssig.

Der Trend, mehr Information im Lexikon zu kodieren und weniger in Syntax-Regeln geht einher mit einer geeigneten Strukturierung des lexikalischen Wissens. Pollard und Sag schlagen eine hierarchische Ordnung von *lexikalischen Typen* vor, die geeignet ist, redundante Kodierung von Information zu vermeiden [Pollard/Sag 1987, S. 191ff]. Die Beziehung zwischen →Wortstämmen und flektierten Formen soll mithilfe von *lexikalischen Regeln*[10] ausgedrückt werden.

Zur Repräsentation strukturierter Lexika bieten sich auch andere Formalismen mit einer Subsumptionshierarchie an wie z.B. KL-ONE-artige Systeme [Brachman/Schmolze 1985]. Die Semantik der Subsumption in solchen Systemen ist eng verwandt mit der Semantik der Extension und Unifikation in GPSG und Nachfolgern (vgl. zu LFG und KL-ONE [Nebel/Smolka 1989]).

Diese linguistischen Weiterentwicklungen und die Perspektiven, die sie eröffnen, prägen die gegenwärtige linguistische Forschung im Bereich der Unifikationsgrammatiken und beeinflussen zunehmend auch computerlinguistische Arbeiten (vgl. die Diskussion der Lexikalisierung anhand graphentheoretischer Beschreibungsmittel in [Uszkoreit 1986b]).

In dieser Arbeit spielt das Lexikon nur eine untergeordnete Rolle, was nicht zuletzt darauf zurückzuführen ist, daß die Vorgaben der GPSG-Theorie weitestgehend erhalten bleiben sollen.

[10] Diese sind nicht zu verwechseln mit lexikalischen ID-Regeln (die einen lexikalischen Head einführen).

3.2 Eine formale Definition von GPSG

Ziel dieses Abschnitts ist es, anhand einer formalen Definition der späten GPSG einen Überblick über wichtige, in vielen GPSG-Formalismen verwendete Komponenten der Metasprache zu geben. Die linguistische Motivationen der Komponenten werden in Abschnitt 3.3 dargestellt.

Die Formalisierung erfolgt in Anlehnung an Definitionsweisen in der Theorie formaler Sprachen, wobei viele Komponenten von GPSG präziser als in GKPS definiert werden. Hinsichtlich der Merkmalinstantiierungsprinzipien wird an dieser Stelle jedoch nur ein ungefährer Eindruck vermittelt. Sie werden im Zusammenhang mit einer ausführlichen linguistischen Motivation in den Abschnitten 3.3.6 bis 3.3.7 definiert. An dieser Stelle werden die Merkmalinstantiierungsprinzipien zusammengefaßt als Prinzipien der Kookkurrenz von Merkmalspezifikationen bei direkten Ableitungsschritten.

Die Definitionen basieren auf den folgenden mathematischen Basiskonstrukten: Alphabet, Wort, Potenzmenge (geschrieben $\mathcal{P}(M)$), Relation, Funktion und Permutation (vgl. z.B. [Hermes 1978]). Darüber hinaus wird der Begriff der Multimenge benötigt.

Definition 3.1 (Multimenge). Eine *Multimenge* ist eine Menge, in der Elemente mehrfach vorkommen können. Sei M eine Menge und M_{mul} eine Multimenge. Dann heißt M *Basis von* M_{mul}, gdw. jedes Element von M mindestens einmal in M_{mul} vorkommt. $\mathcal{P}_{mul}(M)$ ist die Menge aller Multimengen auf der Basis von M.

Ein grundlegender Baustein für die Komponenten der Metasprache ist die *komplexe Kategorie*. Eine komplexe Kategorie ist eine Menge von *Merkmalspezifikationen*. Eine Merkmalspezifikation ist ein geordnetes Paar bestehend aus einem *Merkmalnamen* und einem *Merkmalwert*. Ein Merkmalwert kann entweder atomar sein oder eine komplexe Kategorie. Komplexe Kategorien sind partielle Funktionen von Merkmalnamen in Merkmalwerte. In dem Wert w einer kategorienartigen Merkmalspezifikation $\langle \mathsf{m} : \mathsf{w} \rangle$ und in jeder tiefer in w eingebetteten kategorienartigen Merkmalspezifikation tritt eine Spezifikation von m nicht auf.

Damit ist die Einbettungstiefe durch die Zahl der kategorienwertigen Merkmale beschränkt und die Anzahl der Kategorien endlich. Dies ist eine notwendige Voraussetzung für die Kontextfreiheit von GPSG.

Zunächst werden die Grundbestandteile einer Kategorie definiert, nämlich Merkmalnamen, atomare Merkmalwerte und atomare Merkmalspezifikationen.

Definition 3.2 (Merkmalname). Sei M eine endliche Menge von *Merkmalnamen*. Dann sind M_{atom} und M_{cat} Mengen von Merkmalnamen mit $M_{atom} \cup M_{cat} = M$ und $M_{atom} \cap M_{cat} = \emptyset$.

Eine Definition von kategorienartigen Merkmalwerten erfordert die Definition der Kategorie selbst; daher wird zunächst als Hilfskonstrukt die Menge der mengenartigen Merkmalwerte eingeführt, über die anschließend bestimmte Restriktionen definiert werden.

Definition 3.3 (atomare Merkmalspezifikation). Sei W eine endliche Menge von *atomaren Merkmalwerten* Ein geordnetes Paar $\langle \mathsf{m} : \mathsf{w} \rangle$ mit $\mathsf{m} \in M_{atom}$ und $\mathsf{w} \in W$ heißt *atomare Merkmalspezifikation*. S_{atom} ist die Menge der atomaren Merkmalspezifikationen.

Definition 3.4 (Mengenartige Merkmalwerte). Die Menge MW der *mengenartigen Merkmalwerte* ist $MW = S_{atom} \cup \{\langle \mathsf{m} : \mathsf{w} \rangle | \mathsf{m} \in M_{cat}, \mathsf{w} \in \mathcal{P}(MW)\}$

Die Elemente von MW sind entweder atomare Merkmalspezifikationen oder Merkmalspezifikationen, deren Werte Elemente aus MW sind. Offensichtlich ist die Kardinalität von MW unendlich.

MW wird im folgenden von dem Prädikat τ benutzt, das erfüllt ist, wenn ein Merkmalname auf derselben oder einer tieferen Einbettungsebene erneut auftritt. Genau dann verletzt der mengenartige Merkmalwert die Bedingungen für eine komplexe Kategorie. Daher werden komplexe Kategorien als diejenigen mengenartigen Merkmalwerte definiert, für die τ *nicht* zutrifft.

Definition 3.5 (Kategorie). Sei $\tau : M_{cat} \times MW \mapsto \{\text{true}, \text{false}\}$ ein Boole'sches Prädikat mit

$$\tau(\mathsf{m}, \mathsf{w}) = \text{true} \leftrightarrow [\exists w' \subset MW : \langle \mathsf{m} : \mathsf{w}' \rangle \in \mathsf{w}] \vee [\exists \langle \mathsf{m}' : \mathsf{w}' \rangle \in \mathsf{w} : \tau(\mathsf{m}, \mathsf{w}')]$$

Sei $C \subset MW$. C heißt *(komplexe) Kategorie* gdw. gilt:

- $\forall \langle \mathsf{m} : \mathsf{w} \rangle, \langle \mathsf{m}' : \mathsf{w}' \rangle \in C : \mathsf{m} = \mathsf{m}' \supset \mathsf{w} = \mathsf{w}'$
- $\forall \langle \mathsf{m} : \mathsf{w} \rangle \in C$ mit $\mathsf{m} \in M_{cat}$: w ist komplexe Kategorie, und es gilt $\neg\tau(\mathsf{m}, \mathsf{w})$.

Der Wert w eines Merkmals m in einer Kategorie C ist durch den funktionalen Ausdruck $C(\mathsf{m})$ gegeben.

Für GPSG ist die Extensionsrelation zwischen zwei Kategorien zentral. Eine Kategorie ist eine Extension einer anderen, wenn sie mindestens dieselben Merkmalspezifikationen enthält wie diese.

Definition 3.6 (Extension). Seien C_i, C_j komplexe Kategorien. Dann heißt C_j *Extension* von C_i (geschrieben $C_i \sqsubseteq C_j$) gdw. gilt:

- $\forall \langle \mathsf{m} : \mathsf{w} \rangle \in C_i, \mathsf{m} \in M_{atom} : \langle \mathsf{m} : \mathsf{w} \rangle \in C_j$
- $\forall \langle \mathsf{m} : \mathsf{w} \rangle \in C_i, \mathsf{m} \in M_{cat} : \langle \mathsf{m} : \mathsf{w}' \rangle \in C_j$ mit $\mathsf{w} \sqsubseteq \mathsf{w}'$

Mithilfe der Extension wird nun die Unifikation definiert. Für Teilmengen von Kategorien, die einen Halbverband mit Supremum bilden, ist die *Unifikation* die kleinste obere Schranke; d.h. sie ist die „$\sqcup$-Operation“ des Halbverbandes.

Definition 3.7 (Unifikation). Sei K eine Menge von komplexen Kategorien und $C \in K$. Dann ist C eine *obere Schranke* von K gdw. für alle $C' \in K$ gilt: $C' \sqsubseteq C$.

C ist die *Unifikation* von K (falls $K = \{C_1, C_2\}$, so schreiben wir $C_1 \sqcup C_2$) gdw. C obere Schranke von K ist und für alle oberen Schranken C' von K gilt: $C \sqsubseteq C'$.

Nach Einführung dieser grundlegenden Definitionen wird jetzt die *Syntax der Metasprache* definiert. Die Semantik der Metasprache, d.h. die Verwendungsweise ihrer Komponenten, wird anschließend durch den Ableitungsbegriff definiert.

Definition 3.8 (Generalisierte Phrasenstrukturgrammatik). Eine *Generalisierte Phrasenstrukturgrammatik* G ist ein geordnetes 10-Tupel $G =$ *(M, W, T, K, X, Lex, ID, LP, Meta, FCR)*, wobei gilt:

- M und W sind endliche Mengen von Merkmalnamen und atomaren Merkmalwerten. Für die Merkmalinstantiierungsprinzipien relevant sind FOOT $\subset M$, HEAD $\subset M$ und CONTROL $\subset M_{cat}$. Diese Teilmengen können einen nichtleeren Durchschnitt besitzen.
- T ist eine endliche Menge von *Terminalsymbolen.*
- K ist die Menge der komplexen Kategorien zu M und W.
- $X \subset K$ ist eine Menge von *Startkategorien.*
- *Lex* ist eine endliche Menge von geordneten Paaren aus $K \times T$, den *Lexikoneinträgen.* Man schreibt einen Lexikoneintrag als $C_0 \longrightarrow t$.
- ID ist eine endliche Menge von geordneten Paaren aus $K \times \mathcal{P}_{mul}(K)$. Ein Paar $\langle C_0, \{C_1, \ldots, C_n\}_{mul} \rangle$ (geschrieben $\mathrm{C}_0 \longrightarrow \mathrm{C}_1, \ldots, \mathrm{C}_n$) heißt *unmittelbare Dominanzregel* (immediate dominance rule; kurz: ID-Regel).
- LP ist eine asymmetrische, transitive Relation aus $K \times K$. Ein geordnetes Paar $\langle C_1, C_2 \rangle \in LP$ (geschrieben $C_1 \prec C_2$) heißt *lineare Präzendenz-Aussage* (linear precedence statement; kurz: LP-Aussage).

- *Meta* ist eine endliche Menge von partiellen Funktionen m_i von ID-Regeln in Mengen von ID-Regeln: $m_i : ID \mapsto \mathcal{P}(ID)$.[11] Eine Funktion m_i heißt *Metaregel*.
- FCR ist eine endliche Menge von Boole'schen Prädikaten $p : K \mapsto \{\text{true}, \text{false}\}$. FCR ist die Menge der *Feature Cooccurrence Restrictions* (kurz: FCRs). Sei $\langle \mathsf{m} : \mathsf{w} \rangle \in K$. FCRs sind wie folgt aufgebaut.[12] p ist von der Form $\langle \mathsf{m} \rangle$ oder $\langle \mathsf{m} : \mathsf{w} \rangle$. Wenn p_1 eine FCR ist, so auch $\neg p_1$. Wenn p_1 und p_2 FCRs sind, so auch $p_1 \wedge p_2, p_1 \vee p_2, p_1 \supset p_2$ und $p_1 \equiv p_2$.

Bevor wir die Semantik der Metasprache definieren, betrachten wir die Anwendung von Metaregeln. Eine zusätzliche ID-Regel kann nach Anwendung einer beliebigen Teilmenge der Metaregeln entstehen. Die Menge von ID-Regeln, die nach Anwendung einer Metaregel vorliegt, ist die Grundlage für die Anwendung der nächsten. Die Reihenfolge, in der eine Menge von Metaregeln angewendet wird, ist also kritisch.

Dem wird Rechnung getragen, indem alle Permutationen der Elemente von sämtlichen Teilmengen der Menge der Metaregeln betrachtet werden. Jede Permutation bestimmt eine eindeutige Anwendungsreihenfolge für Metaregeln. Da jede Metaregel höchstens einmal in einer Permutation vorkommt, ist der Abschluß einer Menge von ID-Regeln unter Metaregelanwendung endlich.

Metaregeln wurden als *partielle* Funktionen eingeführt. Im folgenden wird eine totale Funktion von Metaregeln und ID-Regeln benötigt, die das Ergebnis der Anwendung einer Metaregel auf eine ID-Regel als Wert hat. Daher werden mit der folgenden Hilfsdefinition Metaregeln zu totalen Funktionen fortgesetzt.

Definition 3.9 (Metaregelanwendung). Seien $\mathcal{M}$ eine Menge von Metaregeln und ID eine Menge von ID-Regeln. Dann ist *meta-t*: $\mathcal{M} \times ID \mapsto \mathcal{P}(ID)$ eine totale Funktion mit

$$meta\text{-}t(m, r) = \begin{cases} S & \text{falls } m(r) = S \\ \{r\} & \text{falls } m(r) \text{ undefiniert} \end{cases}$$

Definition 3.10 (Abschluß unter Metaregelanwendung). Sei $\mathcal{M}$ eine Menge von Metaregeln und $m_1, \ldots, m_n \in \mathcal{M}$. Sei $\Pi_{\mathcal{M}}$ die Menge aller Permutationen $\langle m_1, \ldots, m_i \rangle$ der Elemente von jeder Menge in $\mathcal{P}(\mathcal{M})$. Für die leere Menge sei $\langle\rangle \in \Pi_{\mathcal{M}}$. Sei ferner $R_{\langle\rangle}$ eine Menge von ID-Regeln. $R_{\langle\rangle}$ heißt *Basismenge*.

Für jede Permutation $\langle m_1 \ldots m_i \rangle \in \Pi_{\mathcal{M}}$ $(1 \leq i \leq n)$ gilt:

$$R_{\langle m_1 \ldots m_i \rangle} = R_{\langle m_1 \ldots m_{i-1} \rangle} \cup \bigcup_{r \in R_{\langle m_1 \ldots m_{i-1} \rangle}} f(m_i, r)$$

Der *Abschluß* R einer Basismenge von ID-Regeln unter $\mathcal{M}$ ist

$$R = \bigcup_{\pi \in \Pi_{\mathcal{M}}} R_\pi.$$

Nun wird die Semantik der Metasprache von GPSG, d.h. die Verwendungsweise der ID-Regeln, LP-Aussagen, FCRs und der Merkmalinstantiierungsprinzipien, im Rahmen eines Ableitungsbegriffs für Strukturen definiert. Die Merkmalinstantiierungsprinzipien heißen *Foot Feature Principle* (FFP), *Control Agreement Principle* (CAP) und *Head Feature Convention* (HFC). Die jeweils betroffenen Merkmale sind in den Mengen FOOT, CONTROL und HEAD zusammengefaßt.

Die Definitionen der Merkmalinstantiierungsprinzipien sind in diesem Abschnitt stark vereinfacht. Es soll lediglich ihre Rolle als Constraints für Ableitungsschritte verdeutlicht werden. Der Kürze halber wird die Schreibweise $C(\mathsf{m})$ für den Wert von m in der Kategorie C benutzt.

[11] Tatsächlich werden Ursprung und Bild durch *ID-Regel-Schemata* dargestellt (vgl. Abschnitt 3.3.4).

[12] Genau dieselbe Syntax haben *Feature Specification Defaults* in GKPS.

Definition 3.11 (Direkte Ableitung). Sei $G = (M, W, T, K, X, Lex, ID, LP, Meta, FCR)$ eine GPS-Grammatik, sei ID_{meta} der Abschluß von ID unter $Meta$ und seien $P = \gamma C_0' \delta$ und $Q = \gamma \beta \delta$ Wörter[13] über $K \cup T$. Q heißt *direkte Ableitung* von P in G ($P \overset{G}{\Longrightarrow} Q$), gdw. gilt:

- Wenn $\beta \in T$, dann gibt es $C_0 \longrightarrow \beta \in Lex$ mit $C_0 \sqsubseteq C_0'$.[14]
- Wenn $\beta = C_1' \ldots C_n'$, ($C_i' \in K$), dann gelten die folgenden Beschränkungen ($1 \leq i, j \leq n$):

ID-Regeln. Es gibt eine ID-Regel $C_0 \longrightarrow C_1, \ldots, C_n \in ID_{meta}$ mit $C_0 \sqsubseteq C_0'$, und es gibt eine Permutation π mit $\pi(C_1, \ldots, C_n) = \langle C_1'' \ldots C_n'' \rangle$, so daß gilt: $C_i'' \sqsubseteq C_i'$.

LP-Aussagen. Für alle Kategorien $C_i', C_j' \in \beta$ mit $i < j$ (d.h. C_i' steht vor C_j') gilt: Es gibt keine Kategorien $C_i, C_j \in K$ mit

$$C_i \sqsubseteq C_i' \quad \wedge \quad C_j \sqsubseteq C_j' \quad \wedge \quad C_j \prec C_i \in LP$$

FCRs. Für alle C_i' ($0 \leq i \leq n$) und alle $p \in FCR$ gilt:

$$\langle \mathsf{m} \rangle (C_i') = \text{true} \leftrightarrow \exists \mathsf{w} \text{mit} \langle \mathsf{m} : \mathsf{w} \rangle \in W \cup K : \{\langle \mathsf{m} : \mathsf{w} \rangle\} \sqsubseteq C_i'$$

$$\langle \mathsf{m} : \mathsf{w} \rangle (C_i') = \text{true} \leftrightarrow \{\langle \mathsf{m} : \mathsf{w} \rangle\} \sqsubseteq C_i'$$

$$\neg p(C_i') = \text{true} \leftrightarrow p(C_i') = \text{false}$$

Seien p_1 und p_2 FCRs, und sei „$\circ$“ eine Operatorvariable mit $\circ \in \{\vee, \wedge, \supset, \equiv\}$. Dann gilt:

$$p_1(C_i') \circ p_2(C_i') = \text{true} \leftrightarrow (p_1(C_i') = \text{true}) \circ (p_2(C_i') = \text{true})$$

FFP. Es gibt eine Menge $K' \subset \{C_1', \ldots, C_n'\}$, so daß für alle $\mathsf{m} \in$ FOOT gilt:

$$\{\langle \mathsf{m} : C_0'(\mathsf{m}) \rangle\} = \sqcup \{\{\langle \mathsf{m} : C_i'(\mathsf{m}) \rangle\} | C_i' \in K'\}$$

CAP. Es gibt i, j ($i \neq j$), so daß für alle $\mathsf{m} \in$ CONTROL gilt:

$$C_i'(\mathsf{m}) \sqsubseteq C_j'$$

HFC. Es gibt ein i, so daß für alle $\mathsf{m} \in$ HEAD gilt:

$$C_0'(\mathsf{m}) = C_i'(\mathsf{m})$$

Aufgrund der Definition des direkten Ableitungsschritts in einer GPS-Grammatik kann nun der Ableitungsbegriff formuliert werden. Abschließend wird die von einer GPS-Grammatik generierte Sprache definiert.

Definition 3.12 (Ableitung). Sei G eine GPS-Grammatik und seien $\alpha_1, \ldots, \alpha_n$ Wörter über $K \cup T$. Dann heißt α_n *Ableitung* von α_1 in G ($\alpha_1 \overset{*G}{\Longrightarrow} \alpha_n$) gdw. gilt:

$$\alpha_1 \overset{G}{\Longrightarrow} \alpha_2, \; \alpha_2 \overset{G}{\Longrightarrow} \alpha_3, \; \ldots, \; \alpha_{n-1} \overset{G}{\Longrightarrow} \alpha_n.$$

Definition 3.13 (Sprache). Sei G eine GPS-Grammatik. Sei T^+ die Menge der Wörter über T. Die von G erzeugte Sprache $L(G)$ ist

$$L(G) = \{\alpha \mid \alpha \in T^+, \; C_0 \overset{*G}{\Longrightarrow} \alpha, \; C_0 \in X\}.$$

---

[13] Man beachte, daß der hier und in den folgenden beiden Definitionen verwendete Wortbegriff der Theorie formaler Sprachen entlehnt ist, also nichts mit Wörtern in natürlichen Sprachen zu tun hat.

[14] Diese Definition beruht auf der Annahme eines Vollformenlexikons. Abschnitt 4.6 geht auf äquivalente Alternativen ein.

3.3 Die axiomatische Version von GPSG

Dieser Abschnitt enthält eine ausführliche Beschreibung der meisten Komponenten des Formalismus von GKPS, diskutiert linguistisch fragwürdige Vorgehensweisen und zeigt auf, an welchen Stellen nach Alternativen gesucht werden muß.

Abschnitt 3.3.1 führt Merkmale und Kategorien ein sowie die Begriffe der Extension und der Unifikation. In Abschnitt 3.3.2 werden Aussagen über Kategorien in Form von FCRs und FSDs definiert. Anschließend folgt in Abschnitt 3.3.3 die Definition des ID/LP-Formats und eine Diskussion der ECPO-Eigenschaft, die Zusammenhänge zwischen ID-Regeln und LP-Aussagen aufdeckt. Sie bilden den Anstoß für Modifikationen des LP-Konzepts. Danach definiert Abschnitt 3.3.4 Metaregeln in ihrer eingeschränkten Form, kritisiert das Metaregelkonzept und verweist auf Alternativen.

Den Zusammenhang zwischen ID-Regeln und lokalen Bäumen präzisiert Abschnitt 3.3.5, in dem der zentrale Begriff des *zulässigen Baumes* definiert wird. Dieser Begriff ist zu dem des direkten Ableitungsschritts in Abschnitt 3.2 formal gleichwertig.

In den Abschnitten 3.3.6–3.3.8 schließlich werden die Merkmalinstantiierungsprinzipien definiert und ihre wechselseitige Abhängigkeit diskutiert.

3.3.1 Merkmalspezifikationen und Kategorien

Komplexe Kategorien sind Mengen von Merkmalspezifikationen, die einigen zusätzlichen Bedingungen genügen. Merkmalspezifikationen sind geordnete Paare $\langle \mathsf{m} : \mathsf{w} \rangle$ bestehend aus einem Merkmalnamen m und einem Merkmalwert w. Der Merkmalname ist ein atomares Symbol; der Merkmalwert ist entweder ein atomares Symbol oder eine Kategorie. Das Merkmal für Numerus z.B. hat den Namen plu und die Werte + und –.[15] Kategorien enthalten zu jedem Merkmal höchstens eine Spezifikation. Sie können daher als (partielle) Funktionen von Merkmalnamen in Merkmalwerte angesehen werden. Z.B. gilt für Pluralkategorien $C : C(\mathsf{plu}) = +$.

Die Endlichkeit der Menge der möglichen Kategorien wird wie in der mittleren GPSG sichergestellt (vgl. S. 24).

Es gibt verschiedene Vorschläge zur Definition komplexer Kategorien. GKPS geben eine komplexe, induktive Definition über die Elemente von M_{cat}. Die in Definition 3.5 auf S. 35 gegebene Version ist wesentlich einfacher; sie benutzt ein Prädikat τ, das nach wiederholten Vorkommen eines Merkmalnamens auf den unterschiedlichen Einbettungstiefen „sucht". τ operiert über mengenartigen Merkmalwerten, die als Hilfskonstrukt ausschließlich für die Definition komplexer Kategorien eingeführt wurden. In komplexen Kategorien ist τ nicht erfüllt. Die Grundidee wird auch von anderen Autoren benutzt (vgl. [Gazdar *et al.* 1986] und [Hukari/Levine 1986, S. 216–221]).

In [Naumann 1988, S. 11] wird ebenfalls versucht, ohne Induktion auszukommen, doch die dort verwendete transitive Hülle der Element-Relation ($\in^+$) leistet nicht das Geforderte, nämlich abwechselnd mengenwertige Merkmalspezifikationen und mengenartige Merkmalwerte zu betrachten. Die Verwendung von $\in^+$ in GKPS (S. 36ff) wird in [Hukari/Levine 1986] aus demselben Grunde kritisiert.

Es folgen einige Beispiele für Kategorien. Die Merkmalspezifikationen orientieren sich an der Grammatik für Englisch in GKPS.

(3.8) $\{\langle \mathsf{n} : + \rangle, \langle \mathsf{v} : - \rangle, \langle \mathsf{bar} : 2 \rangle\}$

(3.9) $\{\langle \mathsf{n} : - \rangle, \langle \mathsf{v} : + \rangle, \langle \mathsf{bar} : 2 \rangle, \langle \mathsf{subj} : + \rangle\}$

(3.10) $\{\langle \mathsf{n} : - \rangle, \langle \mathsf{v} : + \rangle, \langle \mathsf{bar} : 2 \rangle, \langle \mathsf{subj} : + \rangle, \langle \mathsf{slash} : \{\langle \mathsf{n} : + \rangle, \langle \mathsf{v} : - \rangle, \langle \mathsf{bar} : 2 \rangle\}\rangle\}$

(3.8) stellt eine NP dar, (3.9) ein S und (3.10) ein S, dem eine NP „fehlt".

[15] [Naumann 1988, S. 9] weist zu Recht darauf hin, daß oft (so auch in GKPS) die Begriffe Merkmal und Merkmalname nicht klar unterschieden werden.

An dieser Stelle sind einige Notationsvereinbarungen zu treffen, die später noch ergänzt werden. Ich halte mich an die in GPSG üblichen Konventionen, verwende aber nicht alle von ihnen. Eine Merkmalspezifikation ⟨m : w⟩ wird auch als [m:w] geschrieben; bei w ∈ {+, −} verwende ich [wm]. Bestimmte Kategorien werden in Kurzform notiert (vgl. die obigen Beispiele). Beide Schreibweisen werden kombiniert, so daß eine Nominativ-NP durch NP[cas:nom] dargestellt wird. Wo der Merkmalwert eindeutig auf den Merkmalnamen schließen läßt, kann er ausgelassen werden; z.B. NP[nom]. Statt C[slash:C′] verwende ich die allgemein übliche Notation C / C′.

Im Unterschied zu GKPS verwende ich *nicht* die Notation [m], um auszudrücken, daß das Merkmal m eine wie auch immer geartete Spezifikation besitzt. Diese Notation gibt Anlaß zu Verwechslungen: Bedeutet [plu] die Spezifikation eines Merkmals Numerus mit Plural oder die Aussage, daß Numerus mit dem Merkmalnamen plu kodiert wird und spezifiziert ist?

Die Kategorien in den obigen Beispielen sind *unterspezifiziert*, denn M enthält mehr Merkmalnamen als n, v, bar, subj und slash. Die systematische Beziehung zu stärker spezifizierten Kategorien wurde unter dem Begriff der Extension eingeführt (Definition 3.6 auf S. 35). Sie stellt eine partielle Ordnung über der Menge der Kategorien dar. Die maximal unterspezifizierte Kategorie ist die leere Menge. Die Kategorien in (3.8)–(3.10) sind allesamt Extensionen von [bar:2]. In GPSG wird ausgiebig von der Möglichkeit Gebrauch gemacht, mit unterspezifizierten Kategorien über deren Extensionen zu generalisieren. Mit [bar:2] beispielsweise kann man sich auf phrasale Kategorien beziehen.

Die Unifikation (vgl. Definition 3.7 auf S. 35) spielt in GKPS eine nebengeordnete Rolle (sie wird lediglich für die Definition des FFP benötigt). Dies mag überraschen, da die Theorie der komplexen Kategorien offenbar besonders gute Voraussetzung für die Verwendung der Unifikation verspricht. Der Grund liegt in der strikt axiomatischen Definition durch GKPS, die die prozeduralen Effekte der Unifikationsoperation einfach nicht braucht. Ich komme noch ausführlich auf diesen Punkt in Kapitel 4 zu sprechen.

Da zu einer beliebigen Teilmenge der Kategorien nicht immer eine kleinste obere Schranke existiert, ist die Unifikation von Kategorien nur partiell definiert.

3.3.2 Feature Cooccurrence Restrictions und Feature Specification Defaults

Die Kategoriendefinition erlaubt linguistisch unerwünschte Kategorien wie z.B. [vform:fin, nom][16], die mithilfe von FCRs ausgeschlossen werden können. FCRs beschränken die Menge der möglichen Kategorien auf die *legalen*, d.h. diejenigen, die in zulässigen syntaktischen Strukturen vorkommen dürfen. FCRs sind Prädikate über Kategorien, die gewöhnlich als Implikationen oder Äquivalenzen kodiert werden. Es gibt FCRs, die als universelle Prädikate gelten, wie etwa (3.11), worin ausgedrückt wird, daß legale Kategorien, die für subcat spezifiziert sind, keine Spezifikation für slash enthalten dürfen. Außerdem gibt es FCRs, die einzelsprachliche Verhältnisse ausdrücken, wie etwa (3.12) für das Englische. Darin wird festgestellt, daß ein Verb am Satzanfang (d.h. in invertierten Sätzen) als →Hilfsverb sowie als finites Verb ausgewiesen sein muß.

(3.11) $\langle \mathsf{subcat} \rangle \supset \neg \langle \mathsf{slash} \rangle$

(3.12) $\langle \mathsf{inv} : + \rangle \supset (\langle \mathsf{aux} : + \rangle \wedge \langle \mathsf{vform} : \mathsf{fin} \rangle)$

Die Notation der FCRs und ihre Interpretation ergibt sich aus den Definitionen 3.8 (S. 35) und 3.11 (S. 37).[17]

---

[16] Das Merkmal Verbform (denotiert durch vform) kann durch fin, inf, prp und pas spezifiziert werden. Diese Werte stehen für finite und infinite Form, Perfekt-Partizip und Passiv-Partizip.

[17] GKPS schreiben FCRs irreführenderweise als Boole'sche Ausdrücke über Kategorien; z.B. (statt (3.12)) „[+inv] ⊃ [+aux, fin]". Die Interpretation, die GKPS angeben, ist als Folge der irreführenden Notation fehlerhaft, wie [Hendriks 1986] zeigt. Für (3.12) übersetzen GKPS:

$$\forall C : [C(\mathsf{inv}) = +] \supset [(C(\mathsf{aux}) = +) \wedge (C(\mathsf{vform}) = \mathsf{fin})]$$

(3.13) $((\mathsf{n}:+) \wedge \langle \mathsf{v}:-\rangle \wedge \langle \mathsf{bar}:2\rangle) \equiv \langle \mathsf{cas}:\mathrm{acc}\rangle$

Die FSDs verlangen das Auftreten bestimmter Merkmal-Wert-Paare, wenn keine anderen Komponenten der Metasprache dem entgegenstehen. Damit kann beispielsweise ausgedrückt werden, daß NPs im Englischen gewöhnlich im Akkusativ stehen (vgl. (3.13)). Im Falle von Subjekts-NPs würde eine Kasusspezifikation aus einer ID-Regel verhindern, daß ein FSD $\langle \mathsf{cas}:\mathrm{acc}\rangle$ spezifizieren könnte.

Die Syntax von FSDs ist zwar identisch mit der der FCRs, ihre Semantik ist jedoch sehr komplex, wenn sie in der Form von Constraints dargestellt werden soll. Da im Berliner GPSG-System keine FSDs verwendet werden, wird auf eine Diskussion verzichtet.

3.3.3 Das ID/LP-Format

Eine ID-Regel der Form $C_0 \longrightarrow C_1, C_2, C_3$ läßt sechs lokale Bäume zu, die sich durch die Reihenfolge ihrer Töchter unterscheiden. ID-Regeln sind insofern *permissiv*. LP-Aussagen beschränken die Menge der lokalen Bäume, die von ID-Regeln zugelassen werden, durch partielle Aussagen über die Reihenfolge der Töchter. Sie sind insofern *restriktiv*. Eine LP-Aussage der Form $C_1 \prec C_3$ läßt von den sechs lokalen Bäumen nur drei zu.

Man beachte, daß bei der Schreibweise von ID-Regeln – im Unterschied zu der von Phrasenstruktur-Regeln – die Töchter durch Kommata getrennt werden (vgl. Definition 3.8 auf S. 35).

Die Definition der LP-Aussage ($C \prec C'$) besagt, daß in zulässigen lokalen Bäumen Extensionen von C vor (d.h. links von) Extensionen von C' auftreten müssen, wenn sie Schwestern sind.

Die LP-Aussage (3.16) regelt somit die Abfolge von NP und VP[inf] in der ID-Regel (3.14) sowie von A und VP[inf] in der ID-Regel (3.15).

(3.14) $\mathrm{VP} \longrightarrow \mathrm{V}, \mathrm{NP}, \mathrm{VP[inf]}$

(3.15) $\mathrm{AP} \longrightarrow \mathrm{A}, \mathrm{VP[inf]}$

(3.16) $[+\mathrm{n}] \prec \mathrm{VP}$

Wie in Abschnitt 3.1.2 angedeutet, macht die Verwendung des ID/LP-Formats eine Annahme über Grammatiken natürlicher Sprachen, die nicht für alle kontextfreien Grammatiken zutrifft. GKPS behaupten nämlich, daß nicht jede kontextfreie Grammatik in das ID/LP-Format überführbar sei:

> There are some PSGs that are not expressible in ID/LP format. [GKPS, S. 48]

Die notwendige und hinreichende Bedingung für die Überführbarkeit bestehe in der Eigenschaft der Töchter in einer Phrasenstruktur-Regel, eine partielle Ordnung einzuhalten, die von den Töchtern in allen anderen Phrasenstruktur-Regeln eingehalten wird. In der Menge von Phrasenstruktur-Regeln in (3.17) ist diese Bedingung verletzt.

(3.17) $\{\mathrm{A} \longrightarrow \mathrm{BC},\ \mathrm{D} \longrightarrow \mathrm{ECB}\ \}$

Die Verwendung der Gleichheitsrelation ergibt Probleme bei kategorienwertigen Merkmalen. Hendriks führt die FCR

$$[\mathrm{fin}, \mathbf{agr}:\mathrm{NP}] \supset [\mathbf{agr}:\mathrm{NP[nom]}]$$

und ihre Interpretation nach GKPS an (zu dem kategorienwertigen Merkmal **agr** siehe Abschnitt 3.3.7):

$$\forall C : [C(\mathsf{vform}) = \mathrm{fin} \wedge C(\mathbf{agr}) = \mathrm{NP}] \supset C(\mathbf{agr}) = \mathrm{NP[nom]}$$

Dies ist äquivalent zu der (nicht intendierten) Formel

$$\forall C : [C(\mathsf{vform}) \neq \mathrm{fin}] \vee [C(\mathbf{agr}) \neq \mathrm{NP}].$$

Anstelle der Gleichheitsrelation muß die Extensionsbeziehung verwendet werden, wie in Definition 3.11.

Da LP-Aussagen Ordnungsrelationen über Schwesterknoten beliebiger lokaler Bäume etablieren, können sie nicht ausdrücken, daß z.B. B auf C folgen muß, wenn ihnen E vorangeht; daß sonst jedoch C auf B folgen muß.

Wenn eine kontextfreie Grammatik der genannten Bedingung genügt, dann hat sie die ECPO-Eigenschaft (ECPO steht für Exhaustive Constant Partial Ordering). GKPS behaupten, daß eine kontextfreie Grammatik genau dann in ID/LP-Format überführt werden kann, wenn sie die ECPO-Eigenschaft besitzt [GKPS, S. 49].

Mit der Verwendung des ID/LP-Formats in GPSG geht somit die Behauptung einher, daß ECPO eine universelle Eigenschaft von Grammatiken für natürliche Sprachen ist. Diese Behauptung ist statistisch unerwartet und daher sehr restriktiv. Sie könnte sich als interessante (im Sinne von GKPS) linguistische Universalie erweisen.

Zur Relevanz der ECPO-Eigenschaft

Die Relevanz der ECPO-Eigenschaft muß genauer untersucht werden. Da wohl selten jemand in der Praxis vorhat, eine gegebene kontextfreie Grammatik in eine ID/LP-Grammatik zu überführen, scheint die ECPO-Eigenschaft lediglich theoretische Relevanz im Hinblick auf die generative Kapazität der GPSG-Theorie zu haben. Dies ist nur auf den ersten Blick richtig. Sie hat durchaus Konsequenzen für die Beziehung zwischen Formalismus und Grammatik.

Wie [Shieber 1984, S. 145] zeigt, kann jede kontextfreie Sprache mit einer ID/LP-Grammatik beschrieben werden. Damit ist die zitierte Behauptung von GKPS, es gebe kontextfreie Grammatiken, die nicht im ID/LP-Format ausgedrückt werden könnten, formal widerlegt. Shieber geht noch einen Schritt weiter und behauptet:

> In fact, a stronger theorem can be proved: every context-free grammar ist *structurally equivalent* to an ID/LP grammar, that is, it is strongly equivalent up to a renaming of nonterminal labels [...] [Shieber 1984, S. 153, Fn. 7]

Naumann gibt ein Verfahren auf der Basis von Shiebers Beweis dafür an [Naumann 1988, S. 30f]. Dabei werden alle Vorkommen gleicher Kategorien auf den rechten Seiten der Phrasenstruktur-Regeln umbenannt[18]; z.B. würden B und C in der ersten Regel von (3.17) in B_1 bzw. C_1 und in der zweiten Regel in B_2 bzw. C_2 umbenannt werden. Danach lassen sich LP-Aussagen über die Abfolge aller Kategorien formulieren. Naumann behauptet jedoch, anders als Shieber, daß mit seinem Verfahren aus einer kontextfreien Grammatik G eine zu G *stark äquivalente* ID/LP-Grammatik G' erzeugt werde. Dieser Behauptung liegt folgende Definition zugrunde.

> Zwei Syntaxen G_1 und G_2 sind stark äquivalent gdw.
>
> (i). $L(G_1) = L(G_2)$ und
> (ii). G_1 und G_2 allen Sätzen isomorphe Strukturen zuordnen.
>
> [Naumann 1988, S. 30, Fn. 22]

Diese Definition weicht ab von der allgemein üblichen, in der nicht nur Strukturäquivalenz sondern auch Isomorphie der Knotenbezeichner gefordert wird. Letzteres erfüllen Grammatiken ohne ECPO-Eigenschaft nicht. Die Behauptung von GKPS stimmt also nur, wenn man unter „Überführbarkeit in das ID/LP-Format" die Isomorphie der Knotenbezeichner mitversteht.

Die Isomorphie der Knotenbezeichner ist aus linguistischen Gründen wünschenswert, denn das ID/LP-Format sieht schließlich gerade die *Trennung* der unmittelbaren Dominanzbeziehungen von den linearen Präzedenzbeziehungen vor. Bei einer Grammatik, die nicht ECPO ist, werden, wie das obige Beispiel zeigt, zusätzliche nonterminale Kategorien benötigt, mithin auch zusätzliche Dominanzbeziehungen und – infolgedessen – auch weitere Präzedenzbeziehungen. Die Existenz dieser

[18] In der Praxis heißt dies im Falle komplexer Kategorien, weitere Merkmalspezifikationen einzuführen.

zusätzlichen Objekte ist nicht auf linguistische, sondern ausschließlich auf formale Gründe zurückzuführen. Eine solche Vermischung konterkariert die Leitidee von GPSG, in der Metasprache genau die linguistisch motivierten Regelhaftigkeiten explizit zu machen.

So gesehen, stellt die ECPO-Eigenschaft nur sicher, daß eine unabhängig motivierte Verwendung von Kategorien (im Falle komplexer Kategorien: von Merkmalspezifikationen) direkt in das ID/LP-Format übertragen werden kann.

Zum Zusammenhang zwischen ID und LP

Andererseits legt das ID/LP-Format eine Beschreibung sprachlicher Fakten nahe, die die ökonomischen Darstellungsmöglichkeiten ausnutzt: Bei total freier Wortstellung von n Konstituenten liegt es z.B. nahe, eine einzige ID-Regel anzusetzen, die die n Kategorien als Töchter hat (für $n = 3$ etwa $S \longrightarrow A, B, C$). Es gibt auch Alternativen, etwa eine binär verzweigende Konstituentenstruktur, doch ist die zugrundeliegende ID/LP-Syntax aufwendig und schließt zusätzliche nonterminale Symbole und LP-Aussagen ein, um Mehrfachanalysen zu verhindern. Für drei Konstituenten A, B und C leistet u.a. folgende Syntax das Gewünschte:

(3.18)
$$S \longrightarrow A, T_1 \qquad T_1 \longrightarrow B, C$$
$$S \longrightarrow B, T_2 \qquad T_2 \longrightarrow A, C$$
$$S \longrightarrow C, T_3 \qquad T_3 \longrightarrow A, B$$
$$A \prec T_1,\ B \prec T_2,\ C \prec T_3$$

Angesichts dessen wundert es nicht, daß die meisten GPSG-Analysen des deutschen Mittelfelds flache Strukturen ansetzen (vgl. [Nerbonne 1982, Uszkoreit 1984, Russell 1985, Preuß 1987]), obwohl die linguistische Diskussion über die Vorzüge flacher oder binär verzweigender Strukturen keineswegs zu eindeutigen Resultaten geführt hat.

Einen neuen Impuls erhielt die Diskussion durch den Vorschlag einer formalen Definition für Anwendungsbereiche von LP-Aussagen [Reape 1989, Reape 1990]. LP-Aussagen sind danach nicht auf die Menge der Töchter einer ID-Regel beschränkt, sondern sie gelten für bestimmte komplexe Teilbäume. Damit können sich die Vorteile des ID/LP-Formats auch bei binär verzweigenden Strukturen auswirken.

Aus dem bisher gesagten geht hervor, daß die naheliegende Annahme, die Freiheit der Wortstellung in einer Sprache spiegele sich in der Anzahl der LP-Aussagen einer Grammatik für diese Sprache wider, ein Trugschluß ist. Vielmehr wird Freiheit der Wortstellung durch das Zusammenwirken von ID-Regeln und LP-Aussagen dargestellt.

ECPO und partielle Freiheit der Wortstellung

Eine wichtige Konsequenz der ECPO-Eigenschaft für die Formulierung von ID/LP-Syntaxen liegt darin, daß bestimmte partielle Ordnungen nur unter Einführung von zusätzlichen nonterminalen Kategorien beschreibbar sind. Die Behauptung, daß kontextfreie Grammatiken für natürliche Sprachen die ECPO-Eigenschaft besitzen, sagt voraus, daß diese Kategorien unabhängig motiviert sind.

Geht man von einer Menge von ID-Regeln aus, die die Dominanzbeziehungen für ein Fragment einer natürlichen Sprache beschreiben, so reflektieren die LP-Aussagen für dieses Fragment direkt die ECPO-Eigenschaft. In [Uszkoreit 1986a] werden die im ID/LP-Format ausdrückbaren Beziehungen unterteilt in total freie Wortstellung (Abwesenheit von LP-Aussagen) und vollkommen festgelegte Wortstellung (Anwesenheit von LP-Aussagen). In den meisten Sprachen ist die Wortstellung *teilweise frei* insofern, als eine Interaktion verschiedener Ordnungsprinzipien vorliegt, die für ein Paar von Kategorien unterschiedliche Reihenfolgen verlangen können. Uszkoreit zeigt am Beispiel der Abfolge von Satzgliedern im Mittelfeld deutscher Sätze, für das er eine flache Struktur zugrunde legt (vgl. [Uszkoreit 1984]), daß die teilweise freie Wortstellung nicht direkt im ID/LP-Format kodierbar ist. Er schlägt daher eine Erweiterung der Definition von LP-Aussagen vor, die der Interaktion gerecht wird. Folgende Prinzipien werden identifiziert:

(3.19) (i) [role:agent] steht tendenziell vor [role:theme]
(ii) [role:agent] steht tendenziell vor [role:goal]
(iii) [role:goal] steht tendenziell vor [role:theme]
(iv) [-focus] steht tendenziell vor [+focus]
(v) [+prn] steht tendenziell vor [-prn]

Wie [Lenerz 1977] feststellt, sind Sätze grammatisch, wenn mindestens eines der Prinzipien erfüllt ist. Uszkoreit schlägt *komplexe LP-Aussagen* vor, die aus mehreren Klausen im Format gewöhnlicher LP-Aussagen bestehen. Ein lokaler Baum genügt einer komplexen LP-Aussage, wenn jedes Paar von Schwestern mindestens einer anwendbaren Klause genügt. Auf diese Weise gelingt es, die gefundenen sprachlichen Fakten *direkt* in der Metasprache zu kodieren.

Wie [Hauenschild 1988] nachweist, sind die Merkmale in 3.19 wiederum voneinander abhängig. Durch die komplexe LP-Aussage auf der Basis von (3.19) werden der Satz (3.20) nicht zugelassen, wenn das indirekte Objekt nicht eine Extension von [+focus] ist (obwohl er auch dann grammatisch sein kann) und die Sätze (3.21)-(3.22) nicht zurückgewiesen, obwohl sie (von vielen deutschen Muttersprachlerinnen) zumindest als schlecht eingestuft werden. Offensichtlich ist die Wortstellung zweier pronominaler Konstituenten strikter geregelt, während sie bei Beteiligung nichtpronominaler NPs teilweise frei ist.

(3.20) Sie gab es [role:theme] ihm [role:goal].

(3.21) ? Sie gab ihm [role:goal, +prn] es [role:theme, +prn].

(3.22) ? Sie gab dem Mann [role:goal, -prn] es [role:theme, +prn].

Hauenschild argumentiert, daß in einem rein syntaktischen Formalismus die Bedeutung der Merkmale für thematische Rolle und Fokus unzureichend erklärt werden können. Sie schlägt anhand eines Mehrebenen-Modells für maschinelle Übersetzung vor, die nicht strikten, semantisch-pragmatischen Aspekte der Wortstellung auf einer anderen Repräsentationsebene zu kodieren als die strikten, syntaktischen Aspekte. Wortstellung erhält damit eine wohlfundierte Dimension, die quer durch die traditionellen Ebenen der Syntax, Semantik und Pragmatik verläuft und wohl eine notwendige Voraussetzung für eine adäquate Behandlung dieses Phänomenkomplexes darstellt. Eine detaillierte Ausarbeitung eines solchen Ansatzes steht aber noch aus.

Verletzung der ECPO-Eigenschaft

Pollard gibt Beispiele an, die die Annahme, eine Grammatik für Englisch habe die ECPO-Eigenschaft, infrage stellen [Pollard 1984, S. 60, 66]. Die Verben *appear* und *appeal* können in Sätzen zusammen mit den gleichen Konstituenten auftreten (3.23)-(3.26). Nach GKPS werden sie dann durch dieselbe ID-Regel (z.B. (3.27)) eingeführt.

(3.23) Kim appeared to Sandy to be optimistic.

(3.24) Kim appeared to be optimistic to Sandy.

(3.25) Kim appealed to Sandy to be optimistic.

(3.26) * Kim appealed to be optimistic to Sandy.

(3.27) $\mathrm{VP} \longrightarrow \mathrm{V}, \mathrm{PP[to]}, \mathrm{VP}$

Es gibt keine Menge von LP-Aussagen, die die Grammatikalität von (3.23)-(3.25) und zugleich die Ungrammatikalität von (3.26) beschreibt. Pollard behauptet, daß der entscheidende Punkt die →*grammatische Funktion* der PP *to Sandy* sei (→obliques Objekt bzw. indirektes Objekt). Auf die grammatische Funktion können LP-Aussagen jedoch keinen Bezug nehmen, wenn sie nicht in den Kategorien kodiert ist.[19]

[19]Die Notwendigkeit, die Funktion von Konstituenten einzubeziehen, wird in GKPS auch bei der Zuweisung semantischer Typen zu Kategorien offensichtlich, die für die Abbildung in intensionale Logik erforderlich ist. GKPS

[Sag 1986] schlägt zur Behebung des Problems im Rahmen von HPSG vor, neben den gewöhnlichen LP-Aussagen solche zu haben, die die Position einer Konstituente lediglich hinsichtlich den Schwestern beschränkt, die höher in der Obliqueness-Hierarchie stehen. Auf diese Weise kommt ein Begriff der grammatischen Funktion ins Spiel, der das von Pollard benannte Problem löst.

Andererseits ist die Verletzung der ECPO-Eigenschaft nur dann ein ernstes Problem, wenn man tatsächlich beide Verben durch dieselbe ID-Regel einführt. Dazu ist man, technisch gesehen, nicht gezwungen. Die grammatische Funktion von Konstituenten läßt sich ohne weiteres durch Merkmalspezifikationen unterscheiden.

Mithin ergibt sich die Frage, welchen Stellenwert Merkmale in GPSG haben. Offenbar legt die Metasprache die Menge der Merkmale nicht vollkommen fest. Der inflationäre Gebrauch von Merkmalen kann also nur durch Argumente beschränkt werden, die außerhalb der Metasprache von GKPS verankert sind. Jedes Merkmal sollte daher linguistisch motiviert werden können. Hinsichtlich der Kodierung der grammatischen Funktion als Merkmal mag man etwa einwenden, daß dies theoretisch nicht begründet sei und nur dazu diene, Beispiele wie (3.26) auszuschließen.

Es soll nochmals betont werden, daß der Formalismus viele technische Möglichkeiten bietet, sprachliche Fakten zu kodieren. So ist es häufige Praxis, durch Einführung von ad-hoc-Merkmalen zusätzliche Sätze zu beschreiben. Daher ist sorgfältig zu trennen zwischen der sprachlichen Abdeckung und der linguistischen Adäquatheit einer Grammatik.

3.3.4 Metaregeln

Metaregeln sind in den verschiedenen Versionen von GPSG starken formalen Änderungen unterworfen gewesen. In diesem Abschnitt werden die bisher am stärksten eingeschränkte Fassung im Überblick vorgestellt und die wichtigsten Kritikpunkte gegen sie genannt.

Zu den Einschränkungen zählt, daß Metaregeln nur ID-Regeln mit lexikalischem Head in ID-Regeln mit lexikalischem Head abbilden dürfen.

Der Effekt von Metaregeln ist die Explizierung systematischer Beziehungen zwischen ID-Regeln:

> [...] they amount to nothing more than a novel type of rule collapsing convention for rules [...] [GKPS, S. 66]

Formal lassen sich Metaregeln als Funktionen von ID-Regeln in (Mengen von) ID-Regeln beschreiben (vgl. Definition 3.8 auf S. 35). In GKPS werden sie mithilfe von *ID-Regel-Schemata* definiert, die Mengen von ID-Regeln denotieren. Ein ID-Regel-Schema ist ein Ausdruck der Form $\alpha_0 \longrightarrow \alpha_1, \ldots, \alpha_n$, wobei die α_i bis auf eines Kategorien sind; ein α_i ist eine Multimenge W von Kategorien. Eine Metaregel besteht aus zwei ID-Regel-Schemata:

(3.28) $$\begin{array}{c} \alpha_0 \longrightarrow \alpha_1, \ldots, \alpha_n \\ \Downarrow \\ \beta_0 \longrightarrow \beta_1, \ldots, \beta_k \end{array}$$

Der Pfeil bedeutet, daß eine ID-Regel, die das obere Schema matcht, die Existenz einer ID-Regel bewirken, die das untere Schema matcht. Dabei werden die β_1 aus den α_i abgeleitet, was hier durch die Verwendung gleicher Kategorienbezeichner angedeutet wird (die Details sind hier nicht von Belang; vgl. hierzu [GKPS, S. 67–72]). Am Beispiel der Passiv-Metaregel aus GKPS wird dies verdeutlicht:

(3.29) $$\begin{array}{l} \text{VP} \longrightarrow \quad \text{W, NP} \\ \qquad\qquad \Downarrow \\ \text{VP[pas]} \longrightarrow \text{W, (PP[pform:by])} \end{array}$$

Sie besagt, daß zu jeder ID-Regel, in der eine VP eine NP und eine Multimenge weiterer Konstituenten dominiert, eine andere ID-Regel existiert, in der eine VP[pas] die Multimenge der weiteren

beziehen die grammatische Funktion hierbei nicht ein und könnten das direkte und das indirekte Objekt in einer Regel wie S $\longrightarrow$ V, NP, NP semantisch nicht unterscheiden.

Konstituenten sowie, optional, eine PP dominiert, die durch die Präposition *by* eingeleitet wird. Z.B. existiert aufgrund der lexikalischen ID-Regel (3.30) auch die lexikalische ID-Regel (3.31). Die Zahl 6 ist der Wert für **subcat**; man beachte, daß er bei Anwendung der Metaregel unverändert bleibt.

(3.30) $\mathrm{VP} \longrightarrow \mathrm{V}[6], \mathrm{NP}$

(3.31) $\mathrm{VP}[\mathrm{pas}] \longrightarrow \mathrm{V}[6], (\mathrm{PP}[\mathrm{pform} : \mathrm{by}])$

Die Passiv-Metaregel läßt offensichtlich auch Strukturen mit nicht passivierbaren (transitiven) Verben zu (etwa *bekommen*). Die Bildung der Passivform wird, wie [Kilbury 1986] betont, für ein Verb durch eine Regel im Lexikon erlaubt bzw. verhindert [GKPS, S. 219]. Wenn im Lexikoneintrag keine Passivform zu einem Verb vorgesehen ist, kann die durch die Passiv-Metaregel geforderte ID-Regel diese Form nicht einführen.[20]

Jacobson zeigt, daß in GKPS eine Metaregel für Passiv nicht nur aus metasprachlichen Erwägungen existiert, sondern daß sie notwendig ist, um Subkategorisierung zu steuern [Jacobson 1987]. In anderen Theorien (wie LFG, HPSG) wird der Unterschied von Subkategorisierungseigenschaften im Aktiv bzw. Passiv ausschließlich im Lexikon dargestellt. In GPSG geben lexikalische ID-Regeln an, welche Konstituenten zu einem Wert von **subcat** gehören. Allein aufgrund der Spezifikationen für **subcat** im Lexikon ist es somit unmöglich, genau diejenigen Verben zu identifizieren, die ein direktes Objekt subkategorisieren und infolgedessen ggf. Passivformen bilden. Darüber hinaus ist es nicht möglich, Passivformen im Lexikon regelhaft eine andere Subkategorisierung zuzuweisen. Daher muß Passiv in GPSG auf der Ebene lexikalischer ID-Regeln behandelt werden.

Insofern betreffen Einwände gegen das Konzept der Metaregel auch das Konzept der Subkategorisierung. Im folgenden nenne ich einige Einwände.

[Jacobson 1987] kritisiert, daß die Beschränkung auf lexikalische ID-Regeln nicht aus der Natur der Metaregeln hervorgeht, sondern „von außen“ motiviert wird. Im Falle der Passiv-Metaregel ist sie durch die Eigenschaft der Grammatik in GKPS gegeben, daß alle anwendbaren ID-Regeln einen für **subcat** spezifizierten Head besitzen und damit lexikalische ID-Regeln sind.

Eine weitgehend ungeklärte Frage ist nach Jacobson die generative Kapazität von Formalismen mit Metaregeln. Es ist vielfach betont worden, daß Metaregeln sich grundlegend von Transformationen unterscheiden. Transformationen operieren auf Strukturen, Metaregeln auf ID-Regeln; und eine endliche Menge von ID-Regeln kann nur kontextfreie Sprachen beschreiben. GKPS erwähnen eine Vermutung von Joshi, derzufolge die Anwendung einer Metaregel mit höchstens einer Variable auf Phrasenstruktur-Regeln nur zu kontextfreien Sprachen führen kann. Uszkoreit zeigte jedoch, daß unter diesen Bedingungen eine unendliche Menge von Phrasenstruktur-Regeln erzeugbar ist, falls nämlich eine Metaregel auf das Resultat ihrer Anwendung anwendbar ist. Es gibt kontextfreie Grammatiken mit einer unendlichen Regelmenge, die eine nicht kontextfreie Sprache beschreiben ([Gazdar/Pullum 1982] und [Naumann 1988] geben ein elegant formuliertes Beispiel von Culy wider). Nach [Peters/Uszkoreit 1982] läßt sich durch unendliche Mengen von Phrasenstruktur-Regeln jede rekursiv aufzählbare Menge beschreiben. Welche Klasse von Sprachen bei Metaregel-Anwendung auf ID-Regeln, in denen ja keine Präzedenzrelationen kodiert sind, generiert wird, ist laut [Jacobson 1987] nicht bekannt.

Um den Formalismus mit Sicherheit kontextfrei zu halten, fordern GKPS, daß der Abschluß der ID-Regeln unter Metaregel-Anwendung endlich bleibt. Dies wird erreicht durch die Beschränkung, daß im Verlauf der Ableitung einer ID-Regel jede Metaregel höchstens einmal angewendet werden darf [Thompson 1981]. Dies wird durch die Definition 3.10 (S. 36) sichergestellt.

Diese Beschränkung ist nach Jacobson ebenfalls unnatürlich, denn sie geht nicht aus den formalen Eigenschaften der Metaregeln selbst hervor. Jacobson plädiert dafür, das Metaregelkonzept ganz aufzugeben zugunsten einer lexikalischen Behandlung der Subkategorisierungsmöglichkeiten.

[20] Allerdings erfaßt die Regel im Lexikon m.E. keine idiosynkratischen Verbeigenschaften – sie regelt vielmehr die unterschiedliche Semantik der Formen – und ist daher nicht in der Lage, Sätze wie *Ein Buch wird bekommen* auszuschließen.– [Kilbury 1986] und [Preuß 1989] nennen einige weitere Probleme.

Unabhängig davon weist Kilbury [Kilbury 1986, Kilbury 1988] in dieselbe Richtung. Er schlägt im theoretischen Rahmen von GPSG eine neue, metasprachliche Komponente vor, die *Category Cooccurrence Restrictions.* Dies sind Constraints für das gemeinsame Vorkommen von Kategorien in lokalen Bäumen. Sie erlauben die Rekonstruktion der gesamten in ID-Regeln enthaltenen Information. Kilbury zeigt, daß mithilfe der Category Cooccurrence Restrictions Metaregeln obsolet werden und eine einheitlichere Formulierung der Metasprache zustande kommt.

Die Verwendung von Metaregeln im Berliner GPSG-System erfolgt (in der oben beschriebenen, beschränkten Form) aus rein praktischen Gründen, nämlich als Arbeitserleichterung für das Regelschreiben. Wir kommen darauf in Kapitel 4 zurück.

3.3.5 Zulässige Bäume

In Definition 3.11 auf S. 37 wurde eine Reihe von Bedingungen formuliert, die eine *direkte Ableitung* definieren. Dieses Konzept wurde verwendet, weil es aus der Theorie formaler Sprachen bekannt ist. In diesem Abschnitt wird stattdessen wie in GKPS mengentheoretisch vorgegangen und die Menge der lokalen Bäume definiert. Mithilfe der genannten Bedingungen wird diese Menge dann eingeschränkt auf die Menge der *zulässigen lokalen Bäume.* In einem weiteren Schritt wird, analog zur Definition 3.12 (Ableitung, vgl. S. 37), die Menge der *zulässigen Bäume* definiert.

Zunächst soll der Zusammenhang zwischen ID-Regeln und lokalen Bäumen genauer bestimmt werden. Eine ID-Regel läßt alle lokalen Bäume zu, deren Kategorien Extensionen der entsprechenden Kategorien in der ID-Regel sind. Zusätzlich müssen für jede Kategorie in diesen Bäumen alle FCRs wahr sein. Dann heißt jeder dieser Bäume *projiziert* durch die ID-Regel.

Definition 3.14 (Projektion). Sei $r = \langle C_0, \{C_1, \ldots, C_n\}_{mul}\rangle$ eine ID-Regel, und sei ferner $t = \langle C'_0, \langle C'_1, \ldots, C'_n\rangle\rangle$ ein etikettierter lokaler Baum. Dann heißt eine bijektive Funktion $\phi : \{C_0, \ldots, C_n\}_{mul} \rightarrow \{C'_0, \ldots, C'_n\}_{mul}$ *Projektion* gdw.

- $\phi(C_0) = C'_0$
- $\forall i, 0 \leq i \leq n : \phi(C_i)$ ist legal
- $\forall i, 0 \leq i \leq n : C_i \sqsubseteq \phi(C_i)$

Man beachte, daß die Information in lokalen Bäumen sich von der in ID-Regeln auf zwei Weisen unterscheidet. Einmal enthalten die Kategorien gewöhnlich mehr Merkmalspezifikationen und zum andern existiert eine Reihenfolge der Töchter (m.a.W. ϕ erhält nicht die Ordnung der Indizes der Töchter aufrecht).[21]

Definition 3.15 (Zulässiger lokaler Baum). Sei r eine ID-Regel. Dann heißt ein lokaler Baum *t lokal zulässig durch r* gdw. er die folgenden Eigenschaften aufweist:

- Es gibt eine Projektion ϕ mit $\phi(r) = t$.[22]
- Für alle Kategorien $C \in r$ erfüllt $\phi(C)$ alle FSDs.
- ϕ erfüllt die Merkmalinstantiierungsprinzipien (d.h. das FFP, das CAP und die HFC).
- ϕ induziert eine Folge von Töchtern, die zulässig gemäß LP ist.

[21] [Hendriks 1986] kritisiert, daß dies nicht aus der Definition der Projektionsfunktion folgt. Es wird lediglich eine Abbildung von Multimengen in Multimengen definiert, nicht aber von Multimengen in Bäume. Auch wenn man eine Bijektion zwischen Elementen des Bildbereichs und lokalen Bäumen als gegeben voraussetzt, bleibt ein Problem: die Töchter in Bäumen sind geordnet, die Elemente einer Multimenge jedoch nicht. Für eine Lösung sei auf [Hendriks 1986] verwiesen.

[22] Diese etwas freizügige Schreibweise übernehme ich von GKPS. Gemeint ist: ϕ ist eine Projektion von einer ID-Regel r auf einen lokalen Baum t.

Leider ergeben sich aus der in GKPS vorgenommenen Aufgabenverteilung eine Reihe von Abhängigkeiten, die diese einfache Menge von Bedingungen zu einem extrem komplexen und unübersichtlichen Netz von Constraints werden lassen. Ich werde die formalen Definitionen in dieser Arbeit nicht alle einführen, sondern auf die Schwierigkeiten eingehen, die sich aus den Aufgaben der Merkmalinstantiierungsprinzipien ergeben. An dieser Stelle sei darauf hingewiesen, daß die Anwendungsbedingungen der FSDs ebenfalls relationalen Charakter erhalten insofern, als sie die Effekte der Merkmalinstantiierungsprinzipien nachspielen müssen. Die Aufgabe von Defaults ist ja gerade, nicht den anderweitig geforderten Merkmalspezifikationen zu widersprechen vgl. [GKPS, S. 101–104]).

Im folgenden wird der zentrale Begriff der GPSG definiert, nämlich der des zulässigen Baums. Ein Baum heißt *terminiert* gdw. jedes Blatt mit einem Terminalsymbol etikettiert ist. GKPS gehen einfach davon aus, daß terminierte lokale Bäume aufgrund des Lexikons existieren, zulässig sind und der Syntax zur Verfügung stehen.

Definition 3.16 (Zulässiger Baum). Sei R eine Menge von ID-Regeln. Ein Baum t heißt *zulässig in R* gdw. t terminiert ist und jeder lokale Teilbaum in t entweder terminiert ist oder lokal zulässig durch ein $r \in R$.

In die Definition der lokalen Zulässigkeit wurden die Merkmalinstantiierungsprinzipien einbezogen. Die folgenden Abschnitte veranschaulichen ihre intendierte Funktionsweise und weisen auf theoretische Probleme hin.

3.3.6 Das Foot-Feature-Prinzip

In den letzten Abschnitten wurden metasprachliche Komponenten beschrieben, die eine eigene Syntax besitzen: Merkmalspezifikationen, komplexe Kategorien, FCRs, ID-Regeln, LP-Aussagen und Metaregeln. In diesem und den folgenden beiden Abschnitten werden die Merkmalinstantiierungsprinzipien beschrieben. Als universelle Prinzipien, die die Spezifikation bestimmter Merkmale in lokalen Bäumen regeln, beschränken sie die Menge der zulässigen lokalen Bäume. Die Merkmalinstantiierungsprinzipien besitzen keine Syntax und sind daher ausschließlich durch ihre Semantik, d.h. durch ihre Wirkung auf lokale Bäume bestimmt.

In Abschnitt 3.2 wurden die Merkmalinstantiierungsprinzipien stark vereinfacht definiert, indem lediglich jeweils eine Menge von kospezifizierten Merkmalen in den Kategorien eines lokalen Baumes gefordert wurde. Nun werden diese Definitionen präzisiert und linguistisch motiviert. Es werden die Bedingungen beschrieben, unter denen ein Merkmal aus FOOT, CONTROL oder HEAD dem jeweiligen Prinzip genügen muß bzw. von ihm ausgenommen ist.

Dieser Abschnitt geht auf das FFP ein. Die Foot-Merkmale werden in GKPS in der Menge FOOT zusammengefaßt. In der Grammatik des in GKPS behandelten englischen Fragments enthält FOOT drei kategorienwertige Merkmale, nämlich wh, re und slash. Die ersten beiden werden benutzt, um bestimmte Frage-, Relativ- und Reflexivpronomina zu behandeln. Mit slash werden Kategorien beschrieben, die nicht an ihrer kanonischen Position in der syntaktischen Struktur auftreten. Auf diese Weise wird in GKPS die Gruppe der Füller-Lücke-Konstruktionen (engl. *filler-gap constructions*) behandelt. Ein Beispiel soll die Wirkungsweise des FFP verdeutlichen. Anschließend folgt eine Definition des FFP.

Die ID-Regeln in (3.33)–(3.38) ermöglichen Strukturbeschreibungen für Sätze wie (3.32). Der Lexikoneintrag (3.39) führt die Lücke e ein, die durch die erste Tochter von Regel (3.33) „gefüllt“ wird. Der Füller ist eine phrasale Kategorie, die in relevanten Merkmalspezifikationen identisch mit dem slash-Wert an der Schwester ist. Es wird versucht, dies durch Kontrollmechanismen sicherzustellen, über die in Abschnitt 3.3.7 zu sprechen sein wird.

(3.32) Kim Sandy promised to work for.

(3.33) $\mathrm{S} \longrightarrow [\mathrm{bar}:2], \mathrm{S}/[\mathrm{bar}:2]$

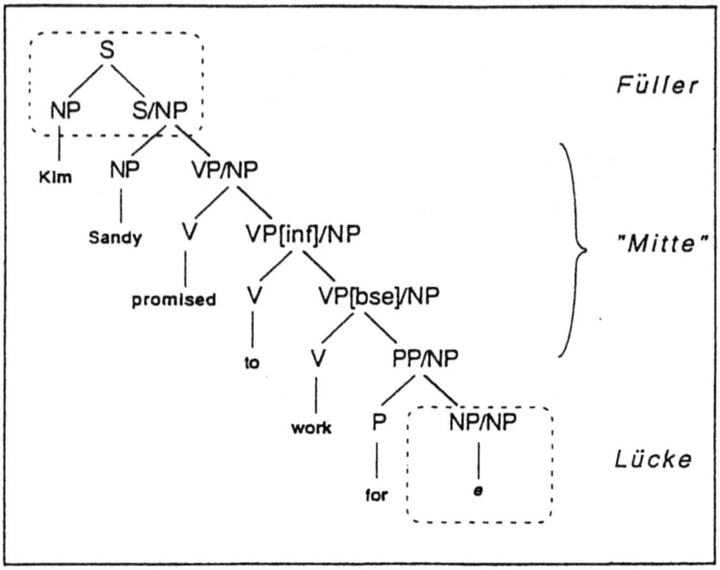

Abbildung 3.4: Topologische Bereiche bei Füller-Lücke-Konstruktionen

(3.34) S $\longrightarrow$ [bar : 2], VP

(3.35) VP $\longrightarrow$ V, VP[inf]

(3.36) VP $\longrightarrow$ V, VP[bse]

(3.37) VP $\longrightarrow$ V, PP

(3.38) PP $\longrightarrow$ P, NP

(3.39) X / X $\longrightarrow$ e

Abbildung 3.4 zeigt eine Struktur, in der man topologisch drei Bereiche unterscheiden kann. Zwei davon werden durch die beiden Bäume gebildet, die Lücke und Füller einführen. Die sie projizierenden ID-Regeln bzw. Lexikoneinträge enthalten eine Spezifikation von slash; der Lexikoneintrag an der Mutter und die ID-Regel an einer Tochter. Der dritte Bereich liegt in der Mitte und wird durch eine unbestimmte Anzahl von ID-Regeln erzeugt, in denen slash nicht spezifiziert ist (vgl. (3.33)–(3.38)).

Definition 3.17 (Ererbte/Instantiierte Merkmalspezifikation). Eine Merkmalspezifikation $\langle$m : w$\rangle$ in einer Kategorie $\phi(C)$ heißt *ererbt* gdw. $\langle$m : w$\rangle \in C$. Merkmalspezifikationen in $\phi(C)$, die nicht ererbt sind, heißen *instantiiert*.

Wie in Abbildung 3.4 ersichtlich, sind in den lokalen Bäumen des mittleren Bereichs an den Kategorien auf dem „Pfad" zwischen Lücke und Füller Spezifikationen für slash instantiiert. Diese Spezifikationen explizieren die Korrespondenz zwischen Füller und Lücke. Sowohl ihre Präsenz wie auch ihre Identität werden durch das FFP erzwungen. Die ererbten slash-Spezifikationen an Füller und Lücke werden vom FFP jedoch nicht berührt.

Grundsätzlich kann eine Lücke mehrfach auftreten (bei parasitären Lücken im Englischen oder bei Koordination). Das FFP soll auch diese Fälle erfassen. Es muß sicherstellen, daß die Pfade vom jeweils unteren Bereich an einem Knoten im mittleren Bereich zusammentreffen und daß von dort aus nur ein Pfad bis zum oberen Bereich führt. Der Treffpunkt ist an der Mutter eines lokalen Baumes, und das FFP muß die Bedingungen über das Zusammentreffen ausdrücken.

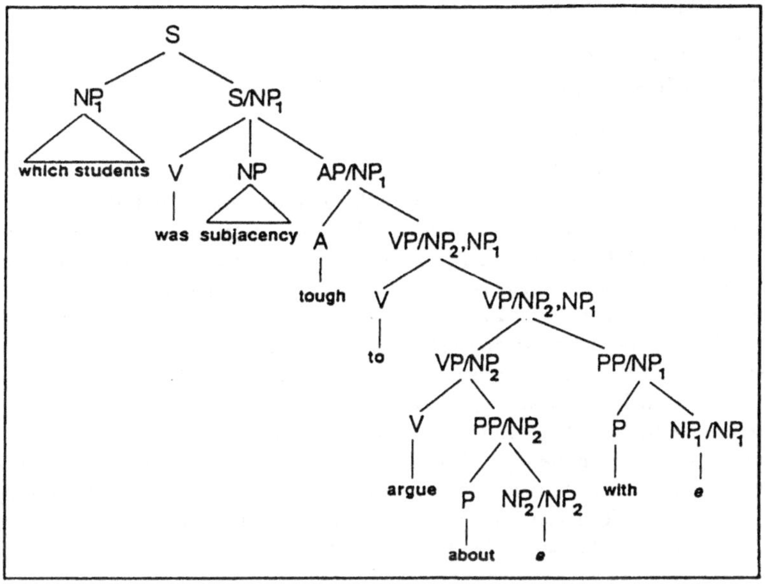

Abbildung 3.5: Unerlaubtes Zusammentreffen von slash-Spezifikationen

Dies wird in der folgenden Definition angestrebt (eine formale Darstellung findet sich in [GKPS, S. 82]).

Definition 3.18 (Foot-Feature-Prinzip). Ein lokaler Baum genügt dem Foot-Feature-Prinzip, wenn für jedes Foot-Merkmal m gilt: Wenn m an der Mutter instantiiert ist, so ist die Spezifikation von m an der Mutter identisch mit der Unifikation aller an den Töchtern instantiierten Spezifikationen von m.

Die lokalen Bäume in Abbildung 3.4 genügen dem FFP. Bei lexikalischen Kategorien ist die Instantiierung von slash in GKPS durch die FCR (3.11), die hier als (3.40) wiederholt wird, in Verbindung mit der FCR (3.41) verhindert.[23]

(3.40) $\langle \mathsf{subcat} \rangle \supset \neg \langle \mathsf{slash} \rangle$

(3.41) $\langle \mathsf{bar} : 0 \rangle \equiv \langle \mathsf{n} \rangle \wedge \langle \mathsf{v} \rangle \wedge \langle \mathsf{subcat} \rangle$

Bei nicht-lexikalischen Töchtern ohne ererbte slash-Spezifikation fordert das FFP keine instantiierte Spezifikation, läßt aber jede zu, die mit denen der anderen Töchter unifizierbar ist (vgl. [GKPS, S. 140ff]). Dies kann u.a. bei flachen Strukturen zu unerwünschten Analysen führen, wenn die mögliche Spezifikation von Foot-Merkmalen nicht eingeschränkt wird (etwa durch FCRs). ID-Regeln mit mehr als einer Tochter, die kein lexikalischer Head ist (3.42)–(3.44), können zulassen, daß mehrere Pfade aufeinander treffen. Damit würden Sätze wie (3.45)–(3.47) als grammatisch klassifiziert.[24]

(3.42) $\mathrm{VP} \longrightarrow \mathrm{V}, \mathrm{NP}, \mathrm{VP}[\mathrm{inf}]$

(3.43) $\mathrm{VP} \longrightarrow \mathrm{V}, \mathrm{NP}, \mathrm{PP}$

[23] Eine Anmerkung zum Begriff der *lexikalischen Kategorie* in GKPS: FCR (3.41) besagt, daß die legalen Extensionen von bzgl. subcat spezifizierter Kategorien genau diejenigen sind, die für n und v spezifiziert sind und $\langle \mathsf{bar} : 0 \rangle$ enthalten. Die Bezeichnung *lexikalisch* trifft somit nicht auf alle Mütter terminaler Bäume zu, insbesondere auf Det nicht. Das ist aber offensichtlich nicht die Intention von GKPS, und so verwende ich *lexikalisch* weiterhin für alle Kategorien, die ein Terminalsymbol dominieren können, also auch für Det.

[24] Beispiel (3.47) stammt aus [Preuß 1989, S. 35].

(3.44) S $\longrightarrow$ V[+aux], NP, VP[bse]

(3.45) * Sandy Kim promises *e* to wash *e*.

(3.46) * Fido Kim gives *e* to *e*.

(3.47) * Who did a picture of *e* bother Mary?

GKPS möchten einzelsprachliche Koreferenz-Beschränkungen (im Sinne von [Engdahl 1980]) heranziehen, um ähnliche Sätze als ungrammatisch zu kennzeichnen [GKPS, S. 166].

Ein weiteres Problem ist, daß die *Unifikation* der Foot-Spezifikationen unerwünschte Mehrfachanalysen bei mehrfach auftretenden Lücken zuläßt. Die instantiierten Spezifikationen im **slash**-Wert können in vielfältiger Weise auf die unterschiedlichen Vorkommen der Lücke verteilt sein. Die Intuition, daß *eine* Lücke mehrfach auftreten kann, würde besser verwirklicht durch die rigidere Forderung an das FFP nach *Identität aller* instantiierten Foot-Spezifikationen.

Die Wirkung des FFP ist andererseits zu strikt, indem lokale Bäume, die instantiierte für **slash**-Spezifikationen verschiedene Lücken enthalten, aufgrund der Kategoriendefinition ausgeschlossen sind (**slash** darf nur eine Spezifikation in einer Kategorie haben). Es ist nicht schwer, englische Beispiele zu finden, für die es naheliegt, Konstituenten mit verschiedenen Lücken anzunehmen (für Beispiele aus skandinavischen Sprachen zitieren GKPS [Engdahl 1980]). In Abbildung 3.5 liegt eine vereinfachte Analyse im Stile von GKPS vor (wobei es für das Argument keine Rolle spielt, welche Konstituenten *argue* subkategorisiert). Die verschiedenen NPs werden nur zur Unterscheidung indiziert.[25]

Die technische „Lösung" besteht in der Annahme eines zusätzlichen kategorienwertigen Foot-Merkmals. Offen bleibt, wie dessen Spezifikationen instantiiert werden sollen, so daß keine unakzeptablen Sätze von der Grammatik analysiert werden.

3.3.7 Das Control-Agreement-Prinzip

Das CAP ist, neben den FSDs, die wohl umstrittenste Komponente der Metasprache, denn es ist nicht nur wegen seiner barocken Definition schwer durchschaubar sondern auch inadäquat hinsichtlich einer Reihe sprachlicher Fakten.

Keenans semantisch motiviertes Prinzip, daß, grob vereinfachend, Argumente Funktoren kontrollieren können, wird in GPSG mithilfe semantischer Typen formalisiert und verallgemeinert. Die Typen ermöglichen die Rekonstruktion von Funktor-Argument-Verhältnissen auf der syntaktischen Ebene. Sie bilden die Grundlage für ein Konzept von *Kontrolle* als Beziehung zwischen der kontrollierenden Kategorie (Controller) und der kontrollierten Kategorie (Controllee).[26] Diese Kategorien *können* miteinander kongruieren. Das CAP bildet die Grundlage für eine Beschreibung, welche Kategorien *tatsächlich* miteinander kongruieren.

Zu den Phänomenen, die GKPS auf der Basis des CAP behandeln, gehören die Kongruenz zwischen grammatischem Subjekt und finitem Verb sowie zwischen logischem Subjekt (im Sinne von [Bußmann 1990]) und Objekt in →Equi- und →Raising-Konstruktionen.[27] Es ist wichtig zu beachten, daß GKPS für (3.49) und (3.50), in denen *Ann* das logische Subjekt von *wash* darstellt, keine anderen syntaktischen Repräsentationen ansetzen als im Falle von (3.51), wo *Jim* als logisches Subjekt von *wash* verstanden wird. Die Verben *persuade* und *promise* haben die gleichen Schwestern (vgl. Abbildung 3.6), führen aber unterschiedliche Kontrollbeziehungen ein. Dies wird mithilfe semantischer Typen erreicht.

Das CAP soll in diesem Abschnitt anhand der folgenden Beispiele beschrieben werden, die die wesentlichen Kontrollbeziehungen enthalten.

---

[25] Der Beispielsatz stammt von Hukari und Levine, die ausführlich verschiedene Probleme mit parasitären Lücken diskutieren, die das Zusammenwirken von FFP und CAP betreffen [Hukari/Levine 1986, S. 238ff].

[26] Ich übernehme die englischen Termini in Ermangelung besserer Alternativen.

[27] Diese Begriffe sind im Sinne der TG zu verstehen.

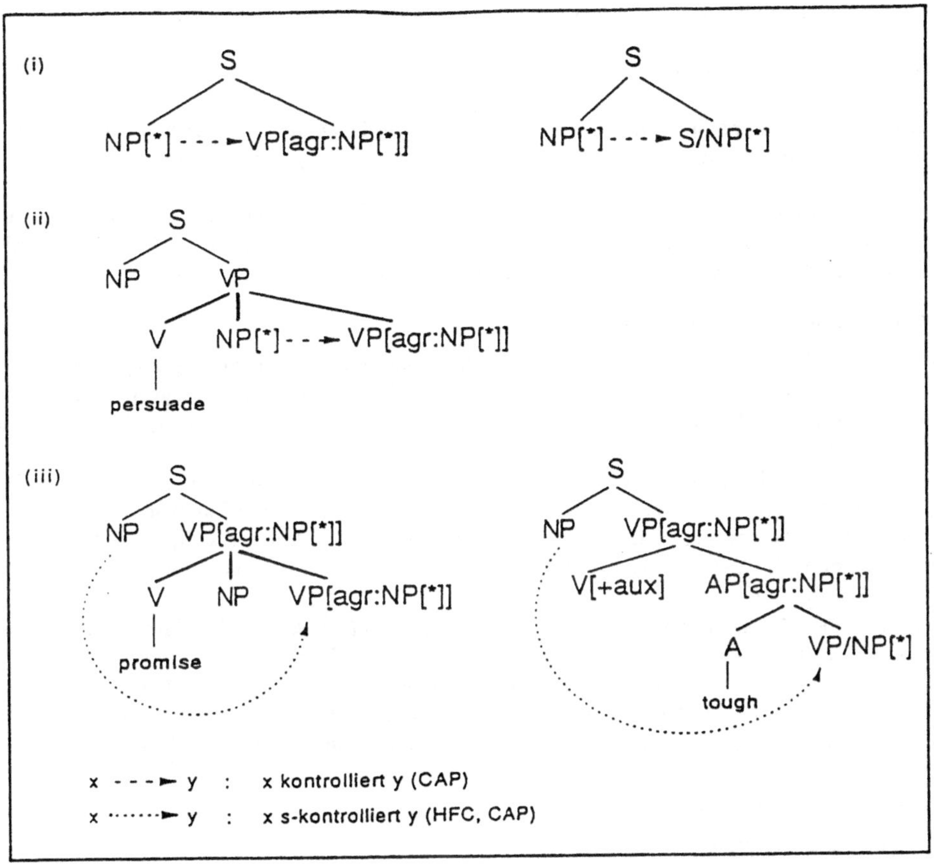

Abbildung 3.6: Kontrollbeziehungen zwischen Kategorien in lokalen Bäumen

(3.48) Jim washes his car.

(3.49) Ann Jim persuades to wash herself.

(3.50) Jim persuades Ann to wash herself (* himself).

(3.51) Jim promises Ann to wash himself (* herself).

(3.52) Jim is easy to please.

Zuerst werden semantische Typen erklärt. Dann folgt eine Definition von Kontrolle und schließlich eine Definition des CAP.[28] Danach werden eine Reihe von Problemen mit diesem Ansatz diskutiert.

Semantische Typen

Funktorkategorien müssen nach Keenan's Prinzip eine bestimmte Funktion denotieren. Woher weiß man, für welche Kategorien dies der Fall ist? Diese Information wird mithilfe *semantischer Typen* dargestellt, die den Kategorien assoziiert sind. Jeder semantische Typ legt eine Menge möglicher Denotate für Ausdrücke dieses Typs fest. Es gibt eine Reihe von primitiven Typen, auf die hier nicht

[28] Ich orientiere mich an der Definitionsweise von [Jacobson 1987], die ich für transparenter halte als die Originalversion von GKPS.

weiter einzugehen ist. Komplexe Typen sind durch primitive Typen definiert:

- Wenn a und b Typen sind, dann auch $\langle a, b\rangle$.

- Ausdrücke des Typs $\langle a, b\rangle$ denotieren Funktionen von Objekten, die durch Ausdrücke des Typs a denotiert werden, in Objekte, die durch Ausdrücke des Typs b denotiert werden.

Für eine syntaktische Kategorie C beschreibt *TYP(C)* den semantischen Typ, der C assoziiert ist. So ist z.B. *TYP(*VP*)* = $\langle$*TYP(*NP*), TYP(*S*)*$\rangle$, oder, abgekürzt VP′ = $\langle$NP′, S′$\rangle$. VP′ ist eine Funktion, die Objekte aus NP′ als Argumente nimmt und Objekte aus S′ als Werte liefert.

Kontrollbeziehungen in GPSG

Semantische Typen werden für die Definition der Kontrollbeziehung herangezogen. In einer Kontrollbeziehung ist die Funktor-Kategorie Controllee und die Argument-Kategorie Controller. Die Funktor-Kategorie heißt, unabhängig von der Existenz einer Kontrollbeziehung, *Zielkategorie* einer Kongruenzrelation.

Die Kontrollbeziehung wird unterschiedlich für binäre lokale Bäume und ternäre lokale Bäume definiert.[29] Betrachten wir zuerst binäre lokale Bäume; sie haben eine Funktor-Kategorie C_1 und eine Argument-Kategorie C_2 (ein Beispiel ist Abbildung 3.6 (i)). Es gilt $C_1' = \langle C_2', C_0'\rangle$ für eine Mutter-Kategorie C_0. Damit wird C_1 von C_2 kontrolliert. In dem genannten Beispiel ist VP die Funktor-Kategorie und wird von NP kontrolliert.

In ternären lokalen Bäumen existieren sogenannte *Kontrollprädikate.* Ein Kontrollprädikat ist ein lexikalischer Head, der prädikative Kategorien (z.B. VPs) als Komplemente subkategorisiert. Diese haben den Typ $\langle$NP′, $C'\rangle$, denotieren also Funktionen von NP-Denotaten. In Abbildung 3.6 werden die fett gezeichneten lokalen Bäume in (ii) und (iii) durch die ID-Regeln (3.42) (hier als (3.53) wiederholt) und (3.54) projiziert. Die VP-Töchter bzw. die AP sind prädikative Kategorien (vom Typ $\langle$NP′, S′$\rangle$).

(3.53) VP $\longrightarrow$ V, NP, VP[inf]

(3.54) AP $\longrightarrow$ A, VP/NP

Kontrollprädikate sind Verben und Adjektive, die Hilfsverben sowie Equi- und Raising-Prädikate (im Sinne der TG) einschließen. Prädikative Komplemente von Kontrollprädikaten sind mögliche Zielkategorien, auch wenn keine Kontrollbeziehung vorliegt. Abermals sind zwei Situationen zu unterscheiden: es liegt eine Kontrollbeziehung vor und die prädikative Kategorie ist Controllee, oder es liegt keine Kontrollbeziehung vor.

Im ersten Fall *vermittelt* der lexikalische Head die Kontrollbeziehung zwischen einem NP-Controller und der prädikativen Kategorie. Solche Heads sind objektkontrollierte Equi- und „Raising-to-Object"-Verben (vgl. Abbildung 3.6 (ii)). Nach GKPS haben Kontrollvermittler den Typ $\langle$VP′, $\langle$NP′,VP′$\rangle\rangle$.

Wir betrachten nun die Situation, in denen prädikative Kategorien nicht kontrolliert werden. Das V, das in Abbildung 3.6 (iii) das Terminalsymbol *promise* dominiert, hat den Typ $\langle$NP′, $\langle$VP′,VP′$\rangle\rangle$; es vermittelt keine Kontrollbeziehung zwischen der NP und der VP, und wird von keinem seiner Argumente kontrolliert.[30]. Analog verhält es sich mit dem A in (iii). Die prädikative Kategorie VP / NP hat den Typ $\langle$NP′, VP′$\rangle$, aber keinen Controller, denn der Typ von A ist $\langle\langle$NP′, VP′$\rangle$, AP′$\rangle$, nicht aber $\langle$VP′, AP′$\rangle$, wie es zur Herstellung einer Kontrollbeziehung notwendig wäre.

Zusammenfassend ist festzuhalten, daß von den drei Situationen in Abbildung 3.6 nur in den ersten beiden eine Kontrollbeziehung vorliegt.

---

[29] Bäume mit mehr als drei Töchtern werden nicht betrachtet.

[30] Der gestrichelte Pfeil drückt eine andere, semantische Kontrollbeziehung aus (in Abbildung 3.6 S-Kontrolle genannt); man spricht hinsichtlich der VP vom Subjekt des Matrixsatzes als dem „verstandenen Subjekt".

χ-Spezifikationen

Die Verbindung der Kontrollbeziehung zu den semantischen Typen bringt eine Komplikation mit sich, da die Typen sich abhängig von instantiierten Foot-Spezifikationen ändern können. Diese sollen aber keinen Einfluß auf die Definition von Kontrolle ausüben; z.B. soll in Abbildung 3.6 (ii) die NP auch dann die VP kontrollieren, wenn sie eine Lücke repräsentiert (d.h. NP / NP). Welche Merkmale sollen nun die semantischen Typen bestimmen, die für die Definition von Kontrolle relevant sind? GKPS geben (kommentarlos) an, daß dies die Head-Spezifikationen seien, die nicht zugleich instantiierte Foot-Spezifikationen sind sowie zusätzlich die ererbten Foot-Spezifikationen. Sie verwenden eine Funktion χ, die zu einer Kategorie diese Teilmenge der Spezifikationen liefert und nennen diese Teilmenge *χ-Spezifikationen.*

Die ererbten Foot-Spezifikationen werden in den semantischen Typen berücksichtigt und sind relevant für die Kontrollbeziehung. Warum aber sind die Head-Spezifikationen für die Kontrollbeziehung relevant? Und warum sind von diesen genau die instantiierten Foot-Spezifikationen irrelevant?

Mit dem CAP sollen Kongruenzbeziehungen zwischen Terminalsymbolen erklärt werden. Deren →morphologische Eigenschaften können wir uns als in den lexikalischen Kategorien repräsentiert vorstellen. Daß diese Information an nonterminalen Kategorien auftritt (z.B. Merkmale für Numerus, Genus und Person außer an N auch an NP), stellt die HFC sicher (vgl. Abschnitt 3.3.8), die genau für die Head-Merkmale erfüllt sein muß. Unklar ist aber, ob wirklich *alle* Head-Merkmale relevant sind. Auf die Arbeitsteilung zwischen CAP und HFC bei der Realisierung von Kongruenz wird weiter unten eingegangen.

Mit dem Ausschluß instantiierter Foot-Spezifikationen, die zugleich Head-Spezifikationen sind, erreichen GKPS zwar, daß das CAP in ihrer Grammatik keine instantiierten slash-Werte betrachtet, denn slash ist das einzige Foot-Merkmal, das zugleich Head-Merkmal ist. Es bleibt aber offen, inwieweit die Eigenschaft, sowohl instantiierte Foot- als auch Head-Spezifikation zu sein, im allgemeinen etwas mit der Zuordnung semantischer Typen zu Kategorien zu tun hat.

Kontrollbeziehung und Kongruenz

Durch die folgende Definition werden die Fälle der Kontrolle in binären Bäumen von denen der Kontrollvermittlung unterschieden.[31]

Definition 3.10 (Kontrolle). In einem lokalen Baum $\langle C_0, \langle C_1, \ldots, C_n\rangle\rangle$ *kontrolliert* eine Kategorie C_i eine Kategorie C_j ($1 \leq i, j \leq n$) gdw. entweder

- $TYP(\chi(C_i)) = \langle TYP(\chi(C_j)), TYP(\chi(C_0))\rangle$, oder
- $TYP(\chi(C_i)) = \mathrm{VP}'$ und die Head-Schwester hat den Typ $\langle \mathrm{VP}', \langle TYP(\chi(C_j)), \mathrm{VP}'\rangle\rangle$

Kontrollbeziehungen geben an, welche Kategorien miteinander kongruieren *können*, nicht aber, welche es tatsächlich tun. Die Kongruenz wird realisiert mithilfe eines Kontrollmerkmals. Jede Zielkategorie enthält ein kategorienwertiges syntaktisches Merkmal **agr** oder **slash**. Diese beiden Merkmale sind Elemente der Menge CONTROL, die eine Teilmenge der Merkmale ist (in der Grammatik von GKPS gilt CONTROL = {agr, slash}). Die Kontrollmerkmale sind auch Head-Merkmale. Dies wird nicht im Formalismus verlangt, doch ist es erforderlich, um die gewünschte Arbeitsteilung zwischen CAP und HFC zu erreichen.

Die Aufgabe der HFC ist, wie oben bereits angedeutet, die folgende: Der Lexikoneintrag für eine Wortform in der dritten Person Singular (z.B. *persuades*) enthält eine Extension von [agr:NP[per:3, --plu]]. HFC erzwingt das Vorkommen dieser Spezifikation an der Mutter einer lexikalischen ID-Regel (vgl. die rechte VP in Abbildung 3.6 (ii)). Aufgabe des CAP ist es, sicherzustellen, daß diese Kategorie, vereinfacht gesagt, mit einer Kategorie übereinstimmt, die als Wert ihrer agr-Spezifikation

[31] Eine formale Definition steht in [Hukari/Levine 1986, S. 164]; die entsprechende Definition von GKPS enthält einige Fehler.

kodiert ist. Am Beispiel sehen wir, daß *persuades* nur mit einer NP[per:3, –plu] kongruiert. Die Kongruenz bezieht sich ausschließlich auf die χ-Spezifikationen; alle anderen sind in der **agr**-Spezifikation nicht enthalten. Diese Übereinstimmung ist in Abbildung 3.6 durch „[*]" dargestellt.

Die Definition des CAP und einige Beispiele

Bevor die Definition des CAP gegeben wird, sind die Kriterien für die Auswahl des Kontrollmerkmals zu beschreiben. GKPS definieren:

Definition 3.20 (Kontrollmerkmal). Sei C eine Kategorie in einem lokalen Baum, und sei C(bar) $\neq$ 0. Das *Kontrollmerkmal von C* ist **slash** gdw. **slash** an C ererbt ist; sonst ist es **agr**.

Definition 3.21 (Control-Agreement-Prinzip). Ein lokaler Baum $\langle C_0, \langle C_1, \ldots, C_n \rangle\rangle$ genügt dem CAP gdw. entweder

1. C_j eine Kategorie C_i im binären lokalen Baum kontrolliert und der Wert des Kontrollmerkmals von C_i mit den χ-Spezifikationen von C_j identisch ist; oder
2. C_k eine Kontrollbeziehung zwischen C_j als Controller und C_i als Controllee vermittelt und der Wert des Kontrollmerkmals von C_i mit den χ-Spezifikationen von C_j identisch ist; oder
3. eine prädikative Kategorie C_i ohne Controller existiert, und der Wert des Kontrollmerkmals von C_i mit dem Wert des Kontrollmerkmals von C_0 identisch ist.

Die Definition des CAP wird nun anhand von Abbildung 3.6 verdeutlicht. Im linken lokalen Baum von (i) ist das Kontrollmerkmal des Controllees **agr**, da keine ererbte **slash**-Spezifikation vorliegt. Die erste Klausel des CAP verlangt, daß der Wert von **agr** (modulo χ) mit dem Controller identisch ist. In Zusammenarbeit mit der HFC wird so z.B. (3.48) generiert. Im rechten lokalen Baum von (i) ist **slash** das Kontrollmerkmal des Controllees. Dieselbe Klausel des CAP stellt offenbar sicher, daß Füller und Lücke hinsichtlich der χ-Spezifikationen gleich sind (vgl. Abschnitt 3.3.6). Dies ist eine Konsequenz aus der obigen Definition 3.20. Ein Beispiel hierfür ist (3.49) auf Seite 51, worauf wir noch zurückkommen.

In (ii) liegt ein Fall der Kontrollvermittlung vor. Infolgedessen müssen gemäß der zweiten Klausel des CAP die χ-Spezifikationen der NP mit dem **agr**-Wert der prädikativen Kategorie übereinstimmen (man beachte, daß dies unabhängig von einer an der NP instantiierten **slash**-Spezifikation gilt; der **agr**-Wert ist für **slash** undefiniert). Auf diese Weise wird der Bezug zwischen dem Objekt und der prädikativen Kategorie hergestellt, der für (3.50) wesentlich ist.

In (iii) links liegt im fett gezeichneten lokalen Baum keine Kontrollbeziehung vor. Es gibt jedoch eine prädikative Kategorie (VP), so daß die dritte Klausel des CAP Anwendung finden kann. Durch die Kospezifikation der Kontrollmerkmale an Mutter und Tochter wird, sofern das CAP im höheren lokalen Baum nach Klausel 1 erfüllt ist, die Beziehung zwischen dem Subjekt des Matrixsatzes und dem logischen Subjekt der durch die prädikative Kategorie dominierten Konstituente hergestellt. Dies ist notwendig, um (3.51) zu akzeptieren. Auf analoge Weise erfüllt im rechten Baum von (iii) der fett gezeichnete lokale Baum das CAP, doch sind die Kontrollmerkmale hier verschieden. Ein Beispiel ist (3.52).

Das intendierte Zusammenwirken von CAP und HFC sowie zwischen CAP und FFP faßt Abbildung 3.7 zusammen, worin eine Struktur für das Beispiel (3.49) angegeben wird.

GKPS beschreiben nicht, wie aufgrund der **agr**-Spezifikation an der infiniten VP tatsächlich das Terminalsymbol *herself* (und nicht etwa *himself*) erzwungen wird. Unter der Annahme der in der Abbildung gezeigten Strukturen ergibt sich folgende Situation: Die VP[bse] ist eine prädikative Kategorie, weshalb die dritte Klausel des CAP gleich spezifizierte Kontrollmerkmale fordert. In dem lokalen Baum, in dem das transitive Verb *wash* eingeführt wird, kontrolliert die NP das V

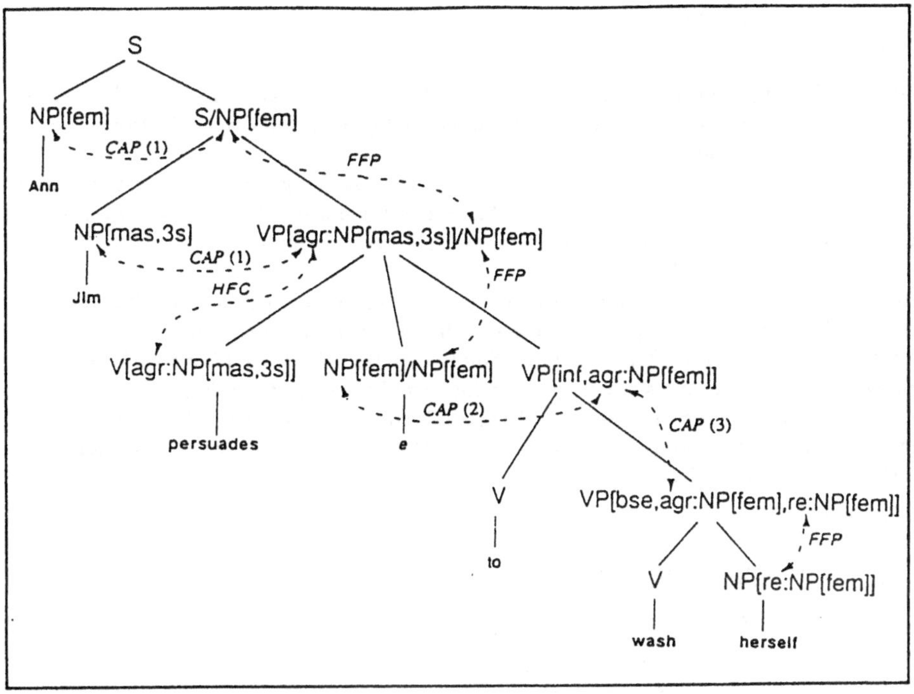

Abbildung 3.7: CAP und das Zusammenwirken der Merkmalinstantiierungsprinzipien

nach der Definition für binär verzweigende Bäume. Das V hat als lexikalische Kategorie jedoch kein Kontrollmerkmal, so daß die erste Klausel des CAP nicht anwendbar ist. Die dritte Klausel ist ebenfalls nicht anwendbar, denn die NP ist keine prädikative Kategorie. Für diesen lokalen Baum ist das CAP mithin auf eine triviale Weise erfüllt.

Die Eigenschaften des Reflexivpronomens werden in dem kategorienwertigen Foot-Merkmal re kodiert. Diese Spezifikation tritt nach dem FFP an der VP[bse] auf. GKPS erwähnen:

> Agreement principles guarantee that these reflexive or reciprocal elements agree with the agr value of the VPs that contain them (in a significant class of cases). [GKPS, S. 122]

Es ist nun aber nicht ersichtlich, wie die Werte von agr und re miteinander abgeglichen werden können.[32] Darüber hinaus muß untersucht werden, wie das Vorkommen von re zu beschränken ist (das FFP läßt mehr oder minder beliebige Vorkommen der Spezifikation zu). Es bleiben also eine Reihe von Fragen offen, und es ist festzuhalten, daß das CAP keineswegs alle Kongruenzphänomene abdeckt.

Weitere Probleme mit dem CAP

Im folgenden wird eine Reihe von Problemen mit dem CAP diskutiert, die seine linguistische Adäquatheit infrage stellen. Wie in den Beispielen aus Abbildung 3.6 gezeigt wurde, ist das CAP für die Identität der χ-Spezifikationen an der [bar:2]-Tochter und dem slash-Wert der S-Tochter in der Topikalisierungs-ID-Regel (hier als (3.55) wiederholt) zuständig.

[32] Eine re-Spezifikation könnte in der Repräsentation in intensionaler Logik eine geeignete Identität von Variablen fordern; ein Vorschlag in dieser Richtung enthält [Pollard/Sag 1983]. Ein eigenständiges Bindungsprinzip wird in [Pollard 1984, S. 180] angenommen.

(3.55) S ⟶ [bar : 2], S/[bar : 2]

(3.56) * Happy Kim reads *e*.

Der semantische Typ von S / [bar:2] ist eine Funktion von Objekten des Typs [bar:2] in Objekte des Typs S. Infolgedessen enthält das Kontrollmerkmal (**slash**) die χ-Spezifikationen der jeweiligen Extension von [bar:2] (darunter die von **n** und **v**).

Jacobson [Jacobson 1987, S. 410ff] zeigt, daß der Gedankengang zirkulär ist: der semantische Typ von S / [bar:2] hängt u.a. von den Spezifikationen für **n** und **v** im Wert von **slash** ab. Das CAP soll die Gleichheit dieser Spezifikationen bei zwei Töchtern sicherstellen, doch die Anwendbarkeit des CAP hängt von ihnen ab!

Eine Folge des Zirkels ist, daß lokale Bäume, in denen die erste Tochter eine AP und der **slash**-Wert eine NP ist, durch das CAP zugelassen werden. Da die AP und die NP verschiedene Typen haben, existiert kein Controller im lokalen Baum.[33] Somit erhalten Sätze wie (3.56) zulässige Strukturen.

Ein weiteres Problem mit **slash** als Kontrollmerkmal hängt mit der Einführung von Lücken zusammen. GKPS verwenden eine Metaregel (Slash Termination Metarule 1, (3.57)), die zusammen mit der FCR (3.58) die Instantiierung von **slash**-Werten bewirkt. Die Lücke wird dann mithilfe von (3.39) (hier als (3.59) wiederholt) eingeführt.

(3.57) X ⟶ W, Y[bar:2]
⇓
X ⟶ W, Y[bar:2, +null]

(3.58) ⟨**null** : +⟩ ⊃ ⟨**slash**⟩

(3.59) X / X ⟶ *e*

Jacobson schlägt eine wesentlich einfachere Einführung von Lücken vor: Der Lexikoneintrag (3.59) entfällt, und die Metaregel (3.57) sowie die FCR (3.58) werden durch die Metaregel (3.60) ersetzt, die ID-Regeln mit einer *ererbten* **slash**-Spezifikation an der Mutter erzeugt (z.B. (3.61)).

(3.60) X ⟶ W, Y
⇓
X / Y ⟶ W

(3.61) VP/NP ⟶ V, VP

Mit diesem Ansatz, der in den Grammatiken im Berliner GPSG-System verwendet wird (vgl. Abschnitt 4.4) gerät man mit CAP (iii) in Schwierigkeiten bei Subjekt-Equi-Verben wie *promise*, denn die VP-Tochter kongruiert mit der dislozierten Konstituente (mit dem Objekt) statt mit dem Subjekt, weil nun **slash** das Kontrollmerkmal der Mutter ist.

Zwei weitere Probleme nennt Kilbury.[34] Analog zu der Topikalisierungsregel (3.33) herrscht keine Kontrollbeziehung in bestimmten lokalen Bäumen, die durch die ID-Regel (3.34) projiziert werden (diese wird hier als (3.62) wiederholt). Eine AP als Extension der [bar:2]-Kategorie ist kein Controller im lokalen Baum, und infolgedessen verlangt das CAP nur gleiche **agr**-Spezifikationen von Mutter und VP. Dann können Sätze wie **Happy sleeps* analysiert werden. Abhilfe würde natürlich eine weniger unterspezifizierte Variante von (3.62) schaffen.

(3.62) S ⟶ [bar : 2], VP

agr-Spezifikationen lexikalischer Controllees zählen nicht als Kontrollmerkmal. Das hat seinen guten Grund, weil nur so die Verb-Objekt-Kongruenz unterbunden werden kann (z.B. im untersten lokalen Baum von Abbildung 3.7).[35] Bei invertierten Sätzen führt dies zu Schwierigkeiten, denn

[33] Analoges gilt für nicht subkategorisierte PPs (vgl. [Hukari/Levine 1986, S. 234]).

[34] Persönliche Mitteilung, 1986.

[35] Diese Beschränkung läßt sich nur als einzelsprachlich motiviert interpretieren, denn es gibt Sprachen mit Verb-Objekt-Kongruenz (vgl. [GKPS, S. 107]).

ihnen wird die folgende ID-Regel zugrundegelegt (vgl. (3.44)).

(3.63) S[+inv] ⟶ V[+aux], NP, VP[−aux, bse]

(3.64) * Does you come?

Das CAP ignoriert, welche Spezifikation der Head für agr besitzt, und stellt keine Kontrollbeziehung her. Es ist nicht ersichtlich, wie Analysen für Sätze wie (3.64) unterdrückt werden können.

Eine weitere Schwierigkeit ergibt sich dadurch, daß der Begriff der Kontrolle keine Fälle erlaubt, in denen der Funktor außer dem Controller weitere Argumente hat. Diese Beschränkung kann nicht aus der Definition der Kontrolle allein gefolgert werden, geht aber aus dem Zusammenhang mit den Bedingungen für korrekte Typzuweisung hervor, denen syntaktische Strukturen infolge des Prinzips der Funktionalen Realisierung (GKPS, Kap. 10) genügen müssen. Beide Teile der Theorie bewirken, daß ein Funktor nur dann durch ein Argument kontrolliert werden kann, wenn kein weiteres Argument vorliegt. Andernfalls ist der Funktor von einem Typ, der nicht von der Definition von Kontrolle erfaßt wird.

Die Beschränkung bereitet dann Schwierigkeiten, wenn flache Strukturen angenommen werden (wie dies aus unabhängigen Gründen in der Berliner Grammatik für das deutsche Fragment der Fall ist; vgl. Abschnitt 4.4). Dann ist nicht klar, welches der Argumente den Funktor kontrollieren soll. Im Fall der Subjekt-Verb-Kongruenz im Deutschen wäre das Subjekt als Controller zu kennzeichnen, was kaum auf der Grundlage der semantischen Typen alleine geschehen kann. Es gibt keinen semantischen Grund, Subjekt und Objekt durch ihren Typ zu unterscheiden; es sei denn, man will Subjekte als Funktoren betrachten, die über VPs als Argumenten operieren. Dies würde die Kontrollbeziehung umkehren und zahlreiche andere Probleme mit sich bringen.

Weitere, fundamentale Einwände gegen die Formulierung des CAP in GKPS werden in [Jacobson 1987], [Pollard 1984] und [Hukari/Levine 1986] vorgebracht.

Die Kritik läßt sich folgendermaßen zusammenfassen. Das CAP ist mit einer solchen Fülle an Aufgaben beladen, daß es eine angemessene, universell gültige Behandlung von Kongruenzphänomenen nicht leisten kann. Die vielen impliziten Abhängigkeiten von der Formulierung der ID-Regeln bis hin zur Arbeitsteilung mit FFP und HFC sind komplex und nicht vollständig durchschaubar. Die Aufgabenverteilung auf die drei verschiedenen Klauseln mutet willkürlich an, und die theoretisch-linguistische Motivation für die dritte Klausel (Gleichsetzung von Kontrollmerkmalen) ist fragwürdig.

Was ist angesichts dessen zu tun? Pollard schreibt:

> It seems necessary to conclude that the GPSG-CAP is overly ambitious. The desire to subsume all agreement phenomena under a single unified principle is understandable, but considerably more work will have to be done to bring into focus a version of that principle which is both intuitively satisfying and linguistically motivated. [Pollard 1984, S. 134]

Infolge der zahlreichen grundsätzlichen Schwierigkeiten wird das CAP nicht in den Berliner GPSG-Formalismus übernommen. Stattdessen wird ein weniger anspruchsvolles Kongruenzprinzip verwendet (vgl. Abschnitt 4.2).

3.3.8 Die Head-Feature-Konvention

Das Instantiierungsprinzip HFC trägt ebenfalls zur Definition des zulässigen lokalen Baumes bei und schränkt die Menge der Projektionen weiter ein. GKPS geben eine Folge von Definitionen zunehmender Komplexität für HFC, die schließlich die Behandlung von Koordination mit einbeziehen. Dieser Abschnitt begnügt sich mit einer einfacheren Version und beschreibt einige recht subtile Konsequenzen für das Zusammenwirken der Merkmalinstantiierungsprinzipien in der Absicht, die grundsätzliche Kritik am CAP zu verallgemeinern und auf die HFC auszudehnen.

Heads und Head-Merkmale

Die HFC betrifft eine Teilmenge der Merkmale, die Head-Merkmale, die durch die Menge HEAD definiert sind.

Der Begriff des Heads wurde in Abschnitt 3.1.2 (mittlere GPSG) folgendermaßen eingeführt. Von den Töchtern in einer ID-Regel mit denselben Spezifikationen für **n** und **v** wie an der Mutter ist der Head die Tochter mit dem kleinsten **bar**-Wert, der kleiner oder gleich dem **bar**-Wert der Mutter ist. Diese Definition von Head basiert auf der Kospezifikation von Merkmalen zwischen der Mutter und einer Tochter. Sie induziert (durch die HFC, die für Heads definiert ist) eine weitere Kospezifikation zusätzlicher Merkmale an Mutter und Head und ist nur deshalb nicht zirkulär, weil die jeweiligen Merkmalmengen disjunkt sind. Diese Tatsache wiederum ist eine rein technische Bedingung für das Funktionieren des Formalismus und insofern aus linguistischer Sicht unbefriedigend.

Daher wählen GKPS eine andere Lösung. Sie verwenden bei der Formulierung von ID-Regeln die metasprachliche Variable H für eine stark unterspezifizierte Kategorie, die die Funktion eines Heads in der ID-Regel hat. Es bleibt damit der HFC (und anderen Komponenten des Formalismus) überlassen, die Spezifikationen von Heads zu bestimmen. Statt (3.42) (vgl. Seite 49) schreiben GKPS (3.65).

(3.65) VP ⟶ H[17], NP, VP[inf]

Der Head ist für **subcat** spezifiziert und muß daher in jeder Projektion [bar:0] sowie Spezifikationen für **n** und **v** besitzen (durch FCR (3.41) auf Seite 49). Welche Spezifikationen dies sind, wird durch die HFC bestimmt, denn **n** und **v** sind Head-Merkmale.

(3.66) HEAD = {**n**, **v**, **bar**, **subcat**, **subj**, **per**, **plu**, **aux**, **inv**, **vform**, **pform**, **past**, **adv**, **prd**, **loc**, **slash**, **agr**}

Angesichts der Definition von HEAD aus GKPS für ein Fragment des Englischen wird unmittelbar klar, daß die HFC der mittleren GPSG nicht mehr verwendbar ist: Die Forderung, daß Head-Merkmale an der Mutter und einem Head gleich spezifiziert sein sollen, wäre bereits infolge der Head-Definition aufgrund der Spezifikationen von **bar** oder **subcat** bei lexikalischen ID-Regeln unerfüllbar.

Freie Merkmalspezifikationen und eine Definition der HFC

GKPS verwenden die HFC als ein Default-Prinzip, das nur diejenigen Head-Spezifikationen im lokalen Baum betrifft, deren Wert nicht durch ID-Regeln, FCRs, das FFP oder das CAP bestimmt ist.[36] Alle möglichen Merkmalspezifikationen, die nicht durch ID-Regeln oder FCRs in einer Kategorie verboten sind, heißen *frei* an dieser Kategorie. Die Beschränkung auf Merkmalspezifikationen, die nicht durch FFP oder CAP instantiiert werden, erfolgt in der Definition der HFC selbst.

In dieser Definition wird als Hilfskonstrukt der Begriff der Menge freier Merkmalspezifikationen für eine Kategorie C benutzt.

Definition 3.22 (Menge freier Merkmalspezifikationen). Sei r eine ID-Regel, sei C eine Kategorie in r, und sei Φ_r die Menge aller Projektionen ϕ von r.

Die Menge $\psi(C, \Phi_r)$ aller *freien Merkmalspezifikationen an* C in r besteht aus den Spezifikationen, die in mindestens einem $\phi(C)$ aus Φ_r auftreten.

Der Begriff „frei“ suggeriert möglicherweise, daß nur instantiierte Spezifikationen betroffen seien. Man beachte, daß die Definition auch die an C ererbten Spezifikationen einschließt.

Die HFC wird nun durch zwei komplementäre Constraints ausgedrückt:

Definition 3.23 (Head-Feature-Konvention). Sei r eine ID-Regel mit Mutter C_0 und Head H. Sei ferner Φ_r die Menge aller Projektionen von r, die das FFP und das CAP erfüllen. Dann erfüllt ein durch $\phi(r) \in \Phi_r$ projizierter lokaler Baum die HFC gdw. gilt:

[36] Die Sichtweise der HFC als Default-Prinzip vertritt auch [Gunji 1987, S. 26, Fn. 11].

- Jede Head-Spezifikation von C_0 muß an H vorliegen, sofern sie in $\psi(\mathrm{H}, \Phi_r)$ ist.
- Jede Head-Spezifikation von H muß an C_0 vorliegen, sofern sie in $\psi(C_0, \Phi_r)$ ist.

Betrachten wir als Beispiel einen durch die ID-Regel (3.65) projizierten lokalen Baum. Im Hinblick auf die an der Mutter vorhandenen Spezifikationen ist

$$\psi(\mathrm{H}, \Phi_{(3.65)}) = \{\langle \mathsf{bar} : 0\rangle, \langle \mathsf{subcat} : 17\rangle, \langle \mathsf{n} : +\rangle, \langle \mathsf{n} : -\rangle, \langle \mathsf{v} : +\rangle, \langle \mathsf{v} : -\rangle\},$$

und im Hinblick auf die am Head vorhandenen Spezifikationen ist

$$\psi(\mathrm{VP}, \Phi_{(3.65)}) = \{\langle \mathsf{bar} : 2\rangle, \langle \mathsf{n} : -\rangle, \langle \mathsf{v} : +\rangle\}.$$

Nach der ersten Klausel der HFC werden $\langle \mathsf{n} : -\rangle$ und $\langle \mathsf{v} : +\rangle$ am Head verlangt. H ist nur für **subcat** und **bar** spezifiziert, doch keine dieser Spezifikationen ist frei an der Mutter.

HFC wird in der späten GPSG zusätzlich für die Beschreibung von Koordinationsphänomenen benutzt. Zu diesem Zweck wird die Möglichkeit vorgesehen, daß in einer ID-Regel mehrere Heads auftreten, jedes von ihnen ein Konjunkt. HFC „sammelt" quasi die allen Konjunkten gemeinsame Information an der Mutter. GKPS erfassen dies in ihrer endgültigen Definition der HFC, auf die hier nicht weiter eingegangen wird.[37] Darüber hinaus verlangt die Definition, daß nur solche Kategorien betrachtet werden, die für **bar**spezifiziert sind. Auf diese Weise wird die HFC direkt an die X-Bar-Syntax gebunden.

Soweit zur Definition der HFC. Es erscheint unklar, warum GKPS nur solche Projektionen betrachten, die dem CAP und dem FFP genügen. Diese Forderung postuliert eine Abhängigkeit der HFC von den anderen Merkmalinstantiierungsprinzipien, die nicht nur eine unbeabsichtigte, chronologische Anwendungsreihenfolge der Merkmalinstantiierungsprinzipien suggeriert („HFC nach FFP und CAP"), sondern auch redundant ist, denn für die Definition der Zulässigkeit (Abschnitt 3.3.5) wird ohnedies gefordert, daß ein lokaler Baum *allen* Merkmalinstantiierungsprinzipien genügt. Bäume, die den beiden Bedingungen in der Definition der HFC genügen, nicht aber dem FFP oder dem CAP, sind mithin unzulässig, ohne daß dies aus der Definition der HFC folgen müßte.

Die Sichtweise der HFC als Defaultprinzip legt es nahe, daß hinter der Forderung die Absicht stand, HFC möge keine Strukturen fordern, die gegen andere Prinzipien verstoßen. Im folgenden wird gezeigt, daß HFC solche Strukturen dennoch fordert.

Die simultane Wirkung der Merkmalinstantiierungsprinzipien am Beispiel der Topikalisierungsregel

Die problematische Interaktion der Merkmalinstantiierungsprinzipien wird aufschlußreich beleuchtet anhand der Topikalisierungsregel, die hier als (3.67) wiederholt wird. Sie projiziert die lokalen Bäume in Abbildung 3.8.

(3.67) $\mathrm{S} \longrightarrow [\mathrm{bar} : 2], \mathrm{S}/[\mathrm{bar} : 2]$

In dieser Regel ist der Head S / [bar:2]. Es kann nun gezeigt werden, daß nur (iii) zulässig ist (was der Intuition, die mit der Topikalisierungsregel verbunden ist, zuwiderläuft). Das Problem besteht darin, daß **slash** ein Head-Merkmal ist.

(i) ist zulässig gemäß FFP und CAP. Die HFC verlangt nun, daß der **slash**-Wert des Heads an der Mutter (an welcher alle **slash**-Spezifikationen frei sind) spezifiziert wird (ii). Dieser lokale Baum (ii) verletzt jedoch das FFP, das verlangt, daß **slash** an mindestens einer Tochter instantiiert ist, wenn es an der Mutter instantiiert ist (der **slash**-Wert an der Head-Tochter ist ererbt!). Um das FFP zu erfüllen, muß der lokale Baum dieselbe Spezifikation auch an der anderen Tochter enthalten (iii). Nur diese Projektion erfüllt alle Merkmalinstantiierungsprinzipien.

[37] Der Effekt ist, daß die Mutter diejenigen Head-Spezifikationen enthält, die an *sämtlichen* Heads auftreten, sofern sie an der Mutter frei sind und daß jeder Head diejenigen Head-Spezifikationen enthält, die an der Mutter auftreten, sofern sie am jeweiligen Head frei sind.

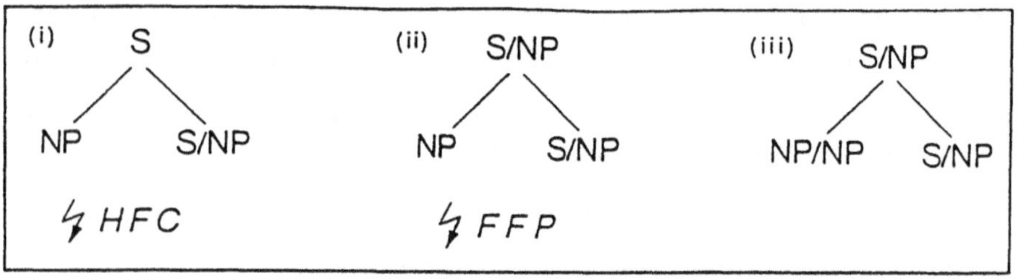

Abbildung 3.8: Projektionen aufgrund der Topikalisierungsregel

Die folgende Diskussion verfolgt nacheinander zwei Gedanken, die sich aus diesem Problem ergeben. Einmal scheint es sinnvoll, die mit der Topikalisierungsregel verbundene Intuition zu erfassen, indem die HFC so beschränkt wird, daß sie tatsächlich keine Merkmalspezifikationen fordert, die im Widerspruch zu FFP oder CAP stehen, d.h. der lokale Baum (i) in Abbildung 3.8 soll zulässig sein können. Zum andern soll verfolgt werden, was für und was gegen die Verwendung von slash als Head-Merkmal spricht.

Zur logischen Abhängigkeit zwischen CAP und HFC

In GKPS sind eine Reihe von Hinweisen enthalten, die auf logische Abhängigkeiten der Merkmalinstantiierungsprinzipien untereinander schließen lassen; der schwierigste Fall betrifft die in Abschnitt 3.3.7 angedeutete Problematik zwischen CAP und HFC.

- Die HFC scheint die Wirkung des CAP (und des FFP) vorauszusetzen, weil sie keine Merkmalspezifikationen fordern darf, die durch diese Prinzipien ausgeschlossen werden
- Das CAP setzt die Wirkung der HFC voraus, da es auf semantischen Typen beruht, die von Head-Merkmalen abhängen, deren Verteilung wiederum durch HFC geregelt ist.

Die simultane Anwendung von CAP und HFC auf lokale Bäume liefert somit im schlimmsten Fall die leere Menge als Menge zulässiger lokaler Bäume.

Ein möglicher Ausweg aus diesem Dilemma wurde in [Shieber 1986] vorgeschlagen, doch er beruht auf der Annahme, daß die Head-Merkmale in zwei disjunkte Teilmengen aufgeteilt werden können: in diejenigen Head-Merkmale, die Voraussetzung sind für die Zuweisung semantischer Typen und insofern für die Anwendbarkeit des CAP und in diejenigen Head-Merkmale, die unabhängig vom CAP instantiiert werden können. Allerdings ist es nicht sicher, ob eine solche Aufteilung möglich ist.

Natürlich kann man das Problem immer dadurch umgehen, daß man die Kategorien in den ID-Regeln stärker spezifiziert, als dies in GKPS vorgeschlagen ist; doch wäre ein solches Vorgehen nicht im Geiste der GPSG, wo es darauf ankommt, universelle wie einzelsprachliche Generalisierungen auszudrücken.

Zur Verwendung von slash als Head-Merkmal

Zwei wesentliche Gründe für die Verwendung von slash als Head-Merkmal sind in der Behandlung von parasitären Lücken und von Koordination zu sehen. Ein Gegenargument basiert auf der Verwendung der folgenden ID-Regel.

(3.68) $\mathrm{VP} \longrightarrow \mathrm{H}, \mathrm{PP}$

(3.69) Which bed did Dana sleep in *e*?

Die ID-Regel (3.68) ist nicht in der Grammatik von GKPS enthalten; sie ist sinnvoll zur Beschreibung von freien Präpositionalergänzungen wie in (3.69), die GKPS nicht behandeln. Offenbar ist $\langle$slash : NP$\rangle$ frei an allen drei Kategorien. Abbildung 3.9a zeigt vier Projektionen aus $\Phi_{(3.68)}$ (die

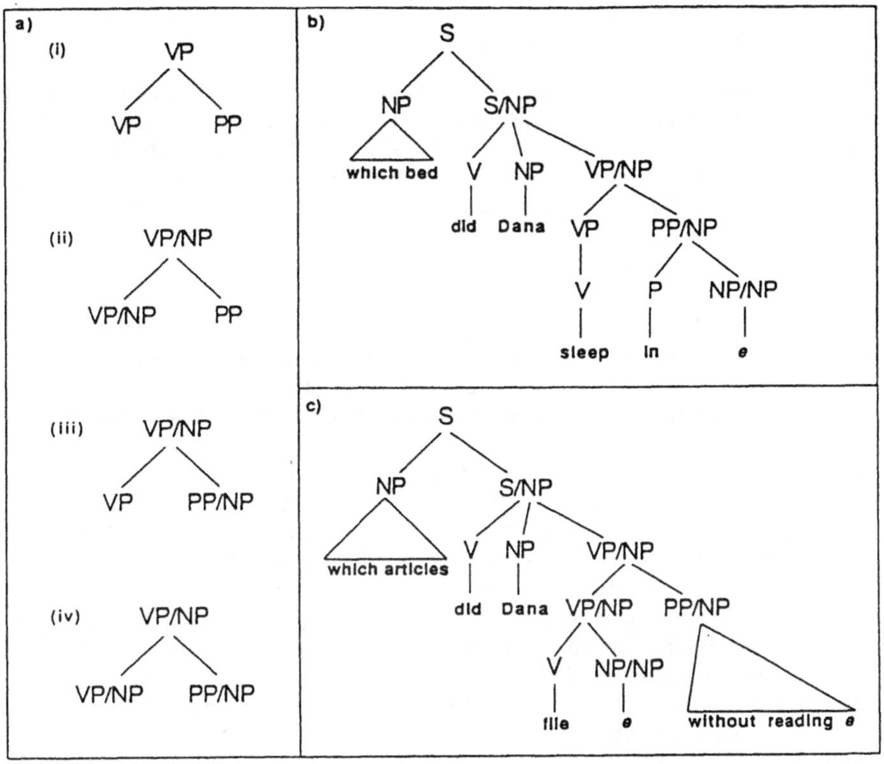

Abbildung 3.9: HFC und das Zusammenwirken der Merkmalinstantiierungsprinzipien

CAP und FFP erfüllen). Nach HFC ist der dritte Baum unzulässig, da der Head nicht die slash-Spezifikation der Mutter aufweist. Gerade er aber wird für die Analyse von (3.69) benötigt (siehe Abbildung 3.9b).

Die vorliegende Interaktion von HFC und FFP ist jedoch in anderen Fällen beabsichtigt. Bei parasitären Lücken kann sie ungrammatische Sätze wie (3.72), in denen die parasitäre Lücke nicht aus einem Head stammt, ausschließen, während (3.70) und (3.71) (vgl. Abbildung 3.9c) akzeptiert werden (vgl. GKPS, S. 162ff).

(3.70) Which articles did Dana file *e* without reading them?

(3.71) Which articles did Dana file *e* without reading *e*?

(3.72) * Which articles did Dana file dossiers without reading *e*?

Zwar folgen in diesem Beispiel die korrekten Fakten, doch ist die Behandlung parasitärer Lücken in GKPS fragwürdig, wie [Preuß 1989] nachweist.

Grundsätzliche Einwände gegen slash als Head-Merkmal führt Jacobson an. In der Definition des CAP werden die Head-Spezifikationen betrachtet, die nicht instantiierte Foot-Spezifikationen sind. In der Grammatik von GKPS läuft dies auf einen Ausschluß von slash-Spezifikationen hinaus. Das bedeute ganz einfach, so Jacobson, daß slash nicht die Eigenschaften anderer Head-Merkmale besitzt. Jacobson behauptet, daß dies eine Ursache für die Komplexität der letztendlichen Definition der HFC von GKPS sei (die hier nicht behandelt wurde):

> Moreover, there is absolutely *no* independent motivation for this formulation of the

HFC; it is used solely to solve theory-internal problems which arise strictly because slash is defined as a head feature. [Jacobson 1987, S. 414]

Die Komplexität der HFC im Vergleich zur mittleren GPSG beruht aber auch auf der Definition von Head und der Behandlung von Koordination mit HFC. Beides erfordert, daß HEAD eine Reihe weiterer Merkmale enthalten muß, die in der mittleren GPSG keine Head-Merkmale waren. Diese ***problematischen*** Merkmale sind es, die HFC zu einem Default-Prinzip machen. **slash** ist auch im Hinblick auf Koordination Head-Merkmal. In (3.73) wird somit an *beiden* Heads eine **slash**-Spezifikation erzwungen.

(3.73) Who did you see *e* and like *e*?

(3.74) What did she go and buy *e*?

In der Grammatik von GKPS sind neben **slash** nur die Merkmale **bar**, **subj** und **subcat** problematisch. Es wäre lohnend, Wege zu finden, ohne problematische Merkmale auszukommen. Voraussetzung dafür ist wahrscheinlich, daß auf die Behandlung von Koordination durch HFC verzichtet wird.

Von dieser These ausgehend, macht [Preuß 1989] den nächsten Schritt und definiert ein separates *Koordinationsprinzip*, das im wesentlichen die Fälle symmetrischer Koordination behandelt, in denen die Konjunkte Head-Kategorien sind (3.73). Das Koordinationsprinzip betrifft eine Menge von „Koordinationsmerkmalen", die an der Mutter und den Konjunkttöchtern im lokalen Baum gleich spezifiziert sein müssen. Phänomene asymmetrischer Koordination (3.74) werden durch die HFC in ihrer rigiden Fassung aus der mittleren GPSG erfaßt. Die Konjunkte werden durch unterschiedlich spezifizierte Heads beschrieben (in (3.74) V und VP).[38] Die HFC ist damit kein Default-Prinzip, sondern wird in ihrer Form aus der mittleren GPSG benutzt. Preuß gelangt mit ihrem Vorschlag zu einer Entflechtung der Aufgaben, die CAP und HFC zu übernehmen hatten und zu einer klareren Modularisierung der Metasprache.

Im Rahmen des Berliner GPSG-Systems wurde HFC als Default-Prinzip rekonstruiert. Allerdings werden die problematischen Merkmale in den ID-Regeln als spezifiziert angenommen, so daß das Konzept der freien Merkmalspezifikationen nicht berücksichtigt werden mußte (vgl. Abschnitt 4.2).

[38]Man beachte, daß die problematischen Merkmale **bar** und **subcat** in der mittleren GPSG ebenso wie bei Preuß keine Head-Merkmale sind.

Kapitel 4

Eine konstruktive Version von GPSG

Im letzten Kapitel wurde die späte GPSG ausführlich beschrieben und eine Anzahl von Kritikpunkten aus linguistischer Sicht vorgebracht. Von einem sehr allgemeinen Standpunkt betrachtet, richtet sich diese Kritik immer gegen denselben Versuch, um jeden Preis eine möglichst große Anzahl sprachlicher Phänomene mit wenigen universellen Prinzipien zu erklären.

Auch wenn die Kritik an den Grundpfeilern des GPSG-Ansatzes rüttelt, bedeutet dies nicht, daß die Idee der Metasprache als solche untauglich wäre. Es bedeutet vielmehr, daß die Ansprüche an die Erklärungsfähigkeit der Metasprache realistisch formuliert werden müssen, und das meint: bescheidener. Dementsprechend wird in diesem Kapitel eine Version von GPSG vorgestellt, die eine geringere Anzahl linguistischer Generalisierungen ausdrückt, dafür aber für die automatische Sprachverarbeitung geeignet ist.

In Abschnitt 4.1 werden Eigenschaften der späten GPSG diskutiert, derentwegen eine vollständige und originalgetreue Implementation praktisch nicht realisierbar ist. Die wesentliche Ursache liegt in der ausschließlich deskriptiven Sicht verborgen, die die wohlgeformten syntaktischen Strukturen negativ charakterisiert, nämlich als diejenigen, die durch die verschiedenen Komponenten des Formalismus *nicht ausgeschlossen* werden. Stattdessen wird für eine konstruktive Sicht plädiert, die die wohlgeformten syntaktischen Strukturen grundsätzlich positiv charakterisiert als diejenigen, die durch die verschiedenen Komponenten des Formalismus *erzeugt* werden.

Auf der Grundlage dieser Sichtweise wird in Abschnitt 4.2 die Implementation der wesentlichen Komponenten des Formalismus beschrieben. Der Formalismus bildet das linguistische Kernstück des Berliner GPSG-Systems (Abschnitt 4.3), das als Bestandteil eines Systems für maschinelle Übersetzung konzipiert wurde. Es erlaubt Parsing und Generierung mit unterschiedlichen Grammatiken (hier Fragmente für Deutsch und Englisch) sowie die bidirektionale Verwendung von Grammatiken; d.h. grammatisches Wissen ist unabhängig von Verarbeitungsstrategien repräsentiert.

Abschnitt 4.4 stellt die verwendeten Grammatiken vor. Inwieweit die postulierte Unabhängigkeit der Grammatiken vom Verarbeitungswissen im Berliner GPSG-System verwirklicht ist, untersucht Abschnitt 4.5. Er diskutiert darüber hinaus, welche grundsätzlichen Probleme sich bei einer bidirektionalen Verwendung von deklarativ repräsentiertem sprachlichen Wissen ergeben.

Vor dem Hintergrund der Trennung von grammatischem Wissen und Prozessen beschreibt Abschnitt 4.6 die Interaktion der Lexika mit den Grammatiken. Die Lexika wurden als Stammformenlexika implementiert und mit einer separaten Flexions- bzw. →Lemmatisierungskomponente versehen. Um Übergenerierung zu vermeiden, erfordert dieser Ansatz eine sorgfältige Abstimmung mit der Syntax.

Das Kapitel wird durch einen Blick auf andere GPSG-basierte computerlinguistische Ansätze in Abschnitt 4.7 abgerundet. Es werden eigenständige Weiterentwicklungen bestimmter Aspekte des Formalismus gezeigt, womit jeweils eine Vereinfachung unter Inkaufnahme eines gewissen Verlustes an linguistischer Aussagekraft verbunden ist. Dabei wird deutlich werden, daß den Implementationen sehr unterschiedliche Zielsetzungen und linguistische Ansprüche zugrundeliegen.

Schließlich diskutiert Abschnitt 4.8 einen speziellen Aspekt dieses Vergleichs, der einen Hauptunterschied zwischen der mittleren und der späten GPSG reflektiert; nämlich die Folgen der Kompilation von GPS-Grammatiken in kontextfreie Grammatiken und die der direkten Interpretation der Metasprache während der Verarbeitung.

4.1 Probleme der Algorithmisierung von GPSG

In diesem Abschnitt wird gezeigt, daß die axiomatische Formulierung von GPSG in der Praxis nicht implementierbar ist. Die Überlegungen gehen von der Frage aus, welche Berechnungen effektiv durchzuführen wären, wenn die axiomatische Version von GPSG operationalisiert werden soll. Es wird ein Verfahren skizziert, das sich strikt an die deskriptive Art und Weise hält, wie die metasprachlichen Komponenten der GPSG definiert sind. Das Verfahren erweist sich als exponentiell-polynomial zeitaufwendig und daher als ungeeignet für Sprachverarbeitung.

Diese Vorgehensweise unterscheidet sich von der in den komplexitätstheoretischen Studien in [Barton *et al.* 1987]. Dort wird statt der Komplexität eines *Verfahrens* die Komplexität des *Problems* betrachtet und somit über sämtliche mögliche Algorithmen, Grammatiken und Endketten verallgemeinert, die den Aufwand im Einzelfall beeinflussen können. Auf diese Weise entstehen „worst-case"-Analysen, die für konkrete Verfahren mit konkreten Grammatiken nicht unbedingt von Belang sein müssen. Sie zeigen aber auf, in welchen Komponenten des Formalismus man mit einer Explosion des Aufwandes *rechnen* muß und warum dies der Fall ist.

Zur Illustration mag ein Beispiel genügen. Für den Earley-Algorithmus ist der Analyseaufwand bekanntlich $O(|G|^2 \cdot n^3)$, wobei $|G|$ die Anzahl der Phrasenstruktur-Regeln und n die Länge der Eingabekette ist. Die Analyse mit einer ID/LP-Grammatik kann das Verfahren von Earley grundsätzlich auf zwei verschiedene Weisen benutzen: Einmal ist eine Kompilation in eine kontextfreie Grammatik vorstellbar, und zum andern eine direkte Interpretation der ID/LP-Grammatik. Berücksichtigt man nur das ID/LP-Format, so ist eine Kompilation nicht sinnvoll[1], denn die Transformation der komplexen Kategorien in monadische Kategorien von Phrasenstruktur-Regeln ist, wie weiter unten gezeigt wird, außerordentlich aufwendig und erfordert sehr viele Phrasenstruktur-Regeln. Da die Größe der Grammatik dann maßgeblich den Aufwand bestimmt, wird das Earley-Verfahren ineffizient. Ein Verfahren zur direkten Interpretation gibt [Shieber 1984]. Es ist so stark an den Earley-Algorithmus angelehnt, daß es den gleichen Zeitaufwand zu haben scheint. Da es mit weniger Regeln auskommt als eine stark äquivalente kontextfreie Grammatik, scheint Shiebers Verfahren günstiger zu sein.

Nun wird aber in [Barton *et al.* 1987] gezeigt, daß ID/LP-Parsing grundsätzlich nicht in polynomialem Zeitaufwand möglich ist. Shiebers Verfahren kann z.B. mit lexikalisch mehrdeutigen Regeln oder solchen, deren rechte Seite aus dem „leeren" Symbol e besteht, Probleme bekommen, da diese die Menge der Analysezustände u.U. drastisch vergrößern:

> Informally speaking, the reason why Shieber's parser sometimes suffers from combinatorial explosion is that there are exponentially more possible ways to progress through an unordered rule expansion than an ordered one. [Barton *et al.* 1987, S. 199]

Dennoch ist Shiebers Verfahren im „Normalfall" effizienter. Eine präzise Definition der Normalfälle folgt nicht aus dem GPSG-Formalismus, und somit sind die Resultate der komplexitätstheoretischen Analyse zunächst einmal wertvolle Hinweise für die Grammatikschreiberin, die darauf achten muß, daß die Verfahren nicht notwendig ineffizient werden.

Die Resultate von [Barton *et al.* 1987] für GPSG werden nun kurz zusammengefaßt, indem jeweils das untersuchte Problem als Frage formuliert, die Komplexitätsklasse der Lösungen und die wesentliche Ursache für das Resultat angegeben wird. Dabei werden beliebige GPS-Grammatiken angenommen; insbesondere solche, die zu extrem ungünstigen Resultaten führen.

[1] In Abschnitt 4.8 wird diskutiert, unter welchen Umständen eine Kompilation sinnvoll ist.

- Ist eine ID-Regel im Abschluß einer Menge von ID-Regeln unter Metaregelanwendung enthalten?

  Resultat: NP-schwierig, d.h. nicht in polynomialem Zeitaufwand auf einer deterministischen Turingmaschine berechenbar.

  Grund: Als Anwendungsfolgen sind sämtliche Permutationen beliebiger Teilmengen der Metaregeln zu verwenden.

- Ist eine Extension einer Kategorie legal (unter Bezug auf die Definitionen der Kategorie und der FCRs aus GKPS; vgl. die Abschnitte 3.3.1 und 3.3.2)?

  Resultat: PSPACE-schwierig; d.h. mit polynomialem *Speicher*aufwand, nicht aber mit polynomialem Zeitaufwand auf einer deterministischen Turingmaschine berechenbar und vermutlich schwieriger als NP-schwierig.

  Grund: Im wesentlichen die hohe Anzahl der Kategorien und die FCRs mit disjunktivem „Consequens" (d.h. FCRs der Form $p \supset p_1 \vee \ldots \vee p_n$), für die im ungünstigen Fall n Fälle berechnet werden müssen.

- Ist $w \in L(G)$ für eine ID/LP-Grammatik G?

  Resultat: NP-vollständig; d.h. in polynomialem Zeitaufwand auf einer *nicht*deterministischen Turingmaschine berechenbar.[2]

- Ist $w \in L(G)$ für eine GPS-Grammatik G?

  Resultat: EXP-POLY-schwierig; d.h. in exponentiell-polynomialem Zeitaufwand auf einer deterministischen Turingmaschine berechenbar.

  Grund: Nullübergänge in ID-Regeln können zu komplexen Strukturen für die leere Kette führen, und die Verwendung problematischer Head-Merkmale bei HFC ist essentiell für die Beweisführung.

Kehren wir zurück zu der Frage, was ein Verfahren, das den Formalismus von GKPS implementiert, mindestens berechnen muß. Um alle zulässigen Bäume für einen gegebenenen Satz zu finden, müßten für jeden lokalen Baum die folgenden Schritte durchgeführt werden:

1. *Generiere* jede Extension für jede Kategorie in einer ID-Regel *und teste*, ob sie legal ist. Filtere die anderen aus.

2. *Generiere* alle Projektionen *und teste*, ob sie dem FFP, dem CAP, der HFC und den FSDs genügen und keiner LP-Aussage widersprechen. Filtere die anderen aus.

3. *Generiere* alle Paare von Bäumen *und teste* für jedes Paar, ob ein Baum terminiert ist und ob seine Mutter mit einer Tochter des anderen identisch ist. Dann füge diese Kombination als Baum hinzu und tilge das zugrundeliegende Paar. Filtere alle anderen Paare aus.

Der erste Schritt erzeugt alle Kategorien, die nach der Definition der Merkmale und ihrer jeweiligen Wertebereiche möglich sind. Die Komplexität dieser vollständigen Aufzählung des Suchraumes führt zu einer kombinatorischen Explosion der Menge der Kategorien. Dies läßt sich numerisch durch folgende Überlegung beschreiben (vgl. [Ristad 1986]).

Die Anzahl möglicher Kategorien ist N_n (4.1), wobei N_{atom} die Anzahl der möglichen Kategorien mit atomwertigen Merkmalen und N_{cat} die Anzahl der möglichen kategorienartigen Merkmalspezifikationen in Abhängigkeit von der Anzahl n der kategorienwertigen Merkmale ist. Im folgenden wird zunächst N_{atom} und dann N_{cat} bestimmt.

[2]Zu demselben Resultat gelangt [Ritchie 1987], jedoch auf anderen Wegen.

(4.1) $N_n = N_{atom} \cdot N_{cat}(n),\ (n > 0)$

(4.2) $N_0 = N_{atom}$

N_{atom} hängt von der Anzahl a atomwertiger Merkmale und der Kardinalität von deren Wertebereiche ab. Man erhält wenigstens drei Möglichkeiten pro Merkmal, wenn man die Merkmale als mindestens binäre annimmt und die Möglichkeit des Fehlens ihrer Spezifikation in einer Kategorie einbezieht. Somit gilt (4.3).

(4.3) $N_{atom} \geq 3^a$

Bei *einem* kategorienwertigen Merkmal m (4.4) gibt es $N_{atom} + 1$ Möglichkeiten (m kann selbst undefiniert sein und ist es notwendigerweise in seinem Wert). Bei zwei kategorienwertigen Merkmalen m, m′ sind drei Fälle zu unterscheiden: m kann undefiniert sein, m hat einen Wert, in dem m′ undefiniert ist, oder m hat einen Wert, in dem m′ ebenfalls spezifiziert ist. Bei dem letzten Fall geht N_{atom} quadratisch in $N_{cat}(2)$ ein. Da dies auch umgekehrt für m′ gilt, resultieren neun Kombinationen[3], in die N_{atom} bis zur vierten Potenz eingeht (4.5). Für den allgemeinen Fall gilt (4.6).

(4.4) $N_{cat}(1) = 1 + N_{atom}$

(4.5) $N_{cat}(2) = (1 + N_{atom}(1 + N_{atom})^1)^2$

(4.6) $N_{cat}(k) = (1 + N_{k-1})^k,\ (1 \leq k \leq n).$

N_n ist von der Größenordnung $O(N_{atom}^{e \cdot n!})$, $(n > 1)$. Dies kann man sich anhand der Gleichungen für N_{cat} überlegen. Für die Exponenten gelangt man zu der Folge c (vgl. (4.7)), woraus mit (4.8) die Behauptung folgt.

(4.7) $c = 1 + \frac{n!}{(n-1)!} + \frac{n!}{(n-2)!} + \cdots + \frac{n!}{(n-n)!} = n! \sum_{i=1}^{n} \frac{1}{i!}$

(4.8) $\lim_{n \to \infty} \sum_{i=1}^{n} \frac{1}{i!} = e \approx 2,718$

Für die Grammatik von GKPS ergeben sich bei vier kategorienwertigen und 25 atomwertigen Merkmalen $N_{atom} \geq 3^{25}$ und damit $N_4 > 3^{1625} > 10^{774}$.

Ristad behauptet, daß diese astronomische Zahl inhärent für den GPSG-Formalismus sei. Dies setzt allerdings voraus, daß die Anzahl von Merkmalen und möglichen Werten als Teil des Formalismus begriffen werden und nicht als grammatikspezifisch. Obwohl diese Voraussetzung generell nicht gilt, ist Ristads Ansicht zuzustimmen, daß die Komplexität trotz Kontextfreiheit des zugrundeliegenden Formalismus unvermeidbar sei.

Der erste Schritt, Erzeugung der legalen Kategorien, wird abgeschlossen, indem diejenigen Kategorien, die einer FCR widersprechen, von der weiteren Betrachtung ausgeschlossen werden.

Im zweiten Schritt des Verfahrens werden Projektionen erzeugt, was einen weiteren Aufwand von $O(|E|^k \cdot (k-1)!)$ bedeutet, wobei $|E|$ die durchschnittliche Kardinalität der Menge der legalen Extensionen einer Kategorie und k die durchschnittliche Anzahl der Kategorien pro ID-Regel ist. Durch die Permutation der Töchter kommt der Faktor $(k-1)!$ hinzu. Auf die Projektionen werden dann die Merkmalinstantiierungsprinzipien angewendet und die unzulässigen lokalen Bäume ausgefiltert. Obwohl die Merkmalinstantiierungsprinzipien, FSDs und LP-Aussagen nicht Filter im Sinne Chomskys sind, verhalten sie sich unter operationalen Bedingungen in analoger Weise, indem sie verhindern, daß vorher erzeugte Strukturen als zulässig eingestuft werden.

Der dritte Schritt operiert auf den Ergebnissen des zweiten. Er geht nicht unmittelbar aus GKPS hervor und implementiert zufällig eine Bottom-Up-Strategie, mit der aus der Menge der zulässigen lokalen Bäume die komplexeren Strukturen generiert werden.[4] Die Paare ermöglichen die Kombi-

[3]Ristad gibt eine etwas andere Formel an ([Ristad 1986, S. 31, Fn. 4] bzw. [Barton *et al.* 1987, S. 222, Fn. 7]), die für diesen Fall sechzehn Kombinationen verlangt. Da die sieben zusätzlichen Glieder niederwertig sind, ist dieser Unterschied nicht von Bedeutung.

[4]Die lokalen Bäume können als normale Phrasenstruktur-Regeln aufgefaßt werden, und damit ist für Schritt 3 ein polynomialer Aufwand erforderlich. Die Größe der Grammatik ist jedoch ebenfalls zu berücksichtigen (Earley gibt

nation zweier Bäume, indem der eine in den andern „eingehängt“ wird. Diese Kombination ersetzt das zugrundeliegende Paar und nimmt an einem weiteren Zyklus teil, in dem erneut Paare gebildet werden. Dieses Verfahren zählt die von der Grammatik generierte Sprache auf und terminiert i.a. nicht. Ein terminierender Parser entsteht, indem man einfach die Anzahl der Blattknoten der Kombination beschränkt und abbricht, wenn keine neuen Kombinationen entstehen. Die Blattknoten der schließlich vorliegenden Bäume werden mit der Folge der Wörter der Eingabekette verglichen, wodurch die für die Kette erzeugten Strukturen identifiziert werden.

Das skizzierte Verfahren ist natürlich vollkommen unbrauchbar für reale Sprachverarbeitung. Man beachte, daß es zumindest in den ersten beiden Schritten notwendigerweise auf der Generiere-und-Teste-Strategie beruht, die für große Suchräume inhärent ineffizient ist. Das Verfahren erfordert hierfür die explizite Aufzählung des Suchraumes, was praktisch nicht möglich ist.

Jedes andere Verfahren muß sich notwendigerweise stärker vom Original entfernen und die metasprachlichen Komponenten in gewissem Maße prozedural interpretieren. Ein realistischer Versuch, GPSG in einem natürlichsprachlichen System verfügbar zu machen, muß berücksichtigen, wie die Komponenten des Formalismus angewendet werden sollen und, vor allem, in welcher Reihenfolge. Diese unmittelbare Bindung an zeitliche Abläufe erfordert eine komplementäre Sichtweise von GPSG, die sich nicht unmittelbar aus GKPS ableiten läßt.[5] Diese Sichtweise geht von einem prozeduralen Standpunkt aus und fordert, daß die Gesamtheit der Komponenten von GPSG genau die wohlgeformten Kategorien und Bäume erzeugen sollen und keine weiteren. Insbesondere muß das Aufspannen des gesamten Suchraumes vermieden werden.

Die grundsätzliche Änderung der Sichtweise, die für die Sprachverarbeitung mit GPSG unumgänglich ist, läßt sich bezüglich der Erzeugung eines zulässigen lokalen Baumes wie folgt zusammenfassen:

- Anstatt für eine Vielzahl vollständig spezifizierter Kategorien und Projektionen zu entscheiden, ob sie legal bzw. zulässig sind, beginnt man mit einem einzigen Objekt, nämlich einem stark unterspezifizierten lokalen Baum, der durch eine ID-Regel projiziert ist und reichert ihn schrittweise durch Information an, die aus der Anwendung von FCRs und Merkmalinstantiierungsprinzipien resultiert. Am Ende liegt ein vollständig determinierter lokaler Baum vor, der zulässig ist aufgrund seiner Genese.

Ich nenne diese Sichtweise *konstruktiv*, denn sie erlaubt die Konstruktion einer zulässigen syntaktischen Struktur. Im Unterschied hierzu ist der axiomatische Ansatz constraint-basiert; er sieht die Reduktion des Suchraumes auf die zulässigen Strukturen vor. In einer konstruktiven Version von GPSG agieren FCRs und Merkmalinstantiierungsprinzipien als Merkmal*transport*-Komponenten, die einen Informationszuwachs in den Kategorien im lokalen Baum bewirken. Im Unterschied hierzu filtern FCRs und Merkmalinstantiierungsprinzipien in der axiomatischen Version nicht-legale bzw. unzulässige Objekte aus.

Der folgende Abschnitt präsentiert eine konstruktive Version der GPSG. Sie wurde im Rahmen der Berliner Projekte der EUROTRA-D-Begleitforschung mit dem Ziel entwickelt, wesentliche Teile des GPSG-Formalismus zu implementieren und damit die linguistischen Fundamente für Parsing und Generierung zu legen [Busemann/Hauenschild 1988, Hauenschild/Busemann 1988]. Die konstruktive Version, wie sie hier beschrieben ist, bildete die Grundlage für Weiterentwicklungen: eine Version, die eine allgemeine Behandlung der Koordination erlaubt, wird in [Preuß 1989] beschrieben.

$O(|G|^2 \cdot n^3)$ an), und d^{n_e} ist gleich der Anzahl der zulässigen lokalen Bäume, mithin astronomisch.

[5]Shiebers Ansicht, daß aus GKPS eine implizite Abfolge herleitbar sei [Shieber 1986], erweist sich bei genauem Hinsehen als zu optimistisch; Shieber nennt selbst einige der oben diskutierten Hindernisse.

4.2 Der Berliner GPSG-Formalismus

4.2.1 Kategorien, Extension und Unifikation

Die Idee, eine Kategorie als ein Objekt zu betrachten, das schrittweise mehr Information aufnehmen kann, wird durch die Definition der Kategorie als n-stelliger Term implementiert. Dabei ist n die Anzahl der Merkmale. Die Werte von Merkmalen können atomar, kategorienartig oder variabel sein. Das spezielle Atom „¬" drückt aus, daß ein Merkmal ***undefiniert*** bleibt (in GKPS wird dies durch die Assertion ¬[f] ausgedrückt). Im Unterschied dazu bedeutet ein variabler Wert, daß das betreffende Merkmal ***unspezifiziert*** ist und noch ein Atom oder eine Kategorie als Wert bekommen kann.

Die folgende Definition ist identisch zu Definition 3.2 aus Abschnitt 3.2.

Definition 4.1 (Merkmalname). Sei M eine endliche Menge von *Merkmalnamen*. Dann sind M_{atom} und M_{cat} Mengen von Merkmalnamen mit $M_{atom} \cup M_{cat} = M$ und $M_{atom} \cap M_{cat} = \emptyset$.

Definition 4.2 (Kategorie). Sei M eine Menge von Merkmalen, $W \cup \{\neg\}$ eine Menge von atomaren Werten und V eine Menge von Variablensymbolen. Die totale Funktion $D : M_{atom} \mapsto W$ weist einem Merkmal seinen Wertebereich zu.

Eine totale Funktion C heißt *Kategorie* gdw. für alle $\mathsf{m} \in M$ einer der folgenden Fälle zutrifft:

- $C(\mathsf{m}) \in D(\mathsf{m})$
- $C(\mathsf{m}) \in V$
- $C(\mathsf{m}) = \neg$
- $C(\mathsf{m}) = C'$, C' ist eine Kategorie mit $C'(\mathsf{m}) = \neg$, und für alle in C' eingebetteten Kategorien C'' gilt ebenfalls $C'(\mathsf{m}) = \neg$.[6]

Um eine gegebene Kategorie weiter zu spezifizieren, wird die Unifikation als einzige Basisoperation benutzt. Dies führt dazu, daß jegliche Assertionen über Kategorien, die in GKPS eine wichtige Rolle spielten, aufgegeben werden.

Neben der Notation, daß ein Merkmal undefiniert ist (die ihre Entsprechung durch den Merkmalwert „¬" erhält), bieten GKPS die Möglichkeit, die Forderung auszudrücken, daß ein Merkmal einen Wert haben muß (vgl. etwa (3.11), hier als (4.9) wiederholt). Dies könnte hier durch ein besonderes Variablensymbol realisiert werden, das jeden Wert außer „¬" annehmen darf. Es stellte sich jedoch nicht als notwendig heraus, dies in dem Formalismus aufzunehmen.

(4.9) $\langle \mathsf{subcat} \rangle \supset \neg \langle \mathsf{slash} \rangle$

(4.10) $\langle \mathsf{passive} : - \rangle \supset \neg \langle \mathsf{vform} : \mathsf{pas} \rangle$

Die Forderung, daß ein Merkmal nicht durch einen bestimmten Wert spezifiziert sein darf (vgl. (4.10)), läßt sich hingegen nicht in einer Kategorie ausdrücken. Obwohl es sehr nützlich wäre, ***direkt*** darzustellen, daß z.B. manche Verben keine Passivformen bilden, wird auf diese Möglichkeit zugunsten der Einfachheit der Kategoriendarstellung verzichtet.[7] Für die Beschränkungen hinsichtlich des Passivs gibt es andere Ausdrucksmöglichkeiten (vgl. Abschnitt 4.6).

Es folgen nun konstruktive Formulierungen von Extension und Unifikation. Die Extension muß im Unterschied zur Version von GKPS die Möglichkeit undefinierter und variabler Spezifikationen umfassen. Variablen erhalten in einer Extension entweder denselben Namen, oder sie sind instantiiert.

Definition 4.3 (Extension). Seien M eine Menge von Merkmalen, V eine Menge von Variablensymbolen und D eine Wertebereichszuweisung wie in Definition 4.2. Seien C_i, C_j Kategorien. Dann heißt C_j *Extension* von C_i (geschrieben $C_i \sqsubseteq C_j$), gdw. gilt:

---

[6] Um dies formal zu beschreiben, genügt die Definition einer Funktion analog zu τ in Definition 3.5 auf S. 35.

[7] Dieser Verzicht ermöglicht die direkte Implementation von Kategorien als Prolog-Terme sowie die Verwendung der Prolog-Unifikation. Dies hat Vor- und Nachteile; siehe hierzu Abschnitt 4.3.

- für alle $\mathsf{m} \in M_{atom}$:
  Falls $C_i(\mathsf{m}) \in D(\mathsf{m}) \cup \{\neg\}$, so $C_j(\mathsf{m}) = C_i(\mathsf{m})$
  Falls $C_i(\mathsf{m}) \in V$, so $C_j(\mathsf{m}) \in V \cup D(\mathsf{m}) \cup \{\neg\}$
- für alle $\mathsf{m} \in M_{cat}$:
  Falls $C_i(\mathsf{m})$ eine Kategorie ist, so $C_i(\mathsf{m}) \sqsubseteq C_j(\mathsf{m})$.
  Falls $C_i(\mathsf{m}) \in V$, so $C_j(\mathsf{m}) \in V$ oder $C_j(\mathsf{m}) = \neg$ oder $C_j(\mathsf{m})$ ist eine Kategorie.
  Falls $C_i(\mathsf{m}) = \neg$, so $C_j(\mathsf{m}) = \neg$.

Ferner gilt für alle Spezifikationen mit identischem Wert v $\in V$ auf beliebiger Ebene der Einbettung in C_i, daß ihre Gegenstücke in C_j einen identischen Wert w besitzen.

Die letzte Bedingung stellt sicher, daß die Kospezifikation von variablen Werten bei der Erzeugung einer Extension nicht verloren geht (beispielsweise gilt nicht: S[plu:X, rel:[plu:X]] $\sqsubseteq$ S[+plu, rel:[-plu]]).

Die Unifikation muß die Veränderung ausdrücken, die mit den Kategorien durch den Informationszuwachs vorgegangen ist. Ihre Definition erhält daher eine prozedurale Komponente, so daß Vor- und Nachzustand jeder Kategorie beschreibbar sind.

Definition 4.4 (Unifikation). Sei K eine Multimenge von Kategorien. Die Elemente von K sind *unifizierbar* gdw. es eine Kategorie C gibt mit $C_i \sqsubseteq C$ für alle $C_i \in K$ und für alle weiteren Kategorien C' mit $C_i \sqsubseteq C'$ für alle $C_i \in K$ gilt: $C \sqsubseteq C'$. C heißt *Unifikator* von K.

Die *Unifikation* einer Multimenge K von unifizierbaren Kategorien (geschrieben $\sqcup(K)$) ist die Ersetzung aller Elemente von K durch den Unifikator von K.

Die Ersetzung bewirkt, daß die Unifikation die Kategorien – im Unterschied zu GKPS – effektiv verändert. Wenn für ein Merkmal alle Werte in den C_i Variablensymbole sind, bedeutet das die *Kospezifikation* aller Variablen; d.h. wann immer sie einen konstanten Wert erhalten, erhalten sie denselben Wert. Die Unifikation bewirkt einen monoton wachsenden Grad der Spezifikation einer Kategorie. Eine atomare oder kategorienartige Merkmalspezifikation kann höchstens noch spezifischer gemacht, niemals aber zurückgenommen werden. Diese Veränderung der Werte ist das Entscheidende am konstruktiven GPSG-Formalismus.

Für die Definition der Merkmalinstantiierungsprinzipien ist die Unifikation einzelner Merkmale in Kategorien von Belang:

Definition 4.5 (Unifikation bezüglich m). Sei m ein Merkmal und sei K eine Multimenge von Kategorien, die m enthalten. Die Elemente C_i von K sind *m-unifizierbar* gdw. es eine Multimenge K' von unifizierbaren Kategorien C_i' mit dem einzigen Merkmal m gibt, so daß gilt: $C_i'(\mathsf{m}) = C_i(\mathsf{m})$. Der Unifikator von K' heißt *m-Unifikator* von K.

Die *Unifikation bezüglich* m einer Multimenge K von m-unifizierbaren Kategorien C_i (geschrieben $\sqcup(K)|\mathsf{m}$) ist die Ersetzung aller $C_i(\mathsf{m})$ durch den m-Unifikator von K.

4.2.2 FCRs, ID-Regeln und LP-Aussagen

Der rein prädikative Charakter der FCRs wird ebenfalls zugunsten einer funktionalen Sichtweise aufgegeben. Eine FCR hat die Form $C_1 \Rightarrow C_2$ und besagt, daß jede Kategorie, die eine Extension von C_1 ist, mit C_2 unifizieren muß; erst dann ist sie legal. FCRs instantiieren also Merkmale und *erzeugen* somit legale Kategorien in allen Fällen, in denen die Unifikation möglich ist.

ID-Regeln und LP-Aussagen werden unverändert in die konstruktive Version übernommen. Komplexe LP-Aussagen, wie von [Uszkoreit 1986a] vorgeschlagen und in Abschnitt 3.3.3 diskutiert, werden nicht im Rahmen der Syntax formuliert. Da die GPSG-Komponente als modularer Bestandteil eines komplexeren Gesamtsystems konzipiert ist, kann lineare Präzedenz im Prinzip auf den verschiedenen Repräsentationsebenen dieses Systems beschrieben werden. Auf der syntaktischen Ebene kann somit freie Wortstellung bestehen mit Ausnahme der „harten" syntaktischen Beschränkungen, die die Wortstellung total festlegen (z.B. $\rightarrow$Det $\prec$ N1).

4.2.3 Die Head-Feature-Konvention

Im folgenden wird die Rolle der Merkmalinstantiierungsprinzipien in einer konstruktiven Version von GPSG beschrieben. Ich beginne mit dem Problem, die freien Head-Spezifikationen für die Kategorien im lokalen Baum zu bestimmen, die für die Wirkung der HFC in GKPS wesentlich sind. Die Definition der freien Merkmalspezifikationen in Abschnitt 3.3.8 erfordert die Aufzählung einer großen Menge von Projektionen für jede ID-Regel, was grundsätzlich ein Problem von derselben Komplexität ist wie die Aufzählung der Kategorien, da Head-Merkmale kategorienwertig sein können. Um dies zu vermeiden, wird die Wirkung der HFC prozedural rekonstruiert, indem eine modifizierte Version von HFC *nach* den anderen Merkmalinstantiierungsprinzipien angewendet wird. Außerdem werden keine lokalen Bäume abgelehnt.

Die Anwendung nach den anderen Merkmalinstantiierungsprinzipien stellt sicher, daß alle Spezifikationen, die durch FCRs oder Merkmalinstantiierungsprinzipien an Head-Merkmalen erzwungen werden, zum Zeitpunkt der Anwendung von HFC bereits vorliegen. Somit operiert die HFC auf lokalen Bäumen, die den anderen Prinzipien genügen. Wenn ein Head-Merkmal an der Mutter und einem Head verschieden spezifiziert sind, entspricht das der Tatsache, daß es nicht frei an einer dieser Kategorien ist (unterschiedliche Spezifikation durch ID-Regeln oder durch FCRs) oder daß die anderen Prinzipien dies so verlangen. Daraus folgt, daß keine lokalen Bäume abgelehnt werden dürfen.

HFC identifiziert Heads mithilfe eines binären Merkmal **head**, das jeder GPS-Grammatik eigen ist. Jede Head-Tochter, die mit der Mutter bezüglich eines Head-Merkmals unifizieren kann, muß dies tun.

Definition 4.6 (Head-Feature-Konvention). Sei $t = \langle C_0, \langle C_1, \ldots, C_n \rangle \rangle$ ein lokaler Baum, der alle FCRs erfüllt und allen anderen Merkmalinstantiierungsprinzipien genügt. Sei

$$H = \{C \mid C(\mathsf{head}) = +,\ C \in \{C_1, \ldots, C_n\}\}$$

die Menge der Heads in t. Sei ferner

$$NonVar(\mathsf{m}) = \{C \mid C(\mathsf{m}) \notin V,\ C \in H\}$$

die Menge der Heads mit nicht-variablen Spezifikationen für das Merkmal m. Der Baum t genügt der HFC gdw. für alle m $\in$ HEAD einer der folgenden Fälle zutrifft:

- Die Elemente von $NonVar(\mathsf{m})$ sind nicht m-unifizierbar, und wenn $NonVar(\mathsf{m}) \subset H$, dann $\sqcup(\{C_0\} \cup H \setminus NonVar(\mathsf{m}))|\mathsf{m}$
- $\sqcup(\{C_0\} \cup H)|\mathsf{m}$

Der erste Fall betrifft lokale Bäume mit Heads, die nicht-variable Spezifikationen von m haben, aber nicht m-unifizieren. Diese Heads werden von der Unifikation ausgeschlossen. Falls alle Heads diese Eigenschaft besitzen, erfolgt keine Unifikation, d.h. HFC wirkt sich auf den lokalen Baum gar nicht aus. Der zweite Fall erlaubt die m-Unifikation aller Heads und der Mutter.

Dies rekonstruiert die Intuition der HFC als Default-Prinzip und vermeidet den unerwünschten Effekt der Definition in GKPS, daß HFC durchaus Spezifikationen fordert, die nicht im Einklang mit den anderen Merkmalinstantiierungsprinzipien stehen. Die vorliegende Definition der HFC dürfte daher ebenso allgemein und dabei wesentlich einfacher sein, als es in GKPS möglich war. Dennoch ist sicherlich auch hier das letzte Wort noch nicht gesprochen, denn es wird sich im folgenden herausstellen, daß diese Interpretation der HFC wahrscheinlich zu liberal ist.

An dieser Stelle sind einige Bemerkungen zur Interaktion der HFC mit FCRs am Platze. Nach Anwendung der HFC können FCRs anwendbar werden, die vorher nicht anwendbar waren. Somit müssen FCRs nach Anwendung der HFC auf Anwendbarkeit geprüft werden. Sollte eine FCR aufgrund einer durch HFC instantiierten Head-Spezifikation anwendbar werden und eine Kategorie als illegal zurückweisen, liegt eine Situation vor, die in der axiomatischen Version von GPSG nicht auftreten kann. Ein Beispiel: HFC hat ⟨vform : pas⟩ von der Mutter an ein (verbales) Head transportiert, das nicht passivfähig ist (ausgedrückt durch ⟨passive : −⟩). Die FCR (4.11) wird erstmalig anwendbar auf das Head. Da sie verlangt, daß eine Konstituente mit einer Passivspezifikation auch passivierbar sein muß, weist sie das Head als illegal zurück.

(4.11) [pas] ⇒ [+passive]

In GKPS würden FCRs diese Kategorie von Anfang an nicht zugelassen haben, und HFC hätte es infolgedessen mit einer anderen Spezifikation von vform zu tun gehabt (die natürlich nicht frei an der Mutter ist). Situationen dieser Art werden im konstruktiven Formalismus nicht gesondert berücksichtigt.

Es deutet sich ein fundamentales Problem mit dem konstruktiven Formalismus an: wie soll bei unvollständiger Spezifikation von Kategorien zu einem gegebenen Zeitpunkt endgültig festgestellt werden, ob eine Kategorie legal ist? Ich werde das Problem in Abschnitt 4.2.7 diskutieren und eine Lösung vorstellen.

4.2.4 Das Agreement-Prinzip

Die Tatsache, daß das CAP vor der HFC angewendet werden muß, stellt uns vor das Problem, daß es lokale Bäume geben kann, die nicht ausreichend spezifiziert sind, um die semantischen Typen zu identifizieren, auf denen das CAP beruht. Wie bereits erwähnt, basieren die Typen teilweise auf Head-Spezifikationen. Darüber hinaus besteht neben der Vielzahl linguistischer Kritikpunkte, die in Abschnitt 3.3.7 diskutiert wurden, die formale Schwierigkeit, daß die Kontrollbeziehung nicht hinreichend allgemein für Funktoren mit mehr als einem Argument definiert ist.

Das CAP wurde daher ersetzt durch einen rein syntaktischen Mechanismus, das *Agreement-Prinzip* (AP), das folgendermaßen definiert ist [Weisweber 1987]: Jede Tochter in einem lokalen Baum, die an Kongruenzbeziehungen teilnimmt, muß mit der Mutter hinsichtlich einer Teilmenge AGR der Merkmale unifizieren. Wenn ein solches Agreement-Merkmal undefiniert ist, wird es vom AP ignoriert. Jeder lokale Baum, der das AP nicht erfüllt, ist unzulässig. AGR enthält gewöhnlich Merkmale für Kasus, Genus, Numerus und Person. Eine Kategorie wird dafür gekennzeichnet, daß sie an Kongruenzbeziehungen teilnimmt, indem FCRs ein binäres Merkmal agr instantiieren (z.B. sichern die FCRs (4.12)–(4.13) die Kongruenz von Subjekt und finitem Verb im Deutschen).[8]

(4.12) [cas:nom] ⇒ [+agr]

(4.13) [vf:fin] ⇒ [+agr]

Definition 4.7 (Agreement-Prinzip). Sei $t = \langle C_0, \langle C_1, \ldots, C_n \rangle\rangle$ ein lokaler Baum. Dann genügt t dem AP gdw. für alle $\mathsf{m} \in$ AGR einer der folgenden Fälle zutrifft:

- $C_0(\mathsf{m}) = \neg$
- $\sqcup(\{C_0\} \cup \{C_i \mid C_i\mathsf{agr} = +, C_i(\mathsf{m}) \neq \neg, 1 \leq i \leq n\})|\mathsf{m}$

Diese Art, Kongruenzbeziehungen darzustellen, hat viel gemein mit der des CAP der mittleren GPSG. Sie kommt ohne ein Konzept von Kontrolle aus. Es sind keine semantischen Typen involviert, und welche Konstituenten miteinander kongruieren, muß nicht separat festgestellt werden, sondern ist einfach eine Folge aus dem Zusammenspiel zwischen dem AP und der HFC sowie den

[8] Weitere FCRs zur Spezifikation von agr enthält Anhang A.

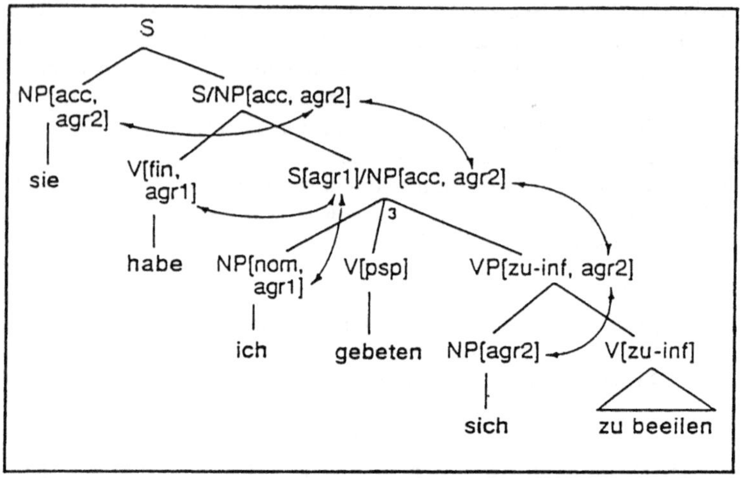

Abbildung 4.1: Kongruenzbeziehungen mit dem revidierten AP

einzelsprachlichen Definitionen der FCRs und den Merkmalmengen AGR und HEAD. Die genaue Aufgabenverteilung zwischen HFC und AP hängt in der konstruktiven Version von GPSG u.a. davon ab, in welcher Reihenfolge die beiden Prinzipien operieren (wenn AGR $\cap$ HEAD $\neq \emptyset$) und wann die FCRs angewendet werden.[9] Die Anwendungsreihenfolge der Merkmalinstantiierungsprinzipien und FCRs wird weiter unten diskutiert.

Allerdings kann das AP in dieser Form nicht der Tatsache gerecht werden, daß eine Kategorie an bestimmten Kongruenzrelationen teilnimmt und an anderen nicht (z.B. kommt es in →Equi-Konstruktionen vor, daß ein direktes Objekt mit einem Reflexivpronomen kongruiert, aber nicht mit dem finiten Verb). In Kategorien ist dies nicht mit einem binären Merkmal (**agr**) ausdrückbar. Eine verfeinerte Version des AP wurde in [Busemann/Hauenschild 1988] vorgeschlagen; sie beruht auf verschiedenen Werten von **agr**, die die Kongruenzrelationen voneinander unterscheiden (z.B. agr1 und agr2 statt +). In besagten Equi-Konstruktionen ist dann ein direktes Objekt (genau wie das Reflexivpronomen) mit ⟨**agr** : agr2⟩ spezifiziert, während das Subjekt und das finite Verb beide ⟨**agr** : agr1⟩ enthalten. Das solchermaßen revidierte AP verlangt, daß Kategorien mit derselben **agr**-Spezifikation hinsichtlich der Agreement-Merkmale unifizieren müssen, wie oben beschrieben.

Dieser Ansatz erlaubt es Kategorien, Merkmalspezifikationen zu transportieren, die aus verschiedenen Kongruenzrelationen stammen. Dies funktioniert nur, wenn die Kategorie ererbte kategorienartige Merkmalspezifikationen enthält, die selbst wiederum für **agr** spezifiziert werden können. Diese Spezifikationen werden ebenfalls vom revidierten AP betrachtet, um in einem lokalen Baum festzustellen, welche Kategorien an Kongruenzrelationen teilnehmen. Die Hypothese, die der Revision des AP zugrundeliegt, besagt, daß nicht mehr Kongruenzrelationen zu berücksichtigen sind, als Kategorien vorliegen (einschließlich der eingebetteten). Betrachten wir in Abbildung 4.1 die Mutter des lokalen Baums (3). Sie enthält einen ererbten **slash**-Wert[10]. Das revidierte AP benutzt die **agr**-Spezifikation im **slash**-Wert, um Kongruenz zwischen dem direkten Objekt (NP[acc]) und dem Reflexivpronomen herzustellen. Die **agr**-Spezifikation von S wird benutzt, um Subjekt-Verb-Kongruenz

[9] Außerdem spielt die Strategie eine Rolle, aufgrund derer lokale Bäume durch Kategorienunifikation *vor* Anwendung der MIPS miteinander kombiniert werden. Es kann also in einem lokalen Baum Information vorliegen, die aufgrund der Anwendung der Merkmalinstantiierungsprinzipien in einem anderen lokalen Baum instantiiert wurde. Näheres hierzu folgt weiter unten und in Abschnitt 4.5.

[10] Die verwendeten Grammatiken führen Lücken in ID-Regeln an der Mutter ein. Dies wird u.a. auch in [Jacobson 1987] vorgeschlagen; siehe Abschnitt 3.3.6.

zu etablieren.

Das Merkmal agr kann nach wie vor durch FCRs instantiiert werden, obwohl auf einige charakteristische Ausnahmen zu achten ist, bei denen der Wert besser in den ID-Regeln spezifiziert wird. Zu ihnen gehört die VP, die nicht immer ⟨agr : agr2⟩ wie in Abbildung 4.1 enthalten darf, denn im Falle von Subjekt-Equi-Verben muß sie mit dem Subjekt kongruieren.

Einen noch allgemeineren Vorschlag für ein Kongruenzprinzip im Rahmen einer konstruktiven Version von GPSG enthält [Preuß 1989]. Der Leitgedanke ist, einen Mechanismus anzugeben, der das gesamte Aufgabenspektrum des CAP abdeckt, ohne auf semantische Typen zurückgreifen zu müssen. Das Kongruenzprinzip beruht darauf, daß in den ID-Regeln sogenannte *Spezifikationsmerkmale* an verschiedenen Kategorien (unterschiedlicher Einbettungstiefe) denselben Wert besitzen. Im lokalen Baum verlangt das Kongruenzprinzip an diesen Kategorien die Kospezifikation einer Menge von *Kongruenzmerkmalen*, die dem betreffenden Spezifikationsmerkmal zugeordnet sind.

(4.14) $\mathrm{S} \longrightarrow [+\mathrm{top}], \mathrm{S}/[+\mathrm{top}]$

Der für CAP so problematische Fall der Topikalisierungsregel (3.33) nimmt im Berliner System die Form von (4.14) an. Dem Spezifikationsmerkmal top sind alle Merkmale der Grammatik zugeordnet. Infolgedessen muß in jeder Projektion von (4.14), die dem Kongruenzprinzip genügt, die Tochter [+top] mit dem slash-Wert der anderen Tochter übereinstimmen, und zwar unabhängig davon, welchen Typs die topikalisierte Kategorie ist.[11]

4.2.5 Das Foot-Feature-Prinzip

Die Wirkung des FFP wurde im Großen und Ganzen von GKPS übernommen. Eine spezielle Behandlung ist notwendig für den Merkmalwert „¬“. Alle Töchter unifizieren mit der Mutter hinsichtlich der Teilmenge FOOT der Merkmale, vorausgesetzt, daß die Werte nicht ererbt sind. Töchter, die undefiniert bezüglich eines Foot-Merkmals sind, werden vom FFP ignoriert, es sei denn, das Foot-Merkmal ist an allen Töchtern oder der Mutter undefiniert. In diesem Falle fordert das FFP, daß alle Kategorien undefiniert bezüglich dieses Foot-Merkmals sind. Ein lokaler Baum, der das FFP verletzt, ist unzulässig.

Definition 4.8 (Foot-Feature-Prinzip). Sei $t = \langle C_0, \langle C_1, \ldots, C_n \rangle\rangle$ ein lokaler Baum. Dann genügt t dem FFP gdw. für alle $\mathsf{m} \in$ FOOT mit einer instantiierten Spezifikation in t einer der folgenden Fälle zutrifft:

- $(C_0(\mathsf{m}) = \neg) \equiv (C_i(\mathsf{m}) = \neg), \ (1 \leq i \leq n)$
- $\sqcup(\{C_0\} \cup \{C_i \mid C_i(\mathsf{m}) \neq \neg\})|\mathsf{m}$

Das theoretische Problem der Überlastung des Merkmals slash (vgl. Abbildung 3.5 auf S. 49) besteht auch hier. In den verwendeten Grammatikfragmenten spielt es jedoch keine Rolle.

4.2.6 Eine Anwendungsreihenfolge

Nachdem die Komponenten der konstruktiven GPSG soweit beschrieben wurden, soll die Frage der Anwendungsreihenfolge erneut behandelt werden. Aus konstruktiver Sicht soll die Anwendung einer Komponente idealerweise nicht früher erfolgen, als bis alle Informationen, auf denen sie aufbaut, definitiv in den Kategorien spezifiziert sind. Wenn zum Beispiel nicht sichergestellt ist, daß Kategorien nicht noch Extensionen von jenen in LP-Aussagen werden können, sollte nicht versucht werden, LP-Konsistenz zu überprüfen.

Das FFP hängt ausschließlich von Spezifikationen in ID-Regeln ab und kann daher zuerst angewendet werden. Vor dem AP sollten FCRs wirken können (z.B. um agr zu spezifizieren). Wie oben

[11]Dieser Vorschlag wurde im Rahmen des Projekts KIT-FAST implementiert und anhand von GPSG-Fragmenten für Deutsch und Englisch überprüft. Hier wird noch die erste Version des AP beibehalten.

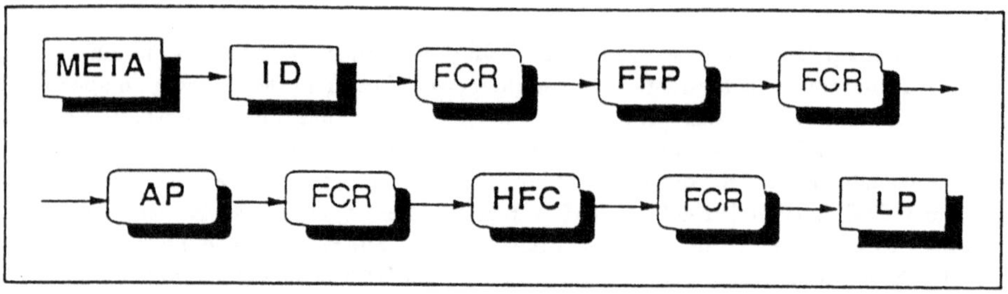

Abbildung 4.2: Anwendungsreihenfolge in einer konstruktiven Version von GPSG

dargelegt wurde, operiert das AP vor der HFC. LP-Konsistenz kann nur bei vollständig spezifizierten Kategorien zuverlässig festgestellt werden. Daher erfolgt der entsprechende Test ganz am Schluß. Da nach jedem Schritt neue Information in Kategorien auftreten kann, die FCRs anwendbar macht, welche vorher nicht anwendbar waren, werden FCRs jeweils nach dem FFP, dem AP und der HFC angewendet. Aus Effizienzgründen ist es sinnvoll, sie auch auf Kategorien in lokalen Bäumen anzuwenden, die nur die Information aufgrund der ID-Regeln enthalten, um fehlerhafte Regelauswahl beim Parsing oder bei der Generierung zum frühestmöglichen Zeitpunkt zu entdecken.

Abbildung 4.2 stellt eine Anwendungsreihenfolge dar, die durch Aspekte des lokalen Informationszuwachses motiviert wurde. Sie ist ähnlich zu der Reihenfolge, die Shieber auf der Grundlage impliziter Annahmen in GKPS gefunden hat [Shieber 1986].

Eine Komponente in Shiebers Abfolge fehlt jedoch in Abbildung 4.2, nämlich FSDs. Sie erwiesen sich als unnötig im Berliner GPSG-Formalismus, da zum einen lexikalische Kategorien als entsprechend spezifiziert angenommen werden können und zum andern *Aliasbezeichnungen* verwendet werden.

Mit Aliasbezeichnungen für Kategorien [Evans/Gazdar 1984] werden Kurzformen wie NP[nom] interpretiert als Kategorien mit einer Reihe von Spezifikationen, die der Kurzform nicht ohne weiteres anzusehen sind. Beispielsweise sind alle NPs für vform undefiniert. Aliasbezeichnungen ermöglichen eine ausreichende Beschränkung der freien Merkmalinstantiierung, um auf FSDs ganz verzichten zu können. Abschnitt 4.3 geht näher auf Aliasbezeichnungen ein. Dort wird auch die Rolle von Metaregeln im Berliner GPSG-System beschrieben.

4.2.7 Zulässige Bäume

Zum Abschluß der Darstellung der konstruktiven Version wird die Definition der Zulässigkeit gegeben.

Definition 4.9 (Zulässiger Baum). Ein Baum ist *zulässig* gdw. er terminiert ist und jeder lokale Teilbaum lokal zulässig ist. Ein lokaler Baum ist *lokal zulässig* gdw. er entweder aus dem Lexikon stammt oder durch eine ID-Regel projiziert ist, alle FCRs erfüllt, dem FFP, dem AP und der HFC genügt und keiner LP-Aussage widerspricht.

Diese Definition ist, obwohl analog zu der in [GKPS, S. 104], nicht unproblematisch, da die Art und Weise, in der lokale Bäume zu komplexeren Bäumen kombiniert werden können, sich von der in GKPS unterscheidet. Wie in Abschnitt 4.1 erwähnt wurde, beruht die Kombination in GKPS auf der *Identität* der Mutter des einen mit einer Tochter des anderen Baumes. Aus konstruktiver Sicht müssen die beiden Kategorien *unifizieren.* Durch diese *Instantiierung durch Konstruktion* werden Spezifikationen aus einem lokalen Baum in einem anderen lokalen Baum zugänglich. Dies kann die Wirkungsweise der Merkmalinstantiierungsprinzipien beeinflussen. Zu welchen Zeitpunkten Konstruktion erfolgen und Merkmalinstantiierungsprinzipien angewendet werden sollen, wird in Abschnitt 4.5 diskutiert.

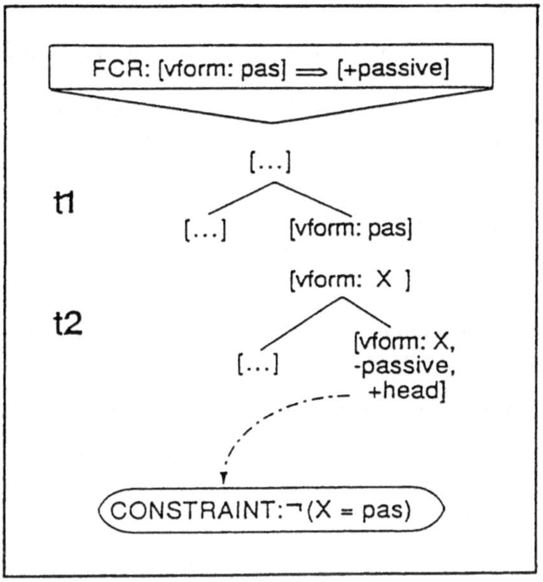

Abbildung 4.3: Kontrolle der Baumgenerierung durch Constraints

In Abbildung 4.3 ist der Baum t_2 zulässig; er hat ein unspezifiziertes Head-Merkmal h, das mit der Mutter durch HFC ***kospezifiziert*** ist, d.h. denselben variablen Wert hat. In solchen Situationen kann die Instantiierung durch Konstruktion die Zulässigkeit zunichte machen. Man sehe: Die Mutter von t_2 unifiziert mit einer Tochter von t_1. Diese Tochter enthält eine Spezifikation für h (oder wird schließlich eine erhalten durch Merkmalinstantiierungsprinzipien oder FCRs), wodurch kospezifizierte Werte in verschiedenen Kategorien von t_2 instantiiert werden. Doch nun ist t_2 auf einmal kein zulässiger Baum mehr, weil der Zuwachs an lokaler Information eine illegale Kategorie erzeugt hat. Grundsätzlich tritt dasselbe Problem auch bei LP-Aussagen auf, so daß eine gegebene Abfolge der Töchter von einer LP-Aussage abgelehnt würde, die zum Zeitpunkt der Überprüfung von LP-Konsistenz nicht anwendbar war.

Da eine abermalige Überprüfung des gesamten Baumes nach vollständiger Spezifikation aller Kategorien keine Lösung darstellt (was soll geschehen, wenn eine FCR interveniert?), wurde eine Strategie der Constraint-Propagierung für FCRs und LP-Aussagen entwickelt [Weisweber 1988]. Die Grundidee[12] wird am Beispiel der FCRs erläutert.

Sei ein Merkmal m unspezifiziert an einer Kategorie C ($C(\mathsf{m}) \in V$). Eine FCR des Typs (4.15)[13] wäre auf C erst anwendbar, wenn $C(\mathsf{m}) = \mathsf{w}$ gilt. Wenn $C(\mathsf{m}') = \mathsf{w}'$, ist es unerheblich, welchen Wert m erhält: nach einer Instantiierung von m ist sie entweder nicht anwendbar oder erfüllt. Wenn jedoch $C(\mathsf{m}') \neq \mathsf{w}'$, so wird ein aussagenlogisches Constraint erzeugt. Falls w′ in C spezifiziert ist ($C(\mathsf{m}') \notin V$), hat es die Form von (4.16). Falls $\mathsf{w}' \in V$ (was u.a. bedeutet, daß die FCR bei einer Anwendung m′ instantiiert), so wird (4.17) erzeugt. Dies erfolgt für alle FCRs; die erzeugten Constraints werden konjunktiv verknüpft und mit C assoziiert.

(4.15) $[\mathrm{m{:}w}] \Rightarrow [\mathrm{m'{:}w'}]$

(4.16) $C(\mathsf{m}) \neq \mathsf{w}$

[12]Eine elegante Implementation wäre mithilfe von *freeze* aus Prolog II [Colmerauer 1982] möglich. Ein weiterer Weg besteht in der Verwendung eines anderen Unifikators, etwa im Sinne der *bedingten Unifikation*, wie von [Hasida 1986] vorgeschlagen.

[13]Ohne Beschränkung der Allgemeinheit nehme ich nur jeweils eine Merkmalspezifikation auf beiden Seiten an.

(4.17) $(C(\mathsf{m}) \neq \mathsf{w}) \vee (C(\mathsf{m}') = \mathsf{w}')$

Jede Tochter im lokalen Baum erhält auf diese Weise eine aussagenlogische Formel in konjunktiver Normalform.

Abbildung 4.3 zeigt ein einfaches Beispiel. Die Variable X wurde in t_2 durch HFC an der Mutter und dem Head kospezifiziert. Wenn der Baum t_2 mit t_1 kombiniert wird, erfolgt eine Auswertung der Constraints an jeder Tochter. Durch die Kombination können Merkmale instantiiert worden sein (wie im Beispiel X durch pas). Im Beispiel wird dadurch der Head illegal, und t_2 ist nicht (mehr) zulässig. Die Kombination von t_1 und t_2 muß rückgängig gemacht werden.

Im allgemeinen können als Ergebnis dieser Auswertung die folgenden Fälle eintreten:

- Ein Teilausdruck in einem Constraint ist wahr und wird entfernt. Bleiben ausschließlich Gleichungen übrig, wird die entsprechende Merkmalinstantiierung in C veranlaßt. Die zugrundeliegende FCR ist nun für C erfüllt.

- Das Constraint ist falsch. C erfüllt nicht alle FCRs und ist nicht legal.

- Das Constraint ist nicht vollständig auswertbar, weil für ein m $C(\mathsf{m})$ nach der Kombination von t_2 und t_1 variabel bleibt; die betreffenden Teilausdrücke des Constraints werden zur Mutter propagiert und im lokalen Baum t_1 weiterverarbeitet.

Die Propagierung zum nächsthöheren lokalen Baum setzt eine Bottom-Up-Auswertung voraus. Wie gezeigt werden wird, ist dies im Hinblick auf die Verarbeitungsstrategien angemessen.

Die Anwendung der FCRs in Form von kategorienspezifischen Constraints bringt, quasi nebenbei, zwei weitere Vorteile mit sich. Zum einen ist zu jedem Zeitpunkt die für eine Kategorie relevante Teilmenge der FCRs berücksichtigt, so daß jede erfüllte FCR im nächsten Anwendungszyklus nicht mehr beachtet werden muß (infolge der Monotonie-Eigenschaft der Unifikation ist sichergestellt, daß sie auch weiterhin erfüllt ist). Dies bedeutet einen beachtlichen Effizienzgewinn. Zum andern muß nicht mehr auf die Anwendungsreihenfolge der FCRs untereinander geachtet werden (wenn eine FCR aufgrund von Spezifikationen anwendbar ist, die nur von einer anderen FCR instantiiert werden, darf sie erst nach dieser angewendet werden, da sie sonst niemals zum Zuge käme).

Bei LP-Aussagen wurde eine analoge Lösung gewählt. Falls eine LP-Aussage einen lokalen Baum ablehnen würde, wenn ein Merkmal m mit dem Wert w instantiiert wird, so wird ein Constraint erzeugt, welches ausdrückt, daß m nicht den Wert w in dieser Kategorie erhalten darf. Diese Constraints werden propagiert und ausgewertet, solange die Werte von m variabel und kospezifiziert sind.

4.2.8 Die wesentlichen Unterschiede zwischen dem axiomatischen und dem konstruktiven GPSG-Formalismus

In diesem Abschnitt werden die wichtigsten Unterschiede zwischen der konstruktiven und der axiomatischen GPSG anhand einiger Schlüsselbegriffe zusammengefaßt.

- Kategorien können zusätzliche Information aufnehmen. In der axiomatischen Version sind sie unveränderlich.

- Die Unifikation ist die grundlegende Operation für Informationszuwachs in Kategorien. In der axiomatischen Version ist sie eine Wohlgeformtheitsbedingung.

- Die FCRs und Merkmalinstantiierungsprinzipien verursachen lokalen Informationszuwachs. In der axiomatischen Version wählen sie unter Kategorien bzw. Projektionen aus.

- Syntaktische Strukturen werden aufgrund der Unifikation von Kategorien erzeugt. In der axiomatischen GPSG existieren sie infolge der Identität von Kategorien.

Es wurde gezeigt, daß die konstruktive Version von GPSG die kombinatorische Explosion vermeidet, die eine originalgetreue Interpretation der Metasprache von GKPS bewirkt hätte. Die veränderte Sichtweise führt zu einer beachtlichen Vereinfachung der HFC, da es nicht mehr notwendig ist, die Mengen der freien Head-Spezifikationen zu bestimmen; daher brauchen nicht alle Projektionen einer ID-Regel betrachtet zu werden.

Das Dilemma hinsichtlich der logischen Abhängigkeit von CAP und HFC, das bei jeder Implementation in einen schwer zu behebenden Reihefolgenkonflikt mündet, wurde ebenfalls beseitigt. Der Preis dafür ist allerdings hoch: das AP ist nicht mehr semantisch basiert und kann daher nicht mehr Keenan's Prinzip gerecht werden, daß Kongruenzbeziehungen auf bestimmte Weise von Funktor-Argument-Beziehungen abhängen.

4.3 Die Architektur des Berliner GPSG-Systems

Die konstruktive Version von GPSG bildet die Grundlage zur syntaktischen Sprachverarbeitung im Berliner GPSG-System. Sie ist gleichermaßen geeignet für Parsing und Generierung, denn sprachliches Wissen kann strikt vom Verarbeitungswissen des Parsers bzw. des Generators getrennt werden. Dies ermöglicht die

- Analyse und Generierung mit ein- und derselben, bidirektional zu verwendenden Grammatik.

Ferner werden einzelsprachspezifisches und universelles syntaktisches Wissen[14] strikt voneinander getrennt. Dies ermöglicht den

- Austausch von Grammatiken, ohne den Parser bzw. Generator zu berühren.

Eine solche Möglichkeit ist besonders vorteilhaft, wenn das System für maschinelle Übersetzung benutzt wird.[15]

Als *einzelsprachspezifisch* werden die jeweiligen Mengen von ID-Regeln, LP-Aussagen, FCRs und Lexikoneinträgen betrachtet. Das *universelle* sprachliche Wissen besteht in der Bedingung für zulässige Bäume, die durch die Metasprache der GPSG gegeben ist. Es entspricht im Umfang der in Abschnitt 4.2 beschriebenen Metasprache und wird prozedural als Modul zur Anwendung von FCRs, Merkmalinstantiierungsprinzipien und LP-Aussagen repräsentiert. Das Modul wird von Parser und Generator in exakt derselben Weise verwendet.

Der folgende Pseudocode[16] für das universelle sprachliche Wissen faßt zusammen, wie ein lokaler Baum schrittweise zulässig gemacht wird. Die Generierung und Propagierung von Constraints und die Möglichkeit von mehr als einer zulässiger Reihenfolge der Töchter sind nicht dargestellt.

```
admissible_tree([Mother,Daughters], [Mother,Ordered]) :-
    ffp(Mother, Daughters),
    fcrs(Daughters),
    ap(Mother, Daughters),
    fcrs(Daughters),
    hfc(Mother, Daughters),
    fcrs(Daughters),
    fcr(Mother),
    lp_order(Daughters, Ordered), !.
```

[14]Universell wird hier im Sinne von „mehr als einzelsprachlich" gebraucht; der Nachweis der Universalität ist bei nur zwei betrachteten Sprachen, Deutsch und Englisch, nicht zu führen.

[15]Im Rahmen des Projektes KIT-FAST an der TU Berlin werden Sätze aus Informationstexten der EG von Englisch nach Deutsch und umgekehrt übersetzt.

[16]Hier und im folgenden wird Prolog verwendet, um den der Implementation zugrundeliegenden Kontrollfluß widerzuspiegeln. Der angegebene Code ist eine Vereinfachung der tatsächlichen Prolog-Implementation.

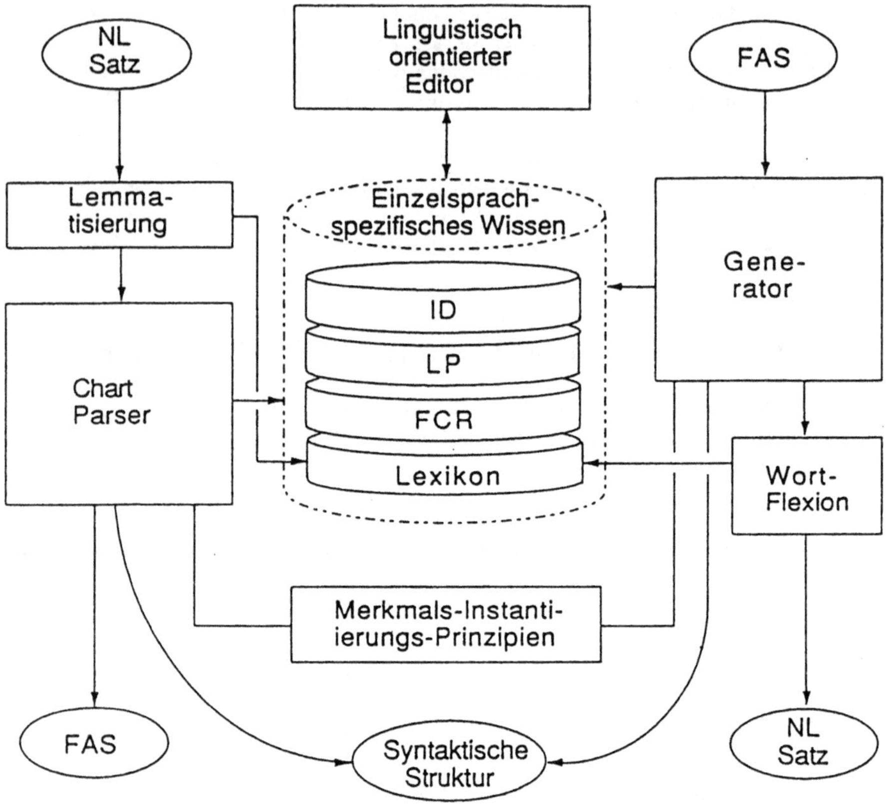

Abbildung 4.4: Der Aufbau des Berliner GPSG-Systems

Abbildung 4.4 zeigt die Komponenten des Berliner GPSG-Systems. Es besteht aus den sprachlichen Wissensquellen, einem Parser, einem Generator und einem Grammatikeditor. Der Parser ist in [Weisweber 1987] beschrieben, und hinsichtlich des Generators wird in Kapitel 6 eingegangen. Hier soll ihre Funktion nur kurz skizziert und dann die Aufgaben des Editors dargestellt werden, ohne den die Implementation des Berliner GPSG-Systems linguistischen Ansprüchen nicht genügen würde.

Der Parser erzeugt aus einer Endkette – z.B. einem natürlichsprachlichen Satz – eine GPSG-Struktur. Es handelt sich um einen bottom-up operierenden Chart-Parser, der voraussetzt, daß jeder Wortform entsprechende lexikalische GPSG-Kategorien zugeordnet sind. Auf der Grundlage der GPSG-Struktur wird in einem zweiten Analyseschritt eine Funktor-Argument-Struktur als satzsemantische Repräsentation der Eingabe erzeugt.

Der Generator geht von einer Funktor-Argument-Struktur aus[17] und erzeugt aus ihr – aufgrund einer anderen Verarbeitungsstrategie als der Parser – ebenfalls eine GPSG-Struktur. Auch er setzt voraus, daß den lexikalischen Kategorien Wortformen zugeordnet sind. Dann stellen die Blätter der GPSG-Struktur, von links nach rechts gelesen, die generierte Endkette dar.

Beide Prozesse benutzen die Implementation der Merkmalinstantiierungsprinzipien als Unterprogramm, beide greifen auf dieselbe Grammatik zu, und beide gehen von derselben Relation zwischen lexikalischen Kategorien und Wortformen aus. Diese Relation wird mithilfe eines Stammformenlexi-

[17]Die Ausgangsstrukturen der Generierung werden in Kapitel 5 behandelt.

kons und von Lemmatisierungs- bzw. Flexionsprozessen [Busemann 1988a] hergestellt, die vollkommen unabhängig von GPSG arbeiten.[18] Auf diese Weise wird die Auflistung aller Wortformen in einem Vollformenlexikon umgangen, die für stark flektierende Sprachen wie das Deutsche unökonomisch wäre.

Als unabdingbare Voraussetzung für die Erstellung einer GPS-Grammatik ist eine komfortable Entwicklungsumgebung notwendig. Es gab bereits für die mittlere GPSG ein Entwicklungs- und Testsystem, ProGram [Evans/Gazdar 1984]. Für eine konstruktive Variante von GKPS wurde im Rahmen des britischen Alvey-Projektes die portable und integrierte Entwicklungsumgebung GDE entwickelt [Briscoe *et al.* 1987]. Zum Testen von Regeln werden gewöhnlich Parser verwendet. Im vorliegenden Fall kann das GPSG-System als Testumgebung herangezogen werden (insbesondere stellt der Generator eine wichtige Testfunktion dar: er ermöglicht die Prüfung, ob eine Grammatik übergeneriert).

Der *L*inguistisch orientierte *Ed*itor (LED) unterstützt die Formulierung verschiedener Regeltypen [Kindermann/Quantz 1987]. LED akzeptiert Eingaben in einer für die Grammatikschreiberin geeigneten externen Notation, die dann – nach einer Korrektheits- bzw. Plausibilitätsprüfung – in die interne Notation transformiert wird, die die Komponenten des GPSG-Systems verarbeiten.

LED verarbeitet Definitionen von Merkmalnamen, ihrer Wertebereiche und von Teilmengen der Merkmale (HEAD, FOOT, AGR). Die Aufgabe, eine Darstellung für Kategorien mit fünfundzwanzig bis dreißig Merkmalen anzubieten, die übersichtlich und linguistisch aussagekräftig ist, wird anhand von *Aliasbezeichnungen* gelöst, wie sie erstmalig in ProGram definiert wurden. Aliasbezeichnungen setzen die Definition von Kategorien (d.h. Namen und Wertebereiche der Merkmale) voraus. Sie bestehen aus drei Teilen:

- einem Aliasnamen,
- einer Anzahl definierender Merkmalspezifikationen und
- einer Menge instantiierbarer Merkmale

Ein Alias der Form (4.18) ist ein Prolog-Prädikat, dessen Funktor den Aliasnamen angibt (np) und dessen Argumente die instantiierbaren Merkmale sind. Der Alias steht für eine Kategorie mit Spezifikationen für die definierenden Merkmale des Alias wie in 4.19). Die Kategorie ist ferner an den instantiierbaren Merkmalen variabel und für sämtliche übrigen Merkmale undefiniert. Die Grammatikschreiberin kann den instantiierbaren Merkmalen Werte zuweisen, und z.B. Kategorien wie (4.20) in ID-Regeln definieren.

(4.18) np(PER,PLU,GEN,CAS,FLEX,PRN,TOP,AGR)

(4.19) $\{\langle \mathsf{n} : + \rangle, \langle \mathsf{v} : - \rangle, \langle \mathsf{bar} : 2 \rangle, \langle \mathbf{head} : - \rangle\}$

(4.20) np(PER,PLU,GEN,nom,FLEX,PRN,+,AGR)

Bei der Definition von ID-Regeln kann die Notation H (für Head) als Bestandteil der externen Notation verwendet werden. In der internen Notation wird die Spezifikation $\langle \mathbf{head} : + \rangle$ benutzt.

Der Übergang von der externen in die interne Grammatiknotation schließt eine Anzahl von Vorverarbeitungsschritten ein. Der wichtigste stellt die Anwendung von Metaregeln dar, die nicht während des Parsings oder der Generierung erfolgt, sondern für die gesamte Grammatik im Vorhinein (vgl. [Thompson 1981]). Dies bringt beträchtliche Effizienzvorteile während der Verarbeitung, der dann die erweiterte Menge von ID-Regeln zugrundeliegt.

Bei der Erzeugung der internen Notation wird berücksichtigt, daß als Basis-Operation des GPSG-Systems die Prolog-Unifikation verwendet wird. Dies erwies sich aus Effizienzgründen als zweckmäßig, nachdem eine versuchsweise Implementation der PATR-Unifikation [Shieber *et al.* 1983]

[18] Ihre Kopplung mit der Syntax wird in Abschnitt 4.6 diskutiert.

in Waterloo-Core-Prolog die verbrauchte CPU-Zeit erheblich erhöhte und lange Antwortzeiten infolge des Timesharing-Betriebs auf der benutzten IBM 4381-Anlage die Folge waren.

Die aus linguistischen Gründen wünschenswerten Möglichkeiten, Disjunktion und Negation von Merkmalspezifikationen in Kategorien direkt auszudrücken, fehlen bei der Kodierung der Kategorien als Prolog-Terme. Sie sind aber theoretisch auf der Ebene des Editors, in der externen Notation, gegeben. Die Übersetzung einer Negation (z.B. [¬pas]) in die interne Notation erfordert die Aufzählung des Wertebereichs von vform ohne pas:

```
cat(..., VFORM, ...) :- member(VFORM, [fin,inf,psp,zu]).
```

Die Integration von Editor und GPSG-System erfüllt somit beide Desiderata zugleich, indem sie linguistisch angemessene Ausdrucksmöglichkeiten (im Editor) und effiziente Verarbeitung (im Parser bzw. Generator) bietet.

Abschließend folgen einige Daten zur Implementation des GPSG-Systems. LED ist in Prolog und Pascal auf einer IBM 4381-Anlage implementiert. Da LED nicht ohne weiteres portierbar ist, entsteht an der TU Berlin eine Weiterentwicklung mit dem *E*ditor für *G*PS-*G*rammatiken (EGG), der in Arity-Prolog 5.0 auf PC AT implementiert wird. In seiner endgültigen Ausbaustufe soll EGG Metaregeln und Lexikoneinträge erfassen können und in das GPSG-System integriert sein.

Die anderen Komponenten des GPSG-Systems wurden ursprünglich in Waterloo-Core-Prolog auf einer IBM 4381-Anlage unter dem VM/SP-Betriebssystem implementiert. Da nur Prädikate verwendet wurden, die auf andere Prolog-Dialekte übertragen werden können (gemäß dem KIT-Core-Standard [Bittkau *et al.* 1987]), ist der Code kompatibel mit Symbolics-Prolog, M-Prolog und Arity-Prolog. Unterschiedliche Versionen des Systems sind auf IBM 4381, auf Symbolics-Lispmaschinen 3640 auf SUN 340[19] und auf PC AT lauffähig.

4.4 Die Grammatikfragmente für Deutsch und Englisch

Die in dieser Arbeit verwendeten Beispiele aus dem Berliner GPSG-System basieren auf GPS-Grammatiken für Fragmente des Deutschen und des Englischen, wie sie Ende 1988 implementiert waren. Eine erste Version der deutschen Grammatik beschreibt [Preuß 1987]. In diesem Abschnitt werden die wesentlichen Charakteristika dieser Grammatiken beschrieben.[20]

Beide Grammatiken decken einen ähnlichen Sprachumfang ab. Sie umfassen typische Wortstellungsphänomene und behandeln, teilweise in Anlehnung an [Uszkoreit 1984]:

- subkategorisierte nominale und infinitivische Verbkomplemente,
- Verberst-, -zweit- und -letztstellung,
- Topikalisierung der meisten Konstituenten,
- die üblichen Hilfs- und →Modalverbkonstruktionen sowie
- Nominalgruppen mit subkategorisierten Argumenten und (eingeschränkt) Relativsätzen.

Betrachten wir die genannten Punkte der Reihe nach.

Das Deutsche erlaubt eine stärkere Variation in der Wortstellung als das Englische. Daher wurde eine flache Struktur des Mittelfeldes angesetzt (z.B. (4.21)), in der auch das Subjekt auftreten kann. In Deklarativsätzen kann jede dieser Konstituenten topikalisiert werden (topikalisierte Konstituenten sind Extensionen von [+top]). Daher wird grundsätzlich die Topikalisierungsregel (4.22),

[19] Eine Adaption an Quintus-Prolog wurde von John Phillips an der Universität Tübingen im Juni 1988 durchgeführt.

[20] Eine vollständige Zusammenstellung der deutschen Grammatik findet sich in Anhang A. Zum einfacheren Wiederauffinden von ID-Regeln werden im folgenden die dort verwendeten Regelnummern aufgeführt.

verwendet.[21] Darüber hinaus können infinite Verben zusammen mit einem Objekt im →Vorfeld stehen. Dies erfordert zusätzliche VP-Analysen, die ausschließlich für die Topikalisierung benötigt werden (4.23). Der Zusammenhang zwischen (4.23) und (4.21) ist systematisch und wird durch eine Metaregel erfaßt.

(4.21) ID3: S ⟶ V[6], NP[nom], NP[acc]

(4.22) ID8: S ⟶ X[+top], S[fin, +ac] / X[+top]

(4.23) ID19: VP ⟶ V[6], NP[acc]

(4.24) ID22: S / VP ⟶ NP[nom]

Die Einführung der Lücken erfolgt im Falle der VP durch die Regel (4.24) und bei anderen Konstituenten nach dem Vorschlag von [Jacobson 1987] (vgl. Abschnitt 3.3.4) durch folgende Metaregel:

(4.25) S ⟶ W, Y
⇓
S / Y ⟶ W

Es ergeben sich damit für (4.21) die zusätzlichen ID-Regeln (4.26) bis (4.28). Die Entscheidung für den Verzicht auf leere Ketten ist, aus Parsing-Sicht, durch Schwierigkeiten mit bottom-up gesteuerten Verfahren begründet, die vor jedem Wort der Eingabekette mit einer beliebigen Zahl leerer Ketten rechnen müßten. Als Preis für die Vermeidung dieses Problems mithilfe der Metaregel (4.25) müssen, wenn das Head topikalisiert wird, wie in (4.28), die Effekte der HFC in der Mutter der ID-Regel kodiert werden. Dies ist ohne Berücksichtigung von AP und FFP möglich, weil der Head an keinen Kongruenzrelationen teilnimmt und weil die Grammatik keine instantiierten Spezifikationen aus HEAD ∩ FOOT ermöglicht.

(4.26) ID35: S / NP[nom] ⟶ V[6], NP[acc]

(4.27) ID36: S / NP[acc] ⟶ V[6], NP[nom]

(4.28) ID37: S / V[6] ⟶ NP[nom], NP[acc]

Verberst- und Verbletztsätze werden mithilfe der „flachen" Struktur (vgl. (4.21)) dargestellt. Die unterschiedliche Stellung des Verbs hängt von den Spezifikationen der Head-Merkmale ac (assertive clause) und mc (main clause) ab (vgl. [Uszkoreit 1984]). [+ac] erzwingt die Verwendung der Topikalisierungsregel, während [+mc] die Präzedenz des finiten Verbs vor allen nichtlexikalischen Schwestern fordert. [-mc] bewirkt die Endstellung des Verbs (vgl. die FCRs und LP-Aussagen (4.29)[22]-(4.33)). Somit ergeben sich die folgenden Beschreibungen:

- Deklarativsatz [+ac, +mc]: *Hans liest das Buch.*
- Relativsatz [+ac, -mc]: ... *der das Buch liest.*
- Frage-/Befehlssatz [-ac, +mc]: *Liest Hans das Buch? Lies das Buch!*
- Nebensatz [-ac, -mc]: ... *Hans das Buch liest.*

(4.29) [+ac, ¬rel] ⇒ [+mc]

(4.30) [+ac] ⇒ [fin]

(4.31) [+mc] ⇒ [fin]

[21] Da die Übereinstimmung zwischen slash Wert und topikalisierter Konstituente nicht durch den Formalismus sichergestellt ist, müssen die entsprechenden Variablen in der ID-Regel kospezifiziert werden.

[22] Das Merkmal rel wird für die Beziehung zwischen einem Relativpronomen und seinem Bezugsnomen benötigt (s.u.); die vorliegende Spezifikation schließt also Relativsätze aus. Bei ihnen wird die Topikalisierungsregel verwendet, wobei Verbletztstellung gefordert ist.

(4.32) $V[+mc] \prec [\neg subcat]$

(4.33) $[\neg subcat] \prec V[-top, -mc]$

Im Englischen wird die übliche Analyse von Deklarativsätzen mithilfe der ID-Regel (3.7) verwendet, die hier noch einmal als (4.34) erscheint.

(4.34) $S \longrightarrow NP, VP$

Somit sind die lexikalischen ID-Regeln für Verben VP-Expansionen. Die Topikalisierungsregel wird in der englischen Grammatik nur verwendet, wenn andere Konstituenten als das Subjekt im Vorfeld stehen sollen. Die Einführung von Lücken erfolgt mit einer ähnlichen Metaregel wie (4.25). Die Verbstellung kann einfacher geregelt werden als in der deutschen Grammatik, indem man Verberstsätze durch eine ID-Regel wie (3.63) (hier: (4.35)) beschreibt.

(4.35) $S[+inv] \longrightarrow V[+aux], NP, VP[-aux, bse]$

Regeln dieses Typs gehen aus der Anwendung einer Metaregel („Subject-Aux Inversion") hervor.

Die in den Grammatiken zugrundegelegten X-Bar-Syntaxen sind für N, A und P gleich. Die maximale Ebene ist zwei (NP, AP, PP). Die Ebene [bar:1] ist lediglich für N ausgeprägt und dient zur Adjunktion von APs oder (in der englischen Grammatik) Relativsätzen. Die lexikalische Ebene [bar:0] ist für alle vier Hauptkategorien vorhanden. Bezüglich V unterscheiden sich die X-Bar-Syntaxen. Die maximale Ebene in der englischen Grammatik ist auch hier zwei. VP und S unterscheiden sich, analog zu GKPS, durch unterschiedliche Spezifikationen von **subj**: VP ist V[bar:2, -subj], während S als V[bar:2, +subj] kodiert ist. In der deutschen Grammatik wurde in Anlehnung an [Uszkoreit 1984] als maximale Ebene drei gewählt (für S); das Merkmal **subj** gibt es nicht. Eine VP wird einfach als V[bar:2] kodiert.

Das Konzept der Subkategorisierung ist in den beiden Grammatiken unterschiedlich. Während in der englischen Grammatik das von GKPS Verwendung findet (vgl. Abschnitte 3.1.2 und 3.3.4), wird in der deutschen Grammatik die Subkategorisierung als die syntaktische Umgebung von Lexemen angesehen, die durch eine lexikalische ID-Regel beschrieben ist und nicht ausschließlich als Eigenschaft von Lexemklassen. Infolgedessen subkategorisieren Verben auch ihre Subjekte. Bei Passivsätzen ändern Verben ihre Subkategorisierung, z.B. besitzt das transitive Verb *bitten* mit ⟨**subcat** : 6⟩ bei agenslosem Passiv die Subkategorisierung von →intransitiven Verben (⟨**subcat** : 5⟩).

Hilfs- und Modalverben werden in beiden Grammatiken nach ähnlichen Prinzipien kodiert, die [Uszkoreit 1984] beschreibt und die auf [Gazdar *et al.* 1982] zurückgehen. Eine Anzahl binär verzweigender ID-Regeln führen das →Hilfsverb (als Head) ein und eine entsprechend für **vform** spezifizierte Kategorie, die sonst im wesentlichen mit der Mutter übereinstimmt (vgl. die Regeln (4.36)–(4.39) und als Beispiel Abbildung 4.5).

(4.36) ID2: $S \longrightarrow V[2], S[inf]$ (Modalverb)

(4.37) ID4: $S \longrightarrow V[1], S[psp]$ (Perfekt-Hilfsverb)

(4.38) ID5: $S \longrightarrow V[3], S[pas]$ (Passiv-Hilfsverb)

(4.39) ID6: $S \longrightarrow V[4, fin], S[inf]$ (Futur-Hilfsverb)

Für das Deutsche gilt (und ist in der Grammatik kodiert), daß höchstens je eine Futur- und Passivspezifikation in der syntaktischen Struktur eines Verbkomplexes auftreten darf, wobei das Futur am obersten und das Passiv am tiefsten Verb stehen muß (Genaueres siehe Abschnitt 4.6).

→Abtrennbare Verbpräfixe sind nicht im deutschen Fragment eingeschlossen. Ein Vorschlag findet sich in [Volk 1988].

Die Nominalgruppen-Syntax ist wenig ausgearbeitet (vgl. Abbildung 4.6). Es gibt NP-Expansionsregeln mit und ohne Det-Tochter. Eine Expansionsregel für N1 führt eine AP ein. Der Abhängigkeit der Form attributiv gebrauchter Adjektive von der Präsenz und der Art des →Determinators wird durch das Merkmal **flex** Rechnung getragen. N1-Expansionen können auch

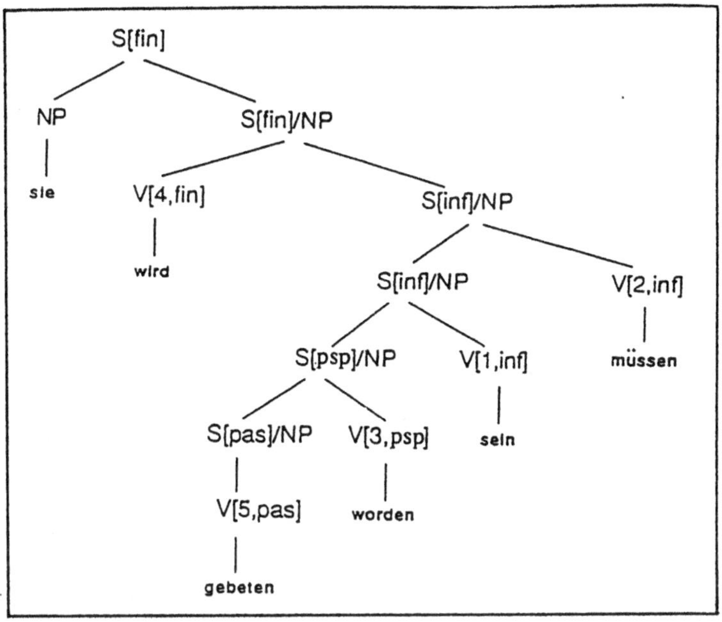

Abbildung 4.5: Der Hilfsverbkomplex in der deutschen Grammatik

lexikalische Regeln der Form (4.40) sein.

(4.40) ID31: N1 $\longrightarrow$ N[5], (NP[gen]), (PP[für]), (S[fin])

Nur der Head ist obligatorisch; Genitivattribut, Präpositionalattribut und Relativsatz sind optional. LP-Aussagen sorgen dafür, daß die Abfolge „N–NP–PP–S" strikt eingehalten wird. In der Abbildung wird die Kongruenz zwischen Relativpronomen und Bezugsnomen dargestellt. Sie erfolgt mithilfe eines kategorienwertigen Foot-Merkmals rel, das die Spezifikationen für per, plu und gen transportiert. In den lexikalischen ID-Regeln wie (4.40) sind diese Merkmale an N und im rel-Wert von S kospezifiziert.

Wie viele Beschreibungen des NP-Komplexes im Deutschen vermeidet dieser Ansatz nicht gewisse strukturelle Mehrdeutigkeiten bei Genitivattributen. Sätze wie *wenn Sängerinnen Kollegen Melodien vorsingen* erhalten unzulässige Genitiv-Analysen infolge unterschiedlicher (intransitiver, transitiver und →ditransitiver) Subkategorisierungen des Verbs *vorsingen*. [Schachtl 1988] gibt eine Lösung im Rahmen von LFG an.

Die Nominalgruppen-Syntax in der englischen Grammatik unterscheidet sich nur marginal von der der deutschen. Relativsätze werden analog zur AP durch N1 eingeführt. Das Merkmal rel ist nicht kategorienwertig, sondern binär. Die Grammatik regelt nicht, ob als Relativpronomen *who(m)* oder *which* bzw. *that* zu verwenden ist.

In beiden Grammatiken wird das binäre Merkmal agr ausschließlich durch FCRs spezifiziert. Extensionen von [+agr] sind in der deutschen Grammatik folgende Kategorien: S[¬rel, comp:nil][23], VP, V[fin], NP[nom], N1, N, Det[¬rel], AP, A. In der englischen Grammatik sind es folgende Kategorien: VP, V[fin], NP[nom], N1, N, Det, [+rel].

In beiden Grammatiken wurden LP-Aussagen nur zur Beschränkung der Wortstellung aufgrund „harter" syntaktischer Kriterien verwendet. Sie regeln also nicht die Wortstellung im Mittelfeld, die in beiden Grammatiken völlig frei gelassen ist. Dies ist zwar zu liberal, aber wie in Abschnitt 3.3.3

[23] Dies beschreibt solche Sätze, die weder Relativsätze noch Komplementsätze sind.

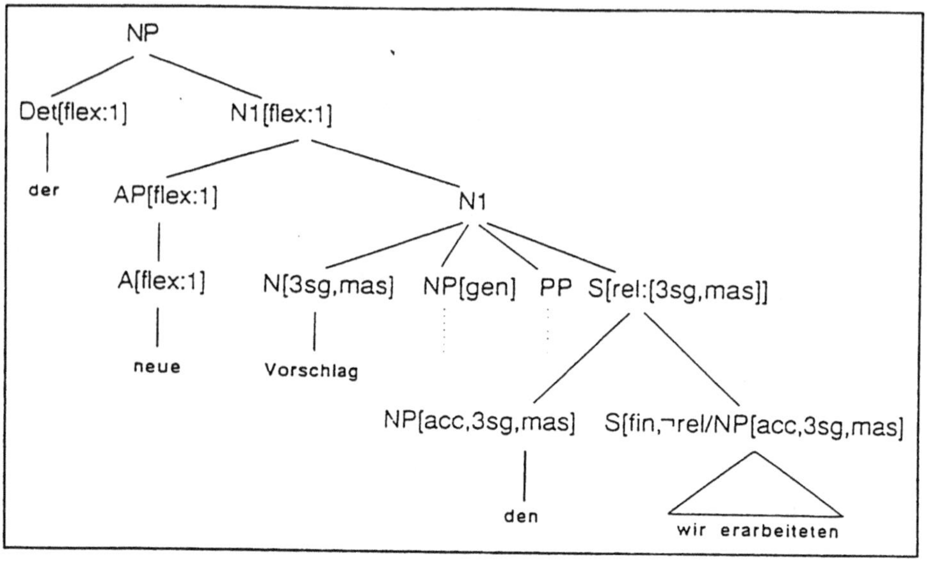

Abbildung 4.6: Der NP-Komplex in der deutschen Grammatik

gezeigt wurde, ist eine linguistisch fundierte Behandlung des Problems nicht im Rahmen der Syntax allein möglich.

Abschließend folgen einige Angaben über die Größe der Grammatiken (Stand 1989). Die deutsche Grammatik umfaßt 27 Merkmale (davon 16 binär und 2 kategorienwertig), 55 ID-Regeln (9 mit einer Tochter, 31 mit zwei, 9 mit drei und 6 mit vier Töchtern), davon 21 aufgrund von 3 Metaregeln erzeugt, 12 LP-Aussagen und 17 FCRs. Das Lexikon umfaßt etwa 250 Stammformen.

Die englische Grammatik umfaßt 25 Merkmale (davon 16 binär und eines kategorienwertig), 76 ID-Regeln (18 mit einer Tochter, 41 mit zwei und 17 mit drei Töchtern), davon 40 aufgrund von 3 Metaregeln erzeugt, 7 LP-Aussagen und 13 FCRs. Das Lexikon umfaßt etwa 150 Stammformen.

4.5 Prozedurale Aspekte der Strukturbildung

Jedes Verfahren zur maschinellen Sprachverarbeitung auf der Grundlage der konstruktiven Version von GPSG ruht auf zwei Säulen, die die in den vorigen Abschnitten formulierte Modularisierung von Formalismus, Grammatik und Verarbeitungsstrategie widerspiegeln:

- Konstruktion der syntaktischen Struktur nach Maßgabe der ID-Regeln
- Spezifizierung der Struktur aufgrund der FCRs, Merkmalinstantiierungsprinzipien und LP-Aussagen

Da ID-Regeln in ihren Kategorien gewöhnlich stark unterspezifiziert sind, kann die aufgebaute Struktur als Skelett betrachtet werden, zu dem das Fleisch noch hinzugefügt werden muß. Dies entspricht der Aufgabe der Merkmalinstantiierungsprinzipien, die die Kategorien weitgehend spezifizieren. Sie spezifizieren sie aber nicht immer vollständig; typischerweise wird bei Kospezifikation variabler Merkmalwerte ein endgültiger Wert zu einem späteren Zeitpunkt durch Konstruktion instantiiert.

In diesem Abschnitt soll die Frage aufgegriffen werden, wie die Instantiierung durch Konstruktion mit der Instantiierung durch FCRs und Merkmalinstantiierungsprinzipien interagiert. Diese Frage resultiert direkt aus dem konstruktiven Ansatz, in welchem ein Parser oder ein Generator entscheiden muß, welche ID-Regeln für die Strukturbildung herangezogen werden sollen. Diese Entscheidung hängt ab von dem noch zu verarbeitenden Teil der Eingabekette bzw. der Ausgangsstruktur und von der bisher erzeugten syntaktischen Teilstruktur (die Erzeugung isolierter, zulässiger lokaler Bäume bedeutet drastische Übergenerierung und ist daher aus Effizienzgründen nicht sinnvoll).

4.5.1 Verarbeitungsstrategien aufgrund der konstruktiven GPSG

Eine syntaktische Struktur wird durch sukzessive Expansions- bzw. Reduktionsschritte erzeugt, wobei jeweils genau ein lokaler Baum eingeführt wird, um den die Struktur wächst. Ich nenne diese Struktur *Gesamtstruktur* und die sie erweiternden Operationen ***strukturbildende Aktionen.***

Expansionsschritte sind Top-Down-Operationen: Die Mutter eines neu einzuführenden lokalen Baumes unifiziert mit einer nichtterminalen Blattkategorie aus der Gesamtstruktur. Reduktionsschritte sind Bottom-Up-Operationen: Alle Töchter eines neu einzuführenden lokalen Baumes unifizieren mit Wurzelkategorien aus der Gesamtstruktur.

Die erzeugten Strukturen müssen durch die Merkmalinstantiierungsprinzipien und LP-Aussagen weiter spezifiziert werden, um zulässig im Sinne von GPSG zu werden. Dies kann entweder unmittelbar nach Beendigung einer strukturbildenden Aktion geschehen, oder nachdem alle Kategorien des neu eingeführten lokalen Baums an strukturbildenden Aktionen beteiligt waren. Hieraus ergeben sich vier unterschiedliche Strategien:

1. Struktur wird durch Expansion, also top-down, konstruiert. Die Merkmalinstantiierungsprinzipien werden unmittelbar nach jeder strukturbildenden Aktion angewendet, also ebenfalls top-down.

2. Struktur wird durch Reduktion, also bottom-up, konstruiert. Die Merkmalinstantiierungsprinzipien werden unmittelbar nach jeder strukturbildenden Aktion angewendet, also ebenfalls bottom-up.

3. Struktur wird durch Expansion, also top-down, konstruiert. Die Merkmalinstantiierungsprinzipien werden angewendet, nachdem alle Töchter zulässige Bäume dominieren, also bottom-up.

4. Struktur wird durch Reduktion, also bottom-up, konstruiert. Die Merkmalinstantiierungsprinzipien werden angewendet, nachdem die Mutter Blattkategorie eines zulässigen Baumes geworden ist, also top-down.

Diese Strategien lassen sich anhand von Abbildung 4.7 veranschaulichen. Abbildung 4.7a zeigt lokale Bäume, die von ID-Regeln bzw. von Lexikoneinträgen projiziert werden und genau die ererbten Spezifikationen enthalten (wie bisher sind aus Platzgründen nicht alle dargestellt). Die lokalen Bäume können durch strukturbildende Aktionen miteinander kombiniert werden und ergeben so die Gesamtstruktur in Abbildung 4.7b, wobei Merkmale durch Konstruktion instantiiert werden. Das Resultat der Anwendung von FCRs, Merkmalinstantiierungsprinzipien und LP-Aussagen auf die lokalen Bäume der Gesamtstruktur zeigt Abbildung 4.7c.

Jede strukturbildende Aktion erzeugt einen Teil von Abbildung 4.7b, während jede Anwendung der FCRs, Merkmalinstantiierungsprinzipien und LP-Aussagen einen Teil von Abbildung 4.7c generiert. Dabei werden variable Merkmalwerte kospezifiziert.

Nicht alle vier Strategien sind effizient einsetzbar. Zum einen liegt das an der Verarbeitungsweise der Ausgangsstrukturen (bei der Generierung; vgl. Abschnitt 6.1) bzw. der Endkette (beim Parsing). Zum andern liegt es am Formalismus der GPSG, genauer: am AP und am FFP. Dies soll im folgenden erläutert werden.

Das AP setzt angemessene Spezifikationen von **agr** an den Töchtern eines lokalen Baumes voraus. Bei einer top-down vorgehenden Merkmalsinstantiierung kann dies nicht sichergestellt werden: Baum 1 kann als Füller eine NP[nom] erhalten, die durch eine FCR mit [+agr] zu spezifizieren ist

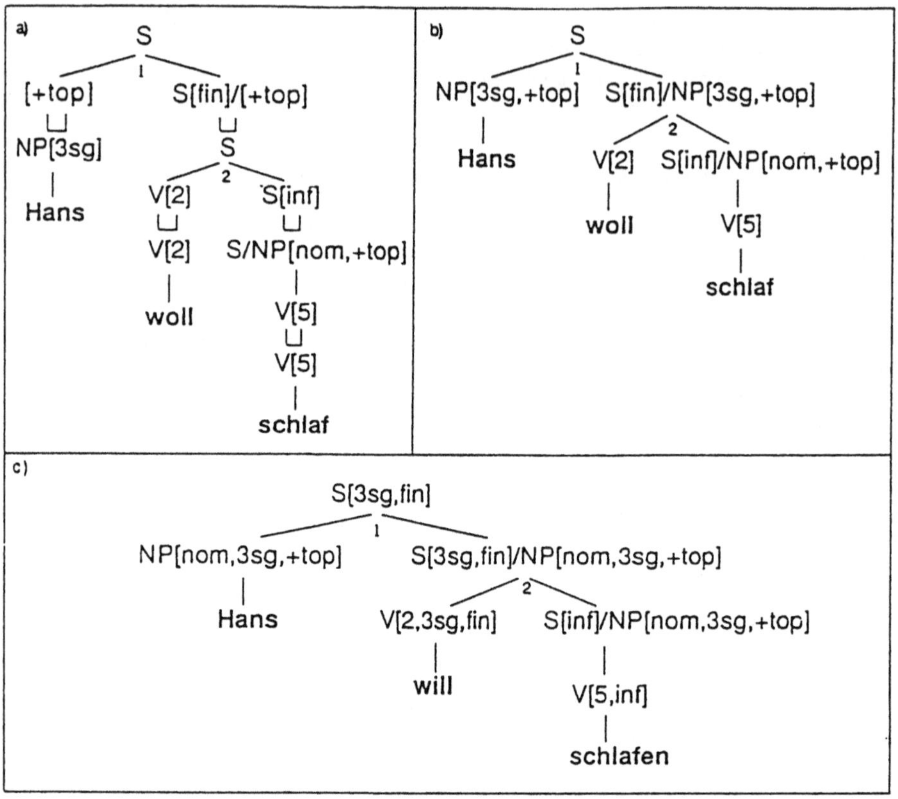

Abbildung 4.7: Strukturbildung und Merkmalsinstantiierung

oder eine NP[acc], bei der dies nicht der Fall ist. Welcher Art der Füller ist, muß sich erst noch herausstellen. Bei einer bottom-up vorgehenden Merkmalsinstantiierung wird zuerst der slash-Wert für die Lücke aufgesucht und an höhere lokale Bäume transportiert. In Baum 1 ist der slash-Wert (und damit die Tochter [+top]) durch Konstruktion ausreichend spezifiziert, damit FCRs *vor* der Anwendung des AP das Merkmal **agr** entsprechend instantiieren können.

Hinsichtlich des FFP ist folgende Überlegung wesentlich. Foot-Merkmale können an verschiedenen Töchtern und der Mutter unifizieren. Anhand der ID-Regeln läßt sich nicht bestimmen, an welchen Töchtern ein Foot-Merkmal gemäß FFP im Einzelfall instantiiert werden soll. Diese Unterbestimmtheit der ID-Regeln führt zu nichtdeterministischem Verhalten bei einer top-down vorgehenden Merkmalsinstantiierung. Welche der Töchter für ein Foot-Merkmal zu instantiieren sind, muß geraten werden; für eine fundierte Entscheidung enthält der lokale Baum zu wenig Information.

In Abbildung 4.7 tritt dieses Problem bei Baum 2 auf. S und V[2] könnten beide für slash spezifiziert werden.[24] Allerdings ließe sich entgegnen, daß Modalverben niemals eine Lücke einführen und V[2] daher in der ID-Regel mit $\langle$slash : $\neg\rangle$ zu spezifizieren seien. Überzeugendere Beispiele bestehen in Analysen für parasitäre Lücken (vgl. Abschnitt 3.3.6) oder in Strukturen mit Projektionen der ID-Regel (3.68) (vgl. Abbildung 3.9 auf Seite 61), die hier als (4.41) wiederholt wird.

(4.41) $\text{VP} \longrightarrow \text{VP}, \text{PP}$

[24]Zwar sind lexikalische Kategorien Extensionen von [¬slash], doch dies ergibt sich aus dem *Lexikon* und nicht aus den ID-Regeln.

Bei einer Bottom-Up-Strategie der Merkmalsinstantiierung liegt genügend Information in einem lokalen Baum vor, um eindeutig zu entscheiden, an welchen Konstituenten ein Foot-Merkmal zu instantiieren ist, denn es steht fest, welche Töchter für ein Foot-Merkmal den Wert „¬" besitzen, weil alle von den Töchtern dominierten Teilbäume bereits zulässig gemäß dem FFP sind.

Somit sind die Strategien 1 und 4 inhärent ineffizient und werden nicht verwendet. Die beiden anderen Strategien wurden im Berliner GPSG-System eingesetzt. Strategie 2 wurde im Parser implementiert. Sie beginnt bei Kategorien, die durch das Lexikon (bzw. die Lemmatisierungskomponente) zugelassen werden. Jedem Reduktionsschritt folgt die Anwendung der Merkmalinstantiierungsprinzipien und der LP-Aussagen auf den neu in die Gesamtstruktur eingefügten lokalen Baum. So wird Information aus den lexikalischen Kategorien „den Baum hinauf gereicht" und kann die Menge der weiteren möglichen Reduktionsschritte, die durch die Grammatik zugelassen werden, beschränken. Beispielsweise kann ein lokaler Baum, der das Futur-Hilfsverb aufgrund der ID-Regel (4.42) einführt, nicht mit einer Extension von S[psp] in der Gesamtstruktur kombiniert werden, da die Mutter durch HFC eine Extension von S[fin] geworden ist.

(4.42) ID6: S ⟶ V[4, fin], S[inf]

Strategie 3 wird im Generator benutzt. Sie beginnt mit einem lokalen Baum (mit Mutter S etwa), dessen Kategorien nur aufgrund einer ID-Regel spezifiziert sind. Die Expansionsschritte werden durch →lexikalische Insertion abgeschlossen. Nachdem alle Töchter eines lokalen Baumes entweder Terminalsymbole sind oder zulässige lokale Bäume dominieren, werden die FCRs und Merkmalinstantiierungsprinzipien auf den lokalen Baum angewendet. Die LP-Aussagen operieren als generative Komponente, die alle LP-zulässigen Permutationen der Töchter (und damit eine Anzahl lokaler Bäume) erzeugt. Für die Konstruktion der Struktur steht bei diesem Verfahren keine Information aus der Anwendung der Merkmalinstantiierungsprinzipien zur Verfügung. Die Expansionsschritte werden maßgeblich durch die Ausgangsstruktur des Generators gesteuert.

Ausführliche Beispiele für den Einsatz von Strategie 3 bei der Generierung enthalten die Abschnitte 6.2.2 und 6.3.8.

In der beschriebenen Interaktion von Verarbeitungsstrategien, GPSG-Formalismus und Grammatiken liegt ein Problem verborgen, das im folgenden Abschnitt diskutiert wird.

4.5.2 Instantiierung durch Konstruktion und HFC

Bei den beiden Strategien 2 und 3 erfolgt die Instantiierung durch Konstruktion vor der Instantiierung durch die Merkmalinstantiierungsprinzipien, doch während bei Strategie 2 die Töchter in einem lokalen Baum durch Konstruktion spezifischer werden, ist es bei Strategie 3 die Mutter. Insofern treffen die Merkmalinstantiierungsprinzipien unterschiedliche Situationen an, wie an dem Beispiel der Regel (4.42) leicht ersichtlich ist. Abbildung 4.8 zeigt (a) vier ID-Regeln und (b) einen lokalen Baum, der von (4.42) (D6) projiziert ist. Diese Regel führt das Futurhilfsverb ein, das immer finit ist. Sie verlangt aber nicht, daß in einem Verbalkomplex nur ein finites Verb vorkommen darf. Der Generator erzeugt mithin Strukturen wie in Abbildung 4.8c mit einem zweiten finiten Verb. Eines wird durch (4.42) eingeführt (lokaler Baum D6), und das andere wird durch HFC in Baum D5 instantiiert.

Natürlich müssen solche Strukturen ausgeschlossen werden, und erneut ist die Frage zu beantworten, welcher von mehreren denkbaren Lösungswegen einzuschlagen ist. Man kann die Grammatik ergänzen, die Verarbeitungsstrategie ändern oder den Formalismus modifizieren:

- Ist die Instantiierung durch Konstruktion von den Merkmalinstantiierungsprinzipien zu ignorieren?
- Ist die Grammatik zu liberal; sollte sie genau ein finites Verb pro Verbalkomplex zulassen?
- Ist HFC zu liberal; sollte sie einen lokalen Baum wie D6 ablehnen?

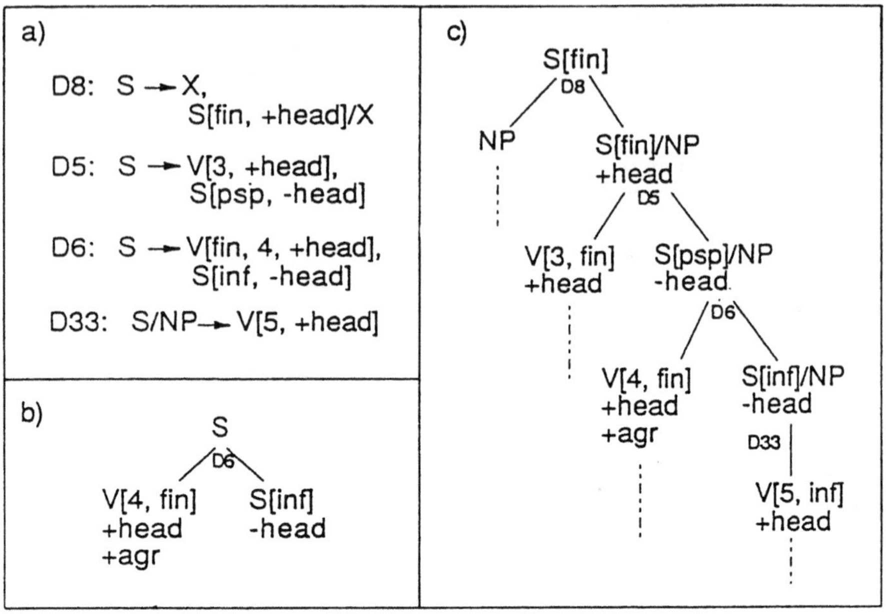

Abbildung 4.8: Strukturbildung bei der Generierung

Der erste Weg verzichtet auf den Vorteil, den die Strategien 2 und 3 gegenüber den Strategien 1 und 4 besitzen. Das effiziente Funktionieren von AP und FFP basiert ja gerade auf Instantiierung durch Konstruktion. Allein für HFC ist ein Ausschluß der durch Konstruktion erzeugten Spezifikationen erwägenswert. HFC würde dann nur auf den ererbten und den durch FCRs, AP und FFP erzeugten Head-Spezifikationen operieren. Die Verarbeitungsstrategie wird damit aber weitaus komplizierter, denn HFC kann nun die Rücknahme einer strukturbildenden Aktion erzwingen (wie etwa bei Baum D6 im obigen Beispiel).

Die stärkere Spezifikation der Kategorien in den ID-Regeln ist immer ein Weg, Probleme mit Expansionsstellen zu lösen. Im vorliegenden Fall genügt es, die Mutter von (4.42) ebenfalls mit [fin] zu spezifizieren (diese Spezifikation muß auch an der Head-Tochter stehen, damit der *Parser* nicht beliebige Formen des Heads akzeptiert). Dies ist der gewählte Lösungsweg, und er wird in computerlinguistischen Varianten von GPSG oft benutzt, ohne daß man klar genug den Nachteil nennt: er ignoriert jene theoretischen Grundannahmen von GPSG, denen zufolge sprachliche Fakten aus allgemeinen Prinzipien folgen sollten.

Der dritte Weg schließlich verlangt eine Revision der Merkmalinstantiierungsprinzipien, und wahrscheinlich ist dies erfolgversprechend. Wie in Abschnitt 3.3.8 erwähnt wurde, zeigt [Preuß 1989] einen Weg auf, die strikte Definiton der HFC aus der mittleren GPSG zu benutzen und dennoch dieselben sprachlichen Phänomene wie GKPS abzudecken. Damit würde die fehlende Information nicht in die ID-Regeln gesteckt werden sondern aus den Merkmalinstantiierungsprinzipien hervorgehen, ganz wie es GKPS entspräche. HFC verlöre den Charakter eines Default-Prinzips und wäre unabhängig von vorher erfolgten Merkmalinstantiierungen. Insbesondere würde dann die verarbeitungsstrategisch bedingte Instantiierung durch Konstruktion die Arbeit der Merkmalinstantiierungsprinzipien nicht mehr beeinflussen, denn HFC könnte in der Vorverarbeitungsphase auf die ID-Regeln angewendet werden. Die Unabhängigkeit von Verarbeitungsstrategien, Formalismus und Grammatiken wäre mithin klarer verwirklicht.[25]

[25]Man beachte, daß dieses Problem dem Anspruch an eine von Verarbeitungsgesichtspunkten unabhängige Formu-

4.6 Der Lexikonzugriff bei der Generierung

Vor dem Hintergrund der Trennung von Generierungsverfahren, generellem sprachlichen und einzelsprachspezifischem Wissen werden zwei Arten von Abhängigkeiten zwischen diesen Komponenten bei der Einfügung lexikalischer Elemente in die syntaktische Struktur aufgezeigt [Busemann 1988b]. Eine Gruppe von Phänomenen, paradigmatische Lücken, wird kritisch bei der Verwendung eines Stammformenlexikons und einer separaten Flexionskomponente zur Erzeugung von Vollformen (Abschnitt 4.6.2). Eine zweites Problem stellt die Auswahl von Perfekt-Hilfsverben im Deutschen dar (Abschnitt 4.6.3). Zunächst wird jedoch begründet, warum die Verwendung eines Stammformenlexikons für die Generierung notwendig ist.[26]

4.6.1 Generierung mit Stammformenlexika

In GKPS wird wenig über das Lexikon gesagt. Für jede Wortform gibt es mindestens einen Eintrag bestehend aus phonologischer Form, syntaktischer Kategorie, einer eventuellen Darstellung der phonologischen Form von morphologisch irregulär gebildeten Wortformen und einer Bedeutungsrepräsentation [GKPS, S. 34]. Nicht behandelt wird die Beziehung zwischen flektierten Wortformen und syntaktischer Kategorie.

Im Berliner GPSG-System wird diese Beziehung durch eine nachgeschaltete Flexionskomponente hergestellt, die mit einem Stammformenlexikon zusammenarbeitet. Das lexikalische Wissen umfaßt folgende Informationen:

- ein Wortstamm (i.a. die längste Zeichenkette, die allen flektierten Formen gemeinsam ist),
- eine unterspezifizierte Kategorie, die die Kategorien aller flektierten Formen als Extensionen hat,
- morphologische Charakterisierungen (Umlautfähigkeit, abgelautete Formen, Flexionsklassen usw.)
- Markierungen und Bedeutungsrepräsentationen, auf die hier nicht eingegangen wird.

Die beiden ersten Punkte lassen sich zu Regeln des Typs Kategorie ⟶ Stamm zusammenfassen. Diese Regeln werden von der Syntax zur Terminierung der Bäume benötigt und wie ID-Regeln behandelt. Die morphologischen Charakterisierungen werden ausschließlich von der nachgeschalteten Flexionskomponente benutzt. Das Verb *bitten* besitzt z.B. folgende lexikalische Information:

Regel:	V[6, paux:h] ⟶	*bitt*
Morpholog. Char.:	Grundform C:	*bat*
	Grundform D:	*baete*
	Passiv/Perfekt:	*gebeten*
	Konjugation:	Typ4

Der Stamm wird für die Flexion der regulär gebildeten Formen benutzt; alle anderen flektieren aufgrund der abgelauteten Grundformen C und D (vgl. [Busemann 1988a]). Dabei bestimmt der Konjugationstyp, welche Formen mit welchem Stamm gebildet werden. Die syntaktische Kategorie beschreibt ein transitives Verb, dessen perfektive Formen mit *haben* gebildet werden. Sie ist stark unterspezifiziert und subsumiert Kategorien für alle Wortformen, die mit dem Stamm gebildet werden.

lierung von GPS-Grammatiken entsprang. Es verschwindet sofort, wenn bei allen Verfahren (Parsing und Generierung) nur *eine* bestimmte Verarbeitungsstrategie (entweder 2 oder 3) verwendet würde.

[26] Die Argumentation wird anhand des Deutschen entwickelt, gilt aber für andere Sprachen ebenso.

Eine grundsätzliche Alternative zum Stammformenlexikon ist das Vollformenlexikon, das die zulässigen Lexikoneinträge auflistet, wobei die Kategorien vollständig spezifiziert sind. Wie bereits erwähnt, sprechen Ökonomie-Aspekte gegen die Verwendung eines Vollformenlexikons im Deutschen.

Ein weiterer Grund für die Verwendung eines Stammformenlexikons ergibt sich aus der folgenden Argumentation. Bei der Konstruktion der Struktur während der Generierung müssen im Zuge der lexikalischen Insertion lexikalische Kategorien in den Regeln mit ebensolchen im Lexikon unifizieren. Die durch diese Unifikation entstehenden Kategorien sind noch immer erst teilweise spezifiziert, denn die Merkmalinstantiierungsprinzipien haben noch nicht ihr Werk getan. So stehen z.B. Person und Numerus in der Kategorie eines zu verbalisierenden Verbs noch nicht fest.

Erst wenn ein Baum zulässig ist, steht fest, daß an den lexikalischen Kategorien alle Informationen angesammelt sind, die für die Erzeugung einer Wortform durch die nachgeschaltete Flexionskomponente erforderlich sind. Diese benutzt dann die Stammform und die morphologischen Charakterisierungen im Lexikon.

Ein solcher Aufbau von vollständig spezifizierten Kategorien kann erst durch die Verwendung eines Stammformenlexikons effizient realisiert werden; aus einem Vollformenlexikon kann der Generator nicht eindeutig einen Eintrag auswählen, da zum Zeitpunkt der lexikalischen Insertion die lexikalische Kategorie gewöhnlich noch zu unspezifisch ist. Solange der Generierungsprozeß nicht abgeschlossen ist, könnten jederzeit Merkmalspezifikationen an die lexikalische Kategorie gelangen und die Auswahl eines anderen Eintrags des Vollformenlexikons erzwingen.

Durch die Verwendung eines Stammformenlexikons kann das sonst notwendige Backtracking vermieden werden. Dies wird in den folgenden Abschnitten gezeigt.

4.6.2 Paradigmatische Lücken

Die naheliegende Gleichung „Vollformenlexikon = Stammformenlexikon + Flexionsprozesse" ist nicht ohne weiteres richtig. Ein Stammformenlexikon erlaubt es, alle möglichen Extensionen der lexikalischen Kategorien zu generieren; d.h. die Lexikonregeln in einem Stammformenlexikon umfassen das komplette durch die Definition der möglichen Kombinationen von Merkmalspezifikationen definierte Paradigma. Hingegen kann ein Vollformenlexikon die Verwendung bestimmter Kategorien ausschließen, indem die entsprechenden Einträge einfach fehlen. Damit können die zahllosen *paradigmatischen Lücken*, d.h. das Fehlen von bestimmten Formen einzelner Wörter, auf einfache, aber implizite Weise erfaßt werden (z.B. bildet das Futur-Hilfsverb *werden* kein Imperfekt, das transitive Verb *bekommen* kein Passiv usw.). Diese restriktive Eigenschaft des Vollformenlexikons muß bei einem Stammformenlexikon nachgespielt werden. Doch zunächst ein Beispiel.

In Abbildung 4.9 erlauben die vier Regeln die Generierung der beiden angegebenen Bäume.[27] Der Merkmaltransport erzeugt die Spezifikationen des Merkmals **vform** an der lexikalischen Verbkategorie. Wie ersichtlich, verlangt die markierte Kategorie V[1, pas] im rechten Baum, ein Passiv-Partizip des Perfekt-Hilfsverbs zu bilden, was die lexikalische Kategorie von *sein* im Stammformenlexikon nicht verbietet (sie ist ja unspezifiziert in Bezug auf **vform**).

In einem Vollformenlexikon würde ein Eintrag für V[1, pas] einfach fehlen und der markierte Teilbaum im Verlauf der syntaktischen Generierung als unzulässig erkannt werden. Bei einem Stammformenlexikon hingegen ist der Ausschluß der rechten Struktur auf der syntaktischen Ebene nicht möglich. Dann allerdings muß die Flexionskomponente feststellen, daß V[1] kein Passiv-Partizip besitzt: im morphologischen Lexikoneintrag fehlt das Merkmal **passiv/perfekt**; stattdessen gibt es ein Merkmal **perfekt** mit dem Partizip als Wert. Somit resultiert als Ergebnis der gewählten Modularisierung der Generierung mit dem rechten Baum eine nach dem GPSG-Formalismus zulässige Struktur ohne Endkette. Eine zusätzliche Aufgabe der Flexionskomponente ist hierbei, lexikalisch unzulässige Merkmalkombinationen zu erkennen und die Generierung der Endkette abzubrechen.

[27] Zur Erinnerung: V[1] stellt ein Perfekt-Hilfsverb, V[3] das Passiv-Hilfsverb und V[5] ein intransitiv subkategorisiertes Verb dar.

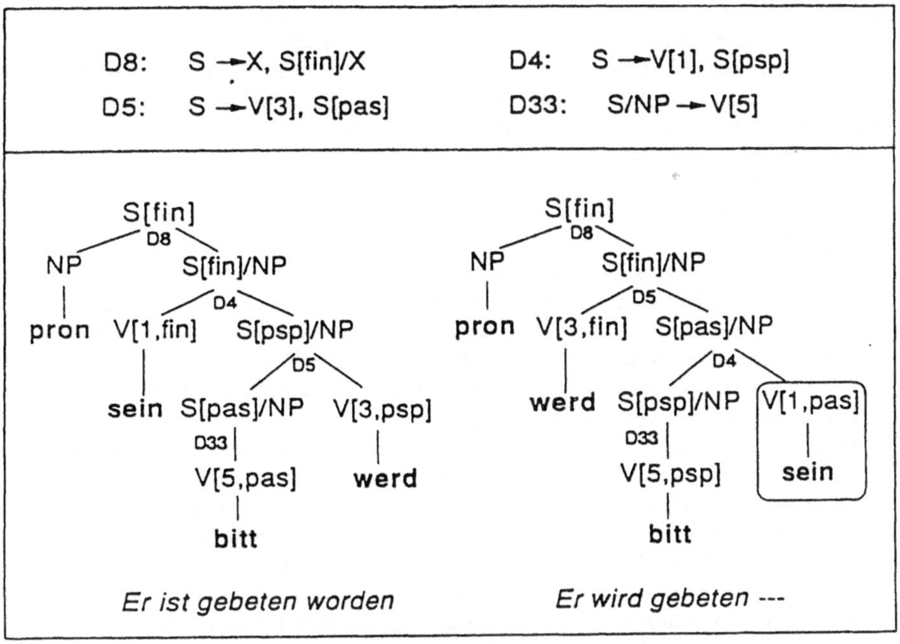

Abbildung 4.9: Zur lexikalischen Beschränkung syntaktischer Strukturen

Neben dieser im Berliner GPSG-System realisierten Methode kann man das Problem auch innerhalb der Syntaxkomponente lösen, indem man ein zusätzliches binäres Merkmal **passive** verwendet, dessen Wert für alle Verben lexikalisch angibt, ob sie ein Passiv bilden. Die im Verlauf der Generierung erforderliche Relation zwischen **vform**- und **passive**-Spezifikationen wird mittels der FCR (4.11) hergestellt, die hier als (4.43) wiederholt wird. Man erzwingt somit den Ausschluß der rechten Struktur, da ihr die Kategorie V[1, pas, –passive] widerspricht (vgl. Abbildung 4.3 auf S. 75).

(4.43) [pas] ⇒ [+passive]

Ein möglicher Nachteil bei dieser Vorgehensweise ist, daß für jedes analoge Phänomen ein neues Merkmal eingeführt werden muß, was die Komplexität der Kategorien in der Grammatik erhöht.

4.6.3 Die Generierung von Perfekt-Hilfsverben im Deutschen

Der Generierungsalgorithmus geht davon aus, daß die Verweise auf Terminalsymbole in der Ausgangsstruktur nur jeweils einen Eintrag des Stammformenlexikons zugänglich machen. Diese Forderung scheint zunächst unbequem, denn bei der Generierung von Perfektkomplexen im Deutschen spricht vieles dafür, dem Generator nur den Auftrag „Generiere Perfekt!" zu geben, ohne z.B. auf semantischer Ebene zu spezifizieren, mit welchem Wortstamm dies geschehen soll.[28] Dieser Auftrag wird einfach durch einen Verweis in der Ausgangsstruktur auf die Lexikoneinträge für Perfekt-Hilfsverben repräsentiert.

Bei einem Stammformenlexikon liegt es dennoch auf den ersten Blick nahe, für *sein* und *haben* V[1]-Einträge vorzusehen, auf die gemeinsam verwiesen wird. Die Merkmalinstantiierungsprinzipien

[28]Daß z.B. Verben der Bewegung je nach lokaler oder temporaler Sehweise verschiedene Perfekt-Hilfsverben fordern, spricht nicht dagegen; dies ist ein semantischer Unterschied und stellt ein Wortwahlproblem dar, das im gegebenen Zusammenhang nicht behandelt wird.

erfüllen die Aufgabe, den Wert des lexikalisch für Verben spezifizierten Merkmals **paux** vom Hauptverb (z.B. V[5] im linken Baum von Abbildung 4.9) zur lexikalischen Kategorie V[1] zu transportieren. Diese ist dann ausreichend spezifiziert für die eindeutige Entscheidung zwischen *haben* oder *sein*, denn beim Lexikonzugriff müssen u.a. die **paux**-Spezifikationen miteinander unifizieren (hierbei wird ausgenutzt, daß die perfektiven Formen von *sein* mit *sein* und die von *haben* mit *haben* gebildet werden; wäre das anders, müßte man ein zusätzliches Merkmal einführen).

Da jedoch das Generierungsverfahren den V[1]-Stamm in die syntaktische Struktur einfügt, *bevor* die Merkmalinstantiierungsprinzipien den Transport durchführen können, ist keine fundierte Entscheidung möglich. Wird der „falsche" Stamm genommen, entsteht beim Merkmaltransport ein Konflikt, da die **paux**-Spezifikationen des Vollverbs und an V[1] nicht übereinstimmen. Dieser Konflikt führt infolge der „liberalen" Definition der HFC nicht zu einer Zurückweisung der Struktur, sondern der Transportversuch wird erfolglos abgebrochen und der falsche V[1]-Stamm generiert. Der skizzierte Ansatz ist daher untauglich für die verwendete Definition der Merkmalinstantiierungsprinzipien. Auch eine „strikte" Fassung der HFC führt nicht zu einer effizienten Lösung, da sie eben das Backtracking erzwänge, das vermieden werden sollte.

Die Entscheidung kann stattdessen ebenfalls in die Flexionskomponente hinein verschoben werden. Im Stammformenlexikon sieht man nur einen V[1]-Eintrag vor, der einen Pseudo-Wortstamm hat und für **paux** unspezifiziert ist. So kann in der syntaktischen Struktur die **paux**-Spezifikation des Vollverbs ungehindert an die lexikalische Kategorie V[1] gelangen. Der Wortstamm des Perfekt-Hilfsverbs wird erst im Zuge der nachgeschalteten Flexion anhand von **paux** bestimmt.

Die Wahl des Perfekt-Hilfsverbs verläuft dann völlig analog zur Wahl von →Suppletivstämmen, wie sie z.B. in der morphologischen Charakterisierung deutscher Verben ohnehin angelegt ist. Die Verlagerung des Problems in die Flexionskomponente stellt somit eine harmonische Lösung dar.

4.7 Weitere Implementationen von GPSG

In diesem Abschnitt sollen andere Ansätze zur Implementation von GPSG vorgestellt werden. Es gibt nur relativ wenige Implementationen, in denen ein signifikanter Teil von GPSG rekonstruiert wird. Häufig werden nur einzelne Komponenten der Metasprache (z.B. das ID/LP-Format) in ganz andere theoretische Zusammenhänge integriert.

Es zeigt sich, daß die Implementationen der mittleren GPSG den Formalismus getreuer widerspiegeln als Systeme, die auf der späten GPSG beruhen. Die Abkehr von der linguistischen Vorlage scheint aus zwei voneinander unabhängigen Motiven heraus zu erfolgen. Zum einen liegt es an der geringen Durchschaubarkeit der Definitionen in GKPS, die es der Regelschreiberin nicht gerade einfach machen, größere Grammatiken zu formulieren. Zum andern wurden erst Mitte der Achtziger Jahre die Komplexitätsuntersuchungen publiziert, die nachweisen, daß weder die vollständig kompilierte kontextfreie Grammatik (wegen ihrer Größe) noch die Metasprache (wegen ihrer Komplexität) effiziente Verfahren zur Sprachverarbeitung zulassen. Viele Implementationen folgen daher der Maxime, „möglichst viel" in einer Vorverarbeitungsphase zu erledigen. Hierin unterscheiden sich die meisten anderen Ansätze vom Berliner System, in dem bis auf die Metaregel-Expansion alle implementierten Komponenten der Metasprache zur Laufzeit angewendet werden.

Die Entscheidung, welche Modularisierungen in eine Systemkonzeption eingehen sollen, fällt unterschiedlich aus. Soll das ID/LP-Format direkt verarbeitet werden oder eine Menge von Phrasenstruktur-Regeln erzeugt werden? Sollen die Merkmalinstantiierungsprinzipien getrennt vom Parser operieren oder integriert sein? Die grundsätzliche Frage lautet: Welche GPSG-Komponenten sollen in einer Vorverarbeitungsphase der Grammatik operieren und welche während der Analyse oder Generierung einer Endkette? Sie wird in Abschnitt 4.8 ausführlich diskutiert.

In diesem Abschnitt soll eine andere Klassifikation wenigstens einige grobe Anhaltspunkte dafür bieten, was die jeweils zugrundeliegende Motivation für die Implementation war. Die meisten Implementationen umfassen den Grammatikformalismus, eine Grammatik und einen Bottom-Up-Parser (für Englisch). Häufig kommen eine Entwicklungsumgebung sowie ein Präprozessor für die Grammatik hinzu.

Bei einer Implementation können unterschiedliche Verwendungsweisen des Rechners intendiert sein. Zum einen kann die Überprüfung theoretisch-linguistischer Hypothesen im Vordergrund stehen. Im diesem Fall dient der Computer primär als *Testbett* für Grammatiken oder den Formalismus. Der Parser wird in diesem Zusammenhang als linguistisches Werkzeug zur Grammatikentwicklung oder zur Demonstration oder gar Evaluation der Korrektheit von Formalismen gebraucht. Die Implementation fordert ein erhebliches Maß an Formalisierung und eine ausgewogene Ausarbeitung der einzelnen Teilbereiche. Beispielsweise genügt ein Grammatikfragment wie das in GKPS (S. 245–249) nicht zur Verarbeitung von Relativsätzen infolge seiner mangelhaften Ausarbeitung der NP-Syntax.[29]

Zum andern ermöglichen Implementationen von GPSG einen wichtigen Teil der notwendigen linguistischen Fundierung natürlichsprachlicher Systeme. Es gilt, eine linguistische Theorie im Hinblick auf praktische Anwendungen zu interpretieren (Boguraev nennt das „linguistic engineering" [Boguraev 1988, S. 126]). Ein Parser stellt dabei eine unter mehreren Systemkomponenten dar und erfüllt als solche eine bestimmte Funktion in einem *Gesamtsystem*, sei es ein Datenbankzugangssystem oder eine linguistische Werkbank. Diese Funktion ist durch die zugrundeliegende Theorie linguistisch fundiert.

Neben der Verwendungsweise des Rechners ist die Verwendung von Techniken zur effizienten Repräsentation und Verarbeitung ein unterscheidendes Kriterium. Die *strikte*[30] Implementation der Metasprache, wie sie z.B. im Berliner System vorliegt, ist nicht zwingend. Bei Verwendung effizienter Softwaretechniken ist interessant, wie sich die Komponenten der Metasprache aus den gewählten Repräsentationen rekonstruieren lassen.

Dieses Kriterium verläuft orthogonal zu dem erstgenannten, so daß sich vier Gruppen ergeben, denen die Systeme zugeordnet werden können.

1. **Testbett; strikte Implementation der Metasprache:** Beispiele sind [Evans 1985, Evans/Gazdar 1984, Kilbury 1987, Kilbury 1988, Naumann 1988, Phillips/Thompson 1985, Ramsay 1985]. Die Möglichkeiten einer Rekonstruktion von GPSG im PATR-Formalismus analysiert [Shieber 1986]. Diese Arbeit beschrieb als erste eine implizite Anwendungsreihenfolge der metasprachlichen Komponenten von GPSG, die ja als simultan wirkende Constraints über der Menge der lokalen Bäume definiert sind. Der Vorschlag ist zwar klar und einleuchtend begründet, wurde aber nie implementiert.[31]

   Abschnitt 4.7.1 geht auf das ProGram-System von Evans ein, da viele Konzepte daraus in das Berliner GPSG-System eingeflossen sind. In Abschnitt 4.7.2 wird der Formalismus von Naumann skizziert, der Aspekte der mittleren und der späten GPSG in sich vereinigt.

2. **Testbett; Verwendung besonderer Techniken:** Beispiele sind [Fisher 1989, Nakazawa/Neher 1987, Nakazawa *et al.* 1988].

   Die Arbeit von Fisher wird im Zusammenhang mit dem Ansatz des Alvey-Projekts diskutiert (s.u.). Abschnitt 4.7.3 stellt den Vorschlag von Nakazawa und Neher zur Repräsentation von Merkmalspezifikationen mit Bitvektoren vor.

3. **Gesamtsytem; strikte Implementation der Metasprache:** Ein Beispiel hierfür ist das natürlichsprachliche System von Hewlett Packard [Gawron *et al.* 1982], das auf der mittleren GPSG basiert. Der Berliner GPSG-Formalismus, der eine der Grundlagen für Parsing und Generierung in einem multilingualen System für maschinelle Übersetzung darstellt, entstand aus der Testbett-Sichtweise heraus und wurde in ein komplexes Gesamtsystem eingebettet.

[29] Es handelt sich dabei offensichtlich um die Zusammenstellung der verwendeten Beispielregeln und nicht um eine ausgewogene Grammatik. Genau dies zeigt ganz deutlich, wo eine Implementation Lücken schließen muß.

[30] Strikt in dem Sinne, daß die Komponenten der Metasprache die zu implementierenden Objekte darstellen.

[31] Daß im Berliner GPSG-System praktisch dieselbe Anwendungsreihenfolge verwendet wird, dürfte die unabhängig voneinander erarbeiteten Argumente in beiden Ansätzen stützen.

4. **Gesamtsystem; Verwendung besonderer Techniken:** Beispiele hierfür sind der GPSG-basierte Formalismus des britischen Alvey-Projektes [Boguraev 1988, Boguraev *et al.* 1988, Briscoe *et al.* 1987, Phillips 1987, Phillips/Thompson 1987], bei dem u.a. auf flexible Regelformate und auf Laufzeiteffizienz beim Parsing geachtet wurde, und das HPSG-basierte Datenbankzugangssystem von Hewlett Packard [Nerbonne/Proudian 1987].

   In Abschnitt 4.7.4 wird das im Alvey-Projekt verwendete Konzept der Propagierungsregeln vorgestellt, mit dem die Merkmalinstantiierungsprinzipien beschrieben werden und auf den hierzu verwandten Ansatz von Fisher eingegangen.

4.7.1 Das ProGram-System von Evans

ProGram [Evans 1985, Evans/Gazdar 1984] ist ein interaktives Werkzeug zur Entwicklung und zum Testen von GPS-Grammatiken gemäß der mittleren GPSG-Theorie. Es ist in Prolog implementiert und an der Universität Sussex erhältlich. Zahlreiche Ideen und Konzepte der Implementation sind in die Entwicklung des Berliner GPSG-Systems eingeflossen (vgl. [Keller 1987]).

Die Notwendigkeit, selbst kleinere GPS-Grammatiken mithilfe von Computerwerkzeugen zu entwickeln, wurde bereits in Abschnitt 4.3 betont. In ProGram ist ein Parser als zentrales diagnostisches Werkzeug integriert, um die weitgehende Korrektheit von Grammatiken zu prüfen und festzustellen, ob den Eingabeketten die intendierten Strukturen zugeordnet werden. Da ProGram keinen Generator umfaßt, kann nicht ohne weiteres geprüft werden, ob eine Grammatik übergeneriert, d.h. allgemein als ungrammatisch bezeichneten Eingabeketten Strukturen zuordnet.

ProGram sieht vor, daß nach der Eingabe der verschiedenen Komponenten (Merkmalsyntax, ID-Regeln, Metaregeln, LP-Regeln, FCRs, FCDs, Aliases, RACs[32] und ein Lexikon) eine Normalisierungs- und eine Vorverarbeitungsphase erfolgt, in der die Grammatik in eine für den Parser geeignete Notation konvertiert wird.

In der Normalisierungsphase wird eine erste Fehlersuche durchgeführt und die Merkmale jeder Kategorie in eine kanonische Ordnung gebracht. Nicht vorhandene Spezifikationen werden mithilfe von Prolog-Variablen kodiert. Somit ist die Merkmalsunifikation in GPSG einfach durch Prolog-Unifikation implementiert. Außerdem werden eine Reihe weiterer Formatänderungen bei den anderen Komponenten durchgeführt.

In der Vorverarbeitungsphase werden die Metaregeln angewendet sowie danach die HFC und das CAP ausgeführt und ihre Effekte in die ID-Regeln kompiliert. Durch die Einführung identischer Prolog-Variablen bei gleich zu spezifizierenden Merkmalen wird sichergestellt, daß diese Merkmale denselben Wert erhalten. Alle anderen Komponenten des Formalismus und der Grammatik sind in den Parser integriert und werden zur Laufzeit aktiviert.

Im Unterschied zur mittleren GPSG wird in der Vorverarbeitungsphase keine kontextfreie Grammatik erzeugt, sondern die GPS-Grammatik wird direkt zum Parsen verwendet. Dies stellt einen Schritt hin zur direkten Interpretation der GPSG dar.

4.7.2 Der GPSG-Parser von Naumann

In [Naumann 1988] wird die Lisp-Implementation eines Chart-Parsers beschrieben, der zwar nicht indirekt arbeitet (d.h. vermittels einer explizit zugrundeliegenden kontextfreien Grammatik), jedoch auch nicht direkt, wie im Geiste von GKPS:

> Ihm liegt ein Organisationsmodell zugrunde, das zwischen dem der Synopsis [der mittleren GPSG; S.B.] und dem aus GKPS einzuordnen ist: einerseits werden wie in der

[32] RACs, ***Root Admissibility Conditions***, beschränken Merkmalspezifikationen der Wurzel einer Struktur, mit denen „uninteressante“ Ergebnisse des Parsers ausgeblendet werden können (z.B. alle bis auf satzwertige).

Synopsis zunächst kontextfreie Regeln erzeugt, mit denen dann der Parser arbeitet; andererseits aber bilden die Instantiierungsprinzipien einen integralen Bestandteil des Parsers, d.h., sie wirken bei der Generierung von Strukturen als spezielle Filter [...], die die Erzeugung von [unzulässigen; S.B.] Strukturen ausschließen [...]. [Naumann 1988, S. 66]

Aus den Metaregeln, den ID-Regeln und den LP-Aussagen werden kontextfreie Regeln kompiliert. Mit diesen erfolgt das Parsing (bottom-up, Breite-zuerst), wobei die Merkmalinstantiierungsprinzipien angewendet werden. Im Anschluß daran instantiiert ein *Post-Filter* weitere Merkmale aufgrund von FCRs und FSDs und filtert Strukturen mit nicht legalen Kategorien aus.

Die Aufgabe des Parsers besteht aus Strukturgenerierung, Merkmalinstantiierung durch direkte Anwendung von FFP, CAP und HFC sowie Aktualisierung von Merkmalspezifikationen in bereits verarbeiteten Kategorien. Der letzte Punkt dient m.E. ausschließlich dazu, die Unifikation von Variablen korrekt nachzuspielen, denn Naumann verzichtet auf die Verwendung von Unifikation als Basisoperation (vgl. [Naumann 1988, S. 80]).

Die Merkmalinstantiierungsprinzipien sind als Vorbedingungen für die bottom-up erfolgende Strukturgenerierung definiert, d.h. eine Teilstruktur S_2 wird nur dann in eine Teilstruktur S_1 eingefügt, wenn die Merkmalinstantiierungsprinzipien dies in S_1 zulassen. Im Falle der Einfügung müssen ggf. diejenigen Tochterknoten in S_1 gemäß den Merkmalinstantiierungsprinzipien aktualisiert werden, die bereits Teilstrukturen dominieren und zusätzlich ggf. weitere Kategorien in diesen Teilstrukturen.

Inhaltlich unterscheiden sich die Merkmalinstantiierungsprinzipien ähnlich stark von GKPS wie die des Berliner GPSG-Systems. Das FFP fordert im Unterschied zu GKPS, daß ererbte Foot-Merkmale an der Mutter auch an einer Tochter ererbt sein müssen (zur Begründung vgl. [Naumann 1988, S. 91ff]). Das CAP wurde ebenfalls in ein rein syntaktisches Prinzip abgeändert, insofern als Controller und Controllee(s) durch entsprechende Merkmalspezifikationen in den ID-Regeln zu kennzeichnen sind. Die HFC orientiert sich an der Definition von [Gazdar/Pullum 1982]. Die Merkmalinstantiierungsprinzipien werden in der Reihenfolge FFP–CAP–HFC abgearbeitet; offenbar geschieht dies in Analogie zu einer argumentativ begründbaren Anordnung der entsprechenden Prinzipien in GKPS (vgl. [Naumann 1988, S. 65, Fn. 14]).

Die Merkmalinstantiierungsprinzipien sind als integrale Bestandteile des Parsers definiert. Das Parsing erfolgt in zwei Durchläufen, und es können unzulässige Strukturen entstehen, die wieder ausgefiltert werden müssen.

Naumanns Grammatik deckt (im Unterschied zur englischen Grammatik des Berliner Systems) die Beispiele aus GKPS ab und liefert dieselben Analysen wie GKPS.

4.7.3 Bitvektor-Repräsentationen: Nakazawa und Neher

Ausgehend von der Annahme, daß die Anwendung der metasprachlichen Komponenten zur Laufzeit die Beschränkung der zu generierenden Kategorien und Strukturen ermöglicht, während eine Vorverarbeitung der Grammatik zu einer kombinatorischen Explosion der Anzahl der Kategorien und Strukturen führt, schlagen Nakazawa und Neher eine effiziente Repräsentation der Merkmalspezifikationen und Regelschemata mithilfe von Bitvektoren vor [Nakazawa/Neher 1987, Nakazawa *et al.* 1988]. Sie ist als Transformation aus der üblichen Schreibweise in die interne Darstellung implementiert.

Die wesentliche Idee ist, die Basisoperationen Extension und Unifikation durch Boole'sche Operationen über Bits durchführen zu können. Bestimmte Folgen solcher Operationen erlauben dann die Rekonstruktion einiger Komponenten der GPSG-Metasprache.

Auf diese Weise wird die Expansion von Regelschemata zur Laufzeit implementiert und in einem modifizierten Earley-Parser für die Analyse englischer und japanischer Sätze eingesetzt. Der zentrale Aspekt der Arbeit ist die Repräsentation mit Bitvektoren, nicht die Vollständigkeit der Metasprache.

v	n	bar	subcat	past	agr
+ -	+ -	0 1 2	1 2 3	+ -	
1 1	1 1	1 1 1	1 1 1	1 1	1

Abbildung 4.10: Bitvektor für die in allen Merkmalen undefinierte Kategorie

So wird in diesem Ansatz ohne Metaregeln und ID/LP-Format gearbeitet. Ebenso wurde auf eine Implementation des CAP verzichtet.

Die interne Repräsentation von Merkmalspezifikationen beruht auf einem Bitvektor, dessen Länge für eine gegebene Grammatik konstant ist und von der Anzahl der möglichen Merkmal-Wert-Paare abhängt. Für kategorienwertige Merkmale ist ein einziges Bit vorgesehen, das das Vorhandensein einer kategorienartigen Spezifikation darstellt.[33] Der Wert wird durch einen eigenen Vektor repräsentiert. Der Vektor in Abbildung 4.10 (vgl. [Nakazawa/Neher 1987, S. 116]) ist die „Ausgangsstellung" (er stellt die in allen Merkmalen undefinierte Kategorie dar).[34]

Partiell spezifizierte Kategorien werden repräsentiert durch „Abschalten" der Bits für die Spezifikationen, die nicht in der Kategorie enthalten sind. Ist für ein kategorienwertiges Merkmal m eine Spezifikation vorhanden, wird das entsprechende Bit abgeschaltet und der Wert von m auf externe Weise mit der Kategorie assoziiert.

Sei *bit(C)* ein Bitvektor der Länge n für eine Kategorie C. Dann können Extension und Unifikation sehr einfach definiert werden (für kategorienwertige Merkmale wird ein entsprechender Rekursionsschritt erforderlich):

- $C \sqsubseteq C'$ gdw. $\forall i\ (1 \leq i \leq n) : bit_i(C') = bit_i(C) \vee bit_i(C')$
- $C \sqcup C'$ gdw. $\forall i\ (1 \leq i \leq n) : bit_i(C') = bit_i(C) \wedge bit_i(C')$

Im folgenden wird am Beispiel von HFC und FCRs skizziert, wie diese Operationen verwendet werden. HFC erfolgt nur für instantiierte Head-Spezifikationen, vermutlich um die Probleme mit freien Spezifikationen zu umgehen (vgl. Abschnitt 3.3.8).[35] Mit jeder Kategorie ist ein zweiter Vektor *bit2* assoziiert, der für HFC die ererbten Spezifikationen der Mutter ausschließt (alle instantiierbaren Spezifikationen sind abgeschaltet). Die Menge HEAD wird durch einen weiteren Bitvektor, *head-feature*, dargestellt, in dem die Bits für mögliche Head-Spezifikationen abgeschaltet sind. [Nakazawa/Neher 1987] geben folgendes Beispiel, das die Wirkung der HFC der mittleren GPSG reflektiert. Nehmen wir an, in der Regel (4.44) unifiziere den Head mit der Head-Spezifikation [+past]. Gemäß HFC soll sie ebenfalls an der Mutter auftreten. Abbildung 4.11 zeigt die Ergebnisse einer Reihe von Operationen, die mit (7) zur Repräsentation von VP[+past] führen. In (5) sind alle irrelevanten Spezifikationen ausgeschlossen, und (6) enthält die instantiierten Head-Spezifikationen. Diese werden mit der Mutter unifiziert.

(4.44) VP $\longrightarrow$ V NP

FCRs werden als „illegale" Bitmuster kodiert, die bei erfolgreicher Unifikation mit einer Ka-

[33] Die fünfundzwanzig atomwertigen und vier kategorienwertigen Merkmale aus GKPS ergäben eine Vektorlänge von $l \geq 149$.

[34] [Nakazawa *et al.* 1988] sehen jeweils einen zusätzlichen Wert für „undefiniert" vor.

[35] Dies ist möglich, wenn man diejenigen Head-Spezifikationen, die an Mutter und Head nicht frei sind, in den Regeln angibt. Man verzichtet also auf die Metanotation H für Heads;protect außerdem ist subcat kein Head-Merkmal.

		v +-	n +-	bar 012	subcat 123	past +-	agr
1	*bit*(V[+past])	10	01	100	000	10	1
2	*bit*(VP)	10	01	001	000	11	1
3	*bit2*(VP)	11	11	111	000	00	0
4	*head-feature*	00	00	000	111	00	0
5	3 ∨ 4	11	11	111	111	00	0
6	5 ∨ 1	11	11	111	111	10	1
7	6 ∧ 2	10	01	001	000	10	1

Abbildung 4.11: HFC als Operation über Bitvektoren

tegorie zu deren Ausschluß führen.[36] Es wird zunächst eine Termumformung durchgeführt (vgl. (4.46)–(4.47)). Dann lassen sich die illegalen Bitvektoren direkt aufschreiben (4.48).

(4.45) $[+past] \Rightarrow [+v]$

(4.46) $\neg([+past] \wedge \neg[+v])$

(4.47) $\neg([+past] \wedge [-v]) \vee \neg([+past] \wedge [v]) \vee \neg([+past] \wedge [\neg v])$

(4.48) $\neg(01\ 11\ 111\ 111\ 10\ 1) \vee \neg(00\ 11\ 111\ 111\ 10\ 1) \vee \neg(11\ 11\ 111\ 111\ 10\ 1)$

Obwohl der Ansatz mit Bitvektoren im Prinzip auch für die Implementation des Berliner GPSG-Systems interessant scheint, wurde er nicht verfolgt, da verschiedene Komponenten der Metasprache nicht rekonstruiert worden sind. Dies wäre für den Berliner GPSG-Formalismus noch zu leisten.

4.7.4 Propagierungsregeln: Phillips und Thompson

In diesem Abschnitt wird (vorwiegend am Beispiel des im Alvey-Projekt verfolgten Ansatzes) eine Rekonstruktion der Merkmalinstantiierungsprinzipien anhand eines generelleren Regelformats skizziert.

Einen Überblick über Ziele und Forschungsstand des dreiteiligen britischen Großprojekts gibt [Boguraev 1988]. Das Alvey-Projekt verfolgt das Ziel, eine Reihe von Werkzeugen für Forschung im Bereich der Verarbeitung natürlicher Sprache zu erstellen. Das schließt einen effizienten Parser ein, der eine große Grammatik des Englischen analysieren kann.

Phillips und Thompson [Phillips 1987, Phillips/Thompson 1987] stellen ebenfalls fest, daß der Formalismus von GKPS nicht für effiziente Implementation geeignet ist. Sie schlagen eine Abbildung der Merkmalinstantiierungsprinzipien auf einen einfacheren, „low-level"-Formalismus vor, der maschinelle Sprachverarbeitung unterstützt. Die Merkmalinstantiierungsprinzipien und FSDs werden von sogenannten *Propagierungsregeln* subsummiert, die eine wohldefinierte Syntax und Semantik besitzen. FCRs werden nicht verwendet; vereinfacht gesagt, können ihre Effekte mithilfe von Propagierungsregeln nachgespielt werden (vgl. [Phillips/Thompson 1987, S. 130f]). Der Formalismus

[36]Eine ähnliche Idee erwies sich auch bei den FCR-Constraints im Berliner GPSG-System als tragfähig (vgl. Abbildung 4.3 auf S. 75).

besteht dann aus vier Komponenten: den ID-Regeln, den LP-Aussagen, den Metaregeln und den Propagierungsregeln.

Propagierungsregeln werden auf ID-Regeln angewendet. Sie dienen dazu, Merkmale an Kategorien zu instantiieren oder zu kospezifizieren, existierende Spezifikationen zu überschreiben sowie Töchter aus ID-Regeln zu entfernen oder hinzuzufügen. Eine Propagierungsregel ist eine Liste von vier bis sechs Elementen:

1. eine Liste von Merkmalnamen (in geschweiften Klammern), die bestimmt, welche Merkmale durch die Propagierungsregel betroffen sind,

2. eine Kategorie, die als *Pattern* der Mutter der ID-Regel fungiert,

3. eine Kategorie, die als *Modifikator* der Mutter der ID-Regel fungiert (optional),

4. eine der Operationen aus {+, –, :} mit folgender Bedeutung:

   „+“ Das einzige Argument ist eine Kategorie, die der ID-Regel als zusätzliche Tochter hinzugefügt wird.

   „–“ Das einzige Argument ist eine Kategorie. Alle Töchter einer ID-Regel, die Extensionen dieser Kategorie sind, werden aus der Regel entfernt.

   „:“ Das erste Argument ist eine Kategorie. Alle Töchter einer ID-Regel, die Extensionen dieser Kategorie sind, werden durch das zweite Argument, ebenfalls eine Kategorie, modifiziert.

5. Weitere Elemente sind Argumente der Operation.

Betrachten wir einige Beispiele (nach [Phillips 1987, S. 11]). Durch (4.49) wird ein FSD ausgedrückt, indem jede NP-Tochter, die nicht für Kasus spezifiziert ist, den Wert acc erhält (Instantiierung). In (4.50) wird gefordert, daß in Regeln, deren Mutter eine Extension von [+subj] ist, NP-Töchter nominativen Kasus erhalten (Überschreiben). Eine Andeutung, wie HFC rekonstruiert werden kann, vermittelt (4.51). Es stellt sicher, daß Spezifikationen für n und v an der Mutter ebenfalls am Head auftreten. Das Präfix „@“ bedeutet variable Spezifikationen (z.B. [@n, @v]). Der Buchstabe „F“ ist eine interne Variable, an die jeweils der zu verarbeitende Merkmalname gebunden wird. Als Resultat der Anwendung von (4.51) können ID-Regeln mit kospezifizierten (variablen) Merkmalwerten entstehen.

(4.49) {} X : NP[¬cas] [acc]

(4.50) {} [+subj] : NP [nom]

(4.51) {n v} @F : H @F

Einen ähnlichen Ansatz verfolgt [Fisher 1989] mit Propagierungsregeln, die Merkmalspezifikationen entweder von der Mutter zur Tochter transportieren oder umgekehrt. Das Merkmaltransport-Regime legt für jedes Merkmal fest, in welche Richtung(en) es seinen Wert weitergeben darf. Eine Reihe zusätzlicher Bedingungen erlauben die Rekonstruktion *ähnlicher* Prinzipien wie HFC, FFP und CAP. Beispielsweise wird für HFC der Merkmaltransport dahingehend eingeschränkt, daß Head-Merkmale nur von der Mutter zum Head transportiert werden dürfen. Wie Fisher selbst betont, ist auf diese Weise eine exakte Rekonstruktion der Merkmalinstantiierungsprinzipien aus GKPS nicht möglich (z.B. kann die Durchschnittsbildung von Head-Spezifikationen verschiedener Heads nicht modelliert werden oder die Übereinstimmung einer Tochter mit der kategorienartigen Merkmalwert einer Schwester aufgrund des CAP). Aber dies wird inkauf genommen, denn Fishers Hauptziel ist ein Parser mit polynomialem Zeitaufwand für linguistisch plausible Grammatiken.

Betrachten wir nun am Beispiel des FFP, wie bei Phillips und Thompson die Merkmalinstantiierungsprinzipien durch Propagierungsregeln ausgedrückt werden.

(4.52) {wh re} ¬F @F : ¬F @F
{slash} ¬F @F : [¬F, ¬subcat] @F

Wenn die Mutter für **wh**, **re** oder **slash** nicht spezifiziert ist, erhält sie dieselben Werte für diese Merkmale wie Töchter, die nicht für sie spezifiziert sind. Für **slash** wird zusätzlich gefordert, daß nur nichtlexikalische Töchter involviert sind (dies wird in GKPS durch eine FCR sichergestellt). Die Forderung, daß die Kategorien für die angeführten Merkmale nicht spezifiziert sein dürfen, stellt sicher, daß die ererbten Foot-Spezifikationen vom FFP ausgeschlossen werden.

Das Vorhandensein einer Variablen an mehreren Töchtern impliziert nicht, daß *alle* diese Töchter den gleichen Wert haben müssen. Die Verwendung von Variablen ist hier völlig anders als z.B. in ProGram oder im Berliner System. Dies läßt sich am besten am Beispiel verdeutlichen. Betrachten wir das Merkmal **slash**. Beim Abgleich einer ID-Regel, auf die (4.52) angewendet wurde, mit einem lokalen Baum erfolgt keine automatische simultane Instantiierung der Vorkommen von @slash. Der lokale Baum ist auch dann zulässig, wenn keine Tochter einen Wert für **slash** besitzt. @slash wird dann einfach nicht gebunden. Wenn irgendeine Tochter im lokalen Baum einen instantiierten **slash**-Wert besitzt, dann wird @slash an ihn gebunden, und die Mutter muß denselben Wert besitzen. Andere Töchter haben denselben **slash**-Wert oder sind für **slash** undefiniert.

Der Formalismus ist so aufgebaut, daß eine Kompilation der Grammatik möglich wird. Zuerst werden Metaregeln auf ID-Regeln angewendet (unter Einhaltung des endlichen Abschlusses) und auf die resultierende Menge von ID-Regeln danach die Propagierungsregeln. Abschließend werden die LP-Aussagen benutzt, um eine Menge von Phrasenstruktur-Regeln zu erzeugen.

Eine Unterscheidung von einzelsprachlichem und generellem sprachlichen Wissen ist in diesem Formalismus unnatürlich. Ein Hinweis darauf ist das Fehlen von (einzelsprachlichen) FCRs, deren Effekte von Propagierungsregeln nachgespielt werden. Andererseits werden die Merkmalinstantiierungsprinzipien, die zum generellen sprachlichen Wissen gehören, ebenfalls von Propagierungsregeln dargestellt (teilweise von denselben, wie etwa (4.52)). Sie sind damit gleichermaßen der Bearbeitung durch die Regelschreiberin zugänglich wie Metaregeln, ID-Regeln, LP-Aussagen und andere Propagierungsregeln.

Aufgrund des Projektziels, einen *Parser* zu erstellen, liegt die Verbindung von generellem sprachlichen Wissen und Verarbeitungswissen nahe. Infolgedessen ist es nicht verwunderlich, daß der Formalismus nicht deklarativ definiert ist (vgl. [Phillips 1987, S. 24]):

- Top-Down-Verarbeitung ist aufwendiger als Bottom-Up-Verarbeitung. Dies hängt mit dem anhand von (4.52) diskutierten Abgleich zwischen ID-Regeln und lokalen Bäumen zusammen; ein Argument das im Zusammenhang mit dem FFP bereits in Abschnitt 4.5 auftrat.

- Die Propagierungsregeln sind extrinsisch geordnet, d.h. es wird „von außen" für eine kumulative Wirkung auf ID-Regeln gesorgt.

Phillips hält es für wichtiger, daß der Formalismus wohldefiniert, einfach handhabbar und effizient sei.

Selbst wenn diese Forderungen mit dem geschilderten Ansatz eingelöst werden, erscheint es aufgrund der geringen Modularisierung fraglich, ob er zur Beschreibung anderer Sprachen als des Englischen geeignet ist und ob Propagierungsregeln formulierbar sind, mit denen unterschiedliche Verarbeitungsweisen effizient eingesetzt werden können.

4.8 Indirekte und direkte Interpretationen von GPSG

Zu jeder Phase der GPSG-Entwicklung hat man sich Gedanken gemacht, wieviel Vorverarbeitung erfolgen soll. Das Dilemma stellt sich heute so dar (vgl. Abschnitt 4.1): Für eine direkte Interpretation der GPSG gibt es keine prinzipiell effizienten Algorithmen und bei einer indirekten Interpretation entsteht eine extrem große Anzahl von Regeln, die als Faktor in die Verarbeitungszeit eingeht.

Die meisten Ansätze (so etwa alle in dieser Arbeit beschriebenen Implementationen) stellen sich diesem Dilemma, denn es gibt einige gute Gründe für die Existenz von in der Praxis effizient arbeitenden Algorithmen. Die komplexitätstheoretischen Ergebnisse zeigen, wo ein Hebel angesetzt werden kann: Alle Verfahren kennen irgendein Konzept von variablen Merkmalwerten, das es gestattet, Kategorien zusammenzufassen und Werte in verschiedenen Kategorien zu kospezifizieren. Dies ermöglicht – im Falle einer direkten Interpretation – die Vermeidung der kombinatorische Explosion der Kategorienzahl und – im Falle einer indirekten Interpretation – die Beschränkung der Anzahl der Phrasenstruktur-Regeln.

Bevor in Abschnitt 4.8.2 die unterschiedlichen Entscheidungen, die den Implementationen zugrundeliegen, zusammengefaßt und diskutiert werden, ist ein Blick auf einen theoretischen Ansatz zur Vermeidung des genannten Dilemmas angebracht.

4.8.1 Die stark direkte Interpretation von GPSG

Evans untersucht in [Evans 1987] die Beziehung zwischen GPSG als formaler Theorie der Syntax natürlicher Sprachen und der Anwendung von GPSG zum Parsing natürlichsprachlicher Endketten. Sein Interesse liegt an der wechselseitigen Beeinflussung von den im Formalismus ausgedrückten linguistischen Generalisierungen und den Möglichkeiten, sie in einer Implementation auszudrücken.

Gewöhnlich sehen Computerlinguisten GPSG als eine abstrakte Beschreibung von zugrundeliegenden kontextfreien Grammatiken an. Nur wenig wurde auf die algorithmischen Eigenschaften der in GPSG ausgedrückten Generalisierungen geachtet. Umgekehrt beruhen Implementationen auf einem (wenn auch implizit) zugrundeliegenden, kontextfreien Formalismus und spiegeln somit wenig von GPSG wider.

Evans unternimmt Schritte, um den algorithmischen Ansatz vom kontextfreien Substratum zu befreien und GPSG *direkt* zu interpretieren als einen Formalismus, der natürlichsprachliche Syntaxen beschreibt. Er unterscheidet den indirekten Ansatz (mit Verwendung einer expliziten kontextfreien Grammatik, wie in der mittleren GPSG vorgeschlagen) vom direkten Ansatz, den er wiederum unterteilt in eine *schwach direkte* Interpretation, bei der eine kontextfreie Grammatik implizit eine Rolle spielt und eine *stark direkte* Interpretation ohne kontextfreies Substratum. GKPS ist in diesem Sinne als schwach direkt zu bezeichnen, denn der zentrale Begriff des zulässigen lokalen Baums entspricht dem der Phrasenstruktur-Regel. Wohl sämtliche Implementationen von GPSG sind entweder indirekt oder schwach direkt konzipiert.

Evans beschreibt anhand dreier Beispiele (ID/LP-Format, ID-Regeln und X-Bar-Theorie, Merkmalinstantiierungsprinzipien) bisher unentdeckte Möglichkeiten, von der Beschränkung auf lokale Bäume abzugehen und die Komponenten der GPSG-Theorie algorithmisch stark direkt zu nutzen. Auf diese Weise wird die algorithmische Verwendung von GPSG auf der Ebene der Theorie selbst diskutierbar. Eine Reihe von algorithmisch motivierten Änderungen am Formalismus lassen sich damit unmittelbar auch theoretisch begründen.

Wo man das ID/LP-Format verwendet, wird es schwach direkt interpretiert, denn LP-Aussagen werden nur im Kontext von ID-Regeln oder deren Projektionen ausgewertet. Evans schlägt ein Konzept von *sisterhood* vor, das es erlaubt, im Verlauf des Parsings beliebige benachbarte Knoten in einer Chart durch die LP-Aussagen zu überprüfen. Damit wird die in GPSG angelegte, eigenständige Bedeutung der LP-Aussagen in der Theorie algorithmisch (stark) direkt umgesetzt.

Das zweite Beispiel befaßt sich mit ID-Regeln. Im Verlauf der Entwicklung von GPSG wurde immer mehr Information aus Phrasenstruktur-Regeln extrahiert und in generelle Prinzipien kodiert. Das, was letztlich übrig blieb, sind die ID-Regeln. Man sollte sie nicht als eigens *konzipierte* Komponente der Metasprache betrachten, denn ihre Bedeutung kann nur im Zusammenhang mit dem gesamten Formalismus beschrieben werden. Evans versucht, den Anteil der ID-Regeln an GPSG-Strukturen durch *Rollen* zu beschreiben, die die ID-Regeln spielen. Er unterscheidet (anhand der impliziten X-Bar-Theorie) verschiedene Regeltypen: *Entwicklungsregeln* haben ein einziges Head mit geringerem bar-Wert als die Mutter; mit ihnen werden Phrasen auf der Basis des Heads aufgebaut.

Ergänzungsregeln haben ein einziges Head mit demselben bar-Wert wie die Mutter; sie unterbrechen die Arbeit der Entwicklungsregeln, um Modifikatoren o.ä. hinzuzufügen. In *Koordinationsregeln* sind alle Töchter Heads. Anhand solcher Regeltypen kann sich die Verarbeitungsstrategie des Parsers orientieren. Entwicklungsregeln können bottom-up und bidirektional verarbeitet werden, wobei die Regel durch die Analyse des Heads getriggert wird. Ähnlich verhält es sich mit Ergänzungsregeln, die jedoch durch den Modifikator getriggert werden.

Das dritte Beispiel behandelt die Merkmalinstantiierungsprinzipien. Insbesondere die nichtlokalen Abhängigkeiten, die durch HFC und FFP lokal (und damit schwach direkt) beschrieben werden, versucht Evans unabhängig von lokalen Bäumen (und damit stark direkt) zu rekonstruieren. Er definiert dazu *reguläre Merkmale* als solche, deren Spezifikationen durch eine Grammatik nur an bestimmten Stellen der Struktur beeinflußt werden können; an allen anderen Stellen bestimmen die Merkmalinstantiierungsprinzipien die Spezifikation. Eine Ausprägung für das FFP bildet Abbildung 3.4 (S. 48): die Grammatik spezifiziert **slash** nur an Füller und Lücke, nicht aber in der Mitte; dort ist das FFP zuständig. Evans' stark direkte Interpretation des FFP im Parsing setzt voraus, daß **slash** regulär ist. Die Verarbeitung in einem Bottom-Up-Parser könnte so aussehen: Wenn der Parser eine Lücke einführen soll, „merkt er sich" die Kategorie (in einer zweiten Agenda) und erzeugt erst dann entsprechende Kanten in der Chart, wenn er auf einen entsprechenden Füller trifft. Die Regularität von **slash** erübrigt die „Buchführung" in jedem lokalen Baum des mittleren Bereichs.

Diese Vorschläge zu einer stark direkten Interpretation stellen einen ersten Schritt auf dem Weg zu einer neuartigen Implementation eines signifikanten Teils von GPSG dar, mehr nicht. Dies wird von Evans ausdrücklich betont:

> In fact, it is not my intention to put up this formalism as a complete entity at all. It is simply the sum total of the various disjoint proposals I have discussed above. It constitutes a reworking of neither the whole of GPSG, nor any integrated consistent fragment of it. [Evans 1987, S. 125]

4.8.2 Indirekte und schwach direkte Interpretationen von GPSG

Die verschiedenen Versionen des GPSG-Formalismus unterscheiden sich u.a. im Hinblick auf den Stellenwert einer zugrundeliegenden kontextfreien Grammatik. Im allgemeinen kann man die Grammatik im Eingabeformat (z.B. ID-Regeln, LP-Aussagen, Metaregeln, FCRs, FSDs) als *Quellgrammatik* bezeichnen. Zur Sprachverarbeitung wird eine *Zielgrammarik* benutzt, die aus einem Vorverarbeitungsschritt resultiert. Die Teile der Quellgrammatik, die nach der Vorverarbeitung nicht in die Zielgrammatik hineinkompiliert sind, werden zur Laufzeit (d.h. während des Parsings bzw. der Generierung) verwendet. Für die betrachteten Systeme ist die Aufteilung sehr unterschiedlich, wie aus der Abbildung 4.12 hervorgeht.

Metaregeln werden generell in der Vorverarbeitungsphase angewendet.

Das FFP hingegen kann nicht ohne weiteres in den Regeln kodiert werden, denn es steht erst zur Laufzeit fest, welche Töchter Foot-Spezifikationen tragen. In der Vorverarbeitung müßten alle Möglichkeiten in Betracht gezogen werden und entsprechend viele Regeln erzeugt werden. Daher wird das FFP gewöhnlich zur Laufzeit angewendet. Nur das Alvey-System bildet eine Ausnahme infolge seiner speziellen Behandlung von Variablen.

HFC kann dann in der Vorverarbeitung operieren, wenn sie im Sinne der mittleren GPSG definiert ist und nicht als Default-Prinzip wirkt. Im letzteren Fall hängt ihr Effekt von der Wirkung anderer Prinzipien ab, die aus unabhängigen Gründen nur zur Laufzeit angewendet werden können (FFP).

Die Kompilation des ID/LP-Formats im Rahmen einer Vorverarbeitung wie bei Naumann und im Alvey-System legen die zusätzliche Annahme über LP-Aussagen nahe, daß sie keine instantiierten Spezifikationen einbeziehen. Die Autoren geben jeweils an, daß dies keine nennenswerte Beschränkung für die Analyse des Englischen bedeute.[37] Für das Deutsche sieht dies jedoch anders aus.

[37] Alle Systeme enthalten einen Parser für Englisch; das von Nakazawa und Neher analysiert auch Japanisch, und

Autorinnen	siehe	Quellgrammatik	Vorverarbeitung	Zielgrammatik	zur Laufzeit
ProGram: Evans, Gazdar	4.7.1	KK, ID/LP, Meta, FCR, FCD, RAC	Meta, HFC, CAP	KK, ID/LP mit Kospezifikation	FFP, ID/LP, FCD, FCR, RAC
Naumann	4.7.2	KK, ID/LP, Meta, FCR, FSD	Meta, ID/LP	KK, kfG mit Kospezifikation	a) FFP, CAP, HFC b) FCR, FSD
Nakazawa, Neher, Hinrichs	4.7.3	KK, kfG	Merkmalvektor, Kategorienvektoren	Bitvektoren, kfG	FFP, HFC, FCR, FSD
Alvey: Phillips, Thompson	4.7.4	KK, ID/LP, Meta, P-Regeln	Meta, ID/LP, P-Regeln	KK, kf Schemata	—
Berliner GPSG-System	4.2, 4.3	KK, ID/LP, Meta, FCR	Meta	KK, ID/LP	FFP, AP, HFC, ID/LP, FCR

Abkürzungen: KK := komplexe Kategorien P-Regeln := Propagierungsregeln
Meta := Metaregeln kfG := kontextfreie Grammatik

Abbildung 4.12: GPSG-Systeme im Überblick

Im Berliner GPSG-System etwa wird die Stellung des finiten Verbs in Abhängigkeit von der Satzart durch LP-Aussagen bestimmt, die auf Spezifikationen von **vform** und **mc** zugreifen (vgl. (4.32) und (4.33) auf S. 82). Beide Merkmale sind nicht in allen Kategorien ererbt. Das bedeutet zunächst noch nicht, daß das ID/LP-Format nicht im Verlauf einer Vorverarbeitung aufgelöst werden könne. Dies ist sehr wohl berechenbar, indem vor Anwendung der LP-Aussagen eine Menge zusätzlicher ID-Regeln generiert wird, in denen jeweils unterschiedliche Spezifikationen der betroffenen Merkmale vorkommen. Diese wären dann ererbt und könnten von LP-Aussagen erfaßt werden.

Zwei Argumente sprechen gegen eine solche Vorgehensweise. Zum einen könnten dabei Phrasenstruktur-Regeln erzeugt werden, die niemals zulässige Bäume projizieren, da die nachträglich eingeführten Spezifikationen gegen die HFC verstoßen. Zum andern vervielfacht sich aufgrund jeder betroffenen LP-Aussage die Größe der Grammatik, so daß der Vorteil, keine LP-Aussagen zur Laufzeit behandeln zu müssen, bei weitem durch den Nachteil einer großen Regelmenge überwogen wird.

Die vorangegangenen Überlegungen zeigen, das effizienzsteigernde Verlagerungen von Operationen in eine Vorverarbeitungsphase meistens einen Preis haben, der in Abstrichen an der linguistischen Ausdruckskraft der Grammatik zu bezahlen ist. Ob diese Abstriche inkauf genommen werden können, hängt von der intendierten Verwendung des Systems ab. Die meisten der hier betrachteten Systeme sind erklärtermaßen nur für die Analyse des Englischen ausgelegt. Mit den daraufhin inkauf genommenen Abstrichen werden allerdings die interessanten Eigenschaften von GPSG nicht ausgenutzt, die sich für die im Berliner GPSG-System gewählte Modularisierung als entscheidend erwiesen: die Eignung des Formalismus für die Verarbeitung verschiedener Grammatiken und seine Neutralität bezüglich der Verarbeitungsstrategie (Parsing oder Generierung).

das Berliner GPSG-System analysiert *und generiert* sowohl Englisch als auch Deutsch.

Kapitel 5

Die Ausgangsstrukturen der Generierung

In den Kapiteln 3 und 4 wurde der linguistische Formalismus behandelt, auf dem die Generierung natürlichsprachlicher Sätze beruht und dabei die Zielstrukturen des Generierungsprozesses betrachtet. In diesem Kapitel werden die Ausgangsstrukturen betrachtet, die zweite Basis des Generierungsprozesses. Die beiden Verfahren, die in Kapitel 6 beschrieben werden, benutzen unterschiedliche Typen von Ausgangsstrukturen. Der grammatikgetriebene Ansatz verarbeitet sogenannte *syntaktische Ausgangsstrukturen*, während das strukturgetriebene Verfahren aus *Funktor-Argument-Strukturen* generiert. Dieser Unterschied hat zum einen „historische" Ursachen; zum andern liegen aber auch inhaltliche Gründe dafür nahe, die in Kapitel 6 diskutiert werden. Ich gehe hier auf die historischen Aspekte ein.

Im Zusammenhang mit der ursprünglichen Frage, wie die späte GPSG für die maschinelle Sprachverarbeitung nutzbar gemacht werden könne, waren die für GPSG-basierte Generierung notwendigen Arten von *grammatik-externen* Informationen zu identifizieren, d.h. Festlegungen, die von der Grammatik selbst nicht getroffen werden, die aber für die Generierung eines eindeutigen Satzes notwendig sind. Ein typisches Beispiel ist der Numerus von NPs. Solche Informationen müssen in das Format der Grammatik abgebildet werden. Daher bietet sich eine Repräsentation mithilfe der Merkmalspezifikationen der Grammatik an, wie sie mithilfe von syntaktischen Ausgangsstrukturen erfolgt.

Nachdem mit dem Berliner GPSG-System ein Weg für die Sprachverarbeitung mit GPSG aufgezeigt worden war, wurde untersucht, wie GPSG für maschinelle Übersetzung benutzt werden kann. Funktor-Argument-Strukturen enthalten die für den satzsemantischen Transfer erforderlichen Informationen. Daher wurde auf dieser Ebene ein Transfer von ausgangssprachlichen zu zielsprachlichen Funktor-Argument-Strukturen definiert. Letztere bilden somit die Ausgangsstrukturen für den GPSG-basierten Syntheseprozeß, dessen Ergebnis die zielsprachliche Endkette ist.

Beiden Arten von Ausgangsstrukturen ist gemeinsam, daß sie alle notwendigen grammatikexternen Informationen spezifizieren.

In den folgenden Abschnitten wird die Sprache SAS der syntaktischen Ausgangsstrukturen und die Sprache FAS der Funktor-Argument-Strukturen vorgestellt.

5.1 Syntaktische Ausgangs-Strukturen

Die Sprache SAS dient ausschließlich dem Zweck, die Informationen, die der Generierungsprozeß braucht, zur Verfügung zu stellen. SAS-Ausdrücke haben daher nur die Funktion, die freie Erzeugung von syntaktischen Strukturen zu beschränken. Wie SAS-Ausdrücke selbst generiert werden, ist also nicht relevant.[1]

Die darzustellende Information läßt sich in vier Arten unterteilen.

[1] Tatsächlich werden sie „von Hand" erzeugt.

```
list     ::=  elt | elt, list
elt      ::=  group | embed | lex(pntr, tnsmod)

group    ::=  [group(flist, vlist), [list]]
embed    ::=  [embed, [list]]
pntr     ::=  *verb_gehen* | *noun_frau* | *det_def* | ...
tnsmod   ::=  pres | impf | kon1 | kon2 | ¬

flist    ::=  [ ] | [flist1]
flist1   ::=  feat | feat, flist1
feat     ::=  ac | mc | zweit | top | cas | plu | gen | per | n | v | bar

vlist    ::=  [ ] | [vlist1]
vlist1   ::=  val | val, vlist1
val      ::=  + | - | nom | acc | dat | gen | 1 | 2 | 3 |¬
```

Abbildung 5.1: BNF-Definition für SAS (deutsch)

Lexikalische Information: Der Zugriff auf Wortstämme und lexikalische Kategorien muß gewährleistet sein. Erst dann können die zu verwendenden Wörter erzeugt werden.

Strukturelle Information: Die verwendeten Lexeme müssen gruppiert werden. Erst damit kann z.B. dargestellt werden, welches Adjektiv zu welchem Nomen gehört.

Hierarchische Information: SAS-Teilausdrücke müssen ineinander eingebettet werden können. Erst dann kann z.B. dargestellt werden, ob ein Perfekt-Hilfsverb zum Hauptverb oder zu einem Modalverb gehört.

Morphosyntaktische Information: Einige GPSG-Merkmale müssen spezifiziert sein. Erst damit kann entschieden werden, ob ein Hauptsatz oder ein Nebensatz generiert werden soll oder in welchem Kasus und Numerus ein Substantiv zu flektieren ist. Die Merkmalspezifikationen gelten jeweils für Gruppierungen.

SAS ist eine Baumsprache. Abbildung 5.1 zeigt BNF-Definitionen für SAS-Ausdrücke, die in der Reihenfolge der beschriebenen Informationsarten stehen.

Der Zugriff auf lexikalische Information erfolgt über „Zeiger", die mit Lexikoneinträgen assoziiert sind.

Eine SAS-Darstellung eines Satzes oder einer NP ist ein Ausdruck vom Typ **group**. Er ist durch folgende Bestandteile gekennzeichnet:

- die Listen der Merkmalnamen und -werte der jeweiligen Merkmalspezifikationen,
- die Liste der lexikalischen Einheiten, die in der Gruppe zusammengefaßt sind,
- die (möglicherweise leere) Liste abhängiger Gruppen und
- die (mögliche) Einbettung weiterer Konstituenten.

(5.1) Diesen Satz werden die Kinder übersetzen können.

```
[group ([zweit, ac], [+, +])
        lex(*mvrb_koennen*,pres), lex(*future*,pres),
        [embed, lex(*verb_uebersetzen*,pres),
                [group ([top, plu, cas], [-, +, nom]),
                        lex(*det_def*,¬), lex(*noun_kind*,¬)],
                [group ([top, plu, cas], [+, -, acc]),
                        lex(*noun_satz*,¬), lex(*det_dies*,¬)]]]
```

Abbildung 5.2: Ein SAS-Ausdruck für den Satz (5.1)

Abbildung 5.2 stellt einen SAS-Ausdruck für den Satz (5.1) dar. Der Zeiger „*verb_uebersetzen*" ermöglicht den lexikalischen Zugriff auf den Verbstamm *übersetz* und eine Kategorie V[6], die transitive Verben im Aktiv darstellt. Die Information „pres" gibt das morphologische Tempus und den Modus an (hier: Indikativ Präsens).[2] „*future*" generiert das Hilfsverb für Futur (Analoges gilt für Passiv, Perfekt und (im Englischen) *progressive form*). Modalverben stehen auf einer höheren Ebene der Einbettung. Die Anordnung und die Form der Verben wird durch die Grammatik eindeutig vorgeschrieben (vgl. Abschnitt 4.4, aber auch die Diskussion in 4.5.2).

Die morphosyntaktischen Informationen in Abbildung 5.2 legen fest, daß ein Deklarativsatz generiert werden soll, was die Zweitstellung des finiten Verbs erfordert. Andere Spezifikationen bestimmen Kasus und Numerus für die Wörter, auf die in der jeweiligen Gruppe verwiesen wird und (durch **top**), ob eine Konstituente ins Vorfeld gerückt wird.

Gruppen in SAS werden – abhängig von der jeweiligen Grammatik – als satzwertige, PP- oder NP-wertige Konstituenten verbalisiert. Welche Merkmale sind jeweils zu spezifizieren?

Satz: Je nachdem, ob ein Deklarativsatz (mit Verbzweitstellung) oder ein Befehls- oder Fragesatz (Verberststellung) erzeugt werden soll, sind für das Deutsche die Merkmale **ac** und **zweit** zu spezifizieren; für das Englische wird S durch **n**, **v**, **bar** und **subj** als „Startkategorie" identifiziert.

PP: Für beide Sprachen muß **plu** spezifiziert werden.

NP: Für beide Sprachen sind i.a. **top**, **plu** und **cas** anzugeben; für Personalpronomen zusätzlich noch **gen** und **per**. Für Genitivattribute sind **top** und **cas** bereits festgelegt und daher redundant (für das Englische entfällt **top**, da es nicht in der Grammatik definiert ist).

Die Reihenfolge der lexikalischen Einheiten oder der Gruppen auf einer Ebene ist in SAS nicht festgelegt, denn Permutationen beeinflussen nicht das Resultat der Generierung. Die Oberflächenreihenfolge wird durch die Grammatik bestimmt; genauer durch das Zusammenwirken von ID-Regeln und LP-Aussagen mit den Merkmalinstantiierungsprinzipien. Infolgedessen existieren Klassen von äquivalenten SAS-Ausdrücken, aus denen ein- und dieselbe GPSG-Struktur generiert wird.

Neben der Permutierbarkeit von SAS-Konstituenten gibt es eine zweite Quelle für zueinander äquivalente SAS-Ausdrücke. Die Menge von Spezifikationen in den Gruppen kann unterschiedlich ausgeprägt sein. Die Angabe von z.B. **per**, **gen** und **ac** ist oft möglich, ohne daß sich das Generierungsresultat ändert; sie ist dann aber unnötig, da diese Merkmale durch die Grammatik oder das Lexikon ohnehin festgelegt werden. Allerdings kann dadurch u.U. der Suchprozeß erheblich verkürzt werden, der z.B. bei Verwendung der ID-Regel (5.2) festzustellen hat, ob eine Gruppe als Relativsatz oder als Genitivattribut zu verbalisieren ist.

---

[2] In den verwendeten Grammatiken wird diese Information ignoriert, da sie strukturell nicht relevant ist. Die Flexionskomponente benötigt sie jedoch zur Verbflexion.

(5.2) ID9: N1 $\longrightarrow$ N, (NP[gen]), (S)

Folgende Situationen können entstehen, wenn aus einem SAS-Ausdruck eine GPSG-Struktur generiert werden soll:

- Ein SAS-Ausdruck kann weniger Merkmalspezifikationen enthalten, als zur Generierung einer eindeutigen Endkette notwendig sind. In diesem Falle wird mehr als eine GPSG-Struktur erzeugt und damit mehr als eine Endkette.
- Ein SAS-Ausdruck kann redundante Information enthalten, die den Suchprozeß möglicherweise stark verkürzt.
- Ein mit der Grammatik oder dem Formalismus inkonsistenter SAS-Ausdruck führt dazu, daß keine GPSG-Struktur (und infolgedessen auch keine Endkette) generiert wird.

Wenn beispielsweise in Abbildung 5.2 die Angaben über Kasus fehlten, würden zwei Sätze generiert werden, weil jede der beiden betroffenen Gruppen einmal im Nominativ und einmal im Akkusativ verbalisiert würde. Die Kasusinformation käme dann aus den ID-Regeln.

Andererseits läßt die BNF-Definition z.B. auch zwei Gruppen mit der Kasusspezifikation nom in Abbildung 5.2 zu. Dies ist inkonsistent mit der verwendeten Grammatik, die solches nicht für Subkategorisierungen des verwendeten Verbs gestattet. Es gibt somit keine ID-Regeln, die diese Variante des Beispiels verbalisieren könnten.

5.2 Funktor-Argument-Strukturen

Während SAS nur im Hinblick auf GPSG-basierte Generierung definiert wurde, spielte in der Entwicklung von FAS dieser Gesichtspunkt keine konkrete Rolle. FAS ist ein Formalismus zur Repräsentation von Aspekten der Semantik von Sätzen für die maschinelle Übersetzung. Mit ihm werden diejenigen Bedeutungsaspekte dargestellt, die aufgrund sprachlicher Fakten aus natürlichsprachlichen Sätzen explizierbar sind. FAS stellt außerdem eine der Transferebenen in dem Übersetzungsmodell dar, das dem Berliner System für maschinelle Übersetzung zugrundeliegt [Hauenschild 1986]. Mit FAS werden infolgedessen übersetzungsrelevante Informationen repräsentiert. Dem Übersetzungsmodell zufolge ist Übersetzen ein semantisch-pragmatisch bestimmter Vorgang, in dem FAS die Funktion eines Bindeglieds zwischen syntaktischer Struktur und einer Repräsentation von Aspekten des Textinhalts innehat. Im Hinblick auf die verschiedenen Abbildungen in bzw. aus FAS-Ausdrücken, die algorithmisch durchschaubar sein müssen, befindet sich FAS in einem Spannungsbogen, der maßgeblich den Entwurf dieser Repräsentationssprache bestimmte: FAS soll einerseits oberflächennah sein und andererseits nützliche Voraussetzungen für eine formal-semantische Interpretation anbieten (etwa in eine bekannte formale Sprache). Um diese Möglichkeit offen zu halten, werden in FAS die Funktor-Argument-Beziehungen explizit dargestellt.

Die Entscheidung für einen *separaten* Semantikansatz, d.h. einen eigenen, von GPSG operational völlig unabhängigen Formalismus zu entwickeln, wurde aufgrund zahlreicher Schwierigkeiten mit der in GKPS vorgeschlagenen *integrierten* Semantik getroffen, die eine intensionale Logik im Sinne Montagues verwendet (vgl. [Busemann/Hauenschild 1989]). Zum einen stellte sich heraus, daß die vorgeschlagene Relation zwischen GPSG-Strukturen und Ausdrücken der intensionalen Logik unvollständig und fehlerhaft ist [Umbach 1987]. Zum andern ist intensionale Logik für maschinelle Übersetzung nicht besonders geeignet, und die zu repräsentierenden, für maschinelle Übersetzung relevanten Informationen würden bei einer so engen Anbindung von intensionaler Logik an GPSG zu syntaktisch sehr komplexen, intuitiv nicht naheliegenden Konstruktionen führen, die wahrscheinlich einen unnötig hohen Verarbeitungsaufwand erfordern.

Aus der Entscheidung für eine separate Semantik wird u.a. die Möglichkeit gewonnen, eine kanonische Ordnung der Argumente festzulegen. Eine solche Ordnung wird generell bei logischen

Repräsentationen vorausgesetzt, während die Abfolge der Argumente in Sätzen (und syntaktischen Strukturen) je nach der natürlichen Sprache mehr oder weniger frei ist. Die kanonische Ordnung ist darüber hinaus vorteilhaft für den Transfer, da sie eine geeignete Formulierung von Transferregeln unterstützt.[3] Der Zugriff auf semantische Eigenschaften eines bestimmten Arguments muß u.U. die Auswahl unter mehreren möglichen Übersetzungsäquivalenten bei der Übersetzung des Funktors bestimmen.

Der FAS-Formalismus ist in [Hauenschild/Umbach 1988] definiert. Die für maschinelle Übersetzung relevanten Entscheidungen werden in [Busemann/Hauenschild 1989, S. 20ff] motiviert und beschrieben. Ansätze zur semantischen Interpretation von FAS-Ausdrücken enthält [Mahr/Umbach 1989]. In den folgenden Abschnitten wird FAS auf der Grundlage der genannten Quellen so weit definiert und motiviert, wie es für die Funktion der FAS-Ausdrücke als Ausgangsstrukturen der Generierung erforderlich ist. Abschnitt 5.2.1 beschreibt den FAS-Formalismus. Die in FAS-Ausdrücken darstellbaren Informationen erläutert Abschnitt 5.2.2.

5.2.1 Der Formalismus

Als Formalismus wurde eine Ersetzungssyntax mit komplexen Kategorien gewählt. Im Unterschied zu GPSG bestehen komplexe FAS-Katgeorien aus einer Hauptkategorie und einer ihr zugeordneten Menge von Merkmalspezifikationen (s.u.). Die FAS-Regeln generieren die Menge aller satzsemantischen Repräsentationen für ein Fragment einer natürlichen Sprache. Die Terminalelemente sind Bestandteil einer FAS-Syntax. Sie beziehen sich im allgemeinen auf das Stammformenvokabular der natürlichen Sprache, doch gibt es Wörter ohne entsprechenden Basisausdruck und Basisausdrücke, denen in der natürlichen Sprache kein Wort entspricht. Die nachstehenden Definitionen basieren auf den in [Mahr/Umbach 1989, S. 116] angegebenen.

Definition 5.1 (FAS-Kategorie). Sei H eine Menge von Symbolen (Hauptkategorien), M eine Menge von Merkmalnamen und V eine Menge von Merkmalwerten. Für jedes $m \in M$ sei v_m der variable Merkmalwert. Die Funktion $hset : H \mapsto \mathcal{P}(M)$ weise jeder Hauptkategorie eine Menge von Merkmalen zu. Die Funktion $vdom : M \mapsto \mathcal{P}(V)$ weise jedem Merkmal einen Wertebereich zu. Dann ist die Menge CAT der *komplexen FAS-Kategorien* definiert durch

$$CAT = \{\langle h, \{\langle m, v\rangle \mid m \in hset(h),\ v \in vdom(m) \cup v_m\}\rangle \mid h \in H\}.$$

Definition 5.2 (FAS-Syntax). Eine *FAS-Syntax* ist ein Tripel $\langle CAT, LEX, PROD\rangle$, wobei CAT eine Menge von FAS-Kategorien, LEX eine Menge von Terminalelementen und $PROD$ eine Menge von Ersetzungsregeln der Form $C \longrightarrow W$ bzw. $C \longrightarrow L$ ist ($C \in CAT$, $W \in CAT^+$, $L \in LEX$).

Definition 5.3 (FAS-Ausdruck). Sei G_{FAS} eine FAS-Syntax, die die Sprache L_{FAS} generiert. Dann ist ein *Ausdruck* von L_{FAS} ein gemäß G_{FAS} generierter terminierter Ableitungsbaum. Ein Ausdruck von L_{FAS} heißt kurz *FAS-Ausdruck*.

Die Funktor-Argument-Beziehungen werden auf folgende Weise kodiert. Zum einen enthält jede FAS-Kategorie das Merkmal **op**. Es hat den Wert „lex" (für lexikalische Kategorien), oder es kennzeichnet die Operation, durch die die Töchter des entsprechenden Knotens kombiniert werden können (z.B. bedeutet „pred" Prädikation und „det" Determination). Zum andern wird durch eine Konvention die am weitesten links stehende Kategorie in einem lokalen FAS-Baum stets als Funktor (oder anderer Operator) interpretiert. Mit diesen Mitteln wird eine sehr flexible Zuweisung von Operatoren zu Kategorien ermöglicht, die die *Repräsentation* in FAS unabhängig macht von der *Interpretation*.

[3] Das Transferverfahren, mit dem z.B. aus einem FAS-Ausdruck für einen deutschen Satz mithilfe der Transferregeln ein übersetzungsäquivalenter FAS-Ausdruck für einen englischen Satz erzeugt wird, ist in [Weisweber 1989] beschrieben.

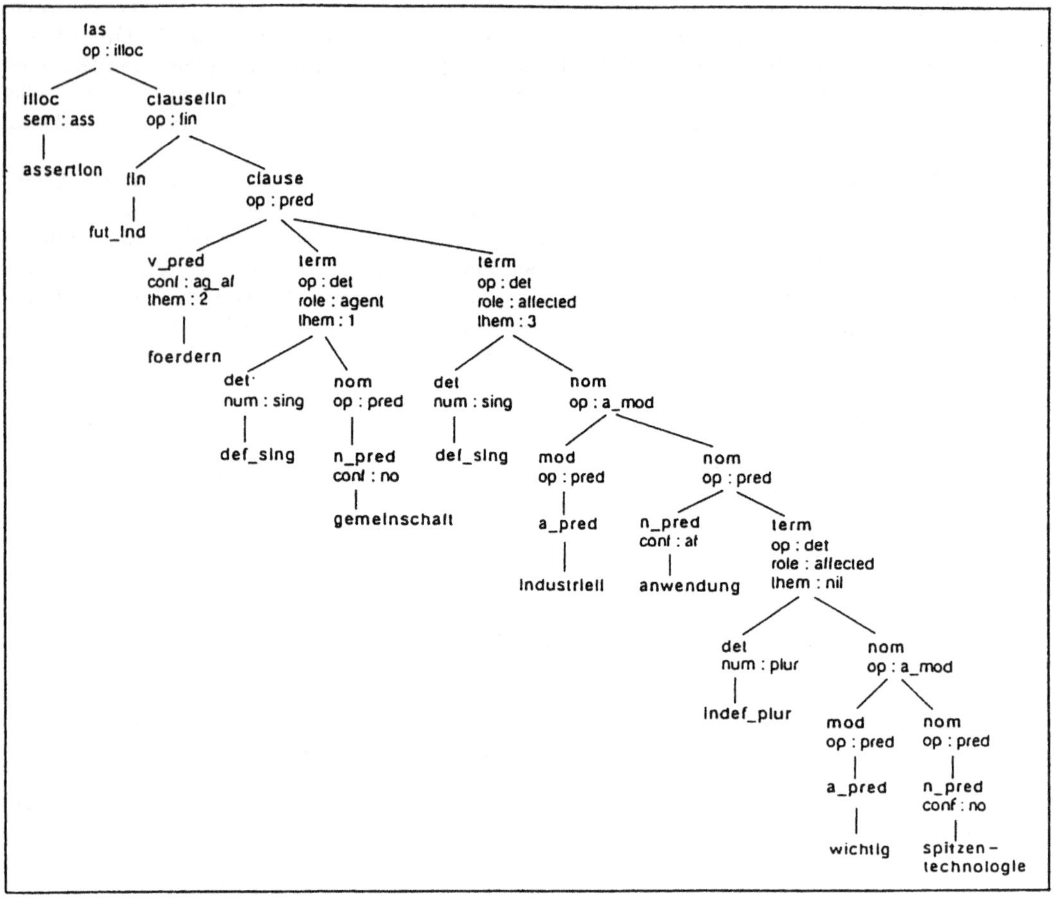

Abbildung 5.3: FAS-Ausdruck für einen deutschen Satz

Abbildung 5.3 zeigt einen FAS-Ausdruck für den Satz (5.3).[4] Beispielsweise ist v_pred (für „verbales Prädikat") Funktor mit zwei Termen als Argumente; auf der nächsttieferen Ebene hat der Funktor **det** (für „Determinator") ein Argument, **nom** (für „Nominalkomplex").

(5.3) Die Gemeinschaft wird die industrielle Anwendung wichtiger Spitzentechnologien fördern.

5.2.2 Die in FAS repräsentierte Information

Durch den separaten Ansatz werden Freiheiten der Kodierung gewonnen, die es erlauben, in FAS außer den Funktor-Argument-Verhältnissen folgende weitere übersetzungsrelevante Information direkt und explizit zu repräsentieren:

- thematische Strukturierung,

[4]Der FAS-Ausdruck ist aus Darstellungsgründen vereinfacht. Eine vollständige Repräsentation dieses FAS-Ausdrucks wird im Rahmen eines Generierungsbeispiels aufgeführt (vgl. Abschnitt 6.3.8).

- Rollenkonfiguration und →semantische Rollen,
- semantische Merkmale.

Nach einer Betrachtung, warum diese Information in FAS zu repräsentieren ist und wie sie kodiert wird, folgt anhand des Beispiels in Abbildung 5.3 ein Überblick über einige weitere Konstrukte.

Die thematische Strukturierung beschreibt die Reihenfolge, in der der Informationsgehalt einer Äußerung präsentiert wird. Sofern man sich entscheidet, daß der Gang der Argumentation auch innerhalb von Sätzen möglichst nicht durch die Übersetzung verändert werden sollte, kann die thematische Struktur eines Satzes die Auswahl unter möglichen Übersetzungsäquivalenten beeinflussen. Beispielsweise kann das Verb *gehören zu* ins englische *belong to* oder *include* übersetzt werden. Unter Beibehaltung der thematischen Struktur wird man (5.4) in (5.5) und (5.6) in (5.7) übersetzen.[5]

(5.4) Die Elektronik gehört zu den Spitzentechnologien.

(5.5) Electronics belongs to the high technologies.

(5.6) Zu den Spitzentechnologien gehört die Elektronik.

(5.7) High technologies include electronics.

In FAS wird das Merkmal **them**, das numerische Werte hat, zur skalaren Beschreibung der Oberflächenreihenfolge verwendet, die einer Skala der *kommunikativen Dynamik* entspricht, wie sie die Theorie der funktionalen Satzperspektive der Prager Schule beschreibt (vgl. [Firbas 1974, Sgall *et al.* 1973]). In den hier verwendeten FAS-Syntaxen enthalten nur die Töchter von **clause** das **them**-Merkmal, d.h. **v_pred** und **term**, wodurch eine Beschreibung der Satzgliedordnung ermöglicht wird.[6] Sicherlich ist diese Darstellung noch nicht ausreichend und sollte durch eine Repräsentation des dichotomischen Aspektes der thematischen Struktur ergänzt werden, der durch den Begriff der *kontextuellen Bindung* beschrieben wird [Sgall *et al.* 1973].

Eine weitere übersetzungsrelevante Information betrifft die Rollenkonfiguration und semantische Relationen. In FAS wird nicht der Anspruch erhoben, Aspekte der Bedeutung von Verben und ihren Mitspielern zu erklären, wie dies beispielsweise mit Fillmore'schen Kasusrahmen und Tiefenkasus beabsichtigt ist [Fillmore 1968]. Auch semantische Generalisierungen wie die Sicht von *kaufen* als Spezialisierung von *tauschen* [Jacobs 1985a] sind kein vorrangig verfolgtes Ziel. Vielmehr dienen semantische Relationen in FAS der Disambiguierung von Lesarten im Transfer sowie der Formulierung möglichst genereller Transferregeln.

Semantische Relationen sollen anhand von Oberflächenkriterien bestimmt werden können. Nur so sind sie für verschiedene Sprachen auf konsistente Weise kodierbar, was in einem Großprojekt wie EUROTRA wichtig ist. Solche eher praktischen Gesichtspunkte standen auch im Mittelpunkt bei der Entwicklung des Systems semantischer Relationen in EUROTRA-D [Steiner *et al.* 1988b], das nichtsdestoweniger in der Tradition der Systemischen Grammatik steht (vgl. [Halliday/Fawcett 1987]). Semantische Relationen erlauben in EUROTRA-D einerseits, durch ausreichende Abstraktion von den syntaktischen Katgeorien der einzelnen Grammatiken den Transfer verhältnismäßig einfach zu halten und andererseits, lexikalische Ambiguitäten im Verlauf der Analyse darzustellen, wie sie das folgende Beispiel (5.8) mit zwei Übersetzungen ins Englische enthält (nach [Steiner *et al.* 1988b, S. 41]).

(5.8) Es wurde festgestellt, daß die Maßnahmen unzureichend sind.

(5.9) It was stated that the measures are insufficient.

(5.10) It was noticed that the measures are insufficient.

Aus den genannten Gründen wurde der Ansatz von EUROTRA-D in FAS weitgehend über-

[5] Eine ausführliche Diskussion eines ähnlichen Beispiels findet sich in [Busemann/Hauenschild 1989].

[6] Unabhängig von der syntaktischen Struktur des Verbalkomplexes erhalten v_preds für Deklarativsätze die Spezifikation (them : 2), sofern sie nicht topikalisiert sind.

nommen. Die Rollenkonfiguration wird durch das Merkmal conf in der Kategorie von Prädikaten repräsentiert und die semantischen Relationen komplementär dazu durch das Merkmal role in den Kategorien ihrer Argumente. Die Rollenkonfiguration ist eine Eigenschaft der lexikalischen Kategorien und damit von Einträgen des Wortlexikons. Die Werte von conf sind mnemotechnische Kürzel für die involvierten semantischen Relationen. Beispielsweise bedeutet „ag_af" (vgl. Abbildung 5.3), daß es zwei Argumente gibt mit den Rollen „agent" und „affected".

In FAS werden drittens semantische Merkmale dargestellt. Sie haben eine sehr eingeschränkte Aufgabe, die sich von üblichen Verwendungsweisen abgrenzt. Zu den mit FAS *nicht* zu lösenden Aufgaben gehören die Unterscheidung pragmatischer Sachverhalte, wie etwa die Frage, ob ein Lebewesen Schwimmbewegungen macht, was für die Übersetzung von *schwimmen* ins Englische (*swim* vs. *float*) ausschlaggebend ist. Es ist ebenfalls *nicht* beabsichtigt, daß sie zur Erklärung von Wortbedeutungen beitragen, indem sie etwa spezifizieren, ob ein Gegenstand fest oder flüssig ist. Dies könnte auf einer konzeptuellen Transferebene z.B. für die Unterscheidung von *essen* und *trinken* herangezogen werden.

In FAS sollen mit semantischen Merkmalen weitere übersetzungsrelevante Unterscheidungen von Lesarten getroffen und weitere Mittel zu einer Formulierung allgemeiner Transferregeln bereitgestellt werden. Z.B. hängt die Übersetzung von *verabschieden* ins Englische von semantischen Unterschieden des syntaktischen Objekts ab, wobei die semantische Rolle gleich bleiben kann. In den beiden folgenden Beispielen (5.11)–(5.12) und (5.13)–(5.14) ist sie „affected" [Zelinsky-Wibbelt 1988].

(5.11) Der Rat verabschiedet diesen Beschluß.

(5.12) The council adopts this decision.

(5.13) Der General verabschiedet die Soldaten.

(5.14) The general retires the soldiers.

Die Kodierung solcher Unterschiede erfolgt in FAS durch das Merkmal sem, dessen Werte mithilfe kospezifizierter variabler Merkmalwerte aus den FAS-Regeln vom n_pred (nominalen Prädikat) zum term perkolieren können. Die so erzeugte Redundanz der Information ist für eine einfache Formulierung der Transferregeln (etwa für das genannte Beispiel) nützlich, denn der entsprechende Wert von sem ist unabhängig von der Einbettungstiefe des nominalen Prädikats im FAS-Ausdruck auf der Ebene des verbalen Prädikats verfügbar.[7]

Der Wert nil kennzeichnet nicht realisierte Determinatoren; ansonsten wird bei Determinatoren ana (für „anaphorisch") oder bottom (als neutrales Element eines gedachten Verbandes von sem-Werten) verwendet.

Das Merkmal sem kann nicht allein für die korrekte Auswahl von Übersetzungsäquivalenten sorgen. Vielfach ist dazu kontextuelle Information notwendig, die auf der satzsemantischen Ebene nicht zur Verfügung steht. Man kann das Merkmal sem auf einer konzeptuellen Ebene im Übersetzungsmodell ansiedeln, wo die Bedingungen der verschiedenen möglichen Übersetzungen vollständiger darstellbar sind. Die Verwendung in FAS ist in jenen Fällen sinnvoll, wo die Bedingungen im satzsemantischen Transfer formuliert werden können.

Betrachten wir nun noch einmal Abbildung 5.3. Bisher war vor allem von der „zentralen" Ebene von clause die Rede; jetzt sollen einige weitere Merkmale zur Sprache kommen.

Der Tatsache, daß in dem Beispiel ein Deklarativsatz vorliegt, wird durch das Terminalelement assertion als Tochter der Kategorie illoc (für „Illokution") Rechnung getragen. Dieses Terminalelement hat keine Entsprechung in Form eines Wortes im Satz. Ähnlich verhält es sich mit dem Terminalelement fut_ind (für Futur Indikativ), das eine Tochter der Kategorie fin (für Finitkomplex) ist. fin kennzeichnet Tempus und Modus und unterscheidet somit die Darstellung finiter Sätze von der infiniter Sätze.

[7] sem ist in Abbildung 5.3 nicht dargestellt.

Information über den Numerus ist, anders als in der syntaktischen Struktur, in genau einer Kategorie kodiert, nämlich in **det**, und zwar unabhängig von seiner Oberflächenrealisierung. **det** ist Teil jedes quantifizierten FAS-Ausdrucks.

Damit FAS-Ausdrücke als Ausgangsstrukturen für die Generierung geeignet sind, muß sichergestellt sein, daß sie alle Informationen enthalten, die in Abschnitt 5.1 als notwendig für GPSG-basierte Generierung identifiziert wurden. Dies ist der Fall und wird im Rahmen der Beschreibung des strukturgetriebenen Verfahrens gezeigt werden (Abschnitt 6.3). An dieser Stelle soll eine kurze Bemerkung genügen: Topikalisierung erfolgt nur im Falle einer assertionalen Illokution; betroffen ist die syntaktische Entsprechung des mit ⟨**them** : 1⟩ spezifizierten FAS-Teilausdrucks. Während die Numerusinformation direkt in GPSG-Kategorien rekodiert werden kann, muß der Oberflächenkasus in Abhängigkeit vom Verb, seiner Subkategorisierung, seinem Genus und der jeweiligen semantischen Rolle berechnet werden (siehe hierzu Abschnitt 6.3.7).

Abschließend soll das abgedeckte Fragment skizziert werden (Stand 1989). Da FAS-Ausdrücke sowohl Ausgangs- als auch Zielstrukturen des Transfers sind, haben die Fragmente für Deutsch und Englisch den gleichen Umfang. Es werden einfache Aussagesätze abgedeckt. Aktiv und Passiv, Hilfsverben einschließlich Modalverben und alle Tempora sind beschreibbar. Die Nominalgruppen der GPSG-Fragmente werden abgedeckt (Genitiv- und Präpositionalattribute, Relativsätze). Es fehlt noch eine befriedigende Repräsentation von →Raising- und Equi-Verben, die eine umfassende und konsistente Darstellung von Referenzverhältnissen voraussetzt.

Kapitel 6

Generierung mit GPSG

In diesem Kapitel werden zwei Verfahren zur Generierung vorgestellt, die beide mit dem konstruktiven GPSG-Formalismus arbeiten. Ihre Aufgabe bei der Generierung von Endketten ist es,

- Wortstämme syntaktisch korrekt anzuordnen und
- flektierte Wortformen zu erzeugen.

Durch die Angabe einer gemäß der jeweiligen GPS-Grammatik zulässigen syntaktischen Struktur mit den zu verwendenden Wortstämmen als Blättern wird die erste Teilaufgabe gelöst, und zur Lösung der zweiten Teilaufgabe stehen alle notwendigen Informationen bereit: jede lexikalische Kategorie ist ausreichend spezifiziert, um die Flexion der von ihr dominierten Stammform zu steuern. Die Flexionskomponente [Busemann 1988a] basiert auf einem graphematischen Ansatz nach [Brockhaus *et al.* 1976] und erzeugt zu einem terminierten lokalen Baum der syntaktischen Struktur eine Wortform.

Diese Arbeit konzentriert sich ausschließlich auf den ersten Bereich. Bei den gegebenen Ausgangs- und Zielstrukturen stellt Generierung, technisch gesehen, eine Abbildung von Bäumen (SAS oder FAS) in Bäume (GPSG) dar. Die Abbildung beruht auf der konstruktiven Version von GPSG, die eine Modularisierung der Sprachverarbeitung in Grammatikformalismus, Grammatik und Verarbeitungsstrategie gestattet. Die Verarbeitungsstrategie bestimmt die Reihenfolge, in der die Elemente der Ausgangsstruktur abgearbeitet und die lokalen Bäume der Gesamtstruktur generiert werden (Abschnitt 6.1).

Auf der Grundlage einer solchen Modularisierung lassen sich unterschiedliche Generierungsverfahren definieren. Zwei Ausprägungen werden in den Abschnitten 6.2 und 6.3 detailliert beschrieben. Das erste Verfahren läßt sich in Anlehnung an die Terminologie von [McDonald 1981] als *grammatikgetrieben*, das zweite als *strukturgetrieben* charakterisieren. Im ersten Fall wählt die Grammatik eine ID-Regel, mit der die die Gesamtstruktur expandiert werden kann. Ein Teil der in der Ausgangsstruktur enthaltenen Information muß mit der ID-Regel verbalisiert werden können. Im zweiten Fall wird ein Teil der Ausgangsstruktur gewählt, der (mithilfe von ID-Regeln) zu verbalisieren ist. Das Resultat, eine syntaktische Teilstruktur, soll die Gesamtstruktur erweitern.

6.1 Verarbeitungsstrategien aufgrund der Ausgangsstrukturen

In Abschnitt 4.5 wurde bereits über Verarbeitungsstrategien gesprochen und Beschränkungen aufgrund des GPSG-Formalismus diskutiert. Dieser Abschnitt wendet sich der Verarbeitung der Ausgangsstrukturen zu und nennt Gründe, warum die Strukturbildung bei der Generierung zweckmäßigerweise top-down verläuft.

Ähnlich wie sich für das Parsing eine Links-Rechts- oder eine Rechts-Links-Verarbeitung der Endkette oder eine Insel-Strategie anbieten, kann eine Ausgangsstruktur bei der Generierung top-down, bottom-up oder nach einer Mischstrategie abgearbeitet werden, etwa in Form einer „Suche nach Bedarf". Hierbei bestimmt der Generator, welcher Teil der Ausgangsstruktur gerade verbalisiert werden soll. Es kann sich um beliebig voneinander entfernt stehende Information handeln.

Welche dieser Strategien zu wählen ist, wird bestimmt durch die Art und Weise, in der die benötigte Information in der Ausgangsstruktur kodiert ist und durch die Strategie zur Strukturbildung.

Sowohl SAS als auch FAS sind oberflächennah. Aufgrund der jeweiligen Terminalelemente werden die Wörter generiert, und die jeweiligen Wurzelkategorien weisen auf die Konstituenz der Endkette hin. Bei einer Top-Down-Abarbeitung ergibt sich zunächst, ob ein Satz generiert werden soll und ob eine Verberst-, -zweit- oder -letztstellung vorliegt. Erst später, d.h. auf einer tieferen Ebene der Ausgangsstruktur, wird Information z.B. über die Kasus von NPs zugänglich. Dies entspricht der Reihenfolge, in der diese Informationen bei einer top-down erfolgenden Strukturbildung benötigt werden. Daher ist es sinnvoll, die Ausgangsstruktur top-down abzuarbeiten, wenn die GPSG-Struktur top-down erzeugt werden soll.[1]

Analog folgt für eine Bottom-Up-Strukturbildung, daß die Ausgangsstruktur ebenfalls bottom-up abgearbeitet werden sollte. Dies bewirkt die Generierung von NPs, bevor ihre Einbindung in satzwertige Konstituenten festgelegt wird. Bei Deklarativsätzen steuert eine Spezifikation von **top** die Besetzung des Vorfeldes; z.B. mit einer NP. Bei einer Bottom-Up-Strategie muß also aufgrund der SAS-Gruppe bzw. des FAS-Terms entschieden werden, ob **top** zu spezifizieren ist. Mit SAS ist die Entscheidung einfach, da es genau dann genau eine SAS-Gruppe mit $\langle$**top** : $+\rangle$ gibt, wenn ein Verbzweitsatz zu generieren ist. Mit FAS ergibt sich das Problem, daß die **top**-Spezifikationen aus den **them**-Werten berechnet werden: aus $\langle$**them** : 1$\rangle$ soll genau dann $\langle$**top** : $+\rangle$ erzeugt werden, wenn ein Verbzweitsatz zu generieren ist. Dies jedoch ist nur an der Illokution des FAS-Ausdrucks, mithin auf einer sehr hohen Ebene der Struktur, zu erkennen (vgl. z.B. Abbildung 5.3).

Wir halten fest: Infolge der Abstraktion von GPSG-Merkmalen eignet sich FAS nicht zur Bottom-Up-Verarbeitung bei der Generierung. Daher wird Generierung aus FAS-Ausdrücken aufgrund der Strategie 3 aus Abschnitt 4.5.1 durchgeführt (Strukturbildung top-down, Anwendung der Merkmalinstantiierungsprinzipien bottom-up).

Bei SAS-Ausdrücken ergibt sich das Problem, daß die Reihenfolge der Knoten nicht festgelegt ist. Dem würde eine strikte Abarbeitungsstrategie, top-down oder bottom-up, nicht gerecht werden, denn einer generierten Endkette liegt nicht ein bestimmter SAS-Ausdruck zugrunde sondern vielmehr die Klasse der SAS-Ausdrücke, die sich durch Permutationen von Kanten auf ihren jeweiligen Strukturebenen unterscheiden. Die Elemente dieser Klasse würden mit einem strikten Verfahren unterschiedlich effizient verbalisierbar sein. Um dies zu vermeiden, wird eine Mischstrategie verwendet, die „Suche nach Bedarf" mit einem Top-Down-Verfahren kombiniert. Damit ergibt sich auch für Generierung aus SAS-Ausdrücken die Strategie 3.

Dies ist, anders als bei FAS, nicht zwingend. Eine Kombination von „Suche nach Bedarf" mit einem Bottom-Up-Verfahren und somit die Benutzung von Strategie 2 ist möglich und durchaus sinnvoll. Den Ausschlag zugunsten des Top-Down-Ansatzes gab die Verwendung von Strategie 2 für den Parser des Berliner GPSG-Systems. Auf diese Weise konnte gezeigt werden, daß die Sprachverarbeitung mit GPSG aufgrund unterschiedlicher Strategien realisierbar ist.

Ein weiterer Aspekt der Verarbeitungsstrategie, der in Kapitel 2 genannt wurde, ist in die Diskussion einzubeziehen: die Suchstrategie. Für das Parsing [Weisweber 1987] wurde eine „Breite-zuerst"-Strategie angesetzt. Für die Generierung, die ja durch die Ausgangsstruktur gesteuert wird, ist dies nicht sinnvoll, da nicht ohne weiteres erkennbar ist, welche Teile eines SAS- oder eines FAS-Ausdrucks einer Menge von Schwesterkategorien zuzuordnen sind. Die gewählte „Tiefe-zuerst"-Strategie muß allerdings verfeinert werden, u.a. um dem bekannten Problem der Endlosrekursion zu begegnen. Dies wird in Abschnitt 6.2 ausführlich diskutiert.

Fassen wir zusammen: Die Strategie zur Strukturbildung ist gekoppelt mit der Verarbeitungsweise

[1]Es ist gleichwohl nicht zwingend. Zum einen kann man mehrere Durchläufe durch die Ausgangsstruktur zulassen. Zum andern kann man – bei nur einem Durchgang – die Zwischenspeicherung von Informationen vorsehen.

der Ausgangsstrukturen. Eigenschaften von FAS machen eine bottom-up erfolgende Strukturbildung ineffizient. Als Suchstrategie wird eine Variante von „Tiefe zuerst" verwendet. Damit ergeben sich zusammen mit den Überlegungen aus Abschnitt 4.5 hinsichtlich der Merkmalinstantiierung die am besten geeigneten Strategien:

- Mit SAS erfolgt die Generierung vorzugsweise gemäß Strategie 2 oder 3.
- Mit FAS erfolgt die Generierung vorzugsweise gemäß Strategie 3.

6.2 Grammatikgetriebene Generierung

Charakteristisch für grammatikgetriebene Generierung ist eine strikte Lokalität von syntaktischem Wissen. Über den Aufbau und die Anwendungsfolge der Regeln ist außerhalb der Grammatik nichts bekannt. Die einzigen Voraussetzungen betreffen die wechselseitige Verträglichkeit von Grammatik, Lexikon und SAS-Ausdrücken.

Zuerst wird in Abschnitt 6.2.1 der Algorithmus angegeben (vgl. [Busemann 1987]), bevor das Verfahren am Beispiel dargestellt wird (Abschnitt 6.2.2). Eine Diskussion der Vor- und Nachteile folgt dann in Abschnitt 6.2.3.

6.2.1 Das Verfahren

Die Abarbeitung eines SAS-Ausdrucks erfolgt im Zuge der Strukturbildung durch Unifikation von lexikalischem Material und von Merkmalspezifikationen mit Kategorien in einem lokalen Baum, der *Extensor* heißt. Dieser Baum muß einen Knoten der Gesamtstruktur expandieren, d.h. seine Mutter muß mit einem nichtterminalen Blatt eines lokalen Baumes in der Gesamtstruktur unifizieren. Die nichtterminalen Blätter dieses lokalen Baumes heißen *Expansionsstellen*. Die ID-Regel, die einen Extensor projiziert, heißt *passend*. Die Merkmalspezifikationen beschränken oft die Auswahl passender ID-Regeln und damit die möglichen Expansionsschritte. Man beachte, daß passende ID-Regeln noch nicht die Vollständigkeit des Verfahrens sicherstellen, was dazu führen kann, daß Extensoren letztlich als ungeeignet verworfen werden.

Zu jedem Zeitpunkt ist ein bestimmter Knoten des SAS-Ausdrucks fokussiert, d.h. nur Teilbäume, die dieser Knoten unmittelbar dominiert, dürfen abgearbeitet werden. Zu Beginn ist der oberste Knoten fokussiert.

Der Algorithmus wählt zunächst irgendeine passende ID-Regel aus und betrachtet eine Tochter, die nun mit Material aus dem fokussierten Teil des SAS-Ausdrucks unifiziert werden soll. Ist sie mit lexikalischem Material unifizierbar, wird damit ein terminaler Knoten der syntaktischen Struktur erzeugt.

Ist die Tochter mit Merkmalspezifikationen aus einer Gruppe unifizierbar, arbeitet das Verfahren rekursiv: Für die Tochter wird eine passende ID-Regel ausgewählt und die betreffende Gruppe fokussiert. Ist die Tochter nicht mit Merkmalspezifikationen aus einer Gruppe unifizierbar, wird sie durch eine ID-Regel expandiert und mit dem fokussierten Teil des SAS-Ausdrucks fortgefahren.

Aus Effizienzgründen werden die Expansionsstellen geordnet, so daß zuerst jene Töchter expandiert werden, die nach möglichst wenig Expansionsschritten mit lexikalischem Material unifizieren. Diese Töchter lassen sich in GPS-Grammatiken anhand des Merkmals bar identifizieren. Indem das Verfahren zunächst die Tochter mit der niedrigsten Spezifikation von bar expandiert, nutzt es die Eigenschaft der X-Bar-Theorie aus, daß der Wert von bar um so kleiner ist, je direkter ein Knoten ein Lexem dominiert. Die lexikalischen Kategorien sind mit ⟨bar : 0⟩ spezifiziert.[2] Unabhängig davon werden „rekursive" Töchter zuletzt expandiert, um Endlosrekursionen lokal auszuschließen.

[2] Die exakte Präferenzreihenfolge der Werte von bar lautet: ⟨0, 1, 2, 3, X, ¬⟩.

Ist im fokussierten Teil des SAS-Ausdrucks kein Material mehr für die Tochter vorhanden, war die gewählte ID-Regel ungeeignet und es erfolgt Backtracking. Der hierdurch verursachte Aufwand wird durch Zwischenspeicherung erfolgreich generierter Teilbäume eingeschränkt.

Sind keine Expansionsstellen im lokalen Baum mehr vorhanden, erfolgt die Merkmalinstantiierung durch die Merkmalinstantiierungsprinzipien und FCRs. Die endgültige Anordnung der Töchter und damit den zulässigen lokalen Baum erzeugen dann die LP-Aussagen. Hierbei kann es vorkommen, daß mehr als eine Anordnung der Töchter zulässig ist (die Grammatik in Anhang A spezifiziert beispielsweise nicht die Abfolge der NPs im Mittelfeld bei ditransitiven Verben). Jede dieser zulässigen Anordnungen führt zur Generierung einer Endkette.

Nach der Merkmalinstantiierung wird der lokale Baum verlassen und mit der Vervollständigung des nächst höheren Baums in der Gesamtstruktur fortgefahren. War die Mutter der Startknoten, ist das Verfahren beendet, sofern der SAS-Ausdruck vollständig verbalisiert wurde.

Ist dies nicht der Fall, wurde zwar ein zulässiger Baum erzeugt, der aber nicht dem zu generierenden Satz entspricht. Das in solchen Fällen erforderliche Backtracking kann exponentiellen Aufwand verursachen[3], wenn die Abarbeitung der Ausgangsstruktur nicht geeignet gesteuert wird. Daher werden eingebettete Konstituenten (**embed**) als letzte im fokussierten Bereich des SAS-Ausdrucks verbalisiert, und bei Gruppen wird gefordert, daß *alles* zugehörige Material durch einen geeigneten Extensor verbalisiert wird. Sonst jedoch darf bei der Unifikation mit der letzten Expansionsstelle durchaus Material übrigbleiben, mit dem eine weitere syntaktische Konstituente (in einem höheren lokalen Baum) unifiziert werden soll. Ob aber diese Expansion gelingt, stellt das Verfahren erst beim weiteren Wiederaufstieg fest. Hier ist ein Preis für die Unabhängigkeit der SAS und des Generators von der Grammatik zu zahlen.

Im folgenden wird das Verfahren anhand des Pseudo-Codes dargestellt.

```
generate_sas(SAS, S) :-
   instantiate_daughter(_, SAS, _, Tree),
   word_inflection(Tree, S).

activate_id(SAS, RestSAS, Cat, Tree) :-
   idrule(Cat, Daughters),
   order_attachment_points(Daughters, Ordered),
   complete_id(SAS, RestSAS, Cat, Ordered, [], Tree).

complete_id(_, _, Mother, [], SubTrees, Tree) :-
   admissible_tree([Mother,SubTrees], Tree), !.
complete_id(SAS, RestSAS, Mother, [Cat|Cats], Subtrees, Tree) :-
   try_instantiate(Cat, SAS, RSAS, SubTree),
   append(Subtrees, SubTree, MoreSubTrees),
   complete_id(RSAS, RestSAS, Mother, Cats, MoreSubTrees, Tree).

try_instantiate(Cat, SAS, RestSAS, Tree) :-
   instantiate_daughters(Cat, SAS, RestSAS, Tree), !.
try_instantiate(Cat, [[embed,SAS]], RestSAS, Tree) :-
   instantiate_daughters(Cat, SAS, RestSAS, Tree), !.
try_instantiate(Cat, SAS, RestSAS, Tree) :-
   activate_id(SAS, RestSAS, Cat, Tree).

instantiate_daughters(Cat, [Lex|SAS], RestSAS, [[Cat,[Lexeme]]]) :-
   lexical_entry(Lex, Cat, Lexeme), !.
```

[3] Man nehme in einer tief eingebetteten SAS-Gruppe (zu verbalisieren etwa als ein Präpositionalattribut in einem Relativsatz) einen Determinator, *n* Adjektive und ein Nomen an. Im schlimmsten Fall würde zuerst nur das Nomen verbalisiert, dann schrittweise infolge von Backtracking jeweils ein Wort mehr. Dies trifft – im schlimmsten Fall – für jede Gruppe zu.

```
instantiate_daughters(Cat, [[group(F,V)|SAS]|RestSAS], RestSAS, Tree) :-
   not(lexical_category(Cat)),
   make_cat(F, V, Cat),
   activate_id(SAS, [], Cat, Tree).
instantiate_daughters(Cat, [SAS1|SAS], [SAS1|RestSAS], Tree) :-
   instantiate_daughters(Cat, SAS, RestSAS, Tree).

order_attachment_points(Mother, Daughters, Ordered) :-
   recursive_cat(Mother, Daughters, [RecCat|OtherDaughters]),
   quicksort(OtherDaughters, barlevel, OtherOrdered),
   append(OtherOrdered, [RecCat], Ordered).

barlevel(Cat1, Cat2) :-
   make_cat([bar], [Bar1], Cat1),
   make_cat([bar], [Bar2], Cat2), !,
   bar_priority(Bar1, Bar2).
```

`activate_id` wählt zu einer Expansionsstelle `Cat` (die bereits SAS-Merkmalspezifikationen enthält) eine passende ID-Regel. Nach der Sortierung der neuen Expansionsstellen wird versucht, den lokalen Baum zu vervollständigen (`complete_id`). Im Erfolgsfalle ist `Tree` die neue Gesamtstruktur und `RestSAS` der noch zu verbalisierende Teil der Ausgangsstruktur `SAS`. `complete_id` sammelt die Menge erfolgreich generierter Teilbäume und veranlaßt die Merkmalinstantiierung (`admissible_tree`), wenn alle Expansionsstellen abgearbeitet sind.

Die Verbalisierung des SAS-Ausdrucks wird durch `try_instantiate` und `instantiate_daughter` gesteuert. Das erste der beiden Prädikate stellt (in der zweiten Klause) sicher, daß eingebettete SAS-Konstituenten zuletzt verbalisiert werden und veranlaßt (in der dritten Klause) die weitere Expansion der Expansionsstelle für den Fall, daß das andere der beiden Prädikate fehlschlug. Dessen Aufgabe ist die Verbalisierung von lexikalischem Material durch Lexikonzugriff (erste Klause) und von SAS-Gruppen (zweite Klause). Gruppen werden verbalisiert, indem zunächst die Expansionsstelle mit Merkmalspezifikationen aus dem SAS-Ausdruck unifiziert und dann rekursiv `activate_id` aufgerufen wird. Die Forderung, daß `RestSAS` leer sein muß, erzwingt die Verbalisierung der gesamten Gruppe.

Ein wichtiges Basisprädikat ist `make_cat`, das zu einer Liste von Merkmalnamen und einer Liste entsprechender Werte eine Kategorie gemäß der jeweiligen GPS-Grammatik erzeugt bzw. zu einer Kategorie und einer Liste von Merkmalnamen die entsprechenden Werte liefert. Dies sichert die Unabhängigkeit von der jeweiligen Kategoriendefinition. Die Verwendung dieses Prädikats setzt voraus, daß die Merkmalnamen in der Grammatik definiert sind.

6.2.2 Ein Beispiel

Aus dem in Abschnitt 5.1 angegebenen SAS-Ausdruck soll der Satz (5.1) generiert werden (S. 104). Abbildung 6.1 zeigt einen Ausschnitt einer zulässigen syntaktischen Struktur, wobei nur wenige Merkmale berücksichtigt sind.[4] Folgende ID-Regeln liegen den numerierten lokalen Bäumen zugrunde (**agr** und **head** wie in Abbildung 6.1):

(6.1) ID8: $S[\neg slash] \longrightarrow [+top], S/[+top]$

(6.2) ID6: $S[fin] \longrightarrow V[4, fin], S[inf]$

(6.3) ID2: $S \longrightarrow V[2], S[inf]$

(6.4) ID36: $S/NP[+top, acc] \longrightarrow V[6], NP[nom, \neg slash]$

[4] Zur Abkürzung werden die Spezifikationen von **agr** und **head** unter den Kategorien notiert, deren Bestandteil sie sind. In allen S sind **cas** und **subcat** undefiniert, in allen NP **vform** und in allen V **cas** und **slash**. Wird **top** nicht angegeben, gilt ⟨**top** : −⟩; fehlen andere Merkmale, haben sie variable Werte.

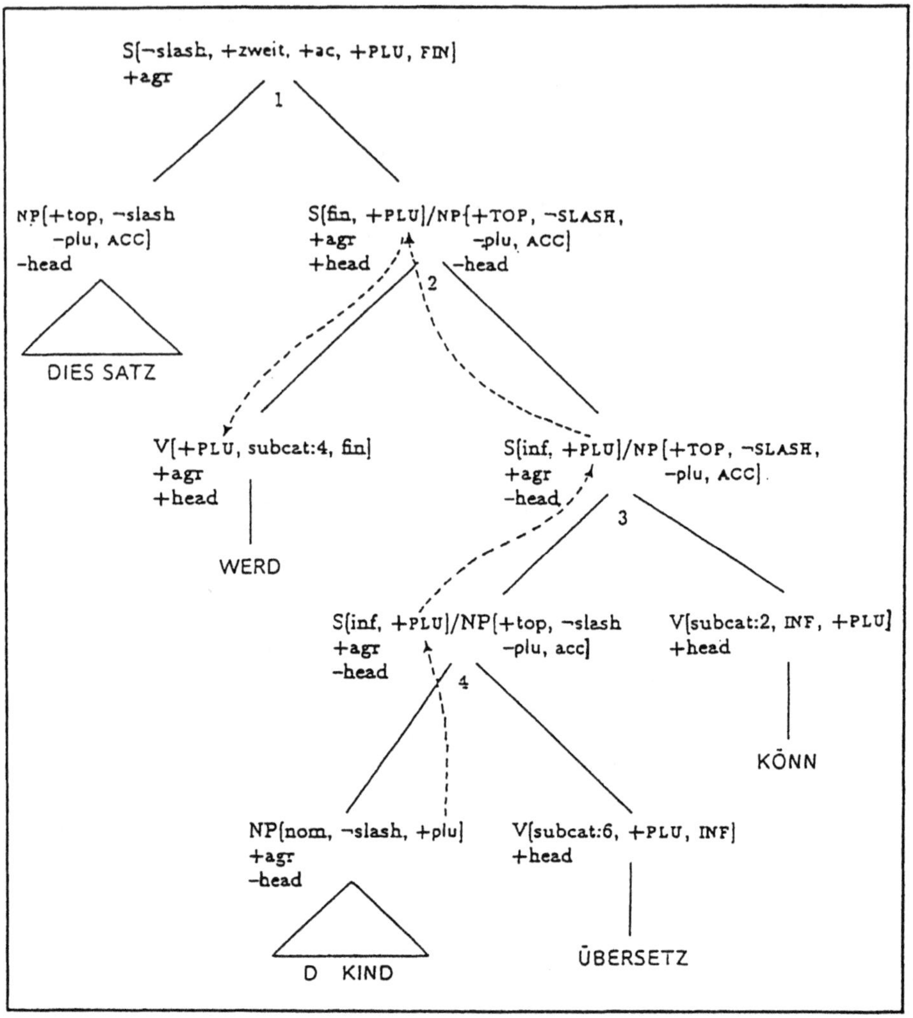

Abbildung 6.1: Generierung einer GPSG-Struktur aus einem SAS-Ausdruck

Regel (6.1) realisiert die Vorfeldstellung einer Konstituente in finiten Sätzen, indem sie die Identität der ersten Tochter mit dem slash-Wert der zweiten Tochter in allen Merkmalen fordert. Die Regeln (6.2) und (6.3) führen das Futur-Hilfsverb bzw. Modalverben ein. Das abhängige S ist stets infinitivisch. In der vierten Regel werden transitive Verben erfaßt, wobei das Objekt nicht lokal präsent ist (slash).

In Abbildung 6.1 sind alle Spezifikationen, die durch ID-Regeln und durch Expansion in lokale Bäume gelangt sind, klein geschrieben. Alle kursiv notierten Merkmale werden durch Merkmalinstantiierungsprinzipien instantiiert. Die Bestandteile in Versalien entstammen dem SAS-Ausdruck (vgl. Abbildung 5.2 auf S. 105).

Die Generierung des Baumes in Abbildung 6.1 beginnt mit der Auswahl von Regel (6.1) aufgrund der SAS-Spezifikation der Merkmale zweit und ac, die im Beispiel ausgelassen sind. Die S-Tochter wird mit Regel (6.2) expandiert (der Versuch mit (6.3) scheitert, weil deren S-Tochter mit

⟨vform : inf⟩ spezifiziert ist, womit kein Futur mehr erzeugt werden kann). Im neuen lokalen Baum wird das Futur-Hilfsverb *werd* generiert, und die S-Tochter mit Regel (6.3) expandiert, weil die lexikalische Kategorie des Modalverbs nur mit deren V-Tochter unifiziert (subcat). Die im SAS-Ausdruck verbliebene eingebettete Konstituente wird als S verbalisiert, das nur durch die ID-Regel (6.4) erfolgreich expandiert werden kann. Der entstehende vierte lokale Baum nimmt das Hauptverb auf und erzwingt die Verbalisierung des lexikalischen Materials innerhalb der mit ⟨cas : nom⟩ spezifizierten Gruppe als NP. Danach sind beide Töchter abgearbeitet, und die Merkmalinstantiierungsprinzipien werden aktiviert (FOOT ⊃ {slash}, AGR ⊃ {cas, plu}, HEAD ⊃ {cas, plu, vform}).

Das AP transportiert nun die Spezifikation ⟨plu : +⟩ an die Mutter, von wo sie zusammen mit ⟨vform : inf⟩ durch HFC an die Head-Tochter gelangt. Der Infinitiv folgt gemäß den LP-Aussagen als letzte Konstituente im zulässigen lokalen Baum. Auch im dritten Baum sind alle Töchter abgearbeitet, und das FFP transportiert den slash-Wert der S-Tochter an die Mutter; AP, HFC und LP wirken wie bei Baum 4. Am ebenfalls vollständig abgearbeiteten zweiten Baum ergänzt dann das FFP den slash-Wert der Mutter und instantiiert damit indirekt die noch nicht bearbeitete Tochter im ersten lokalen Baum. Das AP transportiert ⟨plu : +⟩ an das finite Verb (die Realisierung der Numeruskongruenz zwischen Subjekt und Verb ist durch gestrichelte Pfeile angedeutet). Den LP-Aussagen zufolge steht das finite Verb zuerst.

Das restliche Material im SAS-Ausdruck kann nun durch die verbliebene Tochter in Baum 1 als NP verbalisiert werden, wodurch ⟨plu : −⟩ an verschiedenen Knoten des Baumes instantiiert wird. AP und HFC wirken an der Mutter, und durch die LP-Aussagen gelangt die ⟨top : +⟩-Konstituente an den Anfang. Die Bedingungen für den erfolgreichen Abbruch des Verfahrens sind erfüllt.

Im folgenden wird die Generierung des Beispielsatzes anhand eines Konsolenprotokolls sehr detailliert dargestellt. Der zugrundeliegende SAS-Ausdruck wird in horizontaler Baumnotation wiederholt. Die in Schreibmaschinenschrift gesetzten Zeilen entstammen Konsolenprotokollen. Die ID-Regeln werden in der Reihenfolge versucht, in der sie in Anhang A aufgelistet sind. Die Konsolenprotokolle zeigen die Anwendung einer ID-Regel (`ID(n)...tried.`), die Anwendung der Merkmalinstantiierungsprinzipien (`FIPs: ID(n) ...`)[5] und die Erzeugung eines zulässigen lokalen Baumes (`ID(n) completed.`). Erweist sich eine ID-Regel nicht als geeignet für die Expansion der Gesamtstruktur, wird das durch `ID(n) failed.` angezeigt.

In Abschnitt 4.3 wurde die Bedeutung von Aliasbezeichnungen für die Definition von Kategorien betont. Zur *Darstellung* von Kategorien werden im folgenden ebenfalls Aliasbezeichner verwendet, die aber weniger Merkmalspezifikationen zeigen. Sie werden nur für die Darstellung der Effekte der Merkmalinstantiierungsprinzipien und für die Präsentation des Endergebnisses benötigt. Die Aliasbezeichner sind in Anhang A zusammengestellt (S. 171).

Als Variablennamen wurden nachträglich mnemotechnische Bezeichner gewählt anstelle der durch Waterloo-Core-Prolog bedingten Darstellung anonymer Variablen (PER1, PLU1 statt _1, _2, usw.). Die Kospezifikation von Variablen (z.B. PER1 und PER2) wird durch Weglassen des Index ausgedrückt (PER).

```
group([ac,zweit],[+,+])
--- *future*
--- *mvrb_koennen*
--- embed
------- *verb_uebersetzen*
------- group([top,plu,cas],[-,+,nom])
----------- *det_def*
----------- *noun_kind*
------- group([top,plu,cas],[+,-,acc])
----------- *noun_satz*
----------- *det_dies*
```

[5] „FIPs“ steht für Feature Instantiation Principles.

```
GPSG generator running >>>

* * *  ID(8) "S[fin]  -->  X[+top], S[fin] / X[+top]" tried.
* * *  ID(6) "S[fin]  -->  V[4], S[inf]" tried.
* * *  ID(2) "S  -->  V[2], S[inf]" tried.
* * *  ID(2) "S  -->  V[2], S[inf]" tried.
* * *  ID(2) failed.
* * *  ID(4) "S  -->  V[1], S[psp]" tried.
* * *  ID(4) failed.
* * *  ID(5) "S  -->  V[3], S[pas]" tried.
* * *  ID(5) failed.
* * *  ID(1) "S  -->  NP[nom], V[5]" tried.
* * *  ID(1) failed.
* * *  ID(33) "S / NP[nom]  -->  V[5]" tried.
* * *  ID(33) failed.
```

Nun wird eine ungeeignete Regel expandiert, die es zwar erlaubt, die Subjekts-NP zu generieren und eine Reihe zulässiger lokaler Bäume durch die Merkmalinstantiierungsprinzipien zu erzeugen, die aber bewirkt, daß als topikalisierte Konstituente (X[+top]) ein intransitives Verb zu generieren ist. Der SAS-Ausdruck unterbindet dies jedoch.

```
* * *  ID(34) "S / V[5]  -->  NP[nom]" tried.
* * *  ID(11) "NP  -->  DET, N1" tried.
* * *  ID(13) "N1  -->  AP, N1" tried.
* * *  ID(15) "AP  -->  ADJ" tried.
* * *  ID(15) failed.
* * *  ID(13) failed.
* * *  ID(9) "N1  -->  N[1], (NP[gen]), (S[fin])" tried.
* * *
* * *  ######################################################
* * *  FIPs: ID(9) N1  -->  N[1], (NP[gen]), (S[fin])
* * *  ######################################################
* * *        n1(PER1,PLU1,GEN1,CAS1,FLEX1)
* * *        --- n(1,PER2,PLU2,2,CAS2,FLEX2)
* * *                ==FIP==>
* * *        n1(PER,PLU,2,CAS,FLEX)
* * *        --- n(1,PER,PLU,2,CAS,FLEX)
* * *
* * *  ID(9) completed.
* * *
* * *  ######################################################
* * *  FIPs: ID(11) NP  -->  DET, N1
* * *  ######################################################
* * *        np(PER1,+,GEN1,nom,FLEX1)
* * *        --- det(3,PLU2,GEN2,CAS2,1)
* * *        --- n1(PER3,PLU3,2,CAS3,FLEX3)
* * *                ==FIP==>
* * *        np(3,+,2,nom,1)
* * *        --- det(3,+,2,nom,1)
* * *        --- n1(3,+,2,nom,1)
```

```
* * *
* * *  ID(11) completed.
* * *
* * *  ##########################################################
* * *  FIPs: ID(34) S / V[5]  -->  NP[nom]
* * *  ##########################################################
* * *        s(PER1,PLU1,PAUX1,AC1,MC1,inf)
                 / v(5,PER11,PLU11,PAUX11,AC11,MC11,inf)
* * *        --- np(3,+,3,nom,1,-)
                     ==FIP==>
* * *        s(3,+,PAUX1,AC1,MC1,inf)
                 / v(5,PER11,PLU11,PAUX11,AC11,MC11,inf)
* * *        --- np(3,+,3,nom,1,-)
* * *
* * *  ID(34) completed.
* * *
* * *  ##########################################################
* * *  FIPs: ID(2) S  -->  V[2], S[inf]
* * *  ##########################################################
* * *        s(PER1,PLU1,PAUX1,AC1,MC1,inf) / ?
* * *        --- v(2,PER2,PLU2,h,AC2,MC2,VFORM2)
* * *        --- s(3,+,PAUX3,AC3,MC3,inf)
                  / v(5,PER33,PLU33,PAUX33,AC33,MC33,inf)
* * *              ==FIP==>
* * *        s(3,+,h,-,-,inf)
                  / v(5,PER33,PLU33,PAUX33,AC33,MC33,inf)
* * *        --- v(2,3,+,h,-,-,inf)
* * *        --- s(3,+,PAUX3,AC3,MC3,inf)
                  / v(5,PER33,PLU33,PAUX33,AC33,MC33,inf)
* * *
* * *  ID(2) completed.
* * *
* * *  ##########################################################
* * *  FIPs: ID(6) S[fin]  -->  V[4], S[inf]
* * *  ##########################################################
* * *        s(PER1,PLU1,PAUX1,+,MC1,fin) / top
* * *        --- v(4,PER2,PLU2,s,AC2,MC2,fin)
* * *        --- s(3,+,h,-,-,-,inf) / v(5,PER33,PLU33,PAUX33,AC33,MC33,inf)
* * *              ==FIP==>
* * *        s(3,+,s,+,MC,fin) / v(5,PER33,PLU33,PAUX33,AC33,MC33,inf)
* * *        --- v(4,3,+,s,+,MC,fin)
* * *        --- s(3,+,h,-,-,inf) / v(5,PER33,PLU33,PAUX33,AC33,MC33,inf)
* * *
* * *  ID(6) completed.
* * *  ID(34) failed.
```

Die nächste Regel expandiert das S, ohne jedoch eine Konstituente zu topikalisieren. Es werden das transitive Verb und die bereits einmal erfolgreich generierte Subjekts-NP erzeugt, doch die Generierung der Objektsphrase scheitert an den inkompatiblen **top**-Spezifikationen. Die NP-Expansion (mit ID-Regel 11 bzw. 12) erfolgt anschließend, weil das Verfahren davon ausgehen muß, daß eine Verbalisierung der Gruppe durch Tochterkonstituenten der NP möglich sein kann. Letztlich scheitern diese Versuche, denn es treten lexikalische Kategorien auf, die nicht generierbar sind (DET, ADJ, N).

Dasselbe geschieht noch einmal bei der nächsten S-Expansionsregel (35) und wird hier nicht wiederholt.

```
* * *  ID(3) "S  -->  NP[nom], NP[acc], V[6]" tried.
* * *  ID(11) "NP  -->  DET, N1" tried.
* * *  ID(11) failed.
* * *  ID(12) "NP  -->  N1" tried.
* * *  ID(13) "N1  -->  AP, N1" tried.
* * *  ID(15) "AP  -->  ADJ" tried.
* * *  ID(15) failed.
* * *  ID(13) failed.
* * *  ID(9) "N1  -->  N[1], (NP[gen]), (S[fin])" tried.
* * *  ID(9) failed.
* * *  ID(29) "N1  -->  N[2], (PP[von]), (NP[gen]), (S[fin])" tried.
* * *  ID(29) failed.
* * *  ID(30) "N1  -->  N[3], (PP[auf]), (NP[gen]), (S[fin])" tried.
* * *  ID(30) failed.
* * *  ID(31) "N1  -->  N[5], (PP[fuer]), (NP[gen]), (S[fin])" tried.
* * *  ID(31) failed.
* * *  ID(10) "N1  -->  N[4], (PP[mit]), (NP[gen]), (S[fin])" tried.
* * *  ID(10) failed.
* * *  ID(12) failed.
* * *  ID(3) failed.
* * *  ID(35) "S / NP[nom]  -->  NP[acc], V[6]" tried/failed.
```

Die folgende ID-Regel ist die zweite, bei der alle Töchter verbalisiert werden können. Die Merkmalinstantiierungsprinzipien bewirken die Generierung einer Anzahl zulässiger Bäume, bis das Verfahren zum obersten lokalen Baum zurückgekehrt ist. Der Wert von slash erweist sich als geeignet zur Verbalisierung der verbleibenden SAS-Gruppe.

```
* * *  ID(36) "S / NP[acc]  -->  V[6], NP[nom]" tried.
* * *
* * *  ##########################################################
* * *  FIPs: ID(36) S / NP[acc]  -->  V[6], NP[nom]
* * *  ##########################################################
* * *       s(PER1,PLU1,PAUX1,AC1,MC1,inf) / np(PER11,PLU11,GEN11,acc,FLEX11)
* * *       --- v(6,PER2,PLU2,h,AC2,MC2,VFORM2)
* * *       --- np(3,+,3,nom,1,-)
* * *               ==FIP==>
* * *       s(3,+,h,-,-,-,inf) / np(PER11,PLU11,GEN11,acc,FLEX11)
* * *       --- v(6,3,+,h,-,-,inf)
* * *       --- np(3,+,3,nom,1,-)
* * *
* * *  ID(36) completed.
* * *
* * *  ##########################################################
* * *  FIPs: ID(2) S  -->  V[2], S[inf]
* * *  ##########################################################
* * *       s(PER1,PLU1,PAUX1,AC1,MC1,inf) / ?
```

```
* * *       --- v(2,PER2,PLU2,h,AC2,MC2,VFORM2)
* * *       --- s(3,+,h,-,-,inf) / np(PER33,PLU33,GEN33,acc,FLEX33)
* * *            ==FIP==>
* * *       s(3,+,h,-,-,inf) / np(PER33,PLU33,GEN33,acc,FLEX33)
* * *       --- v(2,3,+,h,-,-,inf)
* * *       --- s(3,+,h,-,-,inf) / np(PER33,PLU33,GEN33,acc,FLEX33)
* * *
* * * ID(2) completed.
* * *
* * * ########################################################
* * * FIPs: ID(6) S[fin]  -->  V[4], S[inf]
* * * ########################################################
* * *       s(PER1,PLU1,PAUX1,+,MC1,fin) / top
* * *       --- v(4,PER2,PLU2,s,AC2,MC2,fin)
* * *       --- s(3,+,h,-,-,inf) / np(PER33,PLU33,GEN33,acc,FLEX33)
* * *            ==FIP==>
* * *       s(3,+,s,+,MC,fin) / np(PER33,PLU33,GEN33,acc,FLEX33)
* * *       --- v(4,3,+,s,+,MC,fin)
* * *       --- s(3,+,h,-,-,inf) / np(PER33,PLU33,GEN33,acc,FLEX33)
* * *
* * * ID(6) completed.
* * * ID(11) "NP  -->  DET, N1" tried.
* * * ID(13) "N1  -->  AP, N1" tried.
* * * ID(15) "AP  -->  ADJ" tried.
* * * ID(15) failed.
* * * ID(13) failed.
* * * ID(9) "N1  -->  N[1], (NP[gen]), (S[fin])" tried.
* * *
* * * ########################################################
* * * FIPs: ID(9) N1  -->  N[1], (NP[gen]), (S[fin])
* * * ########################################################
* * *       n1(PER1,PLU1,GEN1,CAS1,FLEX1)
* * *       --- n(1,PER2,PLU2,1,CAS2,FLEX2)
* * *            ==FIP==>
* * *       n1(PER,PLU,1,CAS,FLEX)
* * *       --- n(1,PER,PLU,1,CAS,FLEX)
* * *
* * * ID(9) completed.
* * *
* * * ########################################################
* * * FIPs: ID(11) NP  -->  DET, N1
* * * ########################################################
* * *       np(PER1,-,GEN1,acc,FLEX1)
* * *       --- det(3,PLU2,GEN2,CAS2,1)
* * *       --- n1(PER3,PLU3,1,CAS3,FLEX3)
* * *            ==FIP==>
* * *       np(3,-,1,acc,1)
* * *       --- det(3,-,1,acc,1)
* * *       --- n1(3,-,1,acc,1)
* * *
```

```
* * *  ID(11) completed.
* * *
* * *  ##################################################
* * *  FIPs: ID(8) S[fin]  -->  X[+top], S[fin] / X[+top]
* * *  ##################################################
* * *        s(PER1,PLU1,PAUX1,+,+,fin)
* * *        --- s(3,+,s,-,+,MC2,fin) / np(3,-,1,acc,1,-)
* * *        --- np(3,-,1,acc,1,-)
* * *              ==FIP==>
* * *        s(3,+,s,+,+,fin)
* * *        --- s(3,+,s,+,+,fin) / np(3,-,1,acc,1,-)
* * *        --- np(3,-,1,acc,1,-)
* * *
* * *  ID(8) completed.


s(3,+,s,-,+,+,fin)
--- np(3,-,1,acc,1,-)
------- det(-,1,acc,1)  dies
------- n1(-,1,acc,1,-)
----------- n(1,-,1,acc,1,-)  satz
--- s(3,+,s,-,+,+,fin) / np(3,-,1,acc,1,-)
------- v(4,3,+,s,-,+,+,fin)  werd
------- s(3,+,h,-,-,-,inf) / np(3,-,1,acc,1,-)
----------- s(3,+,h,-,-,-,inf) / np(3,-,1,acc,1,-)
--------------- np(3,+,3,nom,1,-)
------------------- det(+,3,nom,1)  d
------------------- n1(+,3,nom,1,-)
----------------------- n(1,+,3,nom,1,-)  kind
--------------- v(6,3,+,h,-,-,-,inf)  uebersetz
----------- v(2,3,+,h,-,-,-,inf)  koenn

DIESEN SATZ WERDEN DIE KINDER UEBERSETZEN KOENNEN

* * *  ID(36) failed.
```

Im folgenden wird versucht, noch weitere Strukturen zu generieren. Zunächst werden erfolglos S-Expansionen probiert, die der Kürze halber mit `tried/failed.` gekennzeichnet sind. Im Falle der Regeln 37 und 49 kann erneut die Subjekts-NP expandiert werden.

```
* * *  ID(37) "S / V[6]  -->  NP[acc], NP[nom]" tried/failed.
* * *  ID(32) "S  -->  NP[nom], NP[acc], V[9], NP[dat]" tried/failed.
* * *  ID(47) "S / NP[nom]  -->  NP[acc], V[9], NP[dat]" tried/failed.
* * *  ID(48) "S / NP[acc]  -->  V[9], NP[dat], NP[nom]" tried/failed.
* * *  ID(49) "S / V[9]  -->  NP[dat], NP[acc], NP[nom]" tried/failed.
* * *  ID(50) "S / NP[dat]  -->  V[9], NP[acc], NP[nom]" tried/failed.
* * *  ID(24) "S  -->  NP[nom], V[10], VP[zu]" tried/failed.
* * *  ID(41) "S / NP[nom]  -->  V[10], VP[zu]" tried/failed.
```

Mit der folgenden Regel wird eine Expansion von VP versucht. Aber da das Objekt topikalisiert werden muß, scheitert die Generierung der NP innerhalb der VP auf die bereits dargestellte Weise. Daher wird dies abgekürzt und wieder durch `tried/failed.` gekennzeichnet.

```
* * *  ID(42) "S / V[10]  -->  VP[zu], NP[nom]" tried/failed.
* * *  ID(18) "VP  -->  V[2], VP[inf]" tried.
* * *  ID(18) failed.
* * *  ID(20) "VP  -->  V[1], VP[psp]" tried.
* * *  ID(20) failed.
* * *  ID(21) "VP  -->  V[3], VP[pas]" tried.
* * *  ID(21) failed.
* * *  ID(17) "VP  -->  V[5]" tried.
* * *  ID(17) failed.
* * *  ID(19) "VP  -->  NP[acc], V[6]" tried/failed.
* * *  ID(42) failed.
```

Nach einer Reihe weiterer Versuche wird mit ID-Regel 40 versucht, die SAS-Gruppe für die Objektsphrase als prädikative PP, NP oder AP zu verbalisieren. Die NP (in ID-Regel 16) verlangt nominativen Kasus, weshalb die Merkmale nicht unifizieren und die bekannten Versuche, die Gruppe durch Tochterkonstituenten der NP zu verbalisieren, unternommen werden. Daher wird dies abgekürzt und wieder durch `tried/failed.` gekennzeichnet.

```
* * *  ID(43) "S / VP[zu]  -->  V[10], NP[nom]" tried/failed.
* * *  ID(25) "S  -->  NP[nom], V[11], S[fin]" tried/failed.
* * *  ID(44) "S / NP[nom]  -->  V[11], S[fin]" tried/failed.
* * *  ID(45) "S / V[11]  -->  S[fin], NP[nom]" tried/failed.
* * *  ID(46) "S / S[fin]  -->  V[11], NP[nom]" tried/failed.
* * *  ID(7) "S  -->  NP[nom], PD, V[16]" tried/failed.
* * *  ID(38) "S / NP[nom]  -->  PD, V[16]" tried/failed.
* * *  ID(39) "S / PD  -->  V[16], NP[nom]" tried/failed.
* * *  ID(40) "S / V[16]  -->  PD, NP[nom]" tried.
* * *  ID(27) "PD  -->  PP" tried.
* * *  ID(14) "PP  -->  NP, P" tried.
* * *  ID(14) failed.
* * *  ID(27) failed.
* * *  ID(16) "PD  -->  NP[nom]" tried/failed.
* * *  ID(11) "NP  -->  DET, N1" tried.
* * *  ID(11) failed.
* * *  ID(12) "NP  -->  N1" tried.
* * *  ID(13) "N1  -->  AP, N1" tried.
* * *  ID(15) "AP  -->  ADJ" tried.
* * *  ID(15) failed.
* * *  ID(13) failed.
* * *  ID(9) "N1  -->  N[1], (NP[gen]), (S[fin])" tried.
* * *  ID(9) failed.
* * *  ID(29) "N1  -->  N[2], (PP[von]), (NP[gen]), (S[fin])" tried.
* * *  ID(29) failed.
* * *  ID(30) "N1  -->  N[3], (PP[auf]), (NP[gen]), (S[fin])" tried.
* * *  ID(30) failed.
* * *  ID(31) "N1  -->  N[5], (PP[fuer]), (NP[gen]), (S[fin])" tried.
* * *  ID(31) failed.
* * *  ID(10) "N1  -->  N[4], (PP[mit]), (NP[gen]), (S[fin])" tried.
* * *  ID(10) failed.
* * *  ID(12) failed.
* * *  ID(16) failed.
```

```
* * *  ID(28) "PD  -->  AP" tried.
* * *  ID(15) "AP  -->  ADJ" tried.
* * *  ID(15) failed.
* * *  ID(28) failed.
* * *  ID(40) failed.
```

Mit der folgenden ID-Regel wird versucht, eine VP zu topikalisieren. Analog zum obigen Versuch mit der ID-Regel 34 (S / V[5] → NP[nom]) können zunächst wieder eine Reihe zulässiger Bäume generiert werden (Hilfsverben) doch auf der obersten Ebene scheitert die Expansion der VP, wie am Versuch mit Regel 42 ersichtlich war.

```
* * *  ID(22) "S / VP  -->  NP[nom]" tried/failed.
```

Nachdem hiermit alle S-Expansionsmöglichkeiten erschöpft sind, folgen nun noch 275 weitere, erfolglose ID-Regel-Aktivierungen, die auf Versuchen beruhen, die Hilfsverben anders anzuordnen. Die Grammatik erlaubt es dann jedoch nicht, *alle* Hilfsverben zu verbalisieren. Die erste ausgegebene Struktur war somit die einzige zulässige.

```
* * *  ID(8) failed.
```

Verbrauchte CPU-Zeit: ca. 18 Sekunden.

6.2.3 Diskussion

Die Diskussion des grammatikgetriebenen Verfahrens wird neben wichtigen Vorteilen eine Reihe ernstzunehmender Nachteile ergeben, die aufzeigen, warum grammatikgetriebene Verfahren im allgemeinen wenig geeignet sind, die angestrebte Trennung von sprachlichem Wissen und Verarbeitungsstrategie zu verwirklichen.

Vorteilhaft ist die strikte Lokalität von syntaktischem Wissen. Über den Aufbau und die Anwendungsfolge der Regeln ist außerhalb der Grammatik nichts bekannt.

Darauf aufbauend ermöglicht das Verfahren eine unmittelbare und zugleich besonders naheliegende Interpretation der Grammatik, bei der die Kombination lokaler Bäume zu komplexeren Strukturen allein durch die deskriptive Darstellung der Grammatik reguliert wird. Beispielsweise wird durch ID-Regeln die Kombinierbarkeit von lokalen Bäumen beschränkt, die Hilfsverben einführen. Die Kehrseite der Medaille, das hochgradig indeterministische Prozeßverhalten, wird weiter unten zu diskutieren sein.

Nicht gering zu achten ist eine aus praktischen Gründen vorteilhafte Konsequenz der strikten Lokalität: Änderungen an der Grammatik lassen sich auf sehr einfache Weise durchführen, da niemals weitere Komponenten betroffen sind.

Der wesentlichste Nachteil liegt in dem hohen Aufwand an Backtracking, der nötig werden kann. Backtracking tritt bei der Generierung faktisch nur selten im Zuge der Merkmalsinstantiierung auf. Dies beruht wesentlich auf der Tatsache, daß der vorangegangene Strukturaufbau eindeutig ist und daß aus dem SAS-Ausdruck keine inkompatiblen Informationen an zwei Kategorien eines lokalen Baumes gelangen. Damit setzen die Merkmalinstantiierungsprinzipien stets Merkmalwerte gleich (auch variable), tragen also nur zum Informationsgewinn bei und üben keine Filterfunktion aus, indem sie lokale Bäume ablehnen. Dies trifft zu für FFP, AP und HFC. Nur die FCRs beruhen auf spezifizierten Merkmalen und werden daher feststellen, wenn infolge der Merkmalinstantiierung eine Kategorie nicht mehr legal ist. Sie sind daher die einzig mögliche Ursache für Backtracking während der Merkmalsinstantiierung.[6]

[6]Für Parsing ist die Lage anders: durch die morphologische Analyse fließen oft an mehr als einer Kategorie Informationen in den lokalen Baum ein, die nicht miteinander kompatibel zu sein brauchen (etwa infolge morphologisch mehrdeutiger Wortformen). Dann ist es Aufgabe der Merkmalinstantiierungsprinzipien, Inkompatibilitäten auszufiltern.

Die beiden Hauptursachen für Backtracking liegen in der Art des Strukturaufbaus. Es gibt keine Vorausschau, wie sie z.B. für deterministisches Parsing erforderlich ist [Marcus 1978]. Für die Generierung ist etwas Entsprechendes schwer vorstellbar, denn die Ausgangsstrukturen sind keine lineare Ketten, sondern gemäß den jeweils zugrundeliegenden Kriterien unterschiedlich definierte Ausdrücke einer Repräsentationssprache. Z.B. gestattet die Permutierbarkeit der Töchter in SAS-Ausdrücken keine eindeutige Voraussage aufgrund struktureller Eigenschaften von SAS, welche Konstituente als nächstes zu verarbeiten sei.

Wenn mehr als eine ID-Regel geeignet ist, eine Kategorie zu expandieren, muß eine Entscheidung getroffen werden, die grammatikintern nicht begründbar ist. Mit anderen Worten: der Generator muß eine Regel raten. Der Versuch mißglückt immer dann, wenn Material aus dem SAS-Ausdruck nicht verbalisiert werden kann, weil keine strukturbildende Aktion mehr anwendbar ist. Das Raten erfolgt blind, da der Generator über kein sprachliches Wissen verfügt. Aus einer Folge der ID-Regeln wird einfach solange die nächste Regel gewählt, deren Mutter mit einer gegebenen Kategorie unifiziert, bis das Verfahren erfolgreich bleibt.

Der mit dem Nondeterminismus verbundene Aufwand läßt sich durch eine geschickte Anordnung der Regeln als Folge begrenzen. So kann man dafür sorgen, daß z.B.

- Hilfsverb-Regeln vor Vollverb-Regeln versucht werden,
- die Hilfsverb-Regeln entsprechend ihren Skopusbedingungen versucht werden (z.B. die Futur-Regel vor der Perfekt-Regel),
- eine Topikalisierung des Subjekts (als „unmarkierter“ Fall) vor einer Topikalisierung des Objekts und des Hauptverbs versucht wird,
- eine PP-Regel vor einer NP-Regel versucht wird oder
- eine NP-Regel mit →Det vor einer ohne Det versucht wird.

Nach solchen Kriterien wurden die ID-Regeln für das deutsche Fragment angeordnet (Anhang A). Selbstverständlich lassen sich auf diese Weise nicht alle Vorkommen von Backtracking mildern oder gar vermeiden. Zudem ist eine solche extrinsische Regelanordnung ein Artefakt der gewählten Verarbeitungsstrategie und sollte nicht Teil der Grammatikrepräsentation werden.

Vor allem aber bleibt dabei die Ursache des Übels unangetastet, nämlich die Abhängigkeit der Effizienz des Generators von der Abfolge der Regelauswahl. Dies ist ein grundsätzliches Problem grammatikgetriebener Ansätze, die kein grammatikspezifisches Verarbeitungswissen benutzen.

Die zweite Hauptursache für Backtracking liegt im möglichen Vorkommen von ID-Regeln mit stark unterspezifizierten Kategorien begründet.

Der Grad der Spezifikation von Merkmalen in ID-Regeln sollte sich ausschließlich nach linguistischen Gesichtspunkten richten; insbesondere stellt der Generator idealerweise keine Anforderungen in dieser Hinsicht (Ausnahmen wurden in Abschnitt 4.5 diskutiert). Bisher wurde stillschweigend vorausgesetzt, daß die Kategorien ausreichend spezifiziert seien, um die strukturbildenden Aktionen geeignet zu steuern. Es kann jedoch auch extrem unterspezifizierte Kategorien auf der linken Seite von ID-Regeln geben. Linguistische Argumente sprechen z.B. für eine allgemeine Behandlung des Phänomens Koordination, die nicht vorschreibt, welche Typen von Konstituenten koordiniert werden dürfen (vgl. [GKPS, Kap. 8]). Damit können neben Konstituenten gleichen Typs auch unterschiedliche Konstituenten koordiniert werden.

(6.5) AP + NP: Früher war Hans fleißig und ein guter Schüler.

(6.6) AP + PP: Hans tastete sich langsam und mit Bedacht voran.

(6.7) NP + PP: Hans bleibt Abteilungsleiter und im Vorstand des Unternehmens.

Mit den folgenden, binär verzweigenden Regeln wurde im Berliner GPSG-System ein erster Ansatz zur allgemeinen Behandlung von Koordinationsphänomenen versucht. Es stellte sich allerdings rasch heraus, daß die Regeln extrem übergenerieren[7] und innerhalb des bestehenden Formalismus nicht ohne weiteres adäquat einzuschränken sind.[8] Dennoch erscheint die Verwendung von ID-Regeln als Schemata ein elegantes und vielversprechendes Konzept, und eine Verarbeitung solcher Regeln muß auf effiziente Weise ermöglicht werden.

(6.8) $[+\text{co}, \neg\text{conj}] \longrightarrow [-\text{co}, \neg\text{conj}, +\text{head}], [+\text{co}, \neg\text{conj}, +\text{head}]$

(6.9) $[+\text{co}, \neg\text{conj}] \longrightarrow [-\text{co}, \neg\text{conj}, +\text{head}], [+\text{co}, \text{conj} : \text{und}, +\text{head}]$

(6.10) $[+\text{co}, \text{conj} : \text{und}] \longrightarrow [\text{bar} : 0, -\text{co}, \text{conj} : \text{und}], [\neg\text{conj}, +\text{head}]$

Das Merkmal co bestimmt, ob Koordination vorliegt, und das Merkmal conj legt die Art fest. Regel (6.8) dient zur Reihung von Konstituenten, Regel (6.9) schließt die Reihung und erzwingt die Anwendung von Regel (6.10), welche die Konjunktion und das letzte Konjunkt einführt.

Die Konsequenzen der Aufnahme solcher Regeln in die Folge für die Generierung sind offensichtlich: jeder lexikalische Baum, der aufgrund des SAS-Ausdrucks erzeugt werden muß, ist ein potentielles Konjunkt, und erst das Fehlen von Konjunktionen im SAS-Ausdruck bewirkt den Abbruch der Versuche, eine koordinierte Struktur zu erzeugen. Auch durch die Anordnung der obigen Regeln am Ende der Folge läßt sich keine Abhilfe schaffen; zwar werden die einfachen Strukturen rasch generiert, aber das Verfahren braucht entsprechend lange, um zu beweisen, daß mit den Koordinationsregeln keine weitere Struktur erzeugt werden kann.

Fassen wir zusammen: Die Anfälligkeit des grammatikgetriebenen Verfahrens für Backtracking wirkt sich dann besonders nachteilig aus, wenn aus linguistischen Gründen die linken Seiten der ID-Regeln stark unterspezifiziert sind. Die Effizienz des grammatikgetriebenen Verfahrens hängt von der Reihenfolge ab, in der ID-Regeln angewendet werden und von der Formulierung von ID-Regeln.

6.3 Strukturgetriebene Generierung

Bei dem strukturgetriebenen Verfahren zur Generierung mit GPSG [Busemann 1991] sind zu jedem Teilausdruck der Ausgangsstruktur nur diejenigen ID-Regeln zugänglich, die zu seiner Verbalisierung beitragen können. Damit sind die Möglichkeiten, eine ungeeignete Regel anzuwenden, stark eingeschränkt. Insbesondere ist sichergestellt, daß Regeln mit sehr unterspezifizierten Mutterkategorien nur eingesetzt werden, wenn sie gebraucht werden.

In dieser Arbeit wird der Weg verfolgt, zu FAS-Ausdrücken GPSG-Bäume mithilfe von *Pattern-Action-Regeln* zuzuordnen; eine Methode, wie sie ähnlich aus Produktionensystemen bekannt sind. Pattern-Action-Regeln zeichnen sich durch ihre hohe Modularität aus; mit ihrer Hilfe lassen sich zu einem Muster (oder Pattern) für bestimmte FAS-Teilbäume Generierungsschritte (Actions) formulieren, die Information aus dem FAS-Ausdruck extrahieren oder, gewöhnlich durch Anwendung von ID-Regeln, GPSG-Struktur erzeugen. Die Pattern-Action-Regeln bilden eine separate Komponente des Generierungssystems. Sie zählen zum einzelsprachlichen Wissen und können zusammen mit der GPS-Grammatik ausgetauscht werden, um Endketten einer anderen Sprache zu generieren.

Die Frage liegt nahe, ob das Generierungsverfahren nicht komplett als Produktionensystem realisiert werden kann. Wenn man sich die Teilaufgaben der strukturgetriebenen Generierung vor Augen führt (Traversierung des FAS-Ausdrucks, Zuordnung von FAS-Teilausdrücken zu GPSG-Teilstrukturen, Konstruktion der syntaktischen Gesamtstruktur und Anwendung der Merkmalinstantiierungsprinzipien auf lokale Bäume), so würde eine Realisierung aller Teilaufgaben in einem Produktionensystem bedeuten, daß die Verarbeitungsstrategie der Generierung und das sprachliche Wissen nicht mehr voneinander getrennt blieben. Dann ginge der Vorteil der Modularität verloren.

---

[7]Tests ergaben für die Analyse von *ein Mann und eine Frau* 105 GPSG-Strukturen anstelle der erwarteten vier (mit Müttern PD, NP, S / V[5] und S / VP).

[8]Dies liegt u.a. an der liberalen Definition der HFC und war einer der Gründe, einen veränderten Formalismus mit einer „strikten" HFC vorzuschlagen [Preuß 1989], der Koordination separat behandelt.

Daher wird nur die zweite Teilaufgabe mithilfe von Pattern-Action-Regeln bewerkstelligt.

Wir beginnen mit der Beschreibung des Verfahrens (Abschnitt 6.3.1). Ein Überblick über wichtige Eigenschaften von Produktionensystemen (Abschnitt 6.3.2) geht der Definition der Verwendungsweise von Pattern-Action-Regeln in Abschnitt 6.3.3 voraus, die anhand von Erfahrungen mit Produktionensystemen motiviert wird. Welche Arten von Abbildungen mit ihnen erfolgen, wird systematisch in Abschnitt 6.3.4 dargestellt. Wenn mehrere Pattern-Action-Regeln anwendbar sind, muß eine Konfliktlösestrategie festlegen, welche zuerst angewendet wird. Dies wird ausführlich in Abschnitt 6.3.5 diskutiert. Das strukturgetriebene Verfahren muß Phänomene behandeln können, die mehr als einen FAS-Teilausdruck bzw. mehr als einen lokalen GPSG-Baum betreffen. So können Konstituenten, die im FAS-Ausdruck in kanonischer Reihenfolge auftreten, in der GPSG-Struktur weit voneinander entfernt stehen. Dieses Problem wird in Abschnitt 6.3.6 behandelt. Informationen an verschiedenen Stellen des FAS-Ausdrucks können in ein- und denselben GPSG-Baum eingefügt werden. Dafür ist die Generierung von Oberflächenkasus ein Beispiel (Abschnitt 6.3.7). Das Zusammenwirken der Pattern-Action-Regeln im Generierungsprozeß verdeutlicht schließlich ein Beispiel anhand von Konsolenprotokollen (Abschnitt 6.3.8). Die Vor- und Nachteile des strukturgetriebenen Verfahrens werden schließlich in Abschnitt 6.3.9 diskutiert.

6.3.1 Das Verfahren

FAS stellt, wenn auch manchmal implizit, alle Informationen zur Verfügung, die in SAS zu berücksichtigen waren. Jedoch sind diese Informationen – im Gegensatz zu SAS – nicht immer so repräsentiert, daß sie für GPSG-basierte Generierung direkt verwendet werden könnten. Sie können sogar in verschiedenen Teilen eines FAS-Ausdrucks stehen. Da es ineffizient wäre, solche Teilausdrücke zweimal aufzusuchen (einmal zur Informationsgewinnung und ein zweites Mal, um aus ihnen eine GPSG-Struktur zu generieren), wird ein *Zwischenspeicher* benutzt, um Informationen solange aufzubewahren, bis sie gebraucht werden. Damit braucht ein Teilausdruck nur einmal aufgesucht zu werden: Ist Information zu extrahieren, die nicht für den gerade anstehenden Generierungsschritt (etwa eine S-Expansion) relevant ist sondern für einen späteren (etwa eine NP-Expansion), so wird sie zwischengespeichert. Unabhängig davon wird der gerade anstehende Generierungsschritt ausgeführt.

Die Zugänglichkeit von zwischengespeicherter Information wird an deren Skopus angepaßt. Beispielsweise darf Information über den Oberflächenkasus einer NP nicht in einem in der NP eingebetteten Relativsatz zugänglich sein.

Die Benutzung des Zwischenspeichers muß beschränkt bleiben. Insbesondere soll keine Information speicherbar sein, die zusätzlich zum FAS-Ausdruck als Grundlage der Generierung dienen kann; etwa partielle syntaktische Strukturen, die gemäß einer ID-Regel zu einer komplexeren Struktur kombinierbar sind. Der Speicher soll lediglich zur Behandlung nichtlokaler Phänomene wie der oben angesprochenen benutzt werden. Daher bestehen folgende Beschränkungen:

Definition 6.1 (Zwischenspeicher). Der *Zwischenspeicher* ist ein zweidimensionales Feld der Ordnung $[n,\ 2]$. Er besteht aus n Paaren $\langle S_i, E_i\rangle$ $(1 \leq i \leq n)$, die sich aus einem *Schlüssel* S_i und einem *Eintrag* E_i zusammensetzen. Die S_i und E_j $(1 \leq i \leq n;\ 3 \leq j \leq n)$ sind atomare Symbole. S_1 ist der Schlüssel cat; der Eintrag E_1 ist eine GPSG-Kategorie. S_2 ist der Schlüssel dislocated; der Eintrag E_2 ist eine GPSG-Kategorie, die als Expansionsstelle dargestellt ist (vgl. Abschnitt 6.3.6).[9]

Der Gebrauch des Speichers erfolgt durch eine festgelegte Menge von *informationsgenerierenden Aktionen*, die Information in den Speicher schreiben oder löschen:

Definition 6.2 (Informationsgenerierende Aktion). Die Funktionen put_store, remove_store und set_gpsg_features heißen *informationsgenerierende Aktionen* (IGAs).

[9] Die Schlüssel sind zwar redundant, da die Indices den eindeutigen Zugriff auf die gespeicherte Information zulassen, aber sie erlauben eine anschaulichere Darstellung.

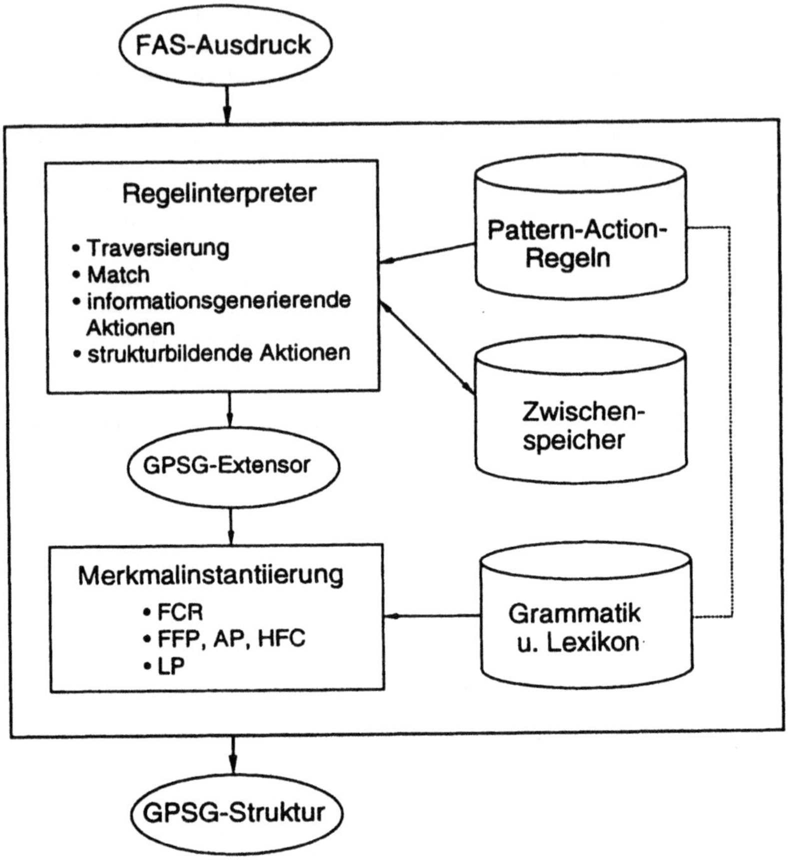

Abbildung 6.2: Architektur des strukturgetriebenen Systems

put_store hat als Argumente einen Schlüssel S_i und einer Information I. Der Effekt ist $E_i \leftarrow I$.

remove_store hat als Argument einen Schlüssel S_i und liefert als Wert den Eintrag E_i. Der Effekt ist $E_i \leftarrow$ nil für $2 \leq i \leq n$ bzw. $E_1 \leftarrow \{\}$.

set_gpsg_features hat als Argumente eine Folge von Merkmalen F und eine Folge von Werten V. Der Effekt ist $E_1 \sqcup C$, wobei C eine gemäß der Kategoriendefinition der aktuellen Grammatik aus F und V generierte GPSG-Kategorie ist (`make_cat(F, V, C)`).

Beispiele für Schlüssel-Eintrag-Paare sind ⟨**cat**, [nom, +plu]⟩ oder ⟨**agent**, nom⟩. Man beachte, daß die IGAs kein Lesen von Information gestatten, ohne die Information anschließend zu löschen.

Mit einem solchen Zwischenspeicher kann der Generierungsprozeß den FAS-Ausdruck in einer vorgegebenen Reihenfolge traversieren, wobei jeder Knoten genau einmal besucht wird und FAS-Teilausdrücke von beschränkter Tiefe betrachtet werden. Genauer: der FAS-Ausdruck wird gemäß einer strikt top-down orientierten Tiefensuche von links nach rechts abgearbeitet. Für jeden lokalen Baum im FAS-Ausdruck erzeugen die Pattern-Action-Regeln entweder gar keine Struktur oder einen (nicht notwendig lokalen) Baum, dessen lokale Teilbäume durch ID-Regeln projiziert sind. Dieser Baum heißt *Extensor*. Der Extensor erweitert die Gesamtstruktur, indem seine Mutterkategorie mit einer Expansionsstelle unifiziert.[10]

Der zu expandierende lokale Baum ist stets derjenige, der selbst zuletzt in die Gesamtstruktur eingefügt wurde. Unter seinen Blättern können u.U. mehrere mit der Wurzelkategorie des Extensors unifizieren. Um die geeignete Expansionsstelle zu bestimmen, werden die in Abschnitt 6.2 beschriebenen Kriterien herangezogen, die zur Bestimmung einer Präferenzreihenfolge zugrundegelegt werden.

Die Expansion der Gesamtstruktur endet bei lexikalischen Kategorien, die die Wortstämme direkt dominieren. Wenn ein lokaler Baum keine Expansionsstellen mehr besitzt, werden die FCRs, Merkmalinstantiierungsprinzipien und LP-Aussagen angewendet, wie in Abschnitt 4.5 beschrieben.

Das Verfahren terminiert erfolgreich, wenn nach einer vollständigen Traversierung des FAS-Ausdrucks eine zulässige syntaktische Struktur erzeugt wurde, die Flexionskomponente eine Endkette erzeugt hat und der Zwischenspeicher wieder leer ist.

Dieses Verfahren beruht auf einer Abbildung von *lokalen* FAS-Ausdrücken in GPSG-Bäume und der Möglichkeit, Information zwischenzuspeichen. Beides wird durch separat definierte Pattern-Action-Regeln geleistet, die somit das Kernstück des strukturgetriebenen Generierungsverfahrens darstellen.

Abbildung 6.2 veranschaulicht die Architektur des strukturgetriebenen Generierungssystems. Der Regelinterpreter feuert alle Pattern-Action-Regeln, deren Pattern den betrachteten lokalen FAS-Baum matcht. In den Regeln sind Verweise auf ID-Regeln enthalten (in der Abbildung durch eine gestrichelte Linie angedeutet), die zur Strukturbildung verwendet werden.

Bei der Abbildung von FAS nach GPSG sind zwei Bedingungen zu formulieren, die sicherstellen, daß

- alle oberflächenrelevante Information abgebildet wird (Vollständigkeit) und
- keine Expansionsstellen in der GPSG-Struktur verbleiben (Kohärenz).

Die erste Bedingung wird durch eine geeignete Formulierung der Pattern-Action-Regeln erfüllt, die genau jene Information aus einem lokalen FAS-Baum extrahieren, die für die Generierung benötigt wird. Das Generierungs*verfahren* garantiert also keine Vollständigkeit; es bleibt die Aufgabe der Regelschreiberin, die Abbildungen geeignet zu definieren. Die zweite Bedingung wird durch den GPSG-Formalismus erfüllt, denn ein Baum mit Expansionsstellen ist nicht wohlgeformt. Ein solcher Baum würde aufgrund einer ID-Regel mit zu vielen Töchtern erzeugt werden. Nach seiner Zurückweisung müßte als Folge von Backtracking eine andere ID-Regel versucht werden. Dieses Backtracking kann bei geeigneter Formulierung der Pattern-Action-Regeln von vornherein ausgeschlossen werden.

Im folgenden werden die Grundzüge des Verfahrens in Prolog angegeben.

```
generate_fas(FAS-Expr, S) :-
    initialize_store,
    verbalize(FAS-Expr, [SynStr], []),
    word_inflection(SynStr, S).

verbalize(FAS-Expr, E, Eminus) :-
    top(FAS-Expr, LocalTree),
    down(FAS-Expr, Daughters),
    find_relevant_rules(LocalTree, Rules),
    apply_rules(Rules, E, Eminus, Extensor, Enew, Success), !,
    Success == at_least_one_succeeded,
    verbalize_daughters(Daughters, Enew),
    admissible_tree(Extensor).

verbalize_daughters([], _).
```

[10] Man beachte, daß also nicht alle nichtterminalen Blätter der Gesamtstruktur für das Einfügen infragekommen.

```
verbalize_daughters(Daughters, E) :-
    left(Daughters, LeftDaughter),
    right(Daughters, RightDaughters),
    verbalize(LeftDaughter, E, Eminus),
    verbalize_daughters(RightDaughters, Eminus).
```

Das Prädikat **verbalize** steuert die Baumtraversierung von oben nach unten. Außerdem verbalisiert es einen lokalen FAS-Baum, und zwar den „obersten" eines gegebenen FAS-(Teil-)Ausdrucks (`top`). Dazu werden die relevanten Pattern-Action-Regeln identifiziert (`find_relevant_rules`) und angewendet (`apply_rules`). Dies führt ggf. zu einer Expansion der syntaktischen Struktur an einer der Expansionsstellen in `E` um einen GPSG-Baum (`Extensor`). In `apply_rules` werden einerseits die auf der nächsten Ebene aktuellen Expansionsstellen (`Enew`) definiert und andererseits die bisherigen Expansionsstellen aktualisiert (`Eminus`). `apply_rules` wird in Abschnitt 6.3.3 definiert. Nach der Verbalisierung des lokalen Baumes werden dessen Töchter verarbeitet (durch **verbalize_daughters**). Anschließend wird die Zulässigkeit des GPSG-Baums (`Extensor`) gemäß dem GPSG-Formalismus sichergestellt. **admissible_tree** ist ähnlich wie in Abschnitt 4.2 definiert.[11]

verbalize_daughters steuert die Baumtraversierung von links nach rechts. Nach Verarbeitung der am weitesten links stehenden Tochter (`left`) durch `verbalize` wird mit der durch `right` um diese Tochter reduzierten Menge der Töchter rekursiv fortgefahren, bis die Menge der Töchter leer ist.

6.3.2 Produktionensysteme

Die Verwendung von Pattern-Action-Regeln eröffnet ein weites Spektrum an Möglichkeiten, Wissen über die Beziehung zwischen FAS und GPSG zu kodieren. Im folgenden werden anhand von Erfahrungen mit Produktionensystemen einige dieser Möglichkeiten skizziert. Ziel dieses Abschnitts ist, zu motivieren, warum im vorliegenden Ansatz starke Einschränkungen für die Formulierung von Pattern-Action-Regeln gelten müssen.

Produktionensysteme können als regelbasierte Systeme mit drei grundlegenden Komponenten beschrieben werden. Sie bestehen aus

- einer *Regelbasis*, die eine Menge von *Produktionen* enthält,
- einer *Datenbasis*, die den aktuellen Zustand des Systems darstellt und
- einem *Interpreter*, der die Anwendung der Produktionen steuert.

Produktionen bestehen aus einem *Bedingungs-* und einem *Aktionsteil* (oft auch *linke* bzw. *rechte Seite* genannt). Produktionen, deren Bedingungsteil durch die Datenbasis erfüllt ist, heißen *anwendbar*, d.h. ihr Aktionsteil kann durch den Interpreter ausgeführt werden (und die Datenbasis verändern). Der Interpreter entscheidet, welche von mehreren anwendbaren Regeln als nächste *feuert*. Die globale Kontrollstruktur ist in der Grundform eines Produktionensystems sehr einfach. Sie besteht in einem Drei-Phasen-Zyklus: „Matchen–Konfliktlösen–Feuern".

Diese Charakteristika der Grundform eines Produktionensystems wurden je nach dem mit der Konstruktion eines Produktionensystems verfolgten Zweck auf vielfältige Art abgewandelt und erweitert. Davis und King unterscheiden in ihrem Überblick über Produktionensysteme zwei Richtungen: die Versuche zur kognitiven Modellierung menschlicher Problemlöseprozesse (z.B. PSG [Newell 1973], VIS [Moran 1973]) und die Konstruktion performanzorientierter, wissensbasierter Expertensysteme (z.B. MYCIN [Shortliffe 1976], DENDRAL [Feigenbaum *et al.* 1971]). Beide Forschungsrichtungen verwenden Produktionensysteme aus unterschiedlichen Gründen (vgl. [Davis/King 1977, S. 305ff]).

[11] Die Definition erfolgte für lokale Bäume; es ist also noch eine (triviale) Zergliederung von `Extensor` erforderlich.

Produktionen können ein sehr unterschiedliches Format besitzen. Die linke Seite kann variablenfrei sein; es können Variablen oder auch Segmentvariablen zugelassen sein. Auch Veränderungen der Datenbasis, iterative oder rekursive Bedingungsteile sind möglich. Die rechte Seite kann aus einer einzelnen Aktion bestehen, aus einer Menge oder einer Folge von Aktionen. Dabei kann es sich um primitive domänenspezifische Aktionen, um die Aktivierung bzw. Deaktivierung von Produktionen oder um beliebige Programme handeln.

Produktionen können gruppiert sein, was es ermöglicht, sich darauf zu beschränken, stets nur die Bedingungsteile der Regeln in einer aktiven Gruppe auszuführen. Produktionen können unterschiedliche Granularität haben, d.h. der inhaltliche Abstand von linker zu rechter Regelseite kann verschieden groß sein.

Die Datenbasis besteht aus einer Menge von Symbolen, die unterschiedlich komplex sein können (z.B. Graphstrukturen). Die Datenbasis kann in ihrer Größe beschränkt sein oder beliebig viele Elemente enthalten.

Die Inferenzen über der Datenbasis können vorwärts oder rückwärts verlaufen. Der Interpreter kann die Regelauswahl bei der ersten anwendbaren Regel abbrechen oder alle anwendbaren Regeln identifizieren. Dann entsteht ein Konflikt, welche Regel als nächste feuern soll. Davis und King nennen als mögliche Strategien u.a. [Davis/King 1977, S. 25]:

Regelordnung: die Regeln sind total geordnet, und die Regel mit der höchsten Priorität wird aus der Konfliktmenge ausgewählt;

Datenordnung: die Elemente der Datenbasis sind geordnet, und diejenige Regel wird gewählt, die Elemente der Datenbasis mit höchster Priorität matcht;

Spezifizität: die spezifischste Regel wird gewählt;

Regelpräzedenz: ein Präzedenzen-Netz, das Zyklen enthalten kann, bestimmt hierarchisch die Anwendungsfolge;

Zeitliche Reihenfolge: die zuletzt angewendete Regel bzw. die Regel, die das zuletzt gematchte Element der Datenbasis enthält, wird gewählt.

Für alle diese Varianten von Produktionensystemen sind (in mehr oder weniger hohem Maße) einige allgemeine Eigenschaften charakteristisch. Produktionensysteme zeichnen sich durch eine *relative Modularität* aus. Die Produktionen sind im Idealfall vollkommen unabhängig voneinander und kommunizieren nur indirekt miteinander über die Datenbasis. Produktionen rufen einander also nicht auf. Angestrebt ist eine Entkopplung von Kontrollfluß und Domänenwissen. Da die Datenbasis der einzige Kommunikationskanal ist, stellt sie eine Einheit von Verarbeitungswissen und Daten dar. Dies macht es technisch möglich, mit einer Aktion spezielle Daten abzulegen, die bestimmte Produktionen anwendbar machen. Ein solches Vorgehen entspricht einem direkten Prozeduraufruf und widerspricht der Art, in der Wissen in einem Produktionensystem organisiert sein sollte [Davis/King 1977, S. 311]. Es bleibt der Regelschreiberin vorbehalten, solche Pseudo-Aufrufe zu unterlassen.

Als Folge der indirekten Kommunikation ist es schwierig, den algorithmischen Ablauf in einem Produktionensystem transparent zu machen. Die Wirkungszusammenhänge zwischen den einzelnen Regeln sind nicht ohne weiteres ersichtlich. Dies erschwert die Veränderung der Regelbasis und erfordert beim Regelschreiben eine genaue Kenntnis der Zusammenhänge. Diese können sich wiederum als äußerst komplex erweisen und bei großen Regelmengen die Gefahr einer kombinatorischen Explosion bei der Regelanwendung einschließen [Hayes-Roth *et al.* 1978, S. 598]. Es hängt also auch von der Struktur der zu repräsentierenden Domäne ab, ob ein auf einem Produktionensystem basierter Ansatz vorteilhaft ist. Nach [Davis/King 1977, S. 307f] lassen sich Produktionensysteme am vorteilhaftesten in Bereichen einsetzen,

- die durch voneinander unabhängige Zustände beschrieben werden können,

- in denen der Kontrollfluß aus voneinander unabhängigen Aktionen besteht und
- in denen das zu repräsentierende Wissen unabhängig ist von der Art, in der es verwendet wird.

Pattern-Action-Regeln wurden zum Parsing [Marcus 1978] und zur Interpretation der englischen Sprache verwendet [Riesbeck 1978], zur Interpretation von Mehrwortlexemen [McDonald/Hayes-Roth 1978] oder, um Wissen über Handlungszusammenhänge (*story understanding*) zu repräsentieren [Schank/Wilensky 1978].

6.3.3 Pattern-Action-Regeln

Im Unterschied zu [Marcus 1978] werden Pattern-Action-Regeln hier weder zur Grammatikrepräsentation verwendet, noch konstruieren sie die syntaktische Struktur. Die Pattern-Action-Regeln geben an, welche ID-Regeln verwendet und auf welche Weise die entsprechende Struktur zu erzeugen ist. Sie verändern außerdem den Zustand des Zwischenspeichers.

Im vorliegenden Ansatz existiert keine Datenbasis, die durch das Feuern von Pattern-Action-Regeln dynamisch verändert würde. Eine Datenbasis müßte den zu traversierenden FAS-Ausdruck, die partiell erzeugte GPSG-Struktur und die Einträge des Zwischenspeichers enthalten. Damit würde die Verarbeitungsstrategie in den Produktionsregelanteil des Systems verlagert, was aus den in Abschnitt 6.3.2 genannten Gründen vermieden werden soll. Vielmehr wird die Traversierung des FAS-Ausdrucks und die Konstruktion der GPSG-Struktur durch die Verarbeitungsstrategie kontrolliert. Das Verfahren kann die Pattern-Action-Regeln nur durch die Spezifikation lokaler FAS-Bäume anwenden, die das Pattern matchen sollen. Diese FAS-Bäume werden nicht modifiziert. Die Effekte der Pattern-Action-Regeln betreffen ausschließlich die GPSG-Struktur und den Zwischenspeicher. Einmal generierte GPSG-Teilstrukturen werden von Pattern-Action-Regeln nicht mehr beachtet; insbesondere werden sie nicht gematcht und nicht ersetzt.

Das Pattern für lokale FAS-Bäume bildet die linke Regelseite.

Definition 6.3 (FAS-Pattern). Sei $P =$ `[M, D]` eine zweielementigen Prolog-Liste, wobei `M` eine Variable oder eine FAS-Kategorie ist, `D` eine Variable oder eine Liste von Variablen und FAS-Kategorien von nicht notwendig vorgegebener Länge ist und wobei gilt, daß `M` und `D` nicht beide Variablen sind.

Dann heißt *P FAS-Pattern.*

Das erste Element der Prolog-Liste matcht die Mutter, das zweite die Liste der Töchter des lokalen FAS-Baums. Für das Matching ist Term-Unifikation (Prolog) ausreichend, da die Töchter in lokalen FAS-Bäumen in einer kanonischen Reihenfolge stehen. Die Ausführung des Matchings bewirkt keine Seiteneffekte.

Typische Beispiele für FAS-Pattern sind folgende:

(6.11) `[term(g,det,_,_,_), [det(g,lex,+,sing,bot)|_]]`

(6.12) `[_, [v_pred(g,_,_,_,+,_,_)|_]]`

Das FAS-Pattern (6.11) matcht lokale FAS-Bäume, die Teil eines FAS-Ausdrucks für eine Endkette des Deutschen sind (⟨**lang** : g⟩), die als Hauptkategorie **term** haben und die einen definiten Determinator im Singular als am weitesten links stehende Tochter enthalten. Das FAS-Pattern (6.12) beschreibt lokale FAS-Bäume des deutschen Fragments, die als erste Tochter ein **v_pred** mit der Spezifikation ⟨**perf** : +⟩ enthalten.

Die Aktionen der rechten Regelseite gliedern sich in zwei Arten, nämlich IGAs zur Verwaltung des Zwischenspeichers und strukturbildende Aktionen (SBAs) zur Generierung von lokalen GPSG-Bäumen. In jedem Fall werden ausschließlich domänenspezifische primitive Aktionen verwendet (s.u.).

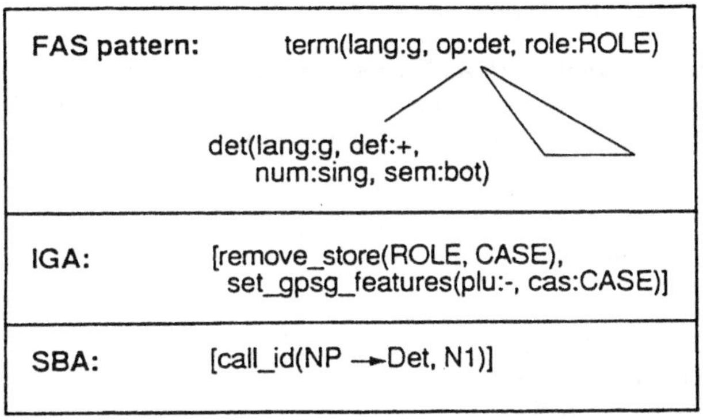

Abbildung 6.3: Eine Pattern-Action-Regel zur Abbildung eines Terms auf eine NP

Definition 6.4 (Pattern-Action-Regel). Sei P ein FAS-Pattern, I eine Liste von IGAs und S eine Liste von SBAs.

Ein Tripel $\langle P, I, S\rangle$ heißt *Pattern-Action-Regel* gdw. die Listen I und S nicht beide leer sind.

Aus der Aufgabe der Pattern-Action-Regeln ergibt sich, daß Unterschiede in der Granularität unerheblich sind. Entweder werden nur IGAs durchgeführt (der Zwischenspeicher wird verändert) oder nur SBAs (Struktur wird erzeugt) oder beides. Da zu jedem lokalen FAS-Baum nur eine begrenzte Menge von Information gespeichert und eine begrenzte Anzahl lokaler GPSG-Bäume generiert wird und Pattern-Action-Regeln sich nicht gegenseitig aufrufen können, ist eine kombinatorische Explosion bei der Regelanwendung ausgeschlossen.

Eine Beispielregel zeigt Abbildung 6.3. Das Pattern[12] entspricht dem in (6.11). Die IGAs sind Teil der Berechnung des Oberflächenkasus (vgl. Abschnitt 6.3.7). Die erste Aktion entfernt eine Kasusinformation aus dem Speicher und die zweite kodiert sie zusammen mit der Numerusinformation, die aus dem Pattern gewonnen wird, als GPSG-Kategorie. Das Beispiel enthält nur eine SBA, call_id. Sie enthält eine ID-Regel zur NP Expansion. Die Pattern-Action-Regel besagt, daß die syntaktische Struktur, die von der ID-Regel in der SBA projiziert ist, Teil der Verbalisierung jedes lokalen FAS-Baums ist, der das Pattern matcht; vorausgesetzt, es kann die Kasusinformation aus dem Speicher gelöscht werden.

In einer ersten Version wird die SBA call_id nun definiert. Die Anwendung von SBAs erfordert dynamische Informationen über Expansionsstellen und den Extensor, die in den Pattern-Action-Regeln (Abbildung 6.3) natürlich nicht enthalten sind. Sie werden zum Zeitpunkt des Aufrufs der SBA als Argumente übergeben (s.u.).

Definition 6.5 (SBA call_id, 1. Version). Durch die ID-Regel M $\longrightarrow$ X werde ein lokaler Baum mit der Wurzel `M` und einer Multimenge `X` von Töchtern projiziert. Sei `E` die Menge der aktuellen Expansionsstellen zum Zeitpunkt des Aufrufs.

Dann sind `Eminus` die Menge der restlichen Expansionsstellen, `[M,NewE]` der Extensor und `Enew` die Menge der aktuellen Expansionsstellen nach dem Aufruf.

```
call_id(M, X, E, Eminus, [M,NewE], Enew) :-
   ( remove_store(cat, M); true ), !,
   expand(X, NewE),
   memb_diff([M,NewE], E, Eminus),
```

[12]Der Anschaulichkeit halber wird das Pattern graphisch als partiell spezifizierter Baum dargestellt, wobei das Dreieck ein Segment von $n \geq 0$ Töchtern bedeutet. Die FAS-Kategorien sind nur in den relevanten Merkmalen spezifiziert; alle weiteren Merkmale haben einen variablen Wert.

```
order_attachment_points(M, NewE, Enew).
```

Die Prädikate **expand** und **memb_diff** sind elementar. **expand** ersetzt in einer Liste jedes Element durch ein Paar, das aus dem Element und einer anonymen Variable besteht. **memb_diff** prüft, ob das erste Argument in einer Liste (zweites Argument) enthalten ist und erzeugt die Differenzliste (drittes Argument).

```
expand([], []) :- !.
expand([H|T], [[H,_]|Rest]) :-
   expand(T, Rest).

memb_diff(Elt, [Elt|Diff], Diff) :- !.
memb_diff(Elt, [H|List], [H|Diff]) :-
   memb_diff(Elt, List, Diff).
```

Die grundlegende Implementationsidee ist, die Expansionsstellen als notwendige und hinreichende Information für den Aufbau der syntaktischen Struktur zu verwenden. Infolgedessen gibt es vor Beendigung des Prozesses zu keinem Zeitpunkt eine Repräsentation der Gesamtstruktur; es werden stets nur jene Teile betrachtet, die aufgrund *einer* Pattern-Action-Regel generiert wurden. Der Zusammenhalt dieser Teile wird durch eine entsprechende Darstellung der Expansionsstellen (**expand**) und die Effekte der Prolog-Unifikation in **memb_diff** folgendermaßen sichergestellt. **expand** macht die Töchter des Extensors zu Expansionsstellen, indem ihnen Variablen assoziiert werden. **memb_diff** subtrahiert den Extensor von der Menge der ursprünglichen Expansionsstellen (Ergebnis **Eminus**) und unifiziert gleichzeitig ein Element von **E** mit dem Extensor. **call_id** sättigt also die eine Expansionsstelle in **E** durch den Extensor, liefert eine Kopie der verbleibenden Expansionsstellen (**Eminus**), den Extensor und eine Menge der neuen Expansionsstellen (**Enew**).

Es kann Situationen geben, in denen SBAs angewendet werden können, aber nicht erfolgreich sind. Für **call_id** kann ein Fehlschlag darin bestehen, daß keine geeignete Expansionsstelle existiert oder daß zwischengespeicherte Information inkompatibel mit der Expansionsstelle oder der Wurzelkategorie des Extensors ist.

Neben **call_id** sind noch weitere Typen von SBAs notwendig, die in Abschnitt 6.3.4 definiert werden.

Wenden wir uns nun dem Interpreter für Pattern-Action-Regeln zu. Er definiert die Bedingungen für eine erfolgreiche Verbalisierung eines lokalen FAS-Baums. Zuerst wird definiert, wann eine Pattern-Action-Regel anwendbar ist.

Definition 6.6 (Anwendbarkeit einer Pattern-Action-Regel). Eine Pattern-Action-Regel mit Pattern P ist *anwendbar* auf einen lokalen FAS-Baum T gdw. P und T matchen.

Die Verarbeitungsstrategie für die Anwendung einer Pattern-Action-Regeln muß folgende Bedingungen erfüllen:

- Bevor eine SBA aufgerufen wird, müssen alle IGAs in der Reihenfolge ihres Auftretens erfolgreich durchgeführt worden sein.[13]
- Die SBAs werden solange in der Reihenfolge ihres Auftretens durchgeführt, bis eine SBA erfolgreich ist. Wenn keine SBA erfolgreich durchgeführt werden konnte, ist die Pattern-Action-Regel erfolglos.
- Eine angewendete Pattern-Action-Regel ist erfolgreich, wenn alle IGAs erfolgreich durchgeführt wurden sowie mindestens eine SBA (wenn die Pattern-Action-Regel eine enthält).

[13] Wenn der Zwischenspeicher zum Zeitpunkt der Anwendung der Pattern-Action-Regel in Abbildung 6.3 keine Information über Kasus enthält, ist die IGA, die die Kasusinformation gewinnt, erfolglos und infolgedessen die Pattern-Action-Regel ebenfalls.

Natürlich kann mehr als nur eine Pattern-Action-Regel auf einen lokalen FAS-Baum anwendbar sein. Es werden alle anwendbaren Regeln angewendet. Wenn mehr als eine Pattern-Action-Regel aufgrund ihrer jeweiligen SBA erfolgreich ist, folgt daraus, daß die Gesamtstruktur durch einen nicht-lokalen Extensor expandiert wird.

```
apply_rules([], _, _, _, _, all_failed) :- !.
apply_rules([], _, _, _, _, at_least_one_succeeded) :- !.
apply_rules([Rule|Rules], E, Eminus, Extensor, Enew, _) :-
   perform_iga(Rule),
   perform_SBA(Rule, E, Eminus, Extensor, Enew1),
   apply_rules(Rules, Enew1, [], _, Enew, at_least_one_succeeded).
apply_rules([_|Rules], E, Eminus, Extensor, Enew, Success) :-
   apply_rules(Rules, E, Eminus, Extensor, Enew, Success).

perform_SBA(Rule, E, Eminus, Extensor, Enew) :-
   call_next_SBA(Rule, SBAname, M → X),
   SBA =.. [SBAname, M, X, E, Eminus, Extensor, Enew],
   call(SBA), !.
```

Die dritte Klause von `apply_rules` wendet die erste Regel an, indem zuerst die IGAs und danach die SBAs aufgerufen werden. Die weiteren Regeln werden rekursiv mit aktuellen Expansionsstellen verarbeitet. Falls eine Regel nicht erfolgreich war, wird die vierte Klause angewendet. Wurden alle Regeln abgearbeitet, trifft je nach Erfolg eine der ersten beiden Klausen zu. Die „Erfolgsmeldung" wird in `verbalize` (S. 131) zur Steuerung von Backtracking benötigt.

Das Prädikat `perform_SBA` ist bei der ersten erfolgreichen SBA erfüllt. Zunächst wird in der Pattern-Action-Regel die nächste SBA identifiziert und mit den aktuellen Informationen über Expansionsstellen und Extensor versehen. Dann wird die SBA aufgerufen.

Es ist festzuhalten, daß die Bedingungen für die erfolgreiche Anwendung von Pattern-Action-Regeln von deren Anwendungsreihenfolge abhängen. In einer Situation wie in Abbildung 6.4 können zwei Pattern-Action-Regeln alternativ ein S expandieren. Die eine würde erfolgreich ein Perfekt-Hilfsverb erzeugen, während die andere ein transitives Verb mit seinen Komplementen generierte. Würde die zweite zuerst angewendet werden, könnte das Perfekt-Hilfsverb nicht mehr in die Gesamtstruktur eingefügt werden, weil nunmehr unter den Expansionsstellen kein S zu finden ist.[14] Daher bliebe in diesem Falle die erste Pattern-Action-Regel erfolglos. Würde andererseits die erste Pattern-Action-Regel zuerst angewendet werden, so könnte die zweite immer noch erfolgreich durchgeführt werden.

Damit das Generierungsverfahren effektiv arbeiten kann, ist es notwendig, eine geeignete Anwendungsreihenfolge anzugeben, die dem folgenden Kriterium genügt:

- Ein lokaler FAS-Baum ist erfolgreich verbalisiert, wenn eine maximale Anzahl (≥ 1) von angewendeten Pattern-Action-Regeln erfolgreich durchgeführt wurde.

Offensichtlich ist das Kriterium keineswegs operational gefaßt, denn es gibt keine numerischen Spezifikationen für „maximal". Ich werde darauf in Abschnitt 6.3.5 zurückkommen; wir wollen vorerst annehmen, daß eine geeignete Anwendungsreihenfolge bzw. eine operationale Konfliktlösestrategie vorliegt.

6.3.4 Die Abbildungen von FAS-Ausdrücken auf GPSG-Strukturen

In diesem Abschnitt werden die unterschiedlichen Möglichkeiten untersucht, lokale FAS-Ausdrücke auf GPSG-Strukturen abzubilden. Im allgemeinen ist die GPSG-Repräsentation eines Satzes weniger strukturiert als der entsprechende FAS-Ausdruck, aber lokal betrachtet kann dies durchaus umgekehrt sein.

---

[14] Zur Definition der SBA call_id_lex siehe Abschnitt 6.3.4.

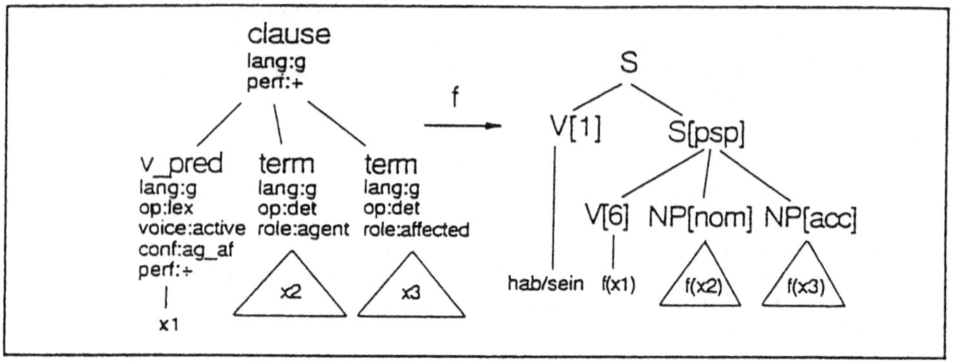

Anwendbare Pattern-Action-Regeln

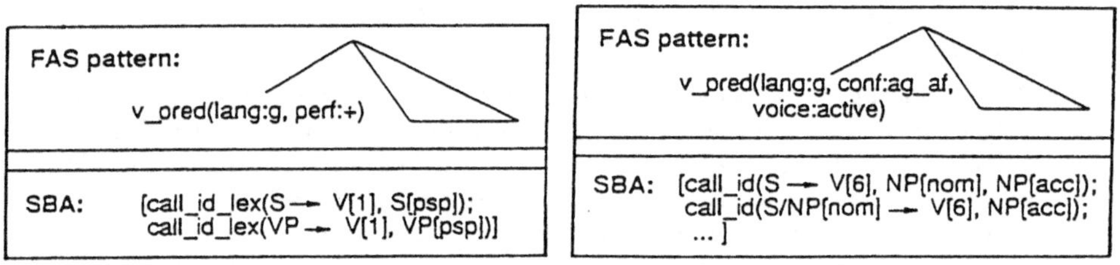

Abbildung 6.4: Anwendung von Pattern-Action-Regeln auf einen lokalen FAS-Baum.

Durch die SBA call_lex werden auf der lexikalischen Ebene gewöhnlich terminale FAS-Bäume eineindeutig auf terminale GPSG-Bäume abgebildet.

Definition 6.7 (SBA call_lex). Durch den Lexikoneintrag M ⟶ *Terminal* werde ein terminaler Baum mit der Wurzel `M` und dem Terminalelement *Terminal* projiziert. Sei `E` die Menge der aktuellen Expansionsstellen zum Zeitpunkt des Aufrufs.

Dann sind `Eminus` die Menge der restlichen Expansionsstellen und `[M,Terminal]` der Extensor. Die Menge der aktuellen Expansionsstellen nach dem Aufruf ist leer.

```
call_lex(M, Terminal, E, Eminus, [M,Terminal], []) :-
   ( remove_store(cat, M); true ), !,
   memb_diff([M,Terminal], E, Eminus).
```

Es gibt sowohl eine beschränkte Anzahl FAS-Terminale, die keine Entsprechung in der syntaktischen Struktur haben (z.B. assertion, indef_plur, vgl. Abbildung 5.3 auf S. 108) als auch eine feste Anzahl Wortstämme, zu denen kein entsprechendes FAS-Terminal existiert (z.B. Hilfsverben).

Es gibt vier Arten von Abbildungen von FAS-Bäumen in GPSG-Bäume, die für die betrachteten Fragmente des Deutschen und Englischen erforderlich sind.

Struktur bleibt erhalten. GPSG-Struktur wird oft durch einen strukturellen Isomorphismus erzeugt. Dies wird mithilfe der SBAs call_lex und call_id erreicht. Beispielsweise kann aus einem term, der ein det und ein nom dominiert, eine NP generiert werden, wobei det als Determinator und nom als Nominalgruppe verbalisiert werden. Eine entsprechende Pattern-Action-Regel, die eine NP erzeugt, wurde in Abbildung 6.3 beschrieben.

FAS-Struktur wird getilgt. Betrachten wir den lokalen FAS-Baum von Abbildung 5.3 (S. 108), der durch **clausefin** dominiert wird. Die einzige Information, die der Generator aus diesem Ausdruck gewinnen muß, betrifft Tempus und Modus (nämlich Präsens und Indikativ). Die anwendbaren Pattern-Action-Regeln sammeln diese Information im Zwischenspeicher, wo sie bis zur Verbflexion aufbewahrt wird. Da diese Pattern-Action-Regeln keine SBAs haben, bleibt die Gesamtstruktur von ihrer erfolgreichen Anwendung unberührt.

Ein weiteres Beispiel ist die Verbalisierung des indefiniten Artikels im Plural, die auf einer Pattern-Action-Regel analog zu Abbildung 6.3 beruht. Der ID-Regel, welche durch die SBA spezifiziert ist, fehlt jedoch der Determinator, der im Deutschen nicht realisiert ist. Die Pattern-Action-Regel, die auf **det** (mit den entsprechenden Merkmalspezifikationen) anwendbar ist, verfügt über keine SBA.

GPSG-Struktur wird hinzugefügt. Der Extensor wird strukturell komplexer als der zugrundeliegende FAS-Baum, wenn mehr als nur eine SBA erfolgreich durchgeführt werden kann. Voraussetzung ist, daß mehr als eine Pattern-Action-Regel anwendbar ist, die eine SBA hat. Ein Beispiel ist Abbildung 6.4. Die Spezifikation ⟨**perf** : +⟩ in **v_pred** bewirkt die Generierung des Perfekt-Hilfsverbs.

Ein zweites Beispiel stellen subkategorisierte PPs dar. Eine subkategorisierte PP wird, genau wie eine NP, als **term** repräsentiert. Infolgedessen muß ein **term** grundsätzlich als NP oder als PP verbalisierbar sein. Im ersten Fall werden Pattern-Action-Regeln wie die in Abbildung 6.3 angewendet. Im zweiten Fall wird eine Pattern-Action-Regel angewendet, die eine SBA mit der ID-Regel (6.13) enthält. Anschließend werden die Pattern-Action-Regeln zur Expansion der NP-Konstituente angewendet.

(6.13) ID14: PP $\longrightarrow$ P, NP

In beiden Fällen genügt es jedoch nicht, den lokalen Baum mit der lexikalischen Kategorie (V bzw. P) in den Extensor einzufügen, was **call_id** leisten würde; das Terminalelement selbst muß ebenfalls erzeugt werden. Dies erfordert einen zweiten Expansionsschritt, der die Verwendung einer anderen Art von SBA, **call_id_lex**, notwendig macht. Dabei wird davon ausgegangen, daß sich genau eine lexikalische Kategorie unter den Töchtern der ID-Regel befindet. Diese Kategorie wird durch einen terminalen Baum aus dem Lexikon expandiert.

Definition 6.8 (SBA call_id_lex). Durch die ID-Regel M $\longrightarrow$ L, X werde ein lokaler Baum mit der Wurzel `M` projiziert. `L` sei eine lexikalische Kategorie und `X` eine Multimenge von nichtlexikalischen Kategorien. Sei `E` die Menge der aktuellen Expansionsstellen zum Zeitpunkt des Aufrufs.

Dann sind `Eminus` die Menge der restlichen Expansionsstellen, `[M,[[L,Terminal]|NewE]]` der Extensor und `Enew` die Menge der aktuellen Expansionsstellen nach dem Aufruf.

```
call_id_lex(M, [L|X], E, Eminus, [M,[[L,Terminal]|NewE]], Enew) :-
    ( remove_store(cat, M); true ), !,
    lexical_entry(L, Terminal),
    expand([L|X], [[L,Terminal]|NewE]),
    memb_diff([M,[[L,Terminal]|NewE]], E, Eminus),
    order_attachment_points(M, NewE, Enew).
```

Man beachte, daß **call_id_lex** das Terminalsymbol ohne Fundierung durch den FAS-Ausdruck generieren muß. Dennoch ist die Generierung eindeutig, wenn die ID-Regeln und das Lexikon die notwendigen Beschränkungen spezifizieren. Bei den Hilfsverben (für Perfekt, Passiv, Futur und – im Englischen – Progressiv) wird dies durch eine entsprechende Subkategorisierung erreicht. Bei subkategorisierten PPs ist die Information kodiert, welche Präposition zu verwenden ist (vgl. (6.14); Beispiel: *Gehört die Elektronik zu diesen Technologien?*). Die ID-Regel (6.13) stellt sicher, daß diese

Information auch an der lexikalischen Kategorie P auftritt. Somit kann der zweite Expansionsschritt eindeutig ein Terminalsymbol generieren.

(6.14) ID51: S ⟶ V[8], NP[nom], PP[zu]

Struktur wird flacher. Ein hierarchisch aufgebauter FAS-Ausdruck kann u.U. als „flache" GPSG-Struktur verbalisiert werden. Dies ist notwendig, wenn durch einen lokalen FAS-Baum nur ein Teil dessen verbalisiert werden kann, was durch eine ID-Regel beschrieben wird. Die Verbalisierung eines solchen FAS-Baums kann nicht durch eine SBA erfolgen, die einen durch eine ID-Regel projizierten lokalen Baum erzeugt. Vielmehr wird nur ein Teil dieses lokalen Baums in die Gesamtstruktur eingefügt. Die Expansionsstelle bleibt dabei erhalten, damit aufgrund anderer lokaler FAS-Bäume weitere Teile des lokalen Baums hinzugefügt werden können. Zu diesem Zweck wird eine weitere Art von SBAs verwendet, call_part.

Definition 6.9 (SBA call_part). ⟨ M, X ⟩ sei ein lokaler Baum mit Wurzel M und einer Multimenge von Kategorien X. Alle Kategorien seien durch einzelsprachlich definierte Aliasbezeichnungen kodiert.[15] E sei die Menge der aktuellen Expansionsstellen zum Zeitpunkt des Aufrufs.

Dann ist die Menge der restlichen Expansionsstellen ebenfalls E. Ferner sind [M,NewE] der Extensor und Enew die Menge der aktuellen Expansionsstellen nach dem Aufruf.

```
call_part(M, X, E, E, [M,NewE], Enew) :-
   ( remove_store(cat, M); true ), !,
   expand(X, NewE),
   member([M,NewE], E),
   order_attachment_points(M, NewE, Enew).
```

Die Pattern-Action-Regeln in Abbildung 6.5 zeigen, daß jeder lokale FAS-Baum nur einen Teil zu dem beitragen kann, was durch die ID-Regel (6.15) beschrieben wird, die verschiedene optionale Kategorien enthält.

(6.15) ID29: N1 ⟶ N, (NP[gen]), (PP[von]), (S[rel])

Der oberste lokale FAS-Baum bewirkt die Generierung eines Relativsatzes durch die Pattern-Action-Regel PA1. Die IGA legt die Information, daß ein Relativsatz erzeugt wird, im Zwischenspeicher ab.[16] Die SBA call_part erzeugt einen Extensor mit einem S als einziger Tochter. Durch den nächsten lokalen FAS-Baum in Abbildung 6.5 wird eine PP-Kategorie als Schwester des S eingeführt. Schließlich wird der dritte lokale FAS-Baum abgearbeitet, und die Pattern-Action-Regel PA3 erzeugt einen Extensor mit dem Hauptnomen und einem Genitivattribut. Auch er wird an der Expansionsstelle N1 in die Gesamtstruktur eingefügt. Die IGA speichert die Kasusinformation ab (im Deutschen Genitiv).

Der lokale Baum, der nach der wiederholten erfolgreichen Durchführung von call_part entsteht, muß letztlich durch eine ID-Regel projiziert sein. Dies wird im Zuge der Merkmalinstantiierung sichergestellt (in diesem Falle ist es (6.15)). Danach dient die Mutterkategorie nicht länger als Expansionsstelle.

Nachdem zu den vier Arten von Abbildungen SBAs definiert wurden, soll nun zusammenfassend die Verwendung der SBAs bei den Abbildungen beschrieben werden.

call_id. Die als Argument spezifizierte ID-Regel projiziert einen lokalen GPSG-Baum, der die Gesamtstruktur expandieren soll.

[15] Der Baum wird zunächst nicht durch eine ID-Regel projiziert. Er soll aber nur Kategorien enthalten, die in der Grammatik definiert sind.

[16] In FAS werden Relativsätze durch clausefin dargestellt. Im Unterschied zu der Benutzung von clausefin für Deklarativsätze (vgl. Abbildung 5.3) muß ein S generiert werden. Dies erfolgt durch eine weitere Pattern-Action Regel für clausefin, durch die ein Extensor auf der Basis der Topikalisierungsregel generiert wird, falls die Information, daß ein Relativsatz zu generieren ist, im Zwischenspeicher steht.

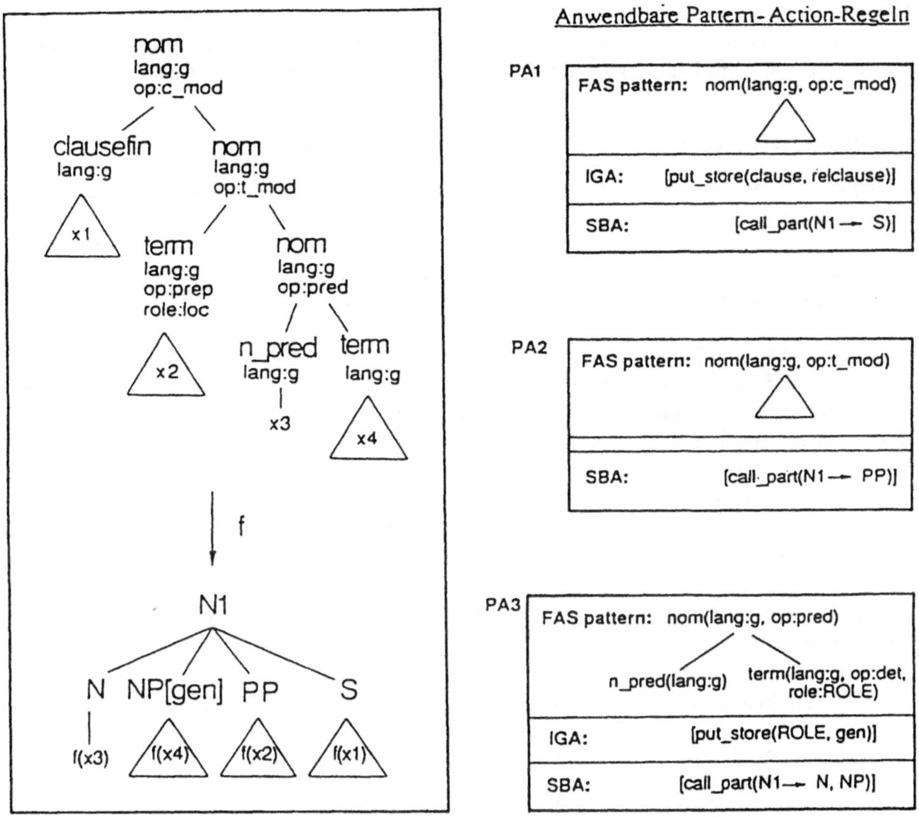

Abbildung 6.5: Abbildung einer hierarchischen in eine flache Struktur.

Der GPSG-Baum kann strukturisomorph zum zugrundeliegenden FAS-Baum sein oder weniger Töchter enthalten. Im zweiten Fall liegt auf der nächsttieferen Ebene eine Tilgung vor.

call_lex. Die als Argument spezifizierte lexikalische Regel projiziert einen lokalen Baum, der einen Teil der Gesamtstruktur terminieren soll.

Dem GPSG-Baum liegt stets ein lexikalischer FAS-Baum zugrunde.

call_id_lex. Die als Argument spezifizierte ID-Regel projiziert einen lokalen GPSG-Baum, der die Gesamtstruktur expandieren soll. Außerdem wird eine lexikalische Tochter durch ein Terminalsymbol expandiert.

Dient zur Generierung von Terminalsymbolen, denen keine strukturelle FAS-Repräsentation zugrundeliegt.

call_part. Die als Argument spezifizierte ID-Regel projiziert einen lokalen GPSG-Baum, der die Gesamtstruktur expandieren soll und der noch weitere Schwestern aufnehmen kann.

Dient zur sukzessiven Sammlung von Schwesterkategorien, die Teilbäume dominieren, welche aus verschiedenen lokalen FAS-Bäumen generiert wurden.

Eine weitere SBA wird zur Lösung eines in Abschnitt 6.3.6 beschriebenen Problems benötigt werden.

Grundsätzlich reflektieren SBAs die Art (und Komplexität) der mit Ausgangs- und Zielsprache (hier: GPSG und FAS) verbundenen Abbildungen. Veränderungen der Syntax bzw. Semantik dieser Sprachen können die Definition anderer oder zusätzlicher SBAs erforderlich machen.

6.3.5 Die Anwendungsfolge von Pattern-Action-Regeln

In diesem Abschnitt wird die Bedingung für die erfolgreiche Verbalisierung eines lokalen FAS-Baumes aus Abschnitt 6.3.3 aufgegriffen:

- Ein lokaler FAS-Baum ist erfolgreich verbalisiert, wenn eine maximale Anzahl (≥ 1) von angewendeten Pattern-Action-Regeln erfolgreich durchgeführt wurde.

Um diese Bedingung operational verfügbar zu machen, ist eine partielle Anwendungsreihenfolge für die Pattern-Action-Regeln notwendig und hinreichend. Dies entspricht der (ersten) in Abschnitt 6.3.2 genannten Konfliktlösestrategie durch Regelordnung. Wir betrachten im folgenden das Problem, die Pattern-Action-Regeln selbst in einer Vorverarbeitungsphase partiell zu ordnen, so daß sie auf triviale Weise vom Generator „von links nach rechts" abgearbeitet werden können. Damit braucht der Regelinterpreter keine Konfliktlösestrategie anzuwenden, sondern kann „sequentiell" arbeiten.

Das Problem hat vor allem praktische Bedeutung. Wenn es gelänge, eine solche Ordnung automatisch zu erstellen, kann die Regelschreiberin Pattern-Action-Regeln kodieren, ohne sich mit deren wechselseitigen Abhängigkeiten beschäftigen zu müssen, d.h. sie kann sich im wesentlichen darauf beschränken, die verschiedenen gewünschten Verbalisierungen eines lokalen FAS-Baums in Form von Pattern-Action-Regeln zu beschreiben.[17] Wie im folgenden gezeigt wird, ist eine solche Ordnung für den allgemeinen Fall nicht berechenbar.

Die grundsätzlichen Schritte zur Erstellung einer Regelordnung bestehen in

- der Bestimmung der Konfliktmengen,
- der Sortierung der Elemente jeder Konfliktmenge zu Folgen und
- der Zusammenfassung dieser Folgen zu einer einzigen Folge.

Jeder lokale FAS-Baum wird durch eine kontextfreie Regel generiert. Die Konfliktmengen können daher anhand der verwendeten FAS-Syntax bestimmt werden. Eine Pattern-Action-Regel kann in mehr als einer Konfliktmenge auftreten.

Wir betrachten nun eine Konfliktmenge mit mehr als einem Element. Nach welchen Kriterien sind die Elemente zu ordnen? Zunächst zu den Pattern-Action-Regeln ohne SBA. Generell können sie Information speichern oder aus dem Speicher löschen. Da die Existenz eines lokalen FAS-Baums niemals den ausschließlichen Effekt hat, daß Information gelöscht wird, sind Regeln mit IGAs des letzten Typs überflüssig. Information im Zwischenspeicher dient entweder dazu, die Anwendbarkeit einer SBA zu steuern oder direkt in die GPSG-Struktur einzugehen. In beiden Fällen kann aber durch eine Pattern-Action-Regel mit SBA gelöscht werden. Regeln, die Information speichern, können vor oder nach Pattern-Action-Regeln mit SBA angewendet werden. Da diese u.U. auf die gespeicherte Information zugreifen (z.B. unter dem Schlüssel **cat**), werden sie vor Pattern-Action-Regeln mit SBA angewendet. Pattern-Action-Regeln ohne SBA sind logisch voneinander unabhängig.[18]

Anwendungsregel 1: Pattern-Action-Regeln ohne SBA werden zuerst angewendet.

---

[17] Sie muß allerdings die Benutzung des Zwischenspeichers organisieren und sich insofern mit der Reihenfolge der Regelanwendungen auseinandersetzen.

[18] Zwei Pattern-Action-Regeln ohne SBA stehen nur dann im Konflikt, wenn die eine Information speichert und die andere dieselbe Information löscht. Der letzte Fall braucht aufgrund des obigen Arguments nicht betrachtet zu werden.

Betrachten wir nun Pattern-Action-Regeln mit SBA, wobei wir uns auf Regeln mit nur jeweils einer SBA beschränken wollen. Für alle Regeln r_1 und r_2 mit einer einzigen SBA wird die folgende Regel angewendet:

Anwendungsregel 2: Wenn r_2 einen lokalen Baum mit einer Mutter M und einer Multimenge X von Töchtern erzeugt, wenn ferner r_1 einen lokalen Baum mit der Mutter Y, einer Tochter M' und einer Multimenge Z von weiteren Töchtern erzeugt, und wenn schließlich M $\sqcup$ M', dann wird r_1 vor r_2 angewendet.

Diese Regel genügt, um die Reihenfolgeprobleme hinsichtlich des Perfekt-Hilfsverbs in Abbildung 6.4 oder hinsichtlich der Verbalisierung von **term** als PP mit einer NP als Tochter (anstatt als NP) zu lösen. Es ist nicht von Belang, welcher Typ von SBA verwendet wird. Anwendungsregel 2 berücksichtigt jedoch nicht die Möglichkeit des Auftretens von Zyklen. Nehmen wir an, r_1 habe eine SBA mit der ID-Regel (6.16), durch die ein englisches Perfekt-Hilfsverb erzeugt wird und r_2 eine SBA mit der ID-Regel (6.17), die Subjekt-Equi-Verben wie *promise* einführt.

(6.16) VP $\longrightarrow$ V[13, +aux], VP[psp]

(6.17) VP $\longrightarrow$ V[5, −aux], VP[inf]

(6.18) has promised to come

(6.19) promises to have come

Hier führt Anwendungsregel 2 nicht weiter, denn sie schreibt beide Reihenfolgen vor. Zwar sind beide Reihenfolgen grammatisch möglich, weil das Hilfsverb unterschiedlichen Skopus erhält (6.18)-(6.19). Doch ist der Skopus in FAS eindeutig bestimmt durch die Lokalisierung von $\langle$**perf** : +$\rangle$ entweder bei **v_pred** für *promise* oder bei **v_pred** für *come*. Infolgedessen ist die Anwendungsregel 2 zu ergänzen.

Anwendungsregel 3: Wenn Anwendungsregel 2 nicht entscheidet, wenn ferner r_2 einen lokalen Baum mit einer Mutter M, einer Tochter V[+aux], einer Tochter X und einer Multimenge Y von weiteren Töchtern erzeugt, wenn außerdem r_1 einen lokalen Baum mit der Mutter X', einer Tochter V[-aux], einer Tochter M' und einer Multimenge Z von weiteren Töchtern erzeugt und wenn schließlich M $\sqcup$ M' und X $\sqcup$ X' gilt, dann wird r_1 vor r_2 angewendet.

Diese Regel hat den Nachteil, daß sie in zweierlei Hinsicht sehr speziell ist. Zum einen erfaßt sie ausschließlich Zyklen bei Bäumen mit einem Verb als Tochter. Zum andern macht sie die Annahme über die verwendete Grammatik, daß sie ein binäres Merkmal **aux** enthält. Diesem Nachteil steht gegenüber, daß es mit einer Anzahl verschiedener spezieller Regeln grundsätzlich möglich ist, Zyklen dieser Art aufzulösen.

Unglücklicherweise lassen sich auch damit nicht alle Reihenfolgeprobleme lösen. Betrachten wir zwei Pattern-Action-Regeln, die das Perfekt- und das Passiv-Hilfsverb aufgrund der ID-Regeln (6.20) bzw. (6.21) einführen.

(6.20) ID4: S $\longrightarrow$ V[1, +aux], S[psp]

(6.21) ID5: S $\longrightarrow$ V[3, +aux], S[pas]

Wie bereits in Abschnitt 4.6.2 gezeigt wurde, bieten die ID-Regeln hier keine Entscheidungsmöglichkeit. Eine mögliche Konsequenz besteht nun darin, eine Reihenfolge zu *raten*, d.h. im Falle des Mißerfolgs Backtracking einzuleiten und eine andere Reihenfolge zu versuchen. Wie gezeigt wurde, ist dieser Ansatz sehr ineffizient, da beide Reihenfolgen in – gemäß der Grammatik – zulässigen syntaktischen Strukturen resultieren. Im Falle, daß das Passiv-Hilfsverb (fälschlicherweise) vor dem Perfekthilfsverb generiert wird, scheitert erst die Flexionskomponente an der Forderung, eine Passivform des Perfekt-Hilfsverbs zu bilden.

Die andere Möglichkeit ist, an der Forderung nach ausreichender Sortierung festzuhalten und kein Backtracking einzuleiten. Damit wird die Pattern-Action-Regel für das Passiv-Hilfsverb vor der

Pattern-Action-Regel für das Perfekt-Hilfsverb angewendet. Diese Entscheidung begünstigt die Effizienz des Verfahrens, macht aber eine vollständig automatische Regelsortierung unmöglich. Pattern-Action-Regeln, deren Anwendungsfolge sich nicht aufgrund einer der obigen Regeln bestimmen lassen, müssen durch die Regelschreiberin „von Hand" in die geeignete Reihenfolge gebracht werden.

Als Ergebnis ist festzuhalten, daß die vollständig automatische Sortierbarkeit der Pattern-Action-Regeln von der Art und Weise abhängt, wie die GPS-Grammatik formuliert ist. Von einem logischen Standpunkt aus sind die unterschiedlichen Möglichkeiten, dafür zu sorgen, daß Perfekt- und Passiv-Hilfsverben korrekt zusammen auftreten, einander gleichwertig. So macht es z.B. keinen Unterschied, ob die entsprechenden ID-Regeln nur auf bestimmte Weise kombinierbar sind oder ob Perfekt-Hilfsverben keine Passivpartizipien bilden.[19] Aus Generierungssicht können diese Möglichkeiten die Effizienz eines gegebenen Verfahrens nachhaltig beeinflussen.

Wir wollen nun Pattern-Action-Regeln mit mehr als einer SBA betrachten. Es gibt folgende Gründe, mehr als eine SBA in einer Pattern-Action-Regel zu kodieren.

- In der Grammatik des deutschen Fragments erzeugt eine Metaregel aus einer S-Expansionsregel eine Anzahl ID-Regeln mit jeweils einer dislozierten Konstituente, die als **slash**-Wert der Mutter dargestellt ist (vgl. Abschnitt 4.4). Infolge der kanonischen Ordnung in FAS-Ausdrücken liegt diesen ID-Regeln stets ein einziger lokaler FAS-Baum zugrunde. Welche der ID-Regeln verwendet wird, hängt von Spezifikationen des Merkmals **top** ab. Ihnen ist gemeinsam, daß ihre Mütter mit derselben Expansionsstelle unifizierbar sind, denn diese ist bezüglich **slash** hinreichend unspezifiziert. Darüber hinaus sind die lexikalischen Töchter allesamt mit V[–aux] unifizierbar.

- Anhand der Rollenkonfiguration in **clause** sind in beiden Grammatiken Satzbaupläne möglich, die auf unterschiedlichen Verbsubkategorisierungen basieren (vgl. Abschnitt 6.3.7). Die Zuordnung von **v_pred** zu V bestimmt, welche Subkategorisierung verwendet wird. Da diese Entscheidung nach der Entscheidung für einen Satzbauplan (d.h. für eine lexikalische ID-Regel) zu treffen ist, muß sie revidierbar sein. Dies wird erreicht, wenn man SBAs mit ID-Regeln, deren lexikalische Töchter unterschiedlich subkategorisiert sind, in einer einzigen Pattern-Action-Regel zusammenfaßt. Diesen ID-Regeln ist ebenfalls gemeinsam, daß ihre Mütter mit derselben Expansionsstelle unifizierbar sind und daß ihre lexikalischen Töchter mit V[–aux] unifizierbar sind.

- Die Grammatik für das deutsche Fragment verwendet die VP u.a. für die Topikalisierung mehrerer Satzglieder als Konstituente (vgl. Abschnitt 4.4). Wenn darunter Hilfsverben sind, werden sie durch VPs expandiert. VPs verbalisieren daher u.U. dieselben FAS-Bäume wie satzwertige Strukturen (vgl. Abbildung 6.4). In diesem Fall sind die Mutterkategorien der ID-Regeln nicht unifizierbar mit derselben Expansionsstelle. Die lexikalischen Töchter sind stets mit V[+aux] unifizierbar.

Darüber hinaus, so kann angenommen werden, gibt es keine Gründe, Pattern-Action-Regeln mit mehr als einer SBA zu formulieren. Diese Annahme ist natürlich nur aufgrund von Plausibilitätsbetrachtungen zulässig; unterstützt wird sie von der Tatsache, daß ein FAS-Ausdruck wie auch eine GPSG-Struktur eindeutig einer Endkette entspricht. Daher sind die Verbalisierungsalternativen für einen lokalen FAS-Baum stark eingeschränkt. Mit dieser Annahme ergibt sich, daß für Pattern-Action-Regeln mit mehr als einer SBA keine zusätzlichen Anwendungsregeln erforderlich sind.

Die Folgen von Pattern-Action-Regeln, die aus der partiellen Ordnung der Elemente der Konfliktmengen gewonnen werden, lassen sich zu einer einzigen Folge zusammenfassen, indem man die Folgen aneinanderfügt und dabei alle Vorkommen jeder Pattern-Action-Regel mit Ausnahme des

[19] Aus deskriptiver Sicht fallen die beiden Möglichkeiten zusammen, denn die Tatsache, daß Perfekt-Hilfsverben kein Passiv bilden, verhindert die Kombination entsprechend instantiierter lokaler Bäume.

ersten tilgt. Da die einzelnen Folgen unabhängig voneinander sind, spielt die Reihenfolge, in der sie aneinandergefügt werden, keine Rolle.[20]

6.3.6 Die Generierung von dislozierten Konstituenten

Eine der auffallendsten Unterschiede zwischen FAS und GPSG ist die Darstellung von Konstituenten, die in Deklarativsätzen im Vorfeld stehen. In FAS ist die entsprechende Konstituente diejenige Tochter von **clause**, die an erster Stelle gemäß der thematischen Struktur steht (⟨**them** : 1⟩). In GPSG ist der entsprechende Teilbaum vollständig *disloziert*, d.h. er befindet sich in topikalisierter Position, wohingegen der Rest des aus **clause** verbalisierten Materials an anderer Stelle der GPSG-Struktur auftritt. Dislozierung wird hier technisch betrachtet, d.h. es fällt einerseits die (linguistisch motivierte) Topikalisierung darunter, die in der Grammatik für das deutsche Fragment die Grundlage für die flache Struktur darstellt und andererseits die hierarchische Analyse aufgrund der ID-Regel (6.22), die in der Grammatik des englischen Fragments für die Frontstellung des Subjekts verwendet wird.

Mit einem Verfahren, das sowohl die Ausgangsstruktur top-down verarbeitet als auch die Zielstruktur top-down konstruiert, ist diese Situation nicht einfach zu behandeln, denn es erzeugt eine Expansionsstelle für die zu topikalisierende Konstituente, bevor es auf den relevanten FAS-Teilausdruck trifft. Wenn das Verfahren feststellt, welcher Teil des FAS-Ausdrucks als topikalisierte Konstituente zu verbalisieren ist, hat es andererseits die Expansionsstelle schon wieder verlassen.

Wir betrachten zunächst die Darstellung der Topikalisierung. Glücklicherweise drückt der GPSG-Formalismus explizit die Beziehung zwischen der dislozierten Konstituente und dem Teilbaum aus, in dem sie fehlt, indem er das Merkmal **slash** an jeder Konstituente auf dem zwischenliegenden Pfad entsprechend instantiiert. Auf diese Weise ist es möglich, ausgehend vom lokalen GPSG-Baum, in dem die dislozierte Konstituente fehlt, die Expansionsstelle wiederzufinden, wenn man den Spezifikationen von **slash** folgt, wie sie bottom-up durch die Merkmalinstantiierungsprinzipien instantiiert werden.

Der Anfang des Pfades liegt an der Wurzel des Baums, der durch eine S-Expansionsregel projiziert ist, in der eine Konstituente „fehlt"; d.h. an der Mutter ist **slash** spezifiziert. Diese Art von Regeln wird benutzt, um **clause** zu verbalisieren. Der **slash**-Wert von S bildet dabei die geeignete Expansionsstelle für die Verbalisierung der durch ⟨**them** : 1⟩ spezifizierten FAS-Tochter. Für sie ist eine Pattern-Action-Regel anwendbar, die [+top] als GPSG-Kategorie kodiert, wenn ein Deklarativsatz erzeugt wird (dies wird anhand der Illokution im FAS-Ausdruck festgestellt und im Zwischenspeicher notiert). Eine Verbalisierung der Tochter enthält somit die Spezifikation ⟨**top** : +⟩ und kann nur den **slash**-Wert expandieren.

Man beachte, daß infolgedessen die GPSG-Strukturen *baumartige* Merkmalspezifikationen enthalten können, die in GPSG nicht definiert sind (die Merkmalinstantiierungsprinzipien behandeln nur atomare oder kategorienartige Spezifikationen). Die gewünschte Funktionsweise der Merkmalinstantiierungsprinzipien entspricht exakt der für kategorienartige Merkmalspezifikationen. Daher übergibt der Generator die Wurzelkategorie des baumartigen Merkmalwertes an die Merkmalinstantiierungsprinzipien und rekonstruiert im Anschluß an den Merkmalstransport der Kategorie die baumartige Merkmalspezifikation an der Mutterkategorie.

Als Alternative ist es auch denkbar, in den GPSG-Formalismus baumartige Merkmalspezifikationen einzuführen. Die Ursache für eine solche Erweiterung liegt jedoch in der Generierungsstrategie und nicht in linguistischen Notwendigkeiten begründet. Zieht man hinzu, daß andere Generierungsstrategien oder Parsing-Verfahren ohne baumartige Merkmalspezifikationen auskommen, erscheint

[20] Bei großen Regelmengen wird die Verarbeitung effizienter, wenn die Folgen beibehalten und den FAS-Regeln zugeordnet werden. Der Match-Prozeß braucht dann nur die eine Folge zu betrachten, die der FAS-Regel zugeordnet ist, welche dem zu verbalisierenden FAS-Ausdruck zugrundeliegt. Um diese Regel zu finden, muß allerdings der FAS-Ausdruck geparst werden.

es angemessen, deren Behandlung durch die Merkmalinstantiierungsprinzipien im Generator zu simulieren.

Durch **slash** wird der zu topikalisierende Baum zu dem lokalen Baum transportiert, der durch die Topikalisierungsregel projiziert wird. Weil diese Regel die Identität zwischen dem **slash**-Wert und der durch ⟨**top** : +⟩ spezifizierten Konstituente fordert, wird der Baum zu einer Konstituente der Gesamtstruktur, und das Ende des Pfades ist erreicht.

(6.22) S ⟶ NP[nom], VP[fin]

Wir betrachten nun die hierarchische Analyse, die ausschließlich in der Grammatik des englischen Fragments verwendet wird. Mit der ID-Regel (6.22) tritt dasselbe doppelte Problem auf: Die NP kann noch nicht generiert werden, denn der ihr zugrundeliegende lokale FAS-Baum wird nicht rechtzeitig aufgesucht, und bei der Erzeugung der VP aus **clause** bleibt eine Konstituente übrig. Unglücklicherweise bietet der GPSG-Formalismus in diesem Fall keine Unterstützung, um eine Beziehung zwischen den beiden Teilproblemen herzustellen.

Erneut wird der Zwischenspeicher benötigt, um nicht-lokale Phänomene trotz einer rigiden Verarbeitungsstrategie behandeln zu können. Durch einen weiteren Typ von SBAs läßt sich die NP als Expansionsstelle erhalten. Die SBA **call_id_disloc** generiert einen lokalen Baum aufgrund der ID-Regel und speichert (in diesem Falle) die NP-Tochter unter dem Schlüssel **dislocated** zur späteren Verwendung als Expansionsstelle ab.

Definition 6.10 (SBA call_id_disloc). Durch die ID-Regel M ⟶ H, D werde ein lokaler Baum mit der Wurzel `M`, der Head-Tochter `H` und einer weiteren Tochter `D` projiziert. Sei `E` die Menge der aktuellen Expansionsstellen zum Zeitpunkt des Aufrufs.

Dann sind `Eminus` die Menge der restlichen Expansionsstellen, `[M,[[H,HE],[D,DE]]]` der Extensor und {`[H,HE]`, `[D,DE]`} die Menge der aktuellen Expansionsstellen nach dem Aufruf.

```
call_id_disloc(M, [H,D], E, Eminus, [M,[[H,HE],[D,DE]]], [[H,HE],[D,DE]]) :-
    ( remove_store(cat, M); true ), !,
    memb_diff([M,[[H,HE],[D,DE]]], E, Eminus),
    put_store(dislocated, [D,DE]).
```

Die SBA kann auf ID-Regeln mit genau zwei Töchtern angewendet werden. Die Tochter `D` wird als neue Expansionsstelle kodiert, die zugleich in den Zwischenspeicher geschrieben wird. Die SBA unterscheidet sich von **call_id** nur durch die Speicherung der Tochter `D`. Warum wurde diese Speicherung nicht als IGA kodiert und **call_id** verwendet? Es gibt zwei Gründe für eine eigene SBA: Einmal sind IGAs nicht spezifisch für eine SBA, sondern sie werden ausgeführt ohne Rücksicht darauf, welche SBA erfolgreich sein wird. Zweitens ist ein implementationsbedingter Grund zu nennen: Mit der SBA wird eine Variablenbindung zwischen der Expansionsstelle in der Gesamtstruktur und der im Zwischenspeicher hergestellt, die die Kospezifikation beider Instanzen sicherstellt.

Da die dislozierte Konstituente zu gegebener Zeit mithilfe von **call_id** eingeführt werden soll, muß die Definition von **call_id** entsprechend verändert werden.[21] Es wird vor der in Definition 6.5 angegebenen Klause eine weitere eingefügt, die nach einer dislozierten Konstituente sucht.

Definition 6.11 (SBA call_id, endgültige Version). Durch die ID-Regel M ⟶ X werde ein lokaler Baum mit der Wurzel `M` und einer Multimenge `X` von Töchtern projiziert. Sei `E` die Menge der aktuellen Expansionsstellen zum Zeitpunkt des Aufrufs.

Dann sind `Eminus` die Menge der restlichen Expansionsstellen, `[M,NewE]` der Extensor und `Enew` die Menge der aktuellen Expansionsstellen nach dem Aufruf.

[21] Für **call_lex** ist eine analoge Veränderung notwendig, wenn die dislozierte Konstituente lexikalisch sein kann (z.B. eine pronominale NP).

```
call_id(M, X, E, Eminus, [M,NewE], Enew) :-
   remove_store(dislocated, [M,X]),
   ( remove_store(cat, M); true ),
   expand(X, NewE),
   order_attachment_points(M, NewE, Enew), !.
call_id(M, X, E, Eminus, [M,NewE], Enew) :-
   ( remove_store(cat, M); true ), !,
   expand(X, NewE),
   memb_diff([M,NewE], E, Eminus),
   order_attachment_points(M, NewE, Enew).
```

Mit dieser Erweiterung kann die Subjekts-NP im Zuge der VP-Expansion aus dem term, der die Spezifikation ⟨them : 1⟩ enthält, erzeugt werden (durch call_id). call_id beachtet nicht, daß die VP-Töchter ungeeignete Expansionsstellen sind, da es eine „dislozierte" Konstituente im Zwischenspeicher findet. Nachdem der term als NP[nom] verbalisiert worden ist, wird diese Teil der Gesamtstruktur.

Im Unterschied zur Topikalisierung, wo der Transport der dislozierten Konstituente dem GPSG-Formalismus überlassen werden konnte, muß der Transport hier durch den Generator kontrolliert werden. Um die Expansionsstelle zu bewahren, erwies sich die Definition eines neuen Typs von SBAs als notwendig, und call_id muß bei jedem Aufruf den Speicher auf eine dislozierte Konstituente hin prüfen (sonst müßte noch eine weitere SBA definiert werden).

Die problematische Situation ist charakterisiert durch das Vorkommen einer GPSG-Kategorie (hier: VP), zu der es kein Gegenstück in FAS gibt und die eine nicht-lexikalische Schwesterkategorie (hier: NP) hat, die nicht mithilfe von call_id_lex ohne Berücksichtigung eines FAS-Teilausdrucks expandiert werden kann. Ein denkbarer Versuch, diese Situation (und gleichzeitig die oben diskutierte Behandlung der Topikalisierung) auf homogene Weise in den Griff zu bekommen, besteht in einer drastischen Liberalisierung der Definition der Expansionsstellen: Könnte nicht jede nichtterminale Blattkategorie als Expansionsstelle fungieren? Dieser Versuch müßte beachten, daß keine unerwünschten Möglichkeiten entstehen, einen Extensor in die Gesamtstruktur zu integrieren.

In den verwendeten Grammatiken stellt die ID-Regel (6.22) das einzige Beispiel für eine solche Situation dar. Es ist unklar, ob im allgemeinen damit gerechnet werden muß, daß eine GPS-Grammatik mehrere solcher für das hier vorgestellte Generierungsverfahren problematische ID-Regeln enthält.

6.3.7 Die Erzeugung des Oberflächenkasus

In diesem Abschnitt wird ein weiteres nicht-lokales Phänomen diskutiert, die Generierung des (Oberflächen-)Kasus. Dabei werden vorrangig Beispiele des Deutschen gegeben, denn das deutsche Kasussystem ist reichhaltiger als das englische. Kasus ist zwar kein Merkmal in FAS, kann aber auf der Grundlage von Information berechnet werden, die in verschiedenen lokalen Bäumen eines FAS-Ausdrucks verteilt ist. Nur FAS-Ausdrücke mit der Hauptkategorie term, die ein Merkmal role besitzen, können als NP verbalisiert werden und eine Spezifikation für Kasus erforderlich machen.

Die Information, welche Rollen vorhanden sind, ist in dem Merkmal conf in der Kategorie v_pred kodiert. In dieser Kategorie ist die Spezifikation von voice ebenfalls verfügbar. Wir können aufgrund dieser Informationen den Kasus für jede Rolle anhand des jeweiligen Lexems eindeutig bestimmen. Intuitiv lassen sich ein lexem-abhängiger und ein genereller Schritt unterscheiden (vgl. Abbildung 6.6).

- Die Rollenkonfiguration und das Verbgenus bestimmen die Subkategorisierung des Verbs aufgrund des Lexikoneintrags.

- Die Beziehung zwischen Rollenkonfiguration und Subkategorisierung bestimmt generell – d.h. unabhängig von Lexikoneinträgen – die Zuordnung eines Kasus zu jeder Rolle.

a)

voice	conf	subcat	Lexem
active	ag_af	nom-acc	
passive	ag_af	nom-by	lieben
passive	af	nom	
active	ag_af	nom-dat	
passive	ag_af	dat-by	helfen
passive	af	dat	

b)

conf	subcat	role	cas
ag_af	nom-acc	agent	nom
		affected	acc
ag_af	nom-by	agent	
		affected	nom
ag_af	nom-dat	agent	nom
		affected	dat
ag_af	dat-by	agent	
		affected	dat

Abbildung 6.6: Die Generierung von Oberflächenkasus

Die eindeutige Bestimmung des Kasus durch ein solches Verfahren beruht auf einer Reihe von Vorannahmen, die im folgenden genannt werden.

Wie aus Abschnitt 5.2 hervorgeht, existiert keine triviale Abbildung von Rollen auf Kasus. Die Rollenkonfiguration spiegelt das jeweilige Vorkommen von Rollen in Sätzen wider. Insofern kann ein **v_pred** mit demselben Terminalelement in unterschiedlichen Konfigurationen auftreten; z.B. eine bei Aktiv und eine andere im Falle des agenslosen Passivs.

Die Subkategorisierung kennzeichnet die syntaktische Umgebung, in der ein Verb (oder Nomen, Adjektiv) auftritt (vgl. Abschnitt 4.4). Infolgedessen hat ein transitives Verb, das in einem agenslosen Passivsatz gebraucht wird, eine andere Spezifikation von **subcat** als in einem Aktivsatz; es kann die eines intransitiven Verbs sein.

Die Beziehung zwischen **conf** und **subcat** wird am besten lexemspezifisch expliziert und nicht durch einen generellen Mechanismus. Es gibt eine Anzahl idiosynkratischer Fälle, für die sonst Ausnahmeregelungen zu treffen wären. In Abbildung 6.6a haben z.B. die Verben *lieben* und *helfen* dieselbe Rollenkonfiguration, aber das letztere subkategorisiert eine NP[dat] anstelle einer NP[acc].

Als Folge dieser Vorannahmen kann ein Verb für unterschiedliche Mengen von Konstituenten subkategorisiert sein. Tritt ein Verb in einer anderen Rollenkonfiguration auf, so ändert sich auch seine Subkategorisierung.[22] Das Verb hat daher verschiedene Lexikoneinträge, was eine gewisse Redundanz in das Lexikon einführt. Deren Ursache liegt letztlich daran, daß Subkategorisierung in GPSG als Merkmal dargestellt ist, das ID-Regeln und Lexioneinträge durch entsprechende gleiche Spezifikation zueinander in Beziehung setzt. Die Werte von **subcat** haben jedoch keine Beziehung zueinander. Diese müßte explizit ausgedrückt werden; etwa durch eine Art Metaregel, die die „grundlegenden" Subkategorisierungen (wie z.B. nom-acc) modifiziert (Passiv, Adjunkte) [Pollard/Sag 1987].

Das skizzierte Verfahren wird im strukturgetriebenen Ansatz folgendermaßen verwirklicht: Auf der Ebene von **clause** wird ein lokaler GPSG-Baum mit einem Verb als Tochter erzeugt, das eine Spezifikation von **subcat** trägt. Die zugrundeliegende ID-Regel entstammt der Teilmenge von ID-Regeln, die in Anbetracht der Werte für **conf** und **voice** relevant für die Verbalisierung des lokalen FAS-Baums sind und daher durch SBAs in der Pattern-Action-Regel kodiert wurden. Wie das Beispiel in Abbildung 6.6a zeigt, müssen ID-Regeln mit unterschiedlich subkategorisierten Verben berücksichtigt werden. Welche dieser Regeln die geeignete ist, stellt sich bei der unmittelbar folgenden Verbalisierung von **v_pred** heraus. Dann nämlich versucht die lexikalische Pattern-Action-Regel, die Gesamtstruktur durch einen terminalen GPSG-Baum für das Verb zu expandieren. Dies hat nur Erfolg, wenn eine Expansionsstelle die entsprechende Spezifikation für **subcat** aufweist. Andernfalls wird Backtracking notwendig.

[22]Ob der Umkehrschluß auch gilt, hängt von der Behandlung von Adjunkten in FAS ab, die im vorliegenden Fragment nicht berücksichtigt sind. Aus der Sicht der hier verfolgten Verarbeitungsstrategie ist es wünschenswert, die Variation der Rollenkonfiguration möglichst eng an die der Subkategorisierung zu binden.

FAS pattern:	v_pred(lang:g, op:lex, conf: ag_af, voice:active) | foerdern
IGA:	[put_store(agent, nom), put_store(affected, acc)]
SBA:	[call_lex(V[6] → foerder)]

Abbildung 6.7: Lexikalische Pattern-Action-Regel für Verben

Dieses Verfahren entspricht dem ersten der beiden oben genannten Schritte. Es unterscheidet sich von ihm dadurch, daß es nicht den geeigneten Wert für **subcat** aus dem Lexikon generiert, sondern die Bestätigung eines vorher geratenen Wertes erwartet. Das Ergebnis des zweiten Schrittes ist in den lexikalischen Pattern-Action-Regeln für Verben kodiert. Sie enthalten IGAs, die die entsprechenden Rolle-Kasus-Zuweisungen abspeichern (vgl. Abbildung 6.7). Diese IGAs werden automatisch im Verlauf der Definition der Pattern-Action-Regeln erzeugt. Sie beruhen auf einer vorgegebenen Relation zwischen conf und **subcat**, wie sie Abbildung 6.6b zeigt. Für jedes Verb mit ⟨conf : ag – af⟩ und ⟨**subcat** : nom – dat⟩ wird der **agent**-Rolle Nominativ und der **affected**-Rolle Dativ zugewiesen.

Die Information, die auf diese Weise gesammelt wird, geht bei der Verbalisierung der Konstituenten vom Typ **term** als syntaktische Konstruktionen ein, die eine Kasusspezifikation brauchen. Die jeweiligen Pattern-Action-Regeln entfernen die entsprechenden Spezifikationen aus dem Zwischenspeicher (vgl. Abbildung 6.3). Man beachte, daß die kanonischeFunktor-Argument-Reihenfolge in FAS sicherstellt, daß das Verb vor den NPs generiert wird, was eine Voraussetzung für dieses Verfahren darstellt.

6.3.8 Ein Beispiel

Im folgenden wird die Generierung des Satzes (6.23) aus dem FAS-Ausdruck in Abbildung 5.3 detailliert beschrieben.

(6.23) Die Gemeinschaft wird die industrielle Anwendung wichtiger Spitzentechnologien fördern.

Die SBAs enthalten i.a. numerische Verweise auf die ID-Regeln, die jeweils im Anschluß in Kurzform angegeben werden. Die Nummern sind identisch mit den der ID-Regeln in Anhang A. Die Pattern-Action-Regeln, die für dieses Beispiel aktiviert werden, und die Definitionen der FAS-Kategorien sind in Anhang B aufgeführt. Die verwendeten Aliasbezeichner sind in Anhang A auf S. 171 zusammengestellt. Die Zeilennummern wurden nachträglich in den Trace eingefügt.

Wir beginnen mit der leeren Kategorie als initialer Expansionsstelle. Die nachfolgend angewendete Pattern-Action-Regel erkennt an der Illokution in Zeile 02, daß ein Deklarativsatz zu generieren ist und erzeugt aus der Topikalisierungsregel einen Extensor.

```
01 fas(g,illoc)
02--- illoc(g,lex,ass) assertion
03--- clausefin(g,fin,-,+,+,-,act)
04------- fin(g,lex,+,+,-) fut_ind
05------- clause(g,pred,-,act)
06----------- v_pred(g,lex,ag_af,active,-,2,act) foerdern
07----------- term(g,det,agent,1,inst)
```

```
08--------------- det(g,lex,+,sing,bottom) def_sing
09--------------- nom(g,pred,inst)
10-------------------- n_pred(g,lex,no,inst) gemeinschaft
11----------- term(g,det,affected,3,act)
12--------------- det(g,lex,+,sing,bottom) def_sing
13--------------- nom(g,a_mod,act)
14------------------- mod(g,pred,+,dom)
15------------------------ a_pred(g,lex,no,+,dom) industriell
16------------------- nom(g,pred,act)
17------------------------ n_pred(g,lex,af,act) anwendung
18------------------------ term(g,det,affected,nil,dom)
19----------------------------- det(g,lex,-,plur,bottom) indef_plur
20----------------------------- nom(g,a_mod,dom)
21--------------------------------- mod(g,pred,+,qual)
22-------------------------------------- a_pred(g,lex,no,+,qual) wichtig
23--------------------------------- nom(g,pred,dom)
24-------------------------------------- n_pred(g,lex,no,dom) spitzentechnologie

* * *  Matching local FAS expression:
* * *  01------ fas(g,illoc)
* * *  02---------- illoc(g,lex,ass)
* * *  ---------------- SUBTREE(_)
* * *  03---------- clausefin(g,fin,-,+,+,-,act)
* * *  ---------------- SUBTREE(_)
* * *
* * *  IG-Actions: [put_store(clause,assertion)]
* * *  SB-Action:  call_id(8)
* * *
* * *  ID(8) "S[fin]  -->  X[+top], S[fin] / X[+top]"  tried.
```

Die aktuellen Expansionsstellen sind die Töchter der ID-Regel 8. Der lokale FAS-Baum 03–05 matcht vier Pattern-Action-Regeln. Zunächst werden Informationen über Tempus und Modus zwischengespeichert. Mit der dritten Regel wird geprüft, ob ein Relativsatz generiert werden soll.

```
* * *  Matching local FAS expression:
* * *  03 ----- clausefin(g,fin,-,+,+,-,act)
* * *  04---------- fin(g,lex,+,+,-)
* * *  ---------------- SUBTREE(_)
* * *  05---------- clause(g,pred,-,act)
* * *  ---------------- SUBTREE(_)
* * *
* * *  IG-Actions: [put_store(tense,pres)]
* * *  SB-Action:  []
* * *
* * *  IG-Actions: [put_store(mood,ind)]
* * *  SB-Action:  []
* * *
* * *  IG-Actions: [remove_store(clause,relclause)]
* * *  IG-Actions failed.
```

Die dritte Regel ist nicht erfolgreich. Mit der folgenden vierten Regel wird das Futur-Hilfsverb erzeugt. Dazu wird gemäß der Expansionskriterien die Expansionsstelle S benutzt. Man beachte, daß die SBA auch den Wortstamm des Hilfsverbs generiert.

```
* * *  IG-Actions: []
* * *  SB-Action:  call_id_lex(6)
* * *
* * *  ID(6) "S[fin]  --> V[4], S[inf]"  tried.
```

Bei dem lokalen FAS-Baum 05–06 sind zwei Pattern-Action-Regeln erfolgreich. Die erste übersetzt ⟨them : 2⟩ nach ⟨top : –⟩. Die zweite Pattern-Action-Regel versucht eine von mehreren SBAs; zuerst eine mit der ID-Regel 3. Als einzige Expansionsstelle kommt S[inf] infrage.

```
* * *  Matching local FAS expression:
* * *  05------ clause(g,pred,-,act)
* * *  06---------- v_pred(g,lex,ag_af,active,-,2,act)
* * *  ---------------- SUBTREE(_)
* * *  07---------- term(g,det,agent,1,inst)
* * *  ---------------- SUBTREE(_)
* * *  11---------- term(g,det,affected,3,act)
* * *  ---------------- SUBTREE(_)
* * *
* * *  IG-Actions: [set_gpsg_features([top],[-])]
* * *  SB-Action:  []
* * *
* * *  IG-Actions: []
* * *  SB-Action:  call_id(3)
* * *
* * *  ID(3) "S  --> NP[nom], NP[acc], V[6]"  tried.
```

Als aktuelle Expansionsstellen fungieren die Töchter von ID-Regel 3. Der Funktor (Zeile 06) wird als transitives Verb verbalisiert, und die Oberflächenkasus fur die Argumente werden zwischengespeichert.

```
* * *  Matching local FAS expression:
* * *  06------ v_pred(g,lex,ag_af,active,-,2,act) foerdern
* * *
* * *  IG-Actions: [put_store(agent,nom),
* * *               put_store(affected,acc)]
* * *  SB-Action:  call_lex("V[6] --> foerder")
```

Als aktuelle Expansionsstellen verbleiben NP[nom, –top] und NP[acc, –top]. Nach dem Funktor wird das erste Argument (07–09) verbalisiert. Der FAS-Ausdruck mit Hauptkategorie term matcht drei Pattern-Action-Regeln. Mit der ersten wird top spezifiziert. Mit der zweiten wird versucht, durch ID-Regel 16 ein Prädikatsnomen zu generieren, wofür jedoch keine Expansionsstelle PD existiert. Dieser Versuch schlägt daher fehl. Die dritte Regel entnimmt aus dem Speicher die Kasusinformation und erzeugt zusammen mit der Numerusinformation eine GPSG-Kategorie, die mit der bereits gespeicherten Kategorie [+top] unifiziert. Die SBA versucht anhand der ID-Regel 11 eine NP-Expansion, die an der Unverträglichkeit der gespeicherten Kategorie mit den Expansionsstellen scheitert, denn diese sind alle Extensionen von [–top].

```
* * *  Matching local FAS expression:
* * *  07------ term(g,det,agent,1,inst)
* * *  08---------- det(g,lex,+,sing,bottom)
* * *  ---------------- SUBTREE(_)
* * *  09---------- nom(g,pred,inst)
* * *  ---------------- SUBTREE(_)
```

```
* * *
* * *  IG-Actions: [remove_store(clause,assertion)
* * *              set_gpsg_features([top],[+])]
* * *  SB-Action:  []
* * *
* * *  IG-Actions: []
* * *  SB-Action:  call_id(16)
* * *
* * *  ID(16) "PD  --> NP[nom]"  tried.
* * *  SB-Action failed.
* * *
* * *  IG-Actions: [remove_store(agent,Case),
* * *              set_gpsg_features([plu,cas],[-,Case])]
* * *  SB-Action:  call_id(11)
* * *
* * *  ID(11) "NP  --> DET, N1"  tried.
* * *  SB-Action failed.
```

Dieser Fehlschlag bedeutet zugleich, daß die ID-Regel 3 oben kein geeigneter Extensor ist; die entsprechende SBA schlägt nun fehl. Daher wird Backtracking eingeleitet, um die Verbalisierung von clause durch die nächste SBA in der Pattern-Action-Regel zu versuchen. Diese probiert eine VP-Expansion mit der ID-Regel 19. Sie ist ebenfalls nicht erfolgreich, weil keine Expansionsstelle für VP existiert (die einzige aktuelle Expansionsstelle ist die Tochter S[inf] aus ID-Regel 6). Der dritte Versuch beruht auf der ID-Regel 35. Erneut wird der Funktor verbalisiert und anhand der verbleibenden Expansionsstellen NP[nom, +top] und NP[acc, -top] das erste Argument (07–09) in Angriff genommen.

```
* * *  SB-Action failed.
* * *
* * *  SB-Action:  call_id(19)
* * *
* * *  ID(19) "VP  --> NP[acc], V[6]"  tried.
* * *  SB-Action failed.
* * *
* * *  SB-Action:  call_id(35)
* * *
* * *  ID(35) "S / NP[nom]  --> NP[acc], V[6]"  tried.
* * *
* * *  Matching local FAS expression:
* * *  06------ v_pred(g,lex,ag_af,active,-,2,act) foerdern
* * *
* * *  IG-Actions: [put_store(agent,nom),
* * *              put_store(affected,acc)]
* * *  SB-Action:  call_lex("V[6] --> foerder")
* * *
* * *  Matching local FAS expression:
* * *  07------ term(g,det,agent,1,inst)
* * *  08---------- det(g,lex,+,sing,bottom)
* * *  ---------------- SUBTREE(_)
* * *  09---------- nom(g,pred,inst)
* * *  ---------------- SUBTREE(_)
* * *
```

```
* * *
* * *  IG-Actions: [remove_store(clause,assertion)
* * *                set_gpsg_features([top],[+])]
* * *  SB-Action:  []
* * *
* * *  IG-Actions: []
* * *  SB-Action:  call_id(16)
* * *
* * *  ID(16) "PD  -->  NP[nom]"  tried.
* * *  SB-Action failed.
* * *
* * *  IG-Actions: [remove_store(agent,Case),
* * *                set_gpsg_features([plu,cas],[-,Case])]
* * *  SB-Action:  call_id(11)
* * *
* * *  ID(11) "NP  -->  DET, N1"  tried.
```

In diesem Fall kann der lokale Baum die Gesamtstruktur expandieren; die Expansionsstelle ist der Wert von **slash** an der Mutter. Als aktuelle Expansionsstellen fungieren die Töchter von ID-Regel 11. Im folgenden wird der Determinator erzeugt (vgl. Zeile 08) und die Nominalgruppe (09–10) aufgebaut.

```
* * *  Matching local FAS expression:
* * *  08------ det(g,lex,+,sing,bottom) def_sing
* * *
* * *  IG-Actions: []
* * *  SB-Action:  call_lex("DET --> d")
* * *
* * *  Matching local FAS expression:
* * *  09------ nom(g,pred,inst)
* * *  10---------- n_pred(g,lex,no,inst)
* * *  --------------- SUBTREE(_)
* * *
* * *  IG-Actions: []
* * *  SB-Action:  call_part("N1 --> N")
* * *
* * *  Matching local FAS expression:
* * *  10------ n_pred(g,lex,no,inst) gemeinschaft
* * *
* * *  IG-Actions: []
* * *  SB-Action:  call_lex("N --> gemeinschaft")
```

Nachdem das Nomen generiert worden ist (es ist zulässig aufgrund des Lexikons), kehrt das Verfahren zurück zu dem unmittelbar vorher durch **call_part** erzeugten lokalen Baum. Da hier keine weiteren aktuellen Expansionsstellen existieren, werden die Merkmalinstantiierungsprinzipien auf ihn angewendet, nachdem er durch die ID-Regel 9 als Projektion zugelassen worden ist. Danach kehrt das Verfahren zu der NP zurück, für die es ebenfalls keine weiteren Expansionsstellen gibt. Auch auf den von ihr dominierten lokalen Bäumen werden die Merkmalinstantiierungsprinzipien und LP-Aussagen angewendet.

```
* * *  ID(9) "N1  -->  N[1], (NP[gen]), (S[fin])"  tried.
* * *
```

```
* * *  ##########################################################
* * *  FIPs: ID(9) N1  -->  N[1], (NP[gen]), (S[fin])
* * *  ##########################################################
* * *        n1(PER1,PLU1,GEN1,CAS1,FLEX1)
* * *        --- n(1,PER2,PLU2,2,CAS2,FLEX2)
* * *              ==FIP==>
* * *        n1(PER,PLU,2,CAS,FLEX)
* * *        --- n(1,PER,PLU,2,CAS,FLEX)
* * *
* * *  #########################################################
* * *  FIPs: ID(11) NP  -->  DET, N1
* * *  #########################################################
* * *        np(PER1,-,GEN1,nom,FLEX1)
* * *        --- det(3,PLU2,GEN2,CAS2,1)
* * *        --- n1(PER3,PLU3,2,CAS3,FLEX3)
* * *              ==FIP==>
* * *        np(3,-,2,nom,1)
* * *        --- det(3,-,2,nom,1)
* * *        --- n1(3,-,2,nom,1)
```

Nach der Generierung der Subjekts-NP kehrt das Verfahren zum nächsthöheren Baum zurück, wo als aktuelle Expansionsstelle noch NP[acc, –top] verbleibt. Als nächstes wird das zweite Argument von **v_pred** verbalisiert (11–13). Erneut sind vier Pattern-Action-Regeln anwendbar. Aufgrund der ersten Pattern-Action-Regel wird eine GPSG-Kategorie ⟨**top** : –⟩ gespeichert. Die zweite und dritte Regel sind wieder nicht erfolgreich. Durch die vierte wird aus dem Zwischenspeicher die Information ⟨**affected, acc**⟩ entnommen und die GPSG-Kategorie [–plu, acc] abgespeichert. Ein Baum, der wieder durch die ID-Regel 11 projiziert ist, expandiert die Gesamtstruktur.

```
* * *  Matching local FAS expression:
* * *  11------ term(g,det,affected,3,act)
* * *  12---------- det(g,lex,+,sing,bottom)
* * *  ---------------- SUBTREE(_)
* * *  13---------- nom(g,a_mod,act)
* * *  ---------------- SUBTREE(_)
* * *
* * *  IG-Actions: [set_gpsg_features([top],[-])]
* * *  SB-Action:  []
* * *
* * *  IG-Actions: []
* * *  SB-Action:  call_id(16)
* * *
* * *  ID(16) "PD  -->  NP[nom]"  tried.
* * *  SB-Action failed.
* * *
* * *  IG-Actions: [remove_store(affected,_1),
* * *               set_gpsg_features([plu,cas],[-,_1])]
* * *  SB-Action:  call_id(11)
* * *
* * *  ID(11) "NP  -->  DET, N1"  tried.
* * *
* * *  Matching local FAS expression:
* * *  12------ det(g,lex,+,sing,bottom) def_sing
```

```
* * *
* * *  IG-Actions: []
* * *  SB-Action:  call_lex("DET --> d")
```

Nach der Verbalisierung des Determinators verbleibt als aktuelle Expansionsstelle N1. Die Nominalgruppe ist in diesem Fall etwas komplexer; sie enthält ein attributiv verwendetes Adjektiv.

```
* * *  Matching local FAS expression:
* * *  13------ nom(g,a_mod,act)
* * *  14---------- mod(g,pred,+,dom)
* * *  ---------------- SUBTREE(_)
* * *  16---------- nom(g,pred,act)
* * *  ---------------- SUBTREE(_)
* * *
* * *  IG-Actions: []
* * *  SB-Action:  call_id(13)
* * *
* * *  ID(13) "N1  --> AP, N1"  tried.
* * *
* * *  Matching local FAS expression:
* * *
* * *  14------ mod(g,pred,+,dom)
* * *  15---------- a_pred(g,lex,no,+,dom)
* * *  ---------------- SUBTREE(_)
* * *
* * *  IG-Actions: []
* * *  SB-Action:  call_id(15)
* * *
* * *  ID(15) "AP  --> ADJ"  tried.
* * *
* * *  Matching local FAS expression:
* * *  15------ a_pred(g,lex,no,+,dom) industriell
* * *
* * *  IG-Actions: []
* * *  SB-Action:  call_lex("A --> industriell)
* * *
* * *  ##########################################################
* * *  FIPs: ID(15) AP  --> ADJ
* * *  ##########################################################
* * *        ap(PLU1,GEN1,CAS1,FLEX1,-)
* * *        --- adj(PLU2,GEN2,CAS2,FLEX2)
* * *              ==FIP==>
* * *        ap(PLU,GEN,CAS,FLEX,-)
* * *        --- adj(PLU,GEN,CAS,FLEX)
* * *
* * *  ID(15)  completed.
```

Nachdem das **a_pred** verbalisiert worden ist, liegt als aktuelle Expansionsstelle die Kategorie N1 vor. Nach der Expansion mit **call_part** fungieren N und NP als Expansionsstellen. Sie erlauben die Erzeugung des Nomens (Zeile 17) und des Genitivattributs (Zeile 18). Der Kasus Genitiv wird vorher zwischengespeichert.[23] Zur Expansion der NP wird die ID-Regel 12 benutzt, denn der Determinator (Zeile 19) ist indefinit und steht im Plural, wird also nicht an der Oberfläche realisiert.

```
* * *  Matching local FAS expression:
* * *  16------ nom(g,pred,act)
* * *  17---------- n_pred(g,lex,af,act)
* * *  ---------------- SUBTREE(_)
* * *  18---------- term(g,det,affected,nil,dom)
* * *  ---------------- SUBTREE(_)
* * *
* * *  IG-Actions: [put_store(affected,gen)]
* * *  SB-Action:  call_part("N1 --> N, NP")
* * *
* * *  Matching local FAS expression:
* * *  17------ n_pred(g,lex,af,act) anwendung
* * *
* * *  IG-Actions: []
* * *  SB-Action:  call_lex("N --> anwendung")
* * *
* * *  Matching local FAS expression:
* * *  18------ term(g,det,affected,nil,dom)
* * *  19---------- det(g,lex,-,plur,bottom)
* * *  ---------------- SUBTREE(_)
* * *  20---------- nom(g,a_mod,dom)
* * *  ---------------- SUBTREE(_)
* * *
* * *  IG-Actions: []
* * *  SB-Action:  call_id(16)
* * *
* * *  ID(16) "PD  -->  NP[nom]"  tried.
* * *  SB-Action failed.
* * *
* * *  IG-Actions: [remove_store(affected,Case),
* * *               set_gpsg_features([plu,cas],[+,Case])]
* * *  SB-Action:  call_id(12)
* * *
* * *  ID(12) "NP  -->  N1"  tried.
```

Die restlichen Schritte der Strukturbildung werden nicht dargestellt, denn es wird aus 20–24 dieselbe Nominalgruppenstruktur wie aus 13–17 erzeugt, natürlich mit anderen Terminalsymbolen. Danach ist der FAS-Ausdruck vollständig traversiert, und das Skelett der GPSG-Struktur vollständig aufgebaut. Die Merkmalinstantiierungsprinzipien werden auf die Nominalgruppenstruktur angewendet. Danach kehrt das Verfahren zu der nächsthöheren Ebene der NP-Expansion zurück, wo keine aktuellen Expansionsstellen vorhanden sind, so daß die Merkmalinstantiierungsprinzipien erneut in Aktion treten.

```
* * *  ##########################################################
* * *  FIPs: ID(12) NP  -->  N1
* * *  ##########################################################
```

[23]Dies ist eigentlich nicht erforderlich, weil infolge der späteren Projizierung des lokalen GPSG-Baums durch die ID-Regel 9 die Kasusinformation hinzugefügt wird.

```
* * *       np(PER1,+,GEN1,gen,FLEX1)
* * *       --- n1(PER2,PLU2,2,CAS2,3)
* * *             ==FIP==>
* * *       np(3,+,2,gen,3)
* * *       --- n1(3,+,2,gen,3)
* * *
* * *  ID(12)  completed.
```

Nun sind sämtliche erzeugten Töchter der nächsthöheren Nominalgruppe generiert (nämlich N und NP), und der durch call_part erzeugte lokale Baum wird durch die ID-Regel 9 als Projektion zugelassen.

Da keine weitere Struktur mehr erzeugt wird, erfolgt sukzessive Anwendung der Merkmalinstantiierungsprinzipien, bis das Verfahren an der Wurzel der GPSG-Struktur anlangt. Dabei wird auf jeder Ebene überprüft, daß keine aktuellen Expansionsstellen existieren.

```
* * *  ID(9) "N1  -->  N[1], (NP[gen]), (S[fin])"  tried.
* * *
* * *  ##########################################################
* * *  FIPs: ID(9) N1  -->  N[1], (NP[gen]), (S[fin])
* * *  ##########################################################
* * *       n1(PER1,PLU1,GEN1,CAS1,FLEX1)
* * *       --- n(1,PER2,PLU2,2,CAS2,FLEX2)
* * *       --- np(3,+,2,gen,3)
* * *             ==FIP==>
* * *       n1(PER,PLU,2,CAS,FLEX)
* * *       --- n(1,PER,PLU,2,CAS,FLEX)
* * *       --- np(3,+,2,gen,3)
* * *
* * *  ID(9)  completed.
* * *
* * *  ##########################################################
* * *  FIPs: ID(13) N1  -->  AP, N1
* * *  ##########################################################
* * *       n1(PER1,PLU1,GEN1,CAS1,FLEX1)
* * *       --- ap(PLU2,GEN2,CAS2,FLEX2,-)
* * *       --- n1(PER3,PLU3,2,CAS3,FLEX3)
* * *             ==FIP==>
* * *       n1(PER,PLU,2,CAS,FLEX)
* * *       --- ap(PLU,2,CAS,FLEX,-)
* * *       --- n1(PER,PLU,2,CAS,FLEX)
* * *
* * *  ID(13)  completed.
* * *
* * *  ##########################################################
* * *  FIPs: ID(11) NP  -->  DET, N1
* * *  ##########################################################
* * *       np(PER1,-,GEN1,acc,FLEX1)
* * *       --- det(3,PLU2,GEN2,CAS2,1)
* * *       --- n1(PER3,PLU3,2,CAS3,FLEX3)
* * *             ==FIP==>
* * *       np(3,-,2,acc,1)
* * *       --- det(-,2,acc,1)
```

```
* * *         --- n1(-,2,acc,1)
* * *
* * *  ID(11)  completed.
* * *
* * *  #####################################################
* * *  FIPs: ID(35) S / NP[nom]  -->  NP[acc], V[6]
* * *  #####################################################
* * *         s(PER1,PLU1,PAUX1,AC1,MC1,inf) / np(3,-,2,nom,1)
* * *         --- v(6,PER2,PLU2,h,AC2,MC2,VF2)
* * *         --- np(3,-,2,acc,1)
* * *             ==FIP==>
* * *         s(PER,PLU,h,-,-,inf) / np(3,-,2,nom,1)
* * *         --- v(6,PER,PLU,h,-,-,inf)
* * *         --- np(3,-,2,acc,1)
* * *
* * *  ID(35)  completed.
* * *
* * *  #####################################################
* * *  FIPs: ID(6) S[fin]  -->  V[4], S[inf]
* * *  #####################################################
* * *         s(PER1,PLU1,PAUX1,+,MC1,fin) / np(3,-,2,nom,1)
* * *         --- v(4,PER2,PLU2,s,AC2,MC2,fin)
* * *         --- s(PER3,PLU3,h,-,-,inf) / np(3,-,2,nom,1)
* * *             ==FIP==>
* * *         s(PER,PLU,s,+,MC,fin) / np(3,-,2,nom,1)
* * *         --- v(4,PER,PLU,s,+,MC,fin)
* * *         --- s(PER3,PLU3,h,-,-,inf) / np(3,-,2,nom,1)
* * *
* * *  ID(6)  completed.
* * *
* * *  #####################################################
* * *  FIPs: ID(8) S[fin]  -->  X[+top], S[fin] / X[+top]
* * *  #####################################################
* * *         s(PER1,PLU1,PAUX1,+,MC1,fin)
* * *         --- s(PER2,PLU2,s,+,MC2,fin) / np(3,-,2,nom,1)
* * *         --- np(3,-,2,nom,1)
* * *             ==FIP==>
* * *         s(3,-,s,+,+,fin)
* * *         --- s(3,-,s,+,+,fin) / np(3,-,2,nom,1)
* * *         --- np(3,-,2,nom,1)
* * *
* * *  ID(8)  completed.

s(3,-,s,+,+,fin)
--- np(3,-,2,nom,1)
------- det(3,-,2,nom,1)  d
------- n1(3,-,2,nom,1)
----------- n(1,3,-,2,nom,1)  gemeinschaft
--- s(3,-,s,+,+,fin) / np(3,-,2,nom,1)
------- v(4,3,-,s,+,+,fin)  werd
------- s(3,-,h,-,-,inf) / np(3,-,2,nom,1)
```

```
----------- np(3,-,2,acc,1)
--------------- det(3,-,2,acc,1)  d
--------------- n1(3,-,2,acc,1)
------------------- ap(-,2,acc,1,-)
----------------------- adj(-,2,acc,1)  industriell
------------------- n1(3,-,2,acc,1)
----------------------- n(1,3,-,2,acc,1)  anwendung
----------------------- np(3,+,2,gen,3)
--------------------------- n1(3,+,2,gen,3)
------------------------------- ap(+,2,gen,3,-)
----------------------------------- adj(+,2,gen,3)  wichtig
------------------------------- n1(3,+,2,gen,3)
----------------------------------- n(1,3,+,2,gen,3)  spitzentechnologie
----------- v(6,3,-,h,-,-,inf)  foerder
```

Die Generierung einer zulässigen syntaktischen Struktur ist nun abgeschlossen. Im Anschluß daran erfolgt die Wortflexion anhand der hierfür jetzt ausreichend spezifizierten lexikalischen Kategorien. Das Ergebnis ist die Endkette.

```
DIE GEMEINSCHAFT WIRD DIE INDUSTRIELLE ANWENDUNG WICHTIGER
SPITZENTECHNOLOGIEN FOERDERN
```

Verbrauchte CPU-Zeit: ca. 7 Sekunden.

6.3.9 Diskussion

Das wesentliche Charakteristikum des vorgestellten strukturgetriebenen Ansatzes besteht in der Eigenständigkeit des Generierungprozesses. Er ist in viel stärkerem Maße unabhängig von der Formulierung einer Grammatik als das grammatikgetriebene Verfahren. Dies ermöglicht einen entscheidenden Effizienzgewinn bei der Verarbeitung, da sowohl die Unabhängigkeit von der Reihenfolge der ID-Regeln als auch die Unabhängigkeit von deren Formulierung erreicht ist. Die Fälle von Nichtdeterminismus sind stark eingeschränkt (vgl. Abschnitt 6.3.5). Insbesondere wird ein Koordinationsschema wie in (6.8)–(6.10) (S. 128) ausschließlich dann angewendet, wenn eine koordinierte Struktur in FAS vorliegt. Mit Ausnahme der Pattern-Action-Regeln mit mehrer als einer SBA, welche ID-Regeln haben, deren Mütter mit derselben Expansionsstelle unifizierbar sind, tritt kein Backtracking auf.

Durch die Unabhängigkeit des Verfahrens von der Formulierung der Grammatik wird die angestrebte Modularisierung von Grammatik, Formalismus und Verarbeitungsstrategie im strukturgetriebenen Ansatz gut verwirklicht.

Aus einem anderem Blickwinkel scheint die Modularisierung weniger erfolgreich realisiert zu sein. Der Prozeß basiert auf prozedural formulierten Pattern-Action-Regeln, deren SBAs auf die ID-Regeln der verwendeten GPS-Grammatik zugreifen. Diese Pattern-Action-Regeln sind Bestandteil des sprachlichen Wissens; sie sind aber zugleich Bestandteil des Generierungsprozesses, der zu bestimmten Zeitpunkten die Kontrolle an die Pattern-Action-Regeln übergibt. Aber es gibt Argumente, die diesen Blickwinkel weniger wichtig erscheinen lassen.

Zunächst wird auf den möglichen Vorwurf eingegangen, in den Pattern-Action-Regeln werde sprachliches Wissen (hier: deklarativ repräsentierte ID-Regeln) mit Verarbeitungswissen (hier: prozedural dargestellte Aktionen) vermischt. Eine solche Kritik wurde zu Recht gegenüber frühen natürlichsprachlichen KI-Systemen geäußert, in denen i.a. kein linguistisch fundiertes sprachliches Wissen kodiert war. Sie wurde ebenso gegenüber dem ATN-Formalismus vorgebracht, in dem linguistisch fundierte Grammatiken als Parsing- oder Generierungsprozeß dargestellt werden.

Der Vorwurf trifft dann, wenn er die mangelnde Transparenz solcher Systeme anspricht. Allerdings bedeutet die Kombination beider Wissensarten in derselben Regel nicht notwendig, daß das System intransparent wird; umgekehrt stellt eine klare Trennung von sprachlichem Wissen und Verarbeitungswissen keine Garantie für Transparenz dar.

Dies läßt sich an den beiden in dieser Arbeit vorgestellten Verbalisierungsstrategien gut veranschaulichen. Die grammatikgetriebene Strategie erhält die Trennung aufrecht. Dennoch können sich, nach einer Grammatikerweiterung zur Beschreibung eines bestimmten Phänomens (z.B. Koordination), überraschende Laufzeitveränderungen bei der Generierung von Strukturen ergeben, in denen dieses Phänomen gar keine Rolle spielt. Die strukturgetriebene Strategie kombiniert in den Pattern-Action-Regeln die beiden Wissensarten. Dennoch können zu jedem lokalen FAS-Baum die möglichen Verbalisierungen sowie deren kontextuelle Bedingungen unmittelbar aus den relevanten Pattern-Action-Regeln abgelesen werden.

Die Kombination der beiden Wissensarten für sich genommen ist also im vorliegenden Fall unproblematisch. Das eigentliche Problem steckt vielmehr in der Frage, ob durch die Kombination tatsächlich die Modularität eingeschränkt wird. Dies an zwei Stellen der Fall.

Bei zwei strikt voneinander getrennten Repräsentationsebenen (FAS und GPSG) muß der Übergang explizit modelliert werden. Dies ist eine Konsequenz aus dem separaten Semantikansatz. Die Modellierung der Abbildung von der einen Repräsentationssprache in die andere erfordert Wissen über beide Sprachen. Sie muß jedesmal, wenn eine der beiden Sprachen erweitert wird, dieser Erweiterung explizit angepaßt werden. Dies stellt ein nicht zu unterschätzendes praktisches Problem dar. Diese Einschränkung der Modularität ist nicht spezifisch für den vorliegenden Ansatz.

Das Problem wird dadurch verschärft, daß die Anwendungsreihenfolge der Pattern-Action-Regeln nicht immer vollständig aus ihnen berechnet werden kann, wie wir am Beispiel der Kombination von Perfekt- und Passiv-Hilfsverben in Abschnitt 6.3.5 festgestellt haben. Vielmehr muß die Regelschreiberin wissen, wie lokale GPSG-Bäume zu zulässigen GPSG-Strukturen zu kombinieren sind, um die Pattern-Action-Regeln in der richtigen Reihenfolge zu kodieren. Hierdurch wird externes, redundantes Wissen eingebracht, das im grammatikgetriebenen Ansatz nicht erforderlich war. Im Ergebnis wird die Kombinierbarkeit von Hilfsverben durch die Reihenfolge von Pattern-Action-Regeln festgelegt, nicht mehr durch die ID-Regeln.

Diese Beschränkung folgt aus dem vorgestellten Verfahren. Sie muß inkauf genommen werden, um die Effizienzvorteile zu erlangen.

Wir wollen uns nun den Anforderungen an die Ausgangsstrukturen für einen strukturgetriebenen Ansatz zuwenden (vgl. Kapitel 2). FAS-Ausdrücke sind für strukturgetriebene Generierung besonders gut als Ausgangsstrukturen geeignet. Sie sind detailliert genug, um die Verbalisierungsmöglichkeiten auf einige wenige einzuschränken. Ihre Konstituenten sind kanonisch geordnet, was das Auffinden von Information erleichtert und in den Pattern-Action-Regeln ausgenutzt wird (vgl. Abschnitt 6.3.7).

Die Sprache SAS ist in dieser Hinsicht weniger geeignet, weil einerseits keine kanonische Ordnung der Konstituenten vorliegt und andererseits aus dem Inventar an „Kategorien“ sehr unterschiedliche syntaktische Strukturen erzeugbar sein müssen – eingeschränkt durch den strukturellen Kontext der bis zum jeweiligen Zeitpunkt generierten partiellen GPSG-Struktur.

Je ähnlicher die Informationsverteilung in einer Ausgangsstruktur zu der der entsprechenden Zielstruktur ist, um so einfacher gestalten sich die strukturellen Abbildungen von ausgangssprachlichen in zielsprachliche Teilstrukturen.

Wenn die strukturellen Abbildungen auf lokalen Teilstrukturen definiert sind, wie im vorliegenden Falle, äußert sich ihre Komplexität darin, wie häufig der Zwischenspeicher verwendet wird. Die Vorschläge zur Generierung von Oberflächenkasus und von dislozierten Konstituenten illustrieren, wie nicht-lokale Phänomene in einem solchen Ansatz behandelt werden können. Die Beschränktheit der Rolle des Zwischenspeichers ist wesentlich für die Durchschaubarkeit des Systems, und man kann vermuten, daß der Zwischenspeicher wesentlich stärker in Anspruch genommen werden muß, wenn eine Abbildung zwischen Repräsentationsebenen anvisiert wird, die sich strukturell weniger ähneln als FAS und GPSG.

Wenn man auf die Lokalität der FAS-Pattern verzichtet, besteht die Komplexität in der Formulierung der Pattern, die mitunter recht große Teile der Ausgangsstruktur abdecken müssen. Dies kann man am Beispiel der Interpretation von ⟨**them** : 1⟩ ersehen, die von der Illokution abhängt. Alternativ kann man die Komplexität auch in den Patternmatcher stecken: Durch eine geeignete Spezifikation von Pfaden variabler Länge zwischen den beiden relevanten Teilstrukturen lassen sich die Pattern dann wieder konzise formulieren. Ein weiterer Weg besteht in der Definition einer geeigneten Zwischensprache, etwa in Form einer Variante von FAS, die an den erforderlichen Stellen um redundante Information angereichert ist.

Kapitel 7

Zusammenfassung und Ausblick

In dieser Arbeit wurde erstmals gezeigt, wie aufgrund der Theorie der Generalisierten Phrasenstruktur-Grammatiken natürlichsprachliche Sätze aus oberflächennahen Semantik-Repräsentationen generiert werden können. Im folgenden werden noch einmal wichtige Ergebnisse zusammengefaßt (Abschnitt 7.1), die erreichte Modularisierung diskutiert (Abschnitt 7.2) und ein Ausblick auf sinnvolle weitere Arbeitsschritte gegeben (Abschnitt 7.3).

7.1 Zusammenfassung

Das Hauptwerk über GPSG, GKPS, wurde aus linguistischer und informatischer Sicht kritisch untersucht. Dabei wurden unterschiedliche Mängel deutlich, die sich wie folgt zusammenfassen lassen.

- Der linguistische Anspruch, komplexe sprachliche Phänomene aufgrund weniger universeller Prinzipien zu erklären, konnte nicht eingelöst werden.

- Die strikt deskriptive, axiomatische Definition der Zulässigkeit ist nicht effizient implementierbar.

Eine wichtige Eigenschaft von GPSG ist die Neutralität hinsichtlich Verarbeitungsstrategien. Sie resultiert aus der axiomatischen Definitionsweise von GKPS.

Mithilfe der konstruktiven Sicht auf GPSG, die, technisch gesehen, durch das Variablenkonzept von Prolog implementierbar ist, wurde GPSG der Sprachverarbeitung zugänglich gemacht. Der Berliner GPSG-Formalismus stellt eine Grundlage für Parsing und Generierung mit GPSG dar. Er trägt den linguistischen Kritikpunkten Rechnung, indem die Merkmalinstantiierungsprinzipien nicht „überfrachtet“ werden.

Im Berliner Formalismus wurden mittelgroße Fragmente des Deutschen und des Englischen beschrieben. Die Verarbeitungsstrategien auf der Grundlage des Berliner Formalismus bestehen in der Konstruktion syntaktischer Strukturen und dem Transport von Merkmalspezifikationen in diesen Strukturen.

Von den vier untersuchten Generierungsstrategien wurde die Top-Down-Konstruktion der Struktur kombiniert mit einer Bottom-Up-Verarbeitung durch die Merkmalinstantiierungsprinzipien als effizienteste identifiziert. Auf dieser Grundlage wurde ein grammatikgetriebener und ein strukturgetriebener Algorithmus entworfen und implementiert. Obwohl beide auf sehr unterschiedlichen Arten von Ausgangsstrukturen operieren, ließ sich im Vergleich feststellen, daß das strukturgetriebene Verfahren wesentlich effizienter ist, da es von konkreten Eigenschaften der Grammatiken abstrahiert. Allerdings entstand durch die produktionsregelbasierte Abbildung eine explizit zu kodierende Relation zwischen Ausgangs- und Zielstrukturen. Die Anwendungsreihenfolge der Pattern-Action-Regeln ist u.U. entscheidend für die Effektivität des Verfahrens; sie muß in bestimmten Fällen von außen vorgegeben werden.

7.2 Die Trennung von Verarbeitungsstrategien, Formalismus und Grammatiken

Dieser Arbeit liegt die Hypothese zugrunde, daß die strikte Trennung zwischen Verarbeitungsstrategien, GPSG-Formalismus und GPS-Grammatiken eine Voraussetzung für multilinguale und bidirektionale Sprachverarbeitung darstellt.

Die hier vorgenommene Modularisierung ermöglicht *multilinguale Generierung* (multilinguales Parsing) durch die Verwendung unterschiedlicher Grammatiken, wobei Formalismus und Verarbeitungsstrategie unverändert bleiben. Sie ermöglicht die *bidirektionale Verwendung von Grammatiken* für Parsing und Generierung. Dabei werden unterschiedliche Verarbeitungsstrategien eingesetzt, wobei Formalismus und Grammatik unverändert bleiben.

Die multilinguale Generierung mit GPSG erfordert die strikte Trennung von Grammatik und Lexikon vom Formalismus. Dies ist im vorliegenden Fall gegeben.

Die bidirektionale Verwendung von Grammatiken (und Lexika) erfordert außerdem deren strikte Trennung von Verarbeitungsstrategien. Dies ist im vorliegenden Fall weitgehend verwirklicht. Es wird von einer einzigen, deklarativ repräsentierten Objektgrammatik ausgegangen, die für Parsing und Generierung gleichermaßen effizient verwendet werden kann (vgl. [Appelt 1987]). Das in Abschnitt 4.5.2 diskutierte Problem mit der durchaus naheliegenden Vorgehensweise, Defaultmechanismen (hier: HFC) auf prozedurale Weise durch ihre Anwendung *nach* allen anderen Teilprozessen zu realisieren, bleibt im Berliner GPSG-System bestehen.[1] Die Vorgehensweise wäre vollkommen akzeptabel, wenn die Instantiierung durch Konstruktion nicht mit einfließen dürfte. Der vorgeschlagene Lösungsweg (der eine Rückkehr zur strikten Definition von HFC aus der mittleren GPSG beinhaltet) gibt den Charakter der HFC als Default-Prinzip auf.

Das ist in diesem Fall zwar durchaus angemessen, doch bleibt das Problem für andere Defaultmechanismen bestehen. Das wichtigste Beispiel sind FSDs, die im Berliner GPSG-System nicht realisiert wurden. Ein FSD sollte eine Kategorie dann zurückweisen können, wenn sie durch Konstruktion eine Spezifikation enthält, die dem FSD widerspricht; nicht aber, wenn sie infolge der Anwendung der Merkmalinstantiierungsprinzipien oder der FCRs eine solche Spezifikation enthält.

Bei der im vorliegenden Ansatz verwendeten Prolog-Unifikation ist eine solche Unterscheidung nicht unmittelbar möglich. Um FSDs mithilfe der genannten Methode prozedural zu implementieren, wäre eine Option der *vorläufigen Instantiierung* erforderlich, die genau in den Fällen der Instantiierung durch Konstruktion zu wählen ist.[2]

7.3 Ausblick

In diesem Abschnitt sollen mögliche sinnvolle Arbeitsschritte benannt werden, die auf die vorliegende Arbeit folgen könnten. Die nachstehenden Themenkomplexe erscheinen besonders wichtig:

- Erfassung systematischer Beziehungen zwischen Lexikoneinträgen
- Abstrakte Beschreibung von Abhängigkeiten der Verfahren von Formulierungen der Grammatiken
- Bidirektionale Verwendbarkeit von Pattern-Action-Regeln
- Verwendung eines parallelen Verarbeitungsmodells

---

[1] In der ID-Regel für das Futur-Hilfsverb des Deutschen war die Spezifikation des Head-Merkmals vform an der Mutter *und* dem Head erforderlich.

[2] Zweckmäßigerweise würde nach jeder strukturbildenden Aktion geprüft, ob die betreffende Expansionsstelle ein FSD verletzt, um ggf. möglichst frühzeitig Backtracking einzuleiten.

- Überlegungen zur Einbettung in „holistische“ Generierungsansätze

Erfassung systematischer Beziehungen zwischen Lexikoneinträgen

Der vorliegende Ansatz verwendet eine sehr einfache Lexikonkomponente und steht damit in der Tradition von GPSG. Neueste linguistische Theorien (z.B. HPSG; vgl. Abschnitt 3.1.4) messen dem Lexikon eine wesentlich größere Bedeutung bei. Ohne den theoretischen Rahmen zu sprengen, könnte die konstruktive Version von GPSG um eine stärker ausgearbeitete Lexikonkomponente ergänzt werden, in die die Lemmatisierungs- und Flexionskomponenten des Berliner GPSG-Systems (vgl. Abbildung 4.4 auf S. 78) integriert werden können. Der wichtigste Ansatzpunkt besteht in der Beziehung zwischen unterschiedlichen Subkategorisierungen eines Lexems. Dies ist in einer hierarchischen Lexikonstruktur darstellbar, wie sie etwa von [Pollard/Sag 1987] vorgeschlagen wird. Je mehr Konstituenten zusätzlich zu den obligatorischen vorkommen sollen, um so tiefer in der Hierarchie ist ein Eintrag angesiedelt.

Ein lohnender weiterer Arbeitsschritt besteht in der Repräsentation lexikalischen Wissens in einem Vererbungsnetz, wie es in KL-ONE-artigen Sprachen zur Verfügung steht.

Abhängigkeiten der Verfahren von Formulierungen der Grammatiken

Wie vorher erwähnt, kann eine strikte Version der HFC die angestrebte Modularisierung von Verarbeitungsstrategien, Formalismus und Grammatiken verbessern. Jedoch sind die verschiedenen Verfahren auch dann noch abhängig von der Formulierung von Grammatiken. Ein Beispiel sind die in der deutschen Grammatik verwendeten ID-Regeln für Passiv- und Perfekt-Hilfsverben (vgl. Abschnitt 4.6.3). Bei dem grammatikgetriebenen Generierungsverfahren resultiert Aufwand an Backtracking, wenn sie in der „falschen“ Reihenfolge verwendet wurden. Bei dem strukturgetriebenen Verfahren müssen die Ordnung der betreffenden Pattern-Action-Regeln teilweise von außen vorgegeben werden (vgl. Abschnitt 6.3.5).

Ein anderes Beispiel ist die S-Expansionsregel in der englischen Grammatik, die eine VP-Tochter einführt, zu der es in FAS kein Gegenstück gibt. Wegen dieser Regel war es notwendig, die strukturbildende Aktion **call_id_disloc** zu definieren.

Ein lohnender weiterer Arbeitsschritt besteht in einer generellen Beschreibung der Ausdrucksmöglichkeiten für GPS-Grammatiken, soweit sie sich auf einzelne Verarbeitungsstrategien besonders auswirken. Dabei kann auf den Ergebnissen von [Evans 1987] aufgebaut werden, wo erste Schritte zu einer Klassifizierung von Regeln in GPS-Grammatiken unternommen wurden (vgl. Abschnitt 4.8.1). Darüber hinaus sind aber auch Auswirkungen des Zusammenwirkens von Regeln zu beschreiben.

Von einer solchen verarbeitungsorientierten metagrammatischen Analyse sind Hinweise zur optimalen Formulierung von Grammatiken im Hinblick auf Parsing und Generierung zu erwarten. Neben diesem praktischen Nutzen wird ein Vergleich der Hinweise mit der zugrundeliegenden theoretisch-linguistischen Motivation für die jeweiligen Formulierungen möglich.

Bidirektionale Verwendbarkeit von Pattern-Action-Regeln

Im Hinblick auf die bidirektionale Nutzung von Grammatiken für Parsing und Generierung liegt die Frage nahe, unter welchen Voraussetzungen dieselbe Menge von Pattern-Action-Regeln für Analyse in und Generierung aus FAS-Ausdrücken verwendet werden kann.

Die Pattern und die strukturbildenden Aktionen müßten zueinander dual sein; beide müssen sowohl Ausgangs- als auch Zielstrukturen denotieren. Dann ist eine wesentlich höhere Zahl an Strukturzuordnungen zu erwarten. Es muß untersucht werden, ob sie in die Form einer bijektiven Abbildung zwischen Regelschemata gebracht werden können. Die strukturbildenden Aktionen müßten bijektiv operieren können. Es würden nicht mehr Mengen von FAS-Bäumen auf Mengen von ID-Regeln abgebildet werden, sondern Mengen von FAS-Bäumen würden eineindeutig Mengen von GPSG-Bäumen zuzuordnen sein.

Um die Zahl der Zuordnungen zu beschränken und um das Regelwerk übersichtlich und handhabbar zu halten, wäre eine Vorgehensweise nach [Horacek/Pyka 1988] anzustreben. In einem ersten Schritt ginge es um die „richtungsunabhängige“ Zuordnung zwischen den Strukturen anhand entsprechend allgemeiner strukturbildender Aktionen. Der zweite Schritt bestünde in der Erzeugung spezieller Pattern-Action-Regeln für Parsing bzw. Generierung mit speziellen strukturbildenden Aktionen. Die hier vorliegenden Mengen von Pattern-Action-Regeln wären als Ergebnis generierungsspezifischer Kompilationen anzusehen.

Eine Antwort auf die Frage, unter welchen Bedingungen der zweite Schritt automatisierbar ist, wie es in [Horacek/Pyka 1988] angestrebt wird, bleibt weiterer Forschung vorbehalten.

Verwendung eines parallelen Verarbeitungsmodells

Das strukturgetriebene Verfahren ist (infolge der strikten Verarbeitungsstrategie für FAS-Ausdrücke) gut geeignet für parallele Verarbeitung. Alle lokalen Bäume in einem FAS-Ausdruck könnten parallel verbalisiert werden, wobei die topologische Position der lokalen FAS-Bäume homomorph zu der der verbalisierten Teilstrukturen ist („höher liegende FAS-Bäume erzeugen höher liegende GPSG-Bäume“). Dabei wird jedoch die Information aufgrund der Instantiierung durch Konstruktion nicht mehr automatisch mitgeliefert. Die für die Anwendung des FFP und des AP relevanten Spezifikationen aus der Konstruktion müssen mithilfe zusätzlicher Mechanismen bereitgestellt werden.

Es wäre zu untersuchen, wie sich der Mehraufwand bei der Konstruktion zu dem Effizienzgewinn durch die Parallelverarbeitung verhält.

Zur Einbettung in „holistische“ Generierungsansätze

Die vorliegende Arbeit verbindet Fragestellungen, die bisher weitgehend isoliert voneinander behandelt wurden. Für GPSG gab es bisher nur Parser, keine Generierungssysteme. Auf der anderen Seite stößt im Gebiet der Generierung[3] natürlicher Sprache die Verwendung von Grammatiktheorien wie GPSG oder LFG nach wie vor auf geringes Interesse, da diese Theorien sich (mit Ausnahme der Systemischen Grammatik) im wesentlichen auf Syntax beschränken. Im Mittelpunkt der Arbeiten zur Generierung stehen semantisch-pragmatisch determinierte Probleme wie Verwendung von →Anaphern, Ellipsen und stilistischen Mitteln sowie Fragen nach den mit einer Äußerung intendierten Effekten, deren Behandlung sehr beachtliche Performanzleistungen hervorbrachte. Allerdings wird diese Performanz vorerst nur für relativ eng begrenzte Situationen erreicht. In der KI ist diese induktive Vorgehensweise typisch; in der Computerlinguistik dagegen sind linguistische Herangehensweisen dominierend, die eine allgemeine theoretische Fundierung des Ergebnisses fordern. Vereinfacht gesagt, sind die Performanzergebnisse computerlinguistischer Arbeiten weniger spektakulär, dafür aber oft auf Klassen von Fällen verallgemeinerbar. Dies hat allerdings die Konsequenz, daß im Falle einer Kombination eines spezialisierten KI-Systems mit einer computerlinguistisch fundierten Syntaxkomponente die letztere den Flaschenhals hinsichtlich der Performanz des Gesamtsystems darstellen würde.[4]

Die vorliegende Arbeit behandelte keine semantisch-pragmatischen Fragestellungen. Damit setzt sie sich allerdings einer grundlegenden Kritik aus, die davon ausgeht, daß Fragen der Syntax bisher am meisten erforscht worden seien und Syntax das am besten abgesicherte Teilgebiet darstelle; ferner, daß die wirklich entscheidende Frage bei der Verwendung natürlicher Sprache laute, *warum* eine Äußerung erfolge. Von dieser Warte erscheint der hier behandelte Problemkreis als kleiner Teil eines sehr viel größeren Ganzen, dessen Dimensionen überhaupt nicht beachtet werden. Der Beitrag zu den Fragen der Generierung besteht insofern bestenfalls in einem vielseitigen syntaktischen Werkzeug. In einer im April 1989 durch elektronische Post geführten Diskussion illustrierte Eduard Hovy diese

---

[3] Von hier an wird „Generierung“ im weiten Sinne gebraucht.

[4] Meistens bezeichnet man umgekehrt spezialisierte KI-Verfahren als den Flaschenhals sogenannter „intelligenter“ Systeme; als Maßstab wird dann jedoch die Verallgemeinerbarkeit des Ansatzes angelegt.

Position folgendermaßen:

> [...] we should be aware that there are so many problems of much larger magnitude left over, and we should decide how best to spend our efforts. If I build a house, for example, and I am an expert kitchen-builder, it does me no good to lay the foundation for the whole house and then to proceed finishing the kitchen completely up to its ceiling and including all the cupboards and knives and forks, etc., before I start even looking at the rest of the house. For one thing, all the pipes and electrical cables may be in the wrong place with respect to the other rooms, or for another I may want to make the kitchen larger or smaller. Much better is to work on all the walls, etc., in the normal way, since I don't have a detailed enough plan of the whole house.

Dieses Bild ist aber auch geeignet, sehr treffend die Chancen und Gefahren *beider* Herangehensweisen aufzuzeigen. Wenn man festlich speisen möchte, ist die Küche oft zu ungemütlich, und man ist auf einen anderen Raum im Hause angewiesen; funktioniert die Küche aber nicht, nutzt selbst die sorgfältigste „Planung“ des Menüs nichts – das Essen wird ausfallen.

Durch den gewaltigen Umfang des Forschungsprogramms „Generierung“ dringen holistische Anstrengungen gewöhnlich nicht bis in die Details vor, wie sie z.B. in der vorliegenden Arbeit diskutiert wurden. Ich halte beide Sichtweisen für stimulierend für das Gebiet, sofern sie zu einer *Konvergenz* der Forschung beitragen.

Die vorliegende Arbeit leistet indirekt einen Beitrag zu der Synthese beider Vorgehensweisen, indem sie für den Bereich Syntax aufzeigt, wie durch geeignete Modularisierung eine transparente und erweiterbare Systemkomponente geschaffen werden kann, wie sie als Baustein in komplexen Generierungssystemen erforderlich sein wird.

Die holistische These jedoch, daß das Ganze mehr sei als die Summe seiner Teile, bleibt hierdurch unwidersprochen.

Anhang A

GPSG-Syntax für das deutsche Fragment

A.1 Merkmale

Im folgenden werden die Merkmale und Werte definiert, die eine komplexe GPSG-Kategorie besitzen kann.

M = { n, v, bar, sub, per, plu, gen, cas, flex, aux, paux, prn, foc, top, subj, prd, comp, co, conj, zweit, ac, mc, vf, rel, slash, head, agr}
FOOT = {comp, slash, rel}
AGR = {per, plu, gen, cas, flex}
HEAD = { n, v, bar, sub, per, plu, gen, cas, flex, aux, paux, prd, ac, mc, vf, slash}

Für m ∈ {n, v, plu, prn, foc, top, subj, prd, aux, co, zweit, ac, mc, head, agr} ist D(m) = {+, -}.
Für m ∈ {per, gen, flex} ist D(m) = {1, 2, 3}.
D(bar) = {0, 1, 2, 3}
D(sub) = $\{n \mid 1 \leq n \leq 20\} \cup$ {pd, zu, det, adj}
D(cas) = {nom, gen, dat, acc}
D(paux) = {h, s}
D(comp) = {nil, daß, weil}
D(conj) = {und, entweder, oder}
D(vf) = {fin, psp, pas, inf, zu}
D(rel) = D(slash) = CAT

Die Werte 1, 2 und 3 für gen entsprechen Maskulinum, Femininum und Neutrum; für flex entsprechen sie den Deklinationstypen „schwach", „gemischt" und „stark" für Adjektive (vgl. etwa [Helbig/Buscha 1986]).

A.2 ID-Regeln

Es folgt eine Liste der ID-Regeln, wie sie für das grammatikgetriebene Verfahren angeordnet wurden. Alle Regeln mit Nummern größer als 32 wurden (außer 51) aufgrund von Metaregeln generiert.

```
8       S  -->  [+top], S / [+top]        ;Topikalisierung
6       S  -->  V[4], S[inf]                        ;Futur
2       S  -->  V[2], S[inf]                        ;Modal
4       S  -->  V[1], S[psp]                    ;Perfektiv
```

```
 5            S  -->  V[3], S[pas]                          ;Passiv
 1            S  -->  NP[nom], V[5]                   ;Intransitiv
33  S / NP[nom]  -->  V[5]
34      S / V[5] -->  NP[nom]
 3            S  -->  NP[nom], NP[acc], V[6]            ;Transitiv
35  S / NP[nom]  -->  NP[acc], V[6]
36  S / NP[acc]  -->  NP[nom], V[6]
37      S / V[6] -->  NP[acc], NP[nom]
32            S  -->  NP[nom], NP[dat], NP[acc], V[9]  ;Ditransitiv
47  S / NP[nom]  -->  NP[acc], NP[dat], V[9]
48  S / NP[acc]  -->  NP[nom], NP[dat], V[9]
49      S / V[9] -->  NP[dat], NP[acc], NP[nom]
50  S / NP[dat]  -->  NP[nom], NP[acc], V[9]
51            S  -->  NP[nom], PP[zu], V[8]            ;gehoeren zu
52  S / NP[nom]  -->  PP[zu], V[8]
53   S / PP[zu]  -->  NP[nom], V[8]
54      S / V[8] -->  NP[nom], PP[zu]
24            S  -->  NP[nom], V[10], VP[zu]           ;versprechen
41  S / NP[nom]  -->  V[10], VP[zu]
42    S / V[10]  -->  NP[nom], VP[zu]
43   S / VP[zu]  -->  NP[nom], V[10]
25            S  -->  NP[nom], V[11], S[fin]           ;Objekt-Satz
44  S / NP[nom]  -->  V[11], S[fin]
45    S / V[11]  -->  NP[nom], S[fin]
46   S / S[fin]  -->  V[11], NP[nom]
26       S[fin]  -->  COMP, S[nil]                 ;Komplement-Satz
 7            S  -->  NP[nom], PD, V[16]                   ;Kopula
38  S / NP[nom]  -->  PD, V[16]
39       S / PD  -->  NP[nom], V[16]
40    S / V[16]  -->  NP[nom], PD
22       S / VP  -->  NP[nom]
18           VP  -->  V[2], VP[inf]
20           VP  -->  V[1], VP[psp]
21           VP  -->  V[3], VP[pas]
17           VP  -->  V[5]
19           VP  -->  NP[acc], V[6]
27           PD  -->  PP                               ;Praedikativ
16           PD  -->  NP[nom]
28           PD  -->  AP
11           NP  -->  DET, N1
12           NP  -->  N1
13           N1  -->  AP, N1
 9           N1  -->  N[1], (NP[gen]), (S[+rel])
29           N1  -->  N[2], (PP[von]), (NP[gen]), (S[+rel])
30           N1  -->  N[3], (PP[auf]), (NP[gen]), (S[+rel])
31           N1  -->  N[5], (PP[fuer]), (NP[gen]), (S[+rel])
10           N1  -->  N[4], (PP[mit]), (NP[gen]), (S[+rel])
14           PP  -->  P, NP
15           AP  -->  ADJ
23        V[zu]  -->  ZU, V[inf]                       ;zu-Infinitiv
```

A.3 LP-Aussagen

[n:-,v:+,vf:fin,mc:+]	≺	[sub:¬]
[comp:¬,sub:¬]	≺	[n:-,v:+,mc:-,top:-]
[sub:¬,comp:nil]	≺	[n:-,v:+,mc:-,top:-]
[comp:¬]	≺	[comp:dass]
[foc:-,top:+]	≺	[n:-,v:+,bar:3]
[n:¬,v:¬,bar:0,sub:det]	≺	[n:+,v:-,bar:1]
[n:+,v:+,bar:2]	≺	[n:+,v:-,bar:1]
[n:+,v:-,bar:0]	≺	[v:-,bar:2]
[v:-]	≺	[n:-,v:+,bar:3]
[n:-,v:-,bar:0]	≺	[n:+,v:-,bar:2]
[n:+,v:-,bar:2,cas:gen]	≺	[n:-,v:-,bar:2]
[n:¬,v:¬,bar:¬,comp:X]	≺	[n:-,v:+,bar:3,comp:nil]

A.4 Feature-Cooccurrence-Restrictions

[bar:0,vf:pas]	==>	[ac:-,mc:-]
[bar:0,vf:inf]	==>	[ac:-,mc:-]
[bar:0,vf:zu]	==>	[ac:-,mc:-]
[bar:0,vf:psp]	==>	[ac:-,mc:-]
[bar:0,vf:fin]	==>	[top:¬,agr:+]
[n:-,v:+,bar:2]	==>	[agr:+]
[n:-,v:+,bar:3,rel:¬,comp:nil]	==>	[agr:+]
[ac:+]	==>	[vf:fin]
[mc:+]	==>	[vf:fin]
[n:+,v:-,bar:2,cas:nom]	==>	[agr:+]
[top:+]	==>	[foc:-]
[prn:+]	==>	[flex:¬,rel:¬]
[n:¬,v:¬,bar:0,sub:det,rel:¬]	==>	[agr:+]
[n:+,v:+]	==>	[agr:+]
[n:+,v:-,bar:1]	==>	[agr:+]
[n:+,v:-,bar:0]	==>	[agr:+]
[zweit:+,ac:+,rel:¬]	==>	[mc:+]

A.5 Einige Aliasbezeichner

```
s(PER1,PLU1,PAUX1,AC1,MC1,VFORM1)
v(SUBCAT1,PER1,PLU1,PAUX1,AC1,MC1,VFORM1)
np(PER1,PLU1,GEN1,CAS1,FLEX1)
n1(PER1,PLU1,GEN1,CAS1,FLEX1)
n(SUBCAT1,PER1,PLU1,GEN1,CAS1,FLEX1)
det(PER1,PLU1,GEN1,CAS1,FLEX1)
ap(PLU1,GEN1,CAS1,FLEX1,PRD1)
adj(PLU1,GEN1,CAS1,FLEX1)
```

Anhang B

Pattern-Action-Regeln für das deutsche Fragment

Zuerst werden die FAS-Kategorien definiert. Dies erleichtert die Lesbarkeit der Pattern in den anschließend angegebenen Regeln.

B.1 FAS-Kategorien

FAS-Kategorien werden als Prolog-Prädikate definiert. Sie haben die Form

fas_cat(⟨*Sprache*⟩, ⟨*Hauptkategorie*⟩, ⟨*Liste von Merkmalnamen*⟩).

Der Wertebereich der Merkmale in den FAS-Hauptkategorien ist definiert durch

fas_feat(⟨*Sprache*⟩, ⟨*Merkmalname*⟩, ⟨*Liste von Merkmalwerten*⟩).

```
fas_cat(g, fas,        [lang,op]).
fas_cat(g, illoc,      [lang,op,sem]).
fas_cat(g, fin,        [lang,op,pres,fut,conj]).
fas_cat(g, clausefin, [lang,op,perf,pres,fut,conj,sem]).
fas_cat(g, clause,     [lang,op,perf,sem]).
fas_cat(g, v_pred,     [lang,op,conf,voice,perf,them,sem]).
fas_cat(g, n_pred,     [lang,op,conf,sem]).
fas_cat(g, a_pred,     [lang,op,conf,intersect,sem]).
fas_cat(g, term,       [lang,op,role,them,sem]).
fas_cat(g, nom,        [lang,op,sem]).
fas_cat(g, det,        [lang,op,def,num,sem]).
fas_cat(g, prep,       [lang,op,role]).
fas_cat(g, mod,        [lang,op,intersect,sem]).
fas_cat(g, subord,     [lang,op,role]).
fas_cat(g, coord,      [lang,op,junc]).
fas_cat(g, neg,        [lang,op]).

fas_feat(g, lang,  [g]).
fas_feat(g, op,    [a_mod, c_mod, det, fin, illoc, lex, pred, prep, subord,
                    t_mod]).
fas_feat(g, conf,  [no, af, ag, ag_af, ag_af_ra, ag_ef, ag_ra, aim, at, at_as,
                    at_as_ag, at_cl, at_cl_ag, at_lo, at_lo_ag, at_ra, ef, ex,
                    me, me_se, me_se_re, modal, ph, ph_pr, ph1_ph2, ph1_ph2_pr,
                    po, ra]).
```

```
fas_feat(g, role,  [nil, affected, agens, aim, associated, attribuant, classifier,
                    effected, existence, location, message, phenomenon, possessor,
                    processor, range, receiver, sender]).
fas_feat(g, def,   [+, -]).
fas_feat(g, intersect, [+, -]).
fas_feat(g, voice, [active, passive]).
fas_feat(g, num,   [sing, plur]).
fas_feat(g, perf,  [+, -]).
fas_feat(g, pres,  [+, -]).
fas_feat(g, fut,   [+, -]).
fas_feat(g, conj,  [+, -]).
fas_feat(g, them,  [nil, 1, 2, 3, 4, 5, 6]).
fas_feat(g, sem,   [nil, act, ana, ass, comm, dom, epist, inst, ord, qual, quant,
                    que, rel]).
```

B.2 Pattern-Action-Regeln

Die PA-Regeln sind durch ein dreistelliges Prolog-Prädikat **map** kodiert, das Pattern, IGAs und SBAs spezifiziert:

```
map(Pattern, IGAs, SBAs).
```

Ein Pattern besteht aus einem Ausdruck der Form `tree(M, D)`, wobei `M` entweder variabel oder eine FAS-Kategorie ist (die „Mutter") und `D` eine Prolog-Liste von Ausdrücken, die die FAS-Kategorien der Töchter spezifizieren. Sie sind entweder variabel oder haben die Form `tree(D', _)`.

Im folgenden wird ein Großteil der Pattern-Action-Regeln des deutschen Fragments angegeben, darunter alle, die für das Beispiel in Abschnitt 6.3.8 benutzt werden. Insgesamt gibt es 44 Regeln (ohne lexikalische Regeln; Stand 1989).

Die Regeln wurden automatisch nach dem in Abschnitt 6.3.5 angegebenen Verfahren sortiert.

```
/* fas */

map(tree(fas(g,_),[tree(illoc(g,_,ass),_)|_]),
        [put_store(clause,assertion)],
        [call_id(8)]).                          /* Deklarativsatz */

/* clausefin */

map(tree(clausefin(g,fin,_,-,_,_,_),_),
        [put_store(tense,past)], []).

map(tree(clausefin(g,fin,_,+,_,_,_),_),
        [put_store(tense,pres)], []).

map(tree(clausefin(g,fin,_,_,_,+,_),_),
        [put_store(mood,conj)], []).

map(tree(clausefin(g,fin,_,_,_,-,_),_),
        [put_store(mood,ind)], []).
```

```
map(tree(clausefin(g,fin,_,_,_,_,_),_),
        [remove_store(clause,relclause)],
        [call_id(8)]).                              /* Relativsatz */

map(tree(clausefin(g,fin,_,_,+,_,_),_),
        [], [call_id_lex(6)]).                      /* Futur */

/* clause */

map(tree(_,[tree(v_pred(g,_,_,_,_,2,_),_)|_]),
        [set_gpsg_features([top],[-])], []).

map(tree(_,[tree(v_pred(g,_,_,_,_,1,_),_)|_]),
        [set_gpsg_features([top],[+])], []).

map(tree(_,[tree(v_pred(g,_,_,_,_,3,_),_)|_]),
        [set_gpsg_features([top],[-])], []).

map(tree(clause(g,pred,+,_),_),
        [], [call_id_lex(4),call_id(20)]).          /* Perfekt */

map(tree(_,[tree(v_pred(g,_,ag,active,_,_,_),_)|_]),
        [], [call_id(1),call_id(17),call_id(33),call_id(34)]).

map(tree(_,[tree(v_pred(g,_,_,passive,_,_,_),_)|_]),
        [], [call_id_lex(5),call_id_lex(21)]).      /* Passiv */

map(tree(_,[tree(v_pred(g,_,af,_,_,_,_),_)|_]),
        [], [call_id(1),call_id(17),call_id(33),call_id(34)]).

map(tree(_,[tree(v_pred(g,_,ag_af,active,_,_,_),_)|_]),
        [],
        [call_id(3),call_id(19),call_id(35),call_id(36),
         call_id(37)]).

map(tree(_,[tree(v_pred(g,_,at_as,active,_,_,_),_)|_]),
        [], [call_id(51),call_id(52),call_id(53),call_id(54)]).

map(tree(_,[tree(v_pred(g,_,modal,_,_,_,_),_)|_]),
        [], [call_id(2),call_id(18)]).

/* term */

map(tree(term(g,_,_,3,_),_),
        [set_gpsg_features([top],[-])], []).

map(tree(term(g,_,_,1,_),_),
        [remove_store(clause,assertion),
         set_gpsg_features([top],[+])],
        []).
```

```
map(tree(term(g,_,_,2,_),_),
        [set_gpsg_features([top],[-])], []).

map(tree(term(g,det,_,_,_),_),
        [], [call_id(16)]).

map(tree(term(g,det,associated,_,_),_),
        [remove_store(sub_pp,associated)],
        [call_id_lex(14)]).

map(tree(term(g,det,Role,_,_),[tree(det(g,_,-,plur,bottom),_)|_]),
        [remove_store(Role,Case),
         set_gpsg_features([plu,cas],[+,Case])],
        [call_id(12)]).

map(tree(term(g,det,Role,_,_),[tree(det(g,_,+,sing,nil),_)|_]),
        [remove_store(Role,Case),
         set_gpsg_features([plu,cas],[-,Case])],
        [call_id(12)]).

map(tree(term(g,det,Role,_,_) [tree(det(g,_,+,plur,nil),_)|_]),
        [remove_store(Role,Case),
         set_gpsg_features([plu,cas],[+,Case])],
        [call_id(12)]).

map(tree(term(g,det,Role,_,_),[tree(det(g,_,_,sing,_),_)|_]),
        [remove_store(Role,Case),
         set_gpsg_features([plu,cas],[-,Case])],
        [call_id(11)]).

map(tree(term(g,det,Role,_,_),[tree(det(g,_,_,plur,_),_)|_]),
        [remove_store(Role,Case),
         set_gpsg_features([plu,cas],[+,Case])],
        [call_id(11)]).

/* nom */

map(tree(nom(g,a_mod,_),_),
        [], [call_id(13)]).

map(tree(nom(g,c_mod,_),_),
        [put_store(clause,relclause)],
        [call_part(n1,[s])]).

map(tree(nom(g,t_mod,_),_),
        [], [call_part(n1,[pp])]).

map(tree(nom(g,pred,_),[tree(n_pred(g,_,_,_),_)]),
        [], [call_part(n1,[n])]).
```

```
map(tree(nom(g,pred,_),[tree(n_pred(g,_,_,_),_),
                        tree(term(g,det,Role,_,_),_)]),
        [put_store(Role,gen)],
        [call_part(n1,[n,np])]).

map(tree(nom(g,pred,_),[tree(n_pred(g,_,aim,_),_),
                        tree(term(g,_,_,_,_),_)]),
        [], [call_part(n1,[n,pp])]).

/* mod */

map(tree(mod(g,pred,_,_),_),
        [], [call_id(15)]).


/* Lexikalische Regeln */

map(tree(det(g,_,+,sing,bottom),_),
        [], [call_lex("DET --> d")]).

map(tree(n_pred(g,_,_,_),[tree(anwendung,[])]),
        [], [call_lex("N --> anwendung")]).

map(tree(n_pred(g,_,_,_),[tree(gemeinschaft,[])]),
        [], [call_lex("N --> gemeinschaft")]).

map(tree(v_pred(g,_,ag_af,active,_,_,_),[tree(foerdern,[])]),
        [put_store(agent,nom),
         put_store(affected,acc)],
        [call_lex("V[6] --> foerder")]).

map(tree(v_pred(g,_,at_as,active,_,_,_),[tree(gehoeren_zu,[])]),
        [put_store(attribuant,nom),
         put_store(sub_pp,associated)),
         put_store(associated,dat)],
        [call_lex("V[8] --> gehoer"]).

map(tree(a_pred(g,_,_,_,_),[tree(industriell),[])]),
        [], [call_lex("A --> industriell")]).
```

Literaturverzeichnis

[Aho 1968] Alfred V. Aho (1968), 'Indexed Grammars', in *Journal of the Association for Computing Machinery* 15, 647–671.

[Appelt 1985] Douglas E. Appelt (1985), *Planning English Sentences*, Cambridge, MA.: Cambridge University Press.

[Appelt 1987] Douglas E. Appelt (1987), 'Bidirectional Grammars and the Design of Natural Language Generation Systems', in *Proc. 3. Conference on Theoretical Issues in Natural Language Processing*, Santa Cruz, 185–190.

[Bach/Partee 1980] Emmon Bach und Barbara Partee (1980), 'Anaphora and Semantic Structure', in J. Kreiman und A. E. Ojeda (Hg.), *Papers from the Parasession on Pronouns and Anaphora*, Chicago Linguistics Society, 1980, 1–28.

[Barlow *et al.* 1981] M. Barlow, Dan Flickinger und Ivan A. Sag (Hg.), *Developments in Generalised Phrase Structure Grammar: Stanford Working Papers in Grammatical Theory, Volume 2*, Indiana Linguistics Club, Bloomington, 1981.

[Barton *et al.* 1987] G. Edward Barton, Robert C. Berwick und Eric Sven Ristad (1987), *Computational Complexity and Natural Language*, Cambridge, London: MIT Press.

[Bittkau *et al.* 1987] Oliver Bittkau, Christian Haider und Jörg-Uwe Kietz (1987), *KIT-CORE PROLOG Description (Version 1.0)*, Technische Universität Berlin, KIT Interner Arbeitsbericht Nr. 17.

[Block 1987] Russell Block (1987), 'Can a „Parsing Grammar" be Used for Natural Language Generation? The Negative Example of LFG', in [Zock/Sabah 1988], 53–62.

[Bock 1987] Kathryn Bock (1987), 'Exploring Levels of Processing in Sentence Production', in G. Kempen (Hg.), *Natural Language Generation*, Dordrecht, Boston, Lancaster: Martinus Nijhoff Publishers (NATO ASI Series E Nr. 135), 1987, 351–363.

[Boguraev 1988] Branimir Boguraev (1988), 'A Natural Language Toolkit: Reconciling Theory with Practice', in [Reyle/Rohrer 1988], 95–130.

[Boguraev *et al.* 1988] Bran Boguraev, John Carroll, Ted Briscoe und Claire Grover (1988), 'Software Support for Practical Grammar Development', in *Proc. 12. International Conference on Computational Linguistics*, Budapest, 54–58.

[Brachman/Schmolze 1985] Ronald J. Brachman und Jaime G. Schmolze (1985), 'An Overview of the KL-ONE Knowledge Representation System', in *Cognitive Science* 9, Nr. 2, 171–216.

[Briscoe *et al.* 1987] Ted Briscoe, Claire Grover, Bran Boguraev und John Carroll (1987), 'A Formalism and Environment for the Development of a Large Grammar of English', in *Proc. 10. International Joint Conference on Artificial Intelligence*, Mailand, 703–708.

[Brockhaus *et al.* 1976] Klaus Brockhaus, Christa Hauenschild, Jürgen Höfling, Edgar Huckert und Robert Maier (1976), *Forschungsbericht 1. 11. 1973–31. 3. 1976, Teil II: Kontextfreie Syntaxen für Fragmente der Sprachen Deutsch, Englisch, Französisch, Russisch*, Sonderforschungsbereich 99 ('Linguistik'), Teilprojekt A2 ('Automatische Übersetzung').

[Busemann 1987] Stephan Busemann (1987), 'Generierung mit GPSG', in [Morik 1987], 355–364.

[Busemann 1988a] Stephan Busemann (1988), 'Surface Transformations During the Generation of Written German Sentences', in D. D. McDonald und L. Bolc (Hg.), *Natural Language Generation Systems*, Berlin, New York: Springer (Symbolic Computation), 898–165.

[Busemann 1988b] Stephan Busemann (1988), 'Zum Lexikonzugriff bei der Generierung mit GPSG', in [Trost 1988], 164–170.

[Busemann 1991] Stephan Busemann (1991), *Using Pattern-Action Rules for the Generation of GPSG Structures From MT-Oriented Semantics*, in *Proc. 12. International Joint Conference on Artificial Intelligence*, Sydney, 1003–1009.

[Busemann/Hauenschild 1988] Stephan Busemann und Christa Hauenschild (1988), 'A Constructive View of GPSG or How to Make it Work', in *Proc. 12. International Conference on Computational Linguistics*, Budapest, 77–82.

[Busemann/Hauenschild 1989] Stephan Busemann und Christa Hauenschild (1989), 'From FAS Representations to GPSG Structures', in [Busemann *et al.* 1989], 17–43.

[Busemann *et al.* 1989] Stephan Busemann, Christa Hauenschild und Carla Umbach (Hg.), *Views of the Syntax/Semantics Interface. Proc. Workshop 'GPSG and Semantics', TU Berlin, Feb. 22-24, 1989*, Technische Universität Berlin, KIT-Report Nr. 74, 1989.

[Bußmann 1990] Hadumod Bußmann (1990), 'Lexikon der Sprachwissenschaft', 2. Aufl., Stuttgart: Kröner.

[Calder *et al.* 1989] Jonathan Calder, Mike Reape und Henk Zeevat (1989), 'An Algorithm for Generation in Unification Categorial Grammar', in *Proc. 4th Conference of the European Chapter of the Association for Computational Linguistics*, Manchester, 233–240.

[Chomsky 1970] Noam Chomsky (1970), 'Remarks on Nominalization', in R. A. Jacobs und P. S. Rosenbaum (Hg.), *Readings in English Transformational Grammar*, Waltham, MA.: Ginn, 184–221.

[Chomsky/Halle 1968] Noam Chomsky und Morris Halle (1968), *The Sound Pattern of English*, New York: Harper & Row.

[Colmerauer 1982] A. Colmerauer (1982), *Prolog II Reference Manual and Theoretical Model*, Groupe d'Intelligence Artificielle, Université de Marseille, ERA CNRS 363.

[Danlos 1984] Laurence Danlos (1984), 'Conceptual and Linguistic Decisions in Generation', in *Proc. 10. International Conference on Computational Linguistics*, Stanford, CA., 501–504.

[Danlos 1987] Laurence Danlos (1987), *The Linguistic Basis of Text Generation*, Cambridge, MA.: Cambridge University Press.

[Davis/King 1977] Randall Davis und Jonathan King (1977), 'An Overview of Production Systems', in [Elcock/Michie 1977], 300–332.

[De Smedt 1990] Koenraad J. M. J. De Smedt (1990), *Incremental Sentence Generation*, Dissertation, Katholieke Universiteit Nijmegen, Nijmegen Institute for Cognition Research and Information Technology, Report 90-01.

[Dymetman/Isabelle 1988] Marc Dymetman und Pierre Isabelle (1988), 'Reversible Logic Grammars for Machine Translation', in *Proc. 2nd Int. Conf. on Theoretical and Methodological Issues in Machine Translation of Natural Languages*, Pittsburgh, PA.

[Elcock/Michie 1977] E. W. Elcock und D. Michie (Hg.), *Machine Intelligence 8*, Chichester: Ellis Horwood, 1977.

[Engdahl 1980] Elisabet Engdahl (1980), *The Syntax and Semantics of Questions in Swedish*, Ph.D. Dissertation, University of Massachusetts, Amherst, MA.

[Evans 1985] Roger Evans (1985), 'Program—a Development Tool for GPSG Grammars', in *Linguistics* 23, 213–243.

[Evans 1987] Roger Evans (1987), *Theoretical and Computational Interpretations of Generalised Phrase Structure Grammar*, University of Sussex, Cognitive Science Research Paper CSRP 085.

[Evans/Gazdar 1984] Roger Evans und Gerald Gazdar (1984), *The Program Manual*, University of Sussex, Cognitive Science Research Paper CSRP 035.

[Feigenbaum *et al.* 1971] E. A. Feigenbaum, B. G. Buchanan und J. Lederberg (1971), 'On Generality and Problem Solving: A Case Study Using the DENDRAL Program', in B. Meltzer und D. Michie (Hg.), *Machine Intelligence 6*, New York: Elsevier, 1971, 165–190.

[Fillmore 1968] Charles R. Fillmore (1968), 'The Case for Case', in E. Bach and R. T. Harms (Hg.), *Universals in Linguistic Theory*, New York: Holt, Rinehart & Winston.

[Finkler/Neumann 1989] Wolfgang Finkler und Günter Neumann (1989), 'POPEL-HOW—a Distributed Parallel Model for Incremental Natural Language Production with Feedback', in *Proc. 11. International Joint Conference on Artificial Intelligence*, Detroit, 1518–1523.

[Firbas 1974] Jan Firbas (1974), 'Some Aspects of the Czechoslovak Approach to Problems in Functional Sentence Perspective', in F. Daneš (Hg.), *Papers in Functional Sentence Perspective*, Den Haag, Paris: Mouton, 11–37.

[Fisher 1989] Anthony J. Fisher, 'Practical Parsing of Generalized Phrase Structure Grammars', in *Computational Linguistics* 15, Nr. 3, 139–148.

[Gawron *et al.* 1982] J. Mark Gawron, Jonathan King, John Lamping, Egon Loebner, E. Anne Paulson, Geoffrey K. Pullum, Ivan A. Sag und Thomas Wasow (1982), 'Processing English with a Generalized Phrase Structure Grammar', in *Proc. Conference of the 20th Meeting of the Association for Computational Linguistics*, Toronto, 74–81.

[Gazdar 1980] Gerald Gazdar (1980), 'A Phrase Structure Syntax for Comparative Clauses', in T. Hoekstra, H. v. d. Hulst, und M. Moortgat (Hg.), *Lexical Grammar*, Dordrecht: Foris, 1980, 165–179.

[Gazdar 1981a] Gerald Gazdar (1981), 'On Syntactic Categories', in *Philosophical Transactions (Series B) of the Royal Society*, 295, 267–283.

[Gazdar 1981b] Gerald Gazdar (1981), 'Unbounded Dependencies and Coordinate Structure', in *Linguistic Inquiry* 12, 155–184.

[Gazdar 1982] Gerald Gazdar (1982), 'Phrase Structure Grammar', in P. Jacobson und G. K. Pullum (Hg.), *The Nature of Syntactic Representation*, Dordrecht: Reidel, 131–186.

[Gazdar 1985] Gerald Gazdar (1985), *Applicability of Indexed Grammars to Natural Languages*, in [Reyle/Rohrer 1988], 69–94.

[Gazdar/Pullum 1982] Gerald Gazdar und Geoffrey K. Pullum (1982), *Generalized Phrase Structure Grammar: A Theoretical Synopsis*, Indiana University Linguistics Club, Bloomington.

[Gazdar/Pullum 1985] Gerald Gazdar und Geoffrey K. Pullum (1985), 'Computationally Relevant Properties of Natural Languages and Their Grammars', in *New Generation Computing* 3, Nr. 3, 273–306.

[Gazdar/Sag 1981] Gerald Gazdar und Ivan Sag (1981), 'Passive and Reflexives in Phrase Structure Grammar', in J. Groenendijk, T. Janssen und M. Stokhof (Hg.), *Formal Methods in the Study of Language*, Mathematical Centre Tracts, Amsterdam, 1981, 131–152.

[Gazdar *et al.* 1982] Gerald Gazdar, Geoffrey Pullum und Ivan Sag, (1982), 'Auxiliaries and Related Phenomena in a Restricted Theory of Grammar', in *Language* 58, 591–638.

[Gazdar *et al.* 1985] Gerald Gazdar, Ewan Klein, Geoffrey Pullum und Ivan Sag, (1985), *Generalized Phrase Structure Grammar*, Oxford: Blackwell.

[Gazdar *et al.* 1986] Gerald Gazdar, Geoffrey Pullum, Robert Carpenter, Ewan Klein, Thomas Hukari und Robert Levine, *Category Structures*, University of Sussex, Cognitive Science Research Paper CSRP 071.

[Gerdemann/Hinrichs 1990] Dale Gerdemann und Erhard W. Hinrichs (1990), 'Functor-Driven Natural Language Generation with Categorial-Unification Grammars', in *Proc. 13. International Conference on Computational Linguistics*, Helsinki, Bd. 2, 145–150.

[Gunji 1987] Takao Gunji (1987), *Japanese Phrase Structure Grammar. A Unification-Based Approach*, Dordrecht: Reidel.

[Haddock *et al.* 1987] Nicholas Haddock, Ewan Klein und Glyn Morrill (Hg.), *Working Papers in Cognitive Science, Volume I. Categorial Grammar, Unification Grammar and Parsing*, Centre for Cognitive Science, University of Edinburgh.

[Halliday/Fawcett 1987] Michael A. K. Halliday und Robin Fawcett (Hg.), *New Developments in Systemic Linguistics*, London: Frances Pinter, 1987.

[Halvorsen 1987] Per-Kristian Halvorsen (1987), *Situation Semantics and Semantic Interpretation in Constraint-Based Grammars*, Center for the Study of Language and Information, Stanford, Report Nr. CSLI-87-101.

[Harbusch *et al.* 1991] Karin Harbusch, Wolfgang Finkler und Anne Schauder (1991), *Incremental Syntax Generation with Tree Adjoining Grammars*, Deutsches Forschungszentrum für Künstliche Intelligenz, Kaiserslautern, Saarbrücken, Research Report RR-91-25.

[Hasida 1986] Kôiti Hasida (1986), 'Conditioned Unification for Natural Language Processing', in *Proc. 11. International Conference on Computational Linguistics*, Bonn, 85–87.

[Hauenschild 1986] Christa Hauenschild (1986), 'KIT/NASEV oder die Problematik des Transfers bei der maschinellen Übersetzung', in I. Bátori und H.-J. Weber (Hg.), *Neue Ansätze in maschineller Sprachübersetzung: Wissensrepräsentation und Textbezug*, Tübingen: Niemeyer, 167–196.

[Hauenschild 1988] Christa Hauenschild (1988), 'GPSG and German Word Order', in [Reyle/Rohrer 1988], 411–431.

[Hauenschild/Busemann 1988] Christa Hauenschild und Stephan Busemann (1988), 'A Constructive Version of GPSG for Machine Translation', in [Steiner *et al.* 1988a], 216–238.

[Hauenschild/Umbach 1988] Christa Hauenschild und Carla Umbach (1988), 'Funktor-Argument-Struktur. Die satzsemantische Repräsentations- und Transferebene im Projekt KIT-FAST', in J. Schütz (Hg.), *Workshop 'Semantik und Transfer'*, IAI Working Papers Nr. 6, Saarbrücken, 16–35.

[Hayes-Roth *et al.* 1978] Frederick Hayes-Roth und Donald A. Waterman (1978), 'Principles of Pattern-Directed Inference Systems', in [Waterman/Hayes-Roth 1978], 577–601.

[Helbig/Buscha 1986] Gerhard Helbig und Joachim Buscha (1986), *Deutsche Grammatik. Ein Handbuch für den Ausländerunterricht*, 9. Aufl., Leipzig: Verlag Enzyklopädie.

[Hendriks 1986] Herman Hendriks (1986), *Foundations of GPSG Syntax*, Doctoraalscriptie Wijsbegeerte, Universität Amsterdam.

[Hermes 1978] Hans Hermes (1978), *Aufzählbarkeit, Entscheidbarkeit, Berechenbarkeit. Einführung in die Theorie der rekursiven Funktionen*, 3. Aufl., Heidelberger Taschenbücher Bd. 87 (Sammlung Informatik), Berlin, Heidelberg, New York: Springer..

[Herzog *et al.* 1989] Gerd Herzog, C.-K. Sung, Elisabeth André, Wilfried Enkelmann, Hans-Hellmut Nagel, Thomas Rist, Wolfgang Wahlster und G. Zimmermann (1989), 'Incremental Natural Language Description of Dynamic Imagery', in C. Freksa und W. Brauer (Hg.), *Wissensbasierte Systeme. 3. Internationaler GI-Kongreß*, Berlin, Heidelberg: Springer, 153–162.

[Hoeppner *et al.* 1984] Wolfgang Hoeppner, Heinz Marburger und Katharina Morik (1984): 'Talking it Over: The Natural Language Dialog System HAM-ANS', in L. Bolc (Hg.), *Cooperative Interactive Systems.* Berlin, New York: Springer (Symbolic Computation).

[Horacek/Pyka 1988] Helmut Horacek und Claudius Pyka (1988), 'Facets of Knowledge about Natural Language Syntax: Representation and Use in Parsing and Generation', in W. Hoeppner (Hg.), *Künstliche Intelligenz. Proc. 12. German Workshop on Artificial Intelligence*, Berlin, New York: Springer (IFB Bd. 181), 130–139.

[Hovy 1987] Eduard H. Hovy (1987), *Generating Natural Language Under Pragmatic Constraints*, Ph.D. Dissertation, Yale University.

[Hukari/Levine 1986] Thomas E. Hukari und Robert D. Levine (1986), 'Generalized Phrase Structure Grammar: A Review Article', in *Linguistic Analysis* 16, Nr. 3-4, 135–260.

[Jackendoff 1977] Ray S. Jackendoff (1977), *X-bar Syntax. A Study of Phrase Structure*, Cambridge, MA.: MIT Press.

[Jacobs 1985a] Paul S. Jacobs, *A Knowledge-Based Approach to Language Production*, Ph.D. Thesis, University of California, Berkeley, CA.

[Jacobs 1985b] Paul S. Jacobs (1985), 'PHRED: a Generator for Natural Language Interfaces', in *Computational Linguistics*, 11, Nr. 4, 219–242.

[Jacobson 1987] Pauline Jacobson (1987), 'Review of Gazdar *et al.* 1985', in *Linguistics and Philosophy* 10, 389–426.

[Joshi *et al.* 1975] Aravind K. Joshi, Leon S. Levy, and M. Takahashi (1975), 'Tree Adjunct Grammars', *Journal of the Computer and System Sciences* 10, Nr. 1, 136–163.

[Joshi 1985] Aravind K. Joshi (1985), 'Tree Adjoining Grammars: How Much Context-Senitivity is Required to Provide Reasonable Structural Descriptions?', in D. Dowty, L. Karttunen und A. Zwicky (Hg.) *Natural Language Parsing—Psychological, Computational and Theoretical Perspectives*, Cambridge, MA.: Cambridge University Press, 206–250.

[Joshi 1986a] Aravind K. Joshi (1986), 'The Convergence of Mildly Contextsensitive Grammar Formalisms', in T. Wasow und P. Sells (Hg.), *The Processing of Linguistic Structures*, Cambridge, MA.: MIT-Press.

[Joshi 1986b] Aravind K. Joshi (1986), *An Introduction to Tree Adjoining Grammars*, University of Pennsylvania, Dept. of Computer and Information Science, Technical Report MS-CIS-86-64.

[Kaplan/Bresnan 1982] Ronald Kaplan und Joan Bresnan (1982), 'Lexical Functional Grammar—A Formal System for Grammatical Representation', in J. Bresnan (Hg.), *The Mental Representation of Grammatical Relations*, Cambridge, MA.: MIT Press, 173–281.

[Kay 1979] Martin Kay (1979), 'Functional Grammar', in *Proc. 5th Annual Meeting of the Berkeley Linguistics Society*, 142–158.

[Keenan 1974] Edward A. Keenan (1974), 'The Functional Principle: Generalizing the Notion of *subject of*', in N. W. La Galy, R. A. Fox und A. Bruck (Hg.), *Papers of the Tenth Regional Meeting of the Chicago Linguistics Society*, 1974, 298–309.

[Keller 1987] William R. Keller (1987), *An Overview of the Project NASEV Parser*, University of Sussex, Cognitive Science Research Paper CSRP-86.

[Kempen/Hoenkamp 1982] Gerard Kempen und Edward Hoenkamp (1982), *An Incremental Procedural Grammar for Sentence Formulation*, Katholieke Universiteit Nijmegen, Psychologisch Laboratorium, Report 82 FU 14.

[Kempen 1987] Gerard Kempen (1987), 'A Framework for Incremental Syntactic Tree Formation', in *Proc. 10. International Joint Conference on Artificial Intelligence*, Mailand, 655–660.

[Kilbury 1986] James Kilbury (1986), 'Category Co-occurrence Restrictions and the Elimination of Metarules', in *Proc. 11. International Conference on Computational Linguistics*, Bonn, 50–55.

[Kilbury 1987] James Kilbury (1987), 'A Proposal for Modifications in the Formalism of GPSG', in *Proc. 3rd Conference of the European Chapter of the Association for Computational Linguistics*, Kopenhagen, 156–159.

[Kilbury 1988] James Kilbury (1988), 'Parsing with Category Co-occurrence Restrictions', in *Proc. 12. International Conference on Computational Linguistics*, Budapest, 324–327.

[Kindermann/Quantz 1987] Carsten Kindermann und Joachim Quantz (1987), *Ein Editor mit integriertem Präprozessor für das Berliner GPSG-System*, Technische Universität Berlin, KIT Interner Arbeitsbericht Nr. 18.

[Kleist 1966] Heinrich von Kleist, 'Über die allmähliche Verfertigung der Gedanken beim Reden', in H. Sembdner (Hg.), *H. v. Kleist. Werke in einem Band*, München: Hanser, 1966, 810–814.

[Klenk 1985] Ursula Klenk (Hg.), *Kontextfreie Syntaxen und verwandte Systeme. Vorträge eines Kolloquiums in Ventron (Vogesen) im Oktober 1984*, Tübingen: Niemeyer, 1985.

[Lancel *et. al* 1986] Jean-Marie Lancel, François Rousselot und Nathalie Simonin (1986), 'A Grammar Used for Parsing and Generation', in *Proc. 11. International Conference on Computational Linguistics*, Bonn, 546–539.

[Lenerz 1977] Jürgen Lenerz (1977), *Zur Abfolge nominaler Satzglieder im Deutschen*, Tübingen: Narr.

[Mahr/Umbach 1989] Bernd Mahr und Carla Umbach (1989), 'Functor-Argument Structures for the Meaning of Natural Language Sentences and Their Formal Interpretation', in [Busemann *et al.* 1989], 113–131.

[Marcus 1978] Mitchell P. Marcus (1977), *A Theory of Syntactic Recognition for Natural Language*, Cambridge, MA.: MIT Press.

[McCoy 1986] Kathleen F. McCoy (1986), 'The ROMPER System: Responding to Object-Related Misconceptions Using Perspective', in *Proc. Conference of the 24th Annual Meeting of the Association for Computational Linguistics*, New York, 97–105.

[McDonald 1981] David D. McDonald (1981), *Natural Language Generation as a Computational Problem: an Introduction*, in M. Brady und R. C. Berwick (Hg.), *Computational Models of Discourse*, Cambridge, MA.: The MIT Press, 1983, 209–266.

[McDonald/Hayes-Roth 1978] David D. McDonald und Frederick Hayes-Roth (1978), 'Inferential Searches of Knowledge Networks as an Approach to Extensible Language-Understanding Systems', in [Waterman/Hayes-Roth 1978], 431–453.

[McDonald/Pustejovsky 1985] David D. McDonald und James D. Pustejovsky, 'TAGs as a Grammatical Formalism for Generation', in *Proc. Conference of the 23rd Annual Meeting of the Association for Computational Linguistics*, Chicago, 94–103.

[McKeown 1985] Kathleen R. McKeown (1985), *Text Generation*, Cambridge, MA.: Cambridge University Press.

[McKeown/Swartout 1988] Kathleen R. McKeown und William R. Swartout, 'Language Generation and Explanation', in [Zock/Sabah 1988], 1–52.

[Meier/Kindermann 1986] Justus Meier und Jörg Kindermann (1986), 'Generierung mit Lexical-Functional-Grammar', in [Rollinger/Horn 1986], 113–118.

[Meteer 1990] Marie W. Meteer (1990), *The "Generation Gap". The Problem of Expressibility in Text Planning*, Bolt, Beranek and Newman Inc., Cambridge, Mass., Report Nr. 7347.

[Momma/Dörre 1988] Stefan Momma und Jochen Dörre (1988), 'Generation from f-Structures', in E. Klein and J. van Benthem (Hg.), *Categories, Polymorphism and Unification*, Universität Edinburgh, Centre for Cognitive Science und Universität Amsterdam, Institute for Language, Logic and Information.

[Moran 1973] T. P. Moran (1973), 'The Symbolic Nature of Visual Imagery', in *Proc. 3. International Joint Conference on Artificial Intelligence*, Stanford, 472–477.

[Morik 1987] Katharina Morik (Hg.), *GWAI-87. 11th German Workshop on Artificial Intelligence*, Berlin, New York: Springer (IFB Bd. 152), 1987.

[Nakazawa/Neher 1987] Tsuneko Nakazawa und Laura Neher (1987), 'Rule Expansion on the Fly—a GPSG Parser for Japanese/English Using a Bit Vector Representation of Features and Rule Schemas', in *Studies in Linguistic Sciences* 17, Nr. 2, Dept. of Linguistics, University of Illinois, Urbana-Champaign, Illinois, 115–124.

[Nakazawa *et al.* 1988] Tsuneko Nakazawa, Laura Neher und Erhard W. Hinrichs (1988), 'Unification with Disjunctive and Negative Values for GPSG Grammars', in *Proc. 8. European Conference on Artificial Intelligence*, München, 467–472.

[Naumann 1988] Sven Naumann (1988), *Generalisierte Phrasenstrukturgrammatik: Parsingstrategien, Regelorganisation und Unifikation*, Niemeyer: Tübingen.

[Nebel/Smolka 1989] Bernhard Nebel und Gert Smolka (1989), *Representation and Reasoning with Attributive Descriptions*, IBM Deutschland, Institut für wissensbasierte Systeme, Stuttgart, IWBS Report Nr. 81.

[Nerbonne 1982] John A. Nerbonne (1982), "Phantoms' and German Fronting: Poltergeist constituents?', in *Linguistics* 24, 857–870.

[Nerbonne/Proudian 1987] John Nerbonne und Derek Proudian (1987), *The HP-NL System*, Hewlett-Packard Laboratories, Technical Report.

[Neumann/Noord 1992] Günter Neumann und Gertjan van Noord (1992): 'Reversibility, Modularity and Self-Monitoring in Natural Language Generation', in Strzalkowsky, T. (Hg.), *Reversible Grammars in Natural Language Processing*, Dordrecht: Kluwer, 1992.

[Newell 1973] Allen Newell (1973), 'Production Systems: Models of Control Structures', in Chase, W. G. (Hg.), *Visual Information Processing*, New York: Academic Press, 463–526.

[Noord 1989] Gertjan van Noord (1989), *BUG: A Directed Bottom-up Generator for Unification Based Formalisms*, Katholieke Universiteit Leuven, Eurotra Leuven, Working Papers in Natural Language Processing Nr. 4.

[Oliva 1988a] Karel Oliva (1988), 'Some Aspects of GPSG from a Praguian Viewpoint', (Teil 1), in *The Prague Bulletin of Mathematical Linguistics*, Nr. 49, 3–33.

[Oliva 1988b] Karel Oliva (1988), 'Syntactic Functions in GPSG', in *Proc. 12. International Conference on Computational Linguistics*, Budapest, 494–497.

[Paris 1987] Cecile L. Paris (1987), 'Combining Discourse Strategies to Generate Descriptions to Users Along a Naive/Expert Spectrum', in *Proc. 10. International Joint Conference on Artificial Intelligence*, Mailand, 626–632.

[Pereira/Warren 1983] Fernando C. N. Pereira und David H. D. Warren (1983), 'Parsing as Deduction', in *Proc. Conf. of the 21st Annual Meeting of the Association for Computational Linguistics*, Cambridge, MA., 137–144.

[Peters/Uszkoreit 1982] Stanley Peters und Hans Uszkoreit (1982), 'Essential Variables in Metarules', Vortrag auf der Tagung *Annual Meeting of the Linguistic Society of America*, San Diego, CA.

[Phillips 1987] John D. Phillips (1987), *A Computational Representation for Generalised Phrase-Structure Grammars*, Ms.

[Phillips/Thompson 1985] John D. Phillips und Henry S. Thompson (1985), 'GPSGP—a Parser for Generalized Phrase Structure Grammars', in *Linguistics* 23, Nr. 2, 245–261.

[Phillips/Thompson 1987] John D. Phillips und Henry S. Thompson (1987), 'A Parser for Generalised Phrase Structure Grammars', in [Haddock *et al.* 1987], 115–136.

[Pollard 1984] Carl J. Pollard (1984), *Generalized Phrase Structure Grammars, Head Grammars, and Natural Languages*, Ph.D. Thesis, Stanford University, Stanford CA.

[Pollard/Sag 1983] Carl Pollard und Ivan A. Sag (1983), 'Reflexives and Reciprocals in English: An Alternative to the Binding Theory', in M. Barlow, D. Flickinger und M. Wescoat (Hg.), *Proc. 2nd West Coast Conference on Formal Linguistics*, Stanford Linguistics Department, Stanford CA., 189–203.

[Pollard/Sag 1987] Carl J. Pollard und Ivan A. Sag (1987), *Information-Based Syntax and Semantics. Volume I*, Center for the Study of Language and Information, CSLI Lecture Notes Nr. 13, Chicago: University of Chicago Press.

[Preuß 1987] Susanne Preuß (1987), *GPSG-Syntax für ein Fragment des Deutschen*, Technische Universität Berlin, KIT Interner Arbeitsbericht Nr. 20.

[Preuß 1989] Susanne Preuß (1989), *Koordination und Kongruenz in einer Verallgemeinerten Phrasenstrukturgrammatik*, Magisterarbeit, Technische Universität Berlin.

[Pullum/Gazdar 1982] Geoffrey K. Pullum und Gerald Gazdar (1982), 'Natural Languages and Context-Free Languages', in *Linguistics and Philosophy* 4, 471–504.

[Ramsay 1985] Allan Ramsay (1985), 'Effective Parsing with Generalised Phrase Structure Grammar', in *Proc. 2nd Conf. of the European Chapter of the Association for Computational Linguistics*, Genf, 57–61.

[Reape 1989] Mike Reape (1989), 'A Logical Treatment of Semi-Free Word Order and Bounded Discontinuous Constituency', in *Proc. 4th Conf. of the European Chapter of the Association for Computational Linguistics*, Manchester, 103–110.

[Reape 1990] Mike Reape (1990), 'Getting Things in Order', in *Proc. of the Symposium on Discontinuous Constituency*, Universität Tilburg, 125–137.

[Reithinger 1991] Norbert Reithinger (1991), 'POPEL—A Parallel and Incremental Natural Language Generation System', in C. L. Paris, W. R. Swartout und W. C. Mann (Hg.), *Natural Language in Artificial Intelligence and Computational Linguistics*, Dordrecht: Kluwer, 1991.

[Reyle/Rohrer 1988] Uwe Reyle und Christian Rohrer (Hg.), *Natural Language Parsing and Linguistic Theory*, Dordrecht: Reidel, 1988.

[Riesbeck 1978] Christopher K. Riesbeck (1978), 'An Expectation-Driven Production System for Natural Language Understanding', in [Waterman/Hayes-Roth 1978], 399–413.

[Ristad 1986] Eric Sven Ristad (1986), 'Computational Complexity of Current GPSG Theory', in *Proc. Conf. of the 24th Annual Meeting of the Association for Computational Linguistics*, New York, 30–39.

[Ritchie 1987] Graeme Richie (1987), 'The Computational Complexity of GPSG Parsing', in [Haddock *et al.* 1987], 137–142.

[Rollinger/Horn 1986] Claus-Rainer Rollinger und Werner Horn (Hg.), *Proc. GWAI-86 und 2. Österreichische Artificial-Intelligence-Tagung*, Berlin, New York: Springer (IFB Bd. 124), 1986.

[Russell 1985] Graham Russell (1985), 'A GPS-Grammar for German Word Order', in [Klenk 1985], 19–32.

[Sag 1986] Ivan A. Sag (1986), *Grammatical Hierarchy and Linear Precedence*, Center for the Study of Language and Information, Stanford CA, Report Nr. CSLI-86-60.

[Schachtl 1988] Stefanie Schachtl (1988), 'The Problem of Overgeneration in Parsing Processes and the Aid of Linguistic Generalizations', in [Trost 1988], 33–42.

[Schank/Wilensky 1978] Roger C. Schank und Robert Wilensky (1978), 'A Goal-Directed Production System for Story Understanding', in [Waterman/Hayes-Roth 1978], 415–430.

[Sells 1986] Peter Sells (1986), *Lectures on Contemporary Syntactic Theories*, Center for the Study of Language and Information, CSLI Lecture Notes Nr. 3, Chicago: University of Chicago Press.

[Sgall *et al.* 1973] Petr Sgall, Eva Hajičová und Eva Benešová (1973), *Topic, Focus and Generative Semantics*, Kronberg: Scriptor.

[Shieber 1984] Stuart M. Shieber (1984), 'Direct Parsing of ID/LP Grammars', in *Linguistics and Philosophy* 7, 135–154.

[Shieber 1985] Stuart M. Shieber (1985), 'Evidence Against the Context-Freeness of Natural Language', in *Linguistics and Philosophy* 8.

[Shieber 1986] Stuart M. Shieber (1986), 'A Simple Reconstruction of GPSG' in *Proc. 11. International Conference on Computational Linguistics*, Bonn, 211–215.

[Shieber 1988a] Stuart M. Shieber (1988), 'Separating Linguistic Analyses Froms Linguistic Theories', in [Reyle/Rohrer 1988], 33–68.

[Shieber 1988b] Stuart M. Shieber (1988), 'A Uniform Architecture for Parsing and Generation', in *Proc. 12. International Conference on Computational Linguistics*, Budapest, 614–619.

[Shieber *et al.* 1983] Stuart M. Shieber, Hans Uszkoreit, Fernando C. N. Pereira, Jane J. Robinson und Mabry Tyson (1983), 'The Formalism and Implementation of PATR-II', in B. J. Grosz und M. E. Stickel (Hg.), *Research on Interactive Acquisition and Use of Knowledge. Final Report*, SRI International, 1983, 39–79.

[Shieber *et al.* 1990] Stuart M. Shieber, Gertjan van Noord, Robert C. Moore und Fernando C. N. Pereira (1990), 'Semantic-Head-Driven Generation', in *Computational Linguistics* 16, Nr. 1, 30–42.

[Shortliffe 1976] E. H. Shortliffe (1976), *Computer-based Medical Consultations: MYCIN*, New York: Elsevier.

[Steinacker/Buchberger 1983] Ingeborg Steinacker und Ernst Buchberger (1983), 'Relating Syntax and Semantics: the Syntactico-Semantic Lexicon of the System VIE-LANG', in *Proc. 1st Conf. of the European Chapter of the Association for Computational Linguistics*, Pisa, 96–100.

[Steiner *et al.* 1988a] Erich Steiner, Paul Schmidt und Cornelia Zelinsky-Wibbelt (Hg.), *From Syntax to Semantics—Insights From Machine Translation*, London: Frances Pinter, 1988.

[Steiner *et al.* 1988b] Erich Steiner, Ursula Eckert, Birgit Roth und Jutta Winter-Thielen (1988), 'The Development of the EUROTRA-D System of Semantic Relations', in [Steiner *et al.* 1988a], 40–104.

[Thompson 1981] Henry S. Thompson (1981), *Handling Metarules in a Parser for GPSG*, in [Barlow *et al.* 1981], 26–37.

[Trost 1988] Harald Trost (Hg.), *Proc. 4. Österreichische Artificial-Intelligence-Tagung. Wiener Workshop Wissensbasierte Sprachverarbeitung*, Berlin, New York: Springer (IFB Bd. 176), 1988.

[Umbach 1987] Carla Umbach (1987), *Zur semantischen Interpretation in der Theorie der GPSG*, Technische Universität Berlin, KIT Interner Arbeitsbericht Nr. 19.

[Uszkoreit 1984] Hans Uszkoreit (1984), *Word Order and Constituent Structure in German*, Ph.D. Dissertation, University of Texas, Austin.

[Uszkoreit 1986a] Hans Uszkoreit (1986), 'Constraints on Order', in *Linguistics* 24, 883–906.

[Uszkoreit 1986b] Hans Uszkoreit (1986), 'Syntaktische und semantische Generalisierungen im strukturierten Lexikon', in [Rollinger/Horn 1986], 87–100.

[Uszkoreit 1986c] Hans Uszkoreit (1986), 'Categorial Unification Grammars', in *Proc. 11. International Conference on Computational Linguistics*, Bonn, 187–194.

[Volk 1988] Martin Volk (1988), *Parsing German with GPSG: The Problem of Separable-Prefix Verbs*, University of Georgia, Athens GA, Advanced Computational Methods Center, ACMC Research Report 01-0026.

[Wahlster 1982] Wolfgang Wahlster, 'Natürlichsprachliche Systeme', in W. Bibel und J. Siekmann (Hg.), *Künstliche Intelligenz. Frühjahrsschule Teisendorf, März 1982*, Berlin, New York: Springer (IFB Bd. 59), 1982, 203–283.

[Waterman/Hayes-Roth 1978] Donald A. Waterman and Frederick Hayes-Roth (Hg.), *Pattern-Directed Inference Systems*, New York: Academic Press, 1978.

[Wedekind 1986] Jürgen Wedekind (1986), 'A Concept of Derivation for LFG', in *Proc. 11. International Conference on Computational Linguistics*, Bonn, 487–489.

[Wedekind 1988] Jürgen Wedekind (1988), 'Generation as Structure Driven Derivation', in *Proc. 12. International Conference on Computational Linguistics*, Budapest, 732–737.

[Weisweber 1987] Wilhelm Weisweber (1987), *Ein Dominanz-Chart-Parser für generalisierte Phrasenstrukturgrammatiken*, Technische Universität Berlin, KIT-Report Nr. 45.

[Weisweber 1988] Wilhelm Weisweber (1988), 'Using Constraints in a Constructive Version of GPSG', in *Proc. 12. International Conference on Computational Linguistics*, Budapest, 738–743.

[Weisweber 1989] Wilhelm Weisweber (1989), 'Transfer in Machine Translation by Non-Confluent Term-Rewrite Systems', in D. Metzing (Hg.), *GWAI-89. 13th German Workshop on Artificial Intelligence*, Berlin, New York: Springer (IFB Bd. 216), 264–269.

[Zelinsky-Wibbelt 1988] Cornelia Zelinsky-Wibbelt (1988), 'From Cognitive Grammar to the Generation of Semantic Interpretation in Machine Translation', in [Steiner *et al.* 1988a], 195–132.

[Zock/Sabah 1988] Michael Zock und Gerard Sabah (Hg.), *Advances in Natural Language Generation. An Interdisciplinary Perspective. Vol. 1*, London: Frances Pinter, 1988.

Glossar linguistischer Fachbegriffe

Das Glossar dient zum besseren Verständnis linguistischer Fachbegriffe. Sie werden im Hinblick auf ihre Verwendung in dieser Arbeit erläutert, nicht jedoch in jedem Falle umfassend definiert. Die an umfassenden Definitionen interessierte Leserin sei auf das Lexikon der Sprachwissenschaft [Bußmann 1990] verwiesen, an das sich die meisten der nachstehenden Erläuterungen anlehnen.

A: → Adjektiv

abtrennbares Verbpräfix: Präfix eines →Verbs, das im Präsens oder Imperfekt vom →Wortstamm abgetrennt und nachgestellt wird; vgl. *über* in einer Lesart von *übersetzen*: *der Fährmann setzt uns über.* Nicht alle Verbpräfixe sind abtrennbar: vgl. *über* in einer anderen Lesart von *übersetzen*: *er übersetzt den Satz.*

Adjektiv: (auch: Eigenschaftsort, kurz: A) Wortart, die Wörter umfaßt, die syntaktisch beim →Nomen stehen (attributive Verwendung, vgl. *grüne* in *der grüne Zaun*) oder die von dem →Verb *sein* regiert werden (prädikative Verwendung, vgl. *der Zaun ist grün*). Im Deutschen steht das A. in der attributiven Verwendung in →Kongruenz mit dem Nomen bzgl. →Kasus, →Numerus und Genus, wobei zwischen starker Deklination (vgl. *ein grüner Zaun*) und schwacher Deklination (vgl. *der grüne Zaun*) unterschieden wird.

Adjektivphrase: (kurz: AP) Syntaktische Kategorie, die in Regeln ein →A als Head besitzt, das z.B. durch ein Adverb erweitert sein kann (vgl. *ganz klein, ziemlich bunt, sehr schön*).

Adjunkt: Sprachliche Ausdrücke in attributiver Funktion, die ein vorausgehendes oder folgendes Element semantisch spezifizieren (vgl. für *Buch*: *das Buch mit dem bunten Umschlag; das Buch, das ich gerade lese*). A. sind im Unterschied zu →Komplementen grammatisch nicht notwendige Ergänzungen.

Anapher: Sprachlicher Ausdruck, der zu einem anderen sprachlichen Ausdruck, dem Antezedens, im vorangehenden Kontext in einer anaphorischen Beziehung steht, d.h. dessen Referenz nur durch Bezug auf ein Antezedens bestimmbar ist. Beispiele sind →Pronomina. Das Auftreten von A. trägt wesentlich dazu bei, daß Texte als semantisch zusammenhängend empfunden werden.

AP: → Adjektivphrase

Det: → Determinator

Determinator: (kurz: Det) Klasse von Wörtern, die ein →Nomen näher bestimmen. Im Deutschen gehören dazu (bestimmte und unbestimmte) Artikel und Demonstrativa (z.B. *dieser, jener*). Semantisch determinieren die D. das begleitende →Nomen, sie grenzen seine Referenz ein. So macht der bestimmte Artikel das Nomen definit, d.h. bestimmt es als bekannt (durch den Kontext (Vorerwähntheit), das Wissen der Hörerin oder durch Bezug auf die Sprechsituation).

dislozierte Konstituente: → Topikalisierung

ditransitives Verb: → Transitivität

Endkette: Sprachlicher Ausdruck. Folge der Blattknoten im terminierten syntaktischen →Strukturbaum.

Equi-Konstruktion: Begriff aus der →Transformationsgrammatik. Sprachlicher Ausdruck mit einem eingebetteten Satz, dessen Subjekt referenzidentisch mit einer NP des Matrixsatzes ist und daher fehlt (vgl. Referenzidentität zwischen dem Subjekt von *versprechen* und dem Subjekt von *kommen* in *er verspricht zu kommen*).

Flexion: Bildung flektierter Wörter aufgrund von →Wortstamm und morpho-syntaktsichen Merkmalspezifikationen durch Berechnung von Flexionsendungen (→Lemmatisierung). Beispiele: Die Endung für 3. Person Singular Imperfekt Indikativ des →Verbs *kauf* ist *te*. Konkatenation ergibt die Wortform *kaufte*. Die Endung für Dativ Plural des →Nomens *Kind* ist *ern*. Auch hier entsteht die korrekte Wortform durch Konkatenation (*Kindern*). F. schließt u.a. die Behandlung der Ablautung des Verbstamms bei manchen Verben (vgl. *bind–band–gebunden*) und die Umlautung mancher Nomina im Plural (vgl. *Haus-Häuser*) sowie die Behandlung vollkommen irregulärer Formen (etwa von Personalpronomina oder dem Verb *sein*) ein.

Generalisierung: Linguistische Aussagen zur Beschreibung von sprachlichen Phänomenen auf abstrakter Ebene. Man kennt G. auf der Ebene der einzelnen Sprache (z.B. Aussage über das Deutsche), auf der Ebene von Sprachgruppen (übereinzelsprachliche Aussagen) und G. für alle Sprachen (→Universalien).

Generative Grammatik: Oberbegriff für Grammatikmodelle, die auf einem Algorithmus oder Kalkül zur Erzeugung von Sätzen basieren. Auch Synonym für Chomskys generative →Transformationsgrammatik.

grammatische Funktion: Sammelbegriff für „Subjekt", „Prädikat", „Objekt", „Attribut" u.a., wobei eine unterschiedliche Verwendung je nach theoretischem Ansatz oder Sprache vorliegt:

- Für Sprachen mit ausgeprägtem morphologischen System wie das Deutsche führt man die g.F. in erster Linie auf →Kasus zurück. Das Subjekt ist z.B. die Nominativergänzung des Prädikats.
- Für Sprachen, in denen Kasus nur marginal vorkommen (z.B. Englisch), geht man von strukturellen Relationen aus und definiert z.B. das Subjekt als die vom Satzknoten unmittelbar dominierte NP.
- Ansätze mit Semantikbezug assoziieren g.F. mit →semantischen Rollen, wobei z.B. das Subjekt vom Agens einer Handlung abgeleitet werden kann.

Hilfsverb: Semantisch-syntaktisch motivierte Unterklasse der →Verben. Anders als Vollverben haben H. eine abgeschwächte lexikalische Semantik (vgl. *haben, sein, werden*). Sie haben keine oder nur beschränkte Subkategorisierung, sind zum Teil morphologisch irregulär und treten typischerweise als Exponenten morpho-syntaktischer Merkmale auf, z.B. von →Tempus und →Verbgenus. Gelegentlich werden auch →Modalverben zu den H. gerechnet.

intransitives Verb: → Transitivität

Inversion: Vorgang und Ergebnis der Umkehrung der Stellung von syntaktischen Elementen im Satz. Während im Deutschen die Satzgliedfolge „Subjekt–finites Verb" als Grundstellung im Deklarativsatz gilt, entsteht durch I. die Ordnung „finites Verb–Subjekt", wie sie u.a. bei Frage- und Befehlssätzen auftritt.

Kasus: Syntaktisches Merkmal deklinierbarer Wörter (im Deutschen von u.a.: →Nomina, →Pronomina, →Determinatoren, →Adjektiven), das u.a. zur Kennzeichnung ihrer →grammatischen Funktion dient und in Abhängigkeit davon sich an →Kongruenz beteiligt. Das System der K. ist einzelsprachspezifisch. Im Deutschen unterscheidet man Nominativ, Genitiv, Dativ und Akkusativ.

Komplement: Eine →Konstituente X ist K. einer Konstituente Y, wenn X von Y →subkategorisiert ist. Beispielsweise ist eine NP[acc] K. eines →transitiven Verbs wie *lieben*.

Kompositionale Semantik: Das Prinzip der k.S. wird Gottlob Frege (1848–1925) zugeschrieben. Es besagt, daß die Gesamtbedeutung eines sprachlichen Ausdrucks funktional von den Bedeutungen seiner wohlgeformten Teile abhängt. Auf dieser empirischen Annahme basiert die methodische Prämisse, daß die semantische Repräsentation komplexer sprachlicher Ausdrücke als Funktion der semantischen Repräsentationen ihrer →Konstituenten und deren syntaktischer Beziehungen untereinander zu konzipieren ist. Die Anwendung des Prinzips der k.S. setzt somit eine syntaktische Beschreibung voraus. Die berechnete semantische Repräsentation ist unabhängig vom Kontext, in dem der Ausdruck geäußert wird, kann also keine pragmatischen Aspekte einbeziehen.

Kongruenz: Übereinstimmung zwischen Satzelementen hinsichtlich bestimmter morpho-syntaktischer Merkmale. K. markiert syntaktische Beziehungen, z.B. die Zugehörigkeit der Satzelemente zu derselben →Konstituente. K. ist einzelsprachspezifisch ausgeprägt. Beispiele:

- Die Elemente einer →NP im Deutschen (vgl. *des jungen Baumes*) kongruieren bzgl. →Kasus (Genitiv), →Numerus (Singular), Person (3) und Genus (Maskulinum).
- In vielen Sprachen besteht K. bzgl. Numerus und Person zwischen finitem →Verb und dem Subjekt (vgl. *Ich komme* vs. *Die Frau kommt*).
- Im Englischen besteht K. bzgl. Numerus, Person und Genus zwischen Reflexivpronomina und Antezedens (vgl. *she washes herself* vs. *they wash themselves*).

Konstituente: Teilbäume im syntaktischen →Strukturbaum. Somit ist jedes Wort eine K., und eine K. kann mit anderen K. gemäß einer →Phrasenstruktur-Regel zu größeren K. zusammengefaßt werden. K. werden durch die Wurzelkategorie des Teilbaums benannt (z.B. →S, →VP, →NP, →V).

Lemmatisierung: Interpretation flektierter Wortformen zwecks Berechnung des →Wortstamms und morpho-syntaktischer Merkmalspezifikationen (z.B. sind drei Interpretationen von *raste* Nominativ Singular des →Nomens mit Stamm *Raste*, 1. Person Singular Präsens Indikativ des →Verbs *rasten* mit Stamm *rast* und 3. Person Singular Imperfekt Indikativ des Verbs *rasen* mit Stamm *ras*.)

Lexem: Abstrakte Basiseinheit des Lexikons, die in verschiedenen grammatischen Wortformen realisiert werden kann (vgl. das Lexem *schreib* in *schreiben, schriebst, schrieben*).

lexikalische Insertion: Einfügung von →Lexemen oder Wörtern in den →Strukturbaum, indem →lexikalische Kategorien durch →Lexikoneinträge expandiert werden (z.B. Expansion von →V durch V ⟶ *schreib*). L.I. führt zur Terminierung des Strukturbaums.

lexikalische Kategorie: Syntaktische Kategorie, die durch einen →Wortstamm oder eine Wortform expandiert wird. In der →X-Bar-Syntax haben l.K. den niedrigsten bar-Wert (null). Beispiele: →N, →V, →P, →A, →Det.

Lexikoneintrag: Regel der Form K ⟶ L, wobei K eine →lexikalische Kategorie und L ein →Wortstamm oder eine flektierte Wortform ist.

Modalverb: Semantisch motivierte Unterklasse der →Verben, die in Verbindung mit einem Infinitiv modale Bedeutungsaspekte ausdrücken: *dürfen, mögen, können, müssen, sollen, wollen.*

Modus: Grammatisches Merkmal des Verbs, durch das subjektive Stellungnahme des Sprechers zu dem durch die Aussage bezeichneten Sachverhalt ausgedrückt wird. Die Formulierung modaler Einstellungen ist in vielen Sprachen morpho-syntaktisch durch selbständige Formen ausgedrückt (Indikativ, Konjunktiv, Imperativ), wird aber auch mithilfe von lexikalischen Mitteln wie →Modalverben und Satzadverbien (*vielleicht*) erreicht.

Morphologie: →Flexion

N: → Nomen

Nomen: (auch: Hauptwort, Substantiv, kurz: N) Wortart, die Wörter umfaßt, welche morphologisch im Deutschen durch die Merkmale →Kasus, →Numerus, und Genus gekennzeichnet ist. Semantisch wird zwischen konkreten und abstrakten N. unterschieden. Zu den Konkreta zählen Eigennamen (vgl. *Gretchen, Wien, Brandenburger Tor*), Gattungsnamen (vgl. *Mensch, Katze, Sängerin*) und Sammelbezeichnungen (auch: Kollektiva) (vgl. *Gebirge, Wein, Gold*). Zu den Abstrakte zählen Eigenschaften (vgl. *Treue*), Vorgänge (vgl. *Träume*), Beziehungen (vgl. *Freundschaft*) und Maße (vgl. *Stunde, Meter*).

Nominalphrase: (kurz: NP) Syntaktische Kategorie, die in Regeln ein →Nomen als Head besitzt. Eine N. kann das Nomen durch Attribute (→Determinator, →Adjektive, Relativsätze, Genitiv- und Präpositionalattribute) spezifizieren (vgl. *fast alle alten Bücher seines Vaters, die ich gut kannte*).

NP: → Nominalphrase

Numerus: Syntaktisches Merkmal des →Nomens zur Kennzeichnung von Quantitätsverhältnissen. Durch →Kongruenz wird N. auch auf andere nominale Wortarten (→Determinator, →Adjektiv) sowie das finite →Verb übertragen. Im Deutschen und Englischen sind die Werte von N. Singular und Plural; in anderen Sprachen (z.B. Griechisch) wird ein Dualis (Zweizahl) unterschieden. Nicht alle Nomina treten in allen N. auf (vgl. *scissors*).

Obliqueness: [lat. *obliquus* schräg] Eigenschaft von →grammatischen Funktionen, die das Maß ausdrückt, in dem die Konstituente an Verbkongruenz teilnimmt oder als Antezedens für Reflexivpronomina dienen kann. Subjekt und Objekt sind nicht oblique Funktionen, Präpositionalobjekte wie *des Mordes* in *er klagte ihn des Mordes an* sind oblique Funktionen.

P: → Präposition

parasitäre Lücke: Lücke, d.h. Konstituente ohne realisierte →Endkette, die aufgrund einer anderen Lücke existiert. So ist der Satz *Dana filed the articles*$_1$ *without reading* e_1. ungrammatisch. Die Lücke ist aber durch eine zweite Lücke zulässig in *Which articles*$_{1,2}$ *did Dana file* e_2 *without reading* e_1*?* Die Existenz von p.L. ist für das Deutsche umstritten (vgl. *Welche Frau*$_{1,2}$ *hat er ohne* e_1 *anzuschauen* e_2 *geküßt?*).

Phrasenstruktur-Regel: Kontextfreie Ersetzungsregel der Form $M \longrightarrow D_1\ D_2\ \ldots\ D_n$ (z.B. S ⟶ NP VP). Eine P. kann als Anweisung interpretiert werden, die linke Seite bestehend aus der Mutter M durch die rechte Seite bestehend aus der Folge der Töchter D_i zu expandieren (z.B. das →S durch eine →NP gefolgt von einer →VP). Eine P. spezifiziert sowohl Dominanzeigenschaften (S dominiert in dieser Regel NP und VP) als auch Präzedenzeigenschaften (NP steht in dieser Regel links von VP) von Konstituenten.

PP: → Präpositionalphrase

Präposition: (auch: Verhältniswort, kurz: P) Nicht flektierende Wortart zur Beschreibung von Lokalität (z.B. *auf, neben, in*), Zeitbeziehungen (z.B. *während, in*), Kausalität (z.B. *infolge, unbeschadet*) und Modalität (z.B. *einschließlich, gemäß*). Die P. bestimmt den →Kasus ihrer Bezugswörter (vgl. *durch, für, ohne* mit Akkusativ, *gegenüber, vor, zu* mit Dativ, *außerhalb, zugunsten, infolge* mit Genitiv). Die Kasusbestimmung hängt teilweise von der →semantischen Rolle der →NP der Bezugswörter ab (vgl. *in die Straße*: Akkusativ, da Goal; *in der Straße*: Dativ, da Locative).

Präpositionalphrase: (kurz: PP) Syntaktische Kategorie, die in Regeln eine →Präposition als Head besitzt. Eine P. erfüllt vor allem die →grammatische Funktion des Objekts (*Er wohnt in Berlin*) und des Attributs (*Er arbeitet in Berlin; die Wohnung in Berlin*).

Pragmatik: Linguistische Teildisziplin, die die Relation zwischen sprachlichen Ausdrücken und ihren spezifischen Verwendungssituationen untersucht. So wird der Satz *Wissen Sie, wie spät es ist?* in unterschiedlichen Situationen (Frage eines Fremden auf der Straße, Verspätung bei einem Termin) verschieden interpretiert. Die genaue Abgrenzung der P. zur →Syntax und insbesondere zur →Semantik läßt sich nur theorieabhängig bestimmen.

Pronomen: (auch: Fürwort) Wortart, die Stellvertreter des →Nomens umfaßt und oft durch die →NP als →lexikalische Kategorie beschrieben wird. Im Unterschied zu Eigennamen, die unabhängig von der jeweiligen Redesituation immer dieselben Objekte der außersprachlichen Welt kennzeichnen, dienen P. dazu, in Abhängigkeit vom sprachlichen Kontext bzw. der jeweiligen außersprachlichen Realität auf verschiedene Objekte zu referieren (vgl. *Er* in *Peter gab Hans einen Apfel. Er machte das jeden Morgen.* vs. *Peter gab Hans einen Apfel. Er aß ihn.* vs. *Peter gab Hans einen Apfel. Er war noch unreif.*). Zu den zahlreichen Untergruppen gehören Personal-, Relativ- und Reflexivpronomen.

Raising-Konstruktion: Begriff aus der →Transformationsgrammatik. Sprachlicher Ausdruck mit einem eingebetteten Satz, dessen Subjekt referenzidentisch mit einer NP des Matrixsatzes ist und daher in den Matrixsatz angehoben wird (vgl. Referenzidentität des Subjekt von *kommen* und dem Objekt von *hören* in *er hört ihn kommen*).

S: → Satz

Satz: Syntaktische Kategorie, die die größte →Konstituente beschreibt, welche in keiner anderen Konstituente eingebettet sein muß. Im S. ist die unterschiedliche Stellung des finiten →Verbs signifikant (→Verbstellung). Man unterscheidet syntaktisch Haupt- und Nebensätze sowie semantisch-pragmatisch die Satzarten Deklarativsatz, Fragesatz und Befehlssatz.

Satzart: → Satz

Semantik: Linguistische Teildisziplin, die die Relation zwischen sprachlichen Ausdrücken und ihren wörtlichen Bedeutungen untersucht. Dazu gehören

- die Bedeutung lexikalischer Ausdrücke,
- die semantischen Beziehungen zwischen sprachlichen Ausdrücken wie Synonymie (vgl. *synonym–bedeutungsgleich*), Antonymie (vgl. *alt–jung*) oder Hyperonymie (vgl. *Auto–Fahrzeug*); ferner →semantische Rollen, die Konstituenten im →Satz spielen,
- die Gesamtbedeutung eines Satzes als Summe der Bedeutungen der Einzellexeme (→kompositionale Semantik) sowie der zwischen ihnen bestehenden Relationen,
- die Beziehung der sprachlichen Ausdrücke zur außersprachlichen Wirklichkeit (Referenzsemantik).

S. ist zur →Syntax und zur →Pragmatik abzugrenzen, was oft schwierig ist.

semantische Rolle: (auch: thematische Relation, Tiefenkasus) Rolle einer →Konstituente in der Satzbedeutung (z.B. in *Peter öffnete die Tür mit einem Dietrich* ist *Peter* das „Agens", *die Tür* das „Affizierte" und *mit einem Dietrich* das „Instrument" der Aktion des Öffnens. Die Namen der s.R. variieren je nach theoretischem Ansatz. Oft wird die Eindeutigkeit von s.R. verlangt, d.h. eine bestimmte s.R. darf höchstens einmal pro →Satz auftreten. Vielfach wird, analog zur syntaktischen →Subkategorisierung, ein System semantischer Rollenkonfigurationen angesetzt, in das u.a. →Verben klassifiziert werden. So haben z.B. *öffnen, zerschlagen, rühren* die Konfiguration „Agens–Affected–Instrument", während z.B. *abbiegen* die Konfiguration „Agens–Source–Goal" hat (vgl. *Er biegt von der Hartungstraße in die Schlüterstraße ab.*) S.R. sind invariant gegenüber syntaktischen Formulierungen (vgl. *Mit einem Dietrich wird die Tür von Peter geöffnet.*; →Verbgenus).

Strukturbaum: (auch Phrasenstrukturbaum, syntaktische Struktur, Syntaxbaum) Graphische Darstellungsweise für syntaktische Struktur, die aufgrund kontextfreier Regeln (z.B. →Phrasenstruktur-Regeln; in diesem Fall entspricht jeder Teilbaum der Tiefe 1 der Anwendung einer Phrasenstruktur-Regel) erzeugt wurde. Der S. besteht aus einem Wurzelknoten sowie weiteren Knoten und Kanten. Die Knoten sind mit syntaktischen Kategorien etikettiert. Die Kanten drücken die Dominanzbeziehung zwischen Knoten aus. Die Blätter des S. sind i.a. Wörter (→lexikalische Insertion).

Subkategorisierung: Spezifizierung von lexikalischen Kategorien (insb. →Verben) in syntaktisch motivierte Klassen, die angeben, welche obligatorischen →Komplemente die Kategorie in ihrem syntaktischen Kontext fordert (→Transitivität).

Suppletivstamm: Wortstamm, der ein defektives Flexionsparadigma ergänzt und nicht mit anderen Stämmen des Paradigmas verwandt ist (z.B. für *sein: bin, ist, war* und *to be: am, are, is, was* oder im Lateinischen die Kombination des Paradigmas von *ferre* durch die drei S. *ferre, tuli, latum*).

Syntax: Linguistische Teildisziplin, die untersucht, wie anhand eines Systems von Regeln aus einem Inventar von Grundelementen (Wörtern) durch spezifische syntaktische Mittel (u.a. Markierung von morpho-syntaktischen Eigenschaften, →Kongruenz, Wortstellung) alle wohlgeformten →Endketten einer Sprache abgeleitet werden können. S. befaßt sich mit der Strukturbeschreibung von Endketten, nicht mit deren Bedeutung (→Semantik) oder Verwendung (→Pragmatik). Im Einzelfall kann diese Abgrenzung schwierig sein.

Tempus: Morpho-syntaktisches Merkmal des →Verbs, das die zeitliche Relation zwischen dem Sprechakt (S) und dem durch die Aussage bezeichneten Sachverhalt oder Ereignis (E) kennzeichnet, d.h. das jeweils angesprochene Geschehen zu der zeitlichen Perspektive des Sprechers in Beziehung setzt. Das Imperfekt kodiert die Relation „E vor S", das Präsens die Gleichzeitigkeit von S und E. Andere Tempora sind Futur und Perfekt.

Topikalisierung: Plazierung einer Konstituente in das →Vorfeld bei Deklarativsätzen. Nimmt man die Plazierung aller →Komplemente nach dem finiten →Verb als grundlegend an (wie in *Dann gab er es ihr*), so bedeutet die T. eines Komplements die Dislozierung dieser Konstituente weg von ihrer grundlegenden Position (vgl. *Ihr gab er es dann*).

Transformationsgrammatik: Von Noam Chomsky entwickelte Theorie, deren Ziel es ist, durch ein System von expliziten Regeln das (dem aktuellen Sprachgebrauch zugrundeliegende) implizite Wissen über Sprache darzustellen. Auf der Ebene der Tiefenstruktur liegen alle semantisch relevanten Informationen vor. Die Tiefenstruktur ist die Ausgangsebene für eine semantische

Interpretation von Sätzen, die nicht Gegenstand der T. ist. Durch bedeutungserhaltende Transformationen wie Tilgung (Equi-NP-Tilgung, →Equi-Konstruktion), Umstellung (→Raising-Konstruktion) u.a. werden entsprechende Oberflächenstrukturen (→Strukturbaum) erzeugt, die die Grundlage für die phonologische Realisierung der Endkette bilden. Wichtige Versionen der T. wurden 1957, 1965, 1972 und 1981 veröffentlicht. Die T. hat in der Linguistik einen bedeutenden Einfluß und stellt in Form ihrer verschiedenen Fassungen Grundlage und Maßstab für viele der neueren linguistischen Theorien dar.

transitives Verb: → Transitivität

Transitivität: →Subkategorisierung in Subjekt und direktes Objekt (transitives →Verb). Im weiteren Sinne werden auch Verben, die andere Objekte regieren, transitiv genannt (vgl. *helfen, denken*), während zu den intransitiven Verben nur die einstelligen Verben (vgl. *schlafen, regnen*) zählen. Dreistellige Verben mit direktem und indirektem Objekt heißen ditransitiv (vgl. *geben, schenken*).

Universalie: Grammatische U. sind Eigenschaften (oder Hypothesen über Eigenschaften), die allen natürlichen menschlichen Sprachen gemeinsam sind. Beispiele: Jede Sprache hat Vokale; wenn eine Sprache einen Dualis (→Numerus) besitzt, so auch einen Plural; Nasale kommen in fast allen Sprachen vor (eingeschränkte U.). Nach Chomsky sind U. die Basis des angeborenen Spracherwerbsmechanismus, aufgrund dessen ein Kind in der Lage ist, in relativ kurzer Zeit die komplexe Grammatik einer Sprache zu erlernen (→Generalisierung).

V: → Verb

Verb: (auch: Zeitwort, Tätigkeitswort, kurz: V) Wortart, die Wörter umfaßtm welche in der Zeit verlaufende Phänomene bezeichnen: Ereignisse, Handlungen und Zustände. Der Verbalkomplex im Satz wird durch die morpho-syntaktischen Merkmale →Tempus, →Modus und →Verbgenus bestimmt (vgl. *würde gesehen werden* Futur Konjunktiv Passiv). V. können finit sein (vgl. *würde* Futur-Hilfsverb) oder infinit (vgl. *gesehen* Partizip Perfekt des Hauptverbs, *werden* Infinitiv des Passiv-Hilfsverbs). Finite V. kongruieren im Deutschen und Englischen mit dem Subjekt bzgl. Numerus und Person. Sie sind außerdem für den Modus und das morphologische →Tempus markiert (Präsens oder Imperfekt). V. unterscheiden sich syntaktisch durch ihre →Subkategorisierung und semantisch durch ihre Rollenkonfiguration (→semantische Rolle).

Verbalphrase: (kurz: VP) Syntaktische Kategorie, die in Regeln ein →V als Head besitzt und vom Head subkategorisierte →Komplemente als weitere Töchter haben kann. VP-Konstituenten können darüber hinaus →Adjunkte einführen. Für das Deutsche ist die für Englisch angenommene unmittelbare Dominanz der VP durch →S (etwa mittels der →Phrasenstruktur-Regel S ⟶ NP VP) umstritten.

Verbgenus: (auch: Genus Verbi, englisch: voice) Grammatisches Merkmal von →Verben, das im Deutschen und Englischen Aktiv und Passiv unterscheidet. Das V. korreliert mit der Beziehung zwischen →grammatischen Funktionen und →semantischen Rollen. Bei *lieben* wird im Aktiv das Agens als Subjekt und das Affected als Objekt realisiert (vgl. *Maria liebt Peter*), während im Passiv das Affected als Subjekt und das Agens entweder gar nicht (agensloses Passiv, vgl. *Peter wird geliebt*) oder als →PP realisiert wird (vgl. *Peter wird von Maria geliebt*) Zwar ist die Passiv-Formulierung gewöhnlich bedeutungsgleich mit der entsprechenden Aktiv-Fassung, doch verändert sich möglicherweise die thematische Struktur des Satzes.

Verbstellung: Im →Satz steht das finite →Verb abhängig von der Syntax und der Satzart als erste, zweite oder letzte →Konstituente (Verberst-, -zweit- bzw. -letztstellung). Für das Deutsche gilt: Verberststellung erfolgt bei Frage- und Befehlssätzen (*Kommt Peter morgen? Kommt* *morgen!*, →Inversion), Verbzweitstellung in Deklarativsätzen (*Peter kommt morgen.*) und Verbletztstellung in Nebensätzen (... *Peter morgen kommt.*).

Vorfeld: Im Deutschen der Platz für die erste →Konstituente des Deklarativsatzes, die vor dem finiten →Verb steht.

VP: →Verbalphrase

Wortstamm: Lexikalische Einheit, an die Flexionsendungen treten können. In graphematisch orientierten Ansätzen zur →Flexion ist der W. die längste Anfangszeichenkette aller flektierten Formen eines Worts (im Deutschen z.B. *arbeit* für das Verb *arbeiten*, *d* für den definiten Artikel, die leere Zeichenkette für Personalpronomen).

X-Bar-Syntax: Theoretisches Konzept aus der generativen →Transformastionsgrammatik zur Beschränkung der Form von Phrasenstruktur-Regeln. Dabei wird angenommen:

- Sämtliche syntaktisch komplexen Kategorien sind nach universellen Strukturprinzipien aufgebaut.
- Alle lexikalischen Kategorien lassen sich auf der Basis eines begrenzten Inventars universeller syntaktischer Merkmale (z.B. n und v) definieren.
- Alle syntaktischen Kategorien lassen sich hinsichtlich verschiedener Komplexitätsebenen unterscheiden.

Dabei werden die Phrasen (→VP, →PP, →NP, →AP) als Kategorien des Typs →V, →P, →N bzw. →A von maximaler Komplexität angesehen. Minimal komplex sind die lexikalischen Kategorien V, P, N, A. Dazwischen gibt es weitere Ebenen wie z.B. *Liebe Gottes*, die weder maximal komplex (weil zur NP *die Liebe Gottes* erweiterbar) noch minimal komplex (weil nicht lexikalisch) sind. Die Komplexitätsebene wird durch eine Anzahl von Balken (engl. bars, daher der Name) notiert: X, $\overline{X}$, $\overline{\overline{X}}$. Dabei ist X eine Variable für die Kategorien V, P, N und A. Eine andere Notation benutzt ein syntaktisches Merkmal bar mit numerischen Werten. Die Anzahl der Ebenen variiert in verschiedenen Fassungen der Theorie; drei oder vier ist üblich. Jede mögliche Phrasenstruktur-Regel ist von der allgemeinen Form X[bar:i] $\longrightarrow$ ... X[bar:j]..., wobei die Punkte für beliebig viel Kategorien maximaler Komplexität stehen und $j \leq i$ gelten muß. Diese Constraints verhindern Phrasenstruktur-Regeln wie VP $\longrightarrow$ A NP oder N[bar:1] $\longrightarrow$ AP NP.

Index

GPSR Compliance

The European Union's (EU) General Product Safety Regulation (GPSR) is a set of rules that requires consumer products to be safe and our obligations to ensure this.

If you have any concerns about our products, you can contact us on ProductSafety@springernature.com

In case Publisher is established outside the EU, the EU authorized representative is:

Springer Nature Customer Service Center GmbH
Europaplatz 3
69115 Heidelberg, Germany

Batch number: 10844829

Printed by Printforce, the Netherlands